주역공부

주역공부

김들풀 지음

저자의 말

올바른 판단과 균형 잡힌 사고를 주는 유용한《주역》

　우리는 끊임없이 변화하는 세상 속에서 살아가고 있다. 변화는 불확실성을 동반하지만, 동시에 새로운 가능성과 기회를 창출한다. 이러한 변화 속에서 인간은 어떻게 길을 찾고 방향을 설정해야 할까? 필자는 이 질문에 대한 답을 찾기 위해 오래된 지혜서인《주역》과 서양 과학을 통섭해 깊이 연구하게 되었다. 그리고 그 연구의 결실로 이 책《주역공부》를 집필하게 되었다.

　《주역》은 3,000년 이상 동양 사상의 중심에 있었던 경전이며, 변화의 원리를 탐구하는 학문이다. 단순한 점서占書를 넘어, 자연과 인간, 우주의 관계를 해석하고, 삶의 방향을 제시하는 철학적 통찰을 담고 있다. 서양이 합리주의와 분석을 통해 세계를 이해했다면, 동양은 직관과 조화를 통해 우주의 흐름을 읽어 왔다. 그 중심에 바로《주역》이 있다.

　필자는《주역》이 단순한 고대 문헌이 아니라, 현대를 살아가는 우리에게도 여전히 유효한 지혜를 제공한다고 믿는다. 이후 정보화 시대, 인공지능과 빅데이터가 인간의 사고를 대신하는 시대에도 우리에게는 여전히 '올바른 판단'과 '균형 잡힌 사고'가 필요하다고 확신한다.《주역》이 제공하는 변화의 원리를 이해한다면, 우리는 불확실한 미래를 보다 지혜롭게 예측하고 준비할 수 있다.

이 책을 집필하는 과정에서 필자는 수많은 문헌을 참고했다. 허신許愼의 《설문해자說文解字》를 통해 《주역》의 문자 기원을 탐구했고, 왕필王弼의 《주역주周易注》와 한강韓康의 《주역한강주周易韓康注》를 읽으며 《주역》의 철학적 깊이를 파헤쳤다. 또한 정이程頤의 《주역전周易傳》과 주희朱熹의 《주역본의周易本義》를 연구하며 성리학적 관점에서 《주역》 해석도 살펴보았다. 이 외에도 공영달孔穎達의 《주역정의周易正義》, 서광계徐光啓의 《주역전의周易傳義》, 모리 시게아키森重昭의 《역학전주역易學與周易》 등 동양뿐만 아니라 서양에서 이루어진 《주역》 연구도 면밀히 분석했다. 특히 리처드 빌헬름Richard Wilhelm의 《The I Ching or Book of Changes》와 에드워드 셰이드Edward Shaughnessy의 《The I Ching: The Classic of Changes》는 서양에서 《주역》을 어떻게 수용하고, 해석했는지 이해하는 데 큰 도움이 되었다.

이 책《주역공부》는《주역》의 기초 개념부터 시작하여, 괘卦와 효爻의 해석,《주역》의 철학적 의미, 그리고 현대 사회에서의 응용 가능성까지 폭넓게 다루고 있다. 또한《주역》의 수리적 구조와 과학적 해석을 통해 현대 물리학 및 데이터 분석과의 연관성도 탐구했다.《주역》은 단순한 고대의 지혜가 아니라, 현재에도 유효한 예측 도구이며, 복잡한 시스템 속에서 질서를 찾는 방법을 제시하는 통찰력 있는 학문이기 때문이다.

특히 오늘날의 복잡한 사회 구조 속에서《주역》이 제공하는 통찰력은 더욱 중요하다. 경제, 정치, 기술의 변화는 점점 더 빠르게 이루어지고 있으며, 우리는 이에 적응하고 대비해야 한다. 이런 점에서《주역》은 변화의 흐름을 이해하고, 최적의 결정을 내리는 데 유용한 도구가 될 수 있다. 또한 개인의 삶에서도《주역》은 자신의 내면을 성찰하고, 조화로운 삶을 추구하는 데 도움을 줄 수 있다. 따라서《주역》이 전하는 원리는 단순한 점술이 아니라, 삶의 근본적인 원칙을 탐구하는 철학이다.

필자는 이 책을 통해 독자들이《주역》을 보다 쉽게 이해하고, 나아가 자신의 삶에 적용할 수 있기를 바란다. 《주역》을 공부한다는 것은 단순한 학습이 아니라, 변화하는 세상을 읽고 대처하는 능력을 기르는 과정이다. 《주역》이 전하는 메시지는 분명하다. '변화는 필연이며, 그 변화 속에서 조화를 이루는 것이 지혜로운 삶이다'라는 것이다.

필자는 이 책이 독자 여러분에게 변화를 두려워하지 않고, 지혜롭게 대응할 수 있는 힘을 길러주기를 바란다. 또한 《주역》을 통해 자신의 삶을 돌아보고, 새로운 가능성을 발견하는 계기가 되기를 희망한다. 변화의 시대, 《주역》의 지혜가 여러분의 길잡이가 되기를 바라며, 이 책을 세상에 내놓는다. 변화의 흐름 속에서 길을 찾고자 하는 모든 독자들에게 이 책이 소중한 나침반이 되기를 기원한다.

추천사

《주역》의 지혜를 통한 삶의 설계

이전利田 이응국李應國

교수 | 한국홍역문화원장 | 야산也山 이달李達 선생 손자

　《주역》은 단순한 점술이 아니라, 변화하는 세상을 읽고 올바른 삶의 방향을 제시하는 경세철학經世哲學의 정수입니다. 고대 동양 사상가들은 《주역》을 통해 하늘과 땅의 이치를 깨닫고, 인간 사회의 변화 속에서 조화로운 삶을 실현하고자 했습니다. 홍역학洪易學 역시 이러한 《주역》의 원리를 바탕으로 하여, 국가와 사회의 운영 원칙을 탐구하고, 인간의 삶을 보다 지혜롭게 이끄는 철학적 체계로 발전해 왔습니다.

　김들풀 선생의 《주역공부》는 《주역》을 현대적으로 재해석한 탁월한 저서입니다. 이 책은 《주역》을 단순히 과거의 유산으로 보지 않고, 오늘을 살아가는 우리가 실질적으로 활용할 수 있는 지혜의 원천으로 삼을 수 있도록 안내합니다. 《주역》의 복잡한 구조와 개념을 친절하게 풀어내면서도, 철학적 깊이를 놓치지 않는 점이 돋보입니다.

　홍역학에서 《주역》은 세상을 다스리고, 인간 삶을 조화롭게 이끄는 근본 원리로 작용합니다. 즉, 단순한 길흉화복의 점술이 아니라, 시대의 흐름을 읽고 올바른 결정을 내릴 수 있도록 돕는 경세철학의 중심축입니다. 《주역》은 '변화 속에서 불변하는 진리를 찾고, 인간이 자연과 조화를 이루며 살아가는 길을 모색하는 학문'이라 할 수 있습니다. 《주역공부》는 이러한

경세철학의 정신을 현대적으로 재해석하며, 우리가 실생활에서 《주역》의 원리를 어떻게 적용할 수 있는지 명확히 설명합니다. 이를 통해 독자들은 삶의 흐름을 통찰하고, 변화 속에서 균형을 유지하며, 더 나은 미래를 설계하는 능력을 기를 수 있습니다.

　이 책은 단순한 철학적 해설서가 아닙니다. 《주역》의 원리를 이해하는 것에서 나아가, 이를 실천하고 적용할 수 있도록 돕는 실용적 안내서입니다. 특히, 《주역》의 개념을 일상의 문제와 연결하여 쉽게 설명함으로써, 독자들이 《주역》의 지혜를 삶에 직접 활용할 수 있도록 돕습니다.

　《주역공부》는 《주역》을 단순한 고전이 아니라 현대 사회와 개인의 삶에 적용할 수 있는 실용적 철학으로 해석하고 있습니다. 이 책은 《주역》의 원리를 경영, 리더십, 인간관계, 자기 계발 등 다양한 분야와 연결하여, 독자들이 변화하는 환경 속에서 지혜로운 선택을 할 수 있도록 돕습니다. 또한, 《주역》의 변화 원리를 분석하고, 이를 통해 시대의 흐름을 읽는 방법도 제시합니다. 이를 통해 인간과 사회가 조화를 이루며 지속적으로 발전할 수 있는 길을 탐구합니다. 더 나아가, 《주역》의 괘卦와 효爻를 깊이 있게 분석하여, 현대인의 삶 속에서 이를 어떻게 활용할 수 있는지 구체적으로 설명합니다. 이를 통해 개인이 자신의 운명을 스스로 개척하고 조정할 수 있는 통찰력을 기를 수 있도록 안내합니다.

　《주역공부》는 《주역》의 지혜를 통해 삶을 설계하고, 더 나은 미래를 만들고자 하는 모든 이들에게 꼭 필요한 책입니다. 《주역》을 처음 접하는 분들은 물론, 이미 공부를 시작한 분들께도 이 책은 훌륭한 길잡이가 될 것입니다.

　《주역》의 가르침이 우리 삶에 실질적인 도움이 되기를 바라며, 김들풀 선생의 《주역공부》를 통해 많은 이들이 보다 조화롭고 풍요로운 삶을 영위하시길 바랍니다.

추천사

변화를 읽는 철학, 《주역》

이금룡

前 옥션 대표 | 前 이니시스 대표 | 도전과 나눔 이사장 | 코글로닷컴 회장

　변화의 시대를 살아가는 우리는 끊임없이 새로운 기회를 모색하고, 도전하며, 빠르게 변화하는 환경 속에서 최적의 결정을 내려야 합니다. 디지털 혁명과 4차 산업혁명이라는 거대한 흐름 속에서 변화의 본질을 이해하고, 이를 능동적으로 활용하는 것은 성공적인 비즈니스와 리더십의 핵심 요소가 되었습니다.

　이러한 시대적 요구에 부합하는 것이 바로 《주역》의 지혜입니다. 김들풀 교수가 쓴 《주역공부》와 《주역경영》은 이러한 원리를 현대적으로 해석하고 적용하는 데 필수적인 길잡이가 되어 줄 것입니다.

　저는 IT 산업과 전자상거래 분야에서 오랜 시간 일해오며, 기업가 정신과 혁신의 중요성을 강조해왔습니다. 온라인 시장이 태동하던 시절, 옥션을 국내 최대 온라인 경매 플랫폼으로 성장시키고, 이니시스를 통해 전자결제 산업의 기반을 다지며 변화의 흐름을 정확히 읽는 것이 얼마나 중요한지 체득했습니다.

　스타트업을 육성하며 기업가들에게 조언할 때도 시대의 흐름을 읽고, 변화를 기회로 삼는 능력이 가장 중요한 성공 요소임을 강조합니다. 《주역》은 바로 이러한 변화를 읽는 철학이며, 단순한 예언서가 아니라 불확실한

미래 속에서 올바른 선택을 할 수 있도록 돕는 경영 전략서입니다.

김들풀 교수의 《주역공부》는 《주역》의 깊은 철학을 현대 사회와 개인의 삶에 적용할 수 있도록 명확하고 실용적으로 풀어낸 책입니다. 이 책은 경영, 리더십, 인간관계, 자기 계발의 영역에서 《주역》의 원리를 어떻게 활용할 수 있는지를 체계적으로 설명하며, 독자들이 실질적으로 적용할 수 있도록 구체적인 사례를 제시합니다. 또한, 《주역경영》은 《주역》의 원리를 바탕으로 기업 경영과 전략적 의사 결정에 필요한 통찰을 제공하며, 불확실한 환경 속에서 기업이 생존하고 성장할 수 있는 방법을 제시하는 실용적 지침서입니다.

오늘날 기업의 생존과 성공은 변화에 대한 대응 능력에 달려 있습니다. 스타트업이든 대기업이든, 기존의 방식을 고수하는 것이 아니라 끊임없이 새로운 기회를 찾아내고, 빠르게 변화하는 시장 환경에 적응하며, 혁신적인 전략을 수립하는 것이 필수입니다. 《주역》은 이러한 비즈니스 세계에서도 강력한 무기가 될 수 있으며, 《주역공부》와 《주역경영》은 이를 실질적으로 활용하는 데 있어 탁월한 가이드가 될 것입니다.

기업 경영을 하는 리더는 물론, 스타트업 창업자, 직장인, 자기 계발을 원하는 모든 이들에게 김들풀 교수의 책을 강력히 추천합니다. 불확실성의 시대를 살아가는 현대인들이 《주역》의 지혜를 통해 미래를 예측하고, 보다 현명한 선택을 할 수 있기를 바랍니다.

추천사

인간 회복의 통합 언어, 《주역》

지승룡

'민들레 영토' 창립자 | 목회자 | 복합문화공간 경영자

우리는 매일 선택의 기로에 서고, 수많은 변화를 맞이하며 살아갑니다. 변화가 일상이 된 시대에 중요한 것은 흐름을 읽는 통찰과 흔들림 속에서도 중심을 잡을 수 있는 철학입니다. 저 역시 삶과 사회, 경영의 현장에서 그러한 중심을 찾아오던 길 위에서 《주역》을 만났고, 그것은 단순한 고전이 아니라 삶 전체를 꿰뚫는 지혜의 체계였습니다.

김들풀 선생의 《주역공부》와 《주역경영》은 본질을 온전히 이해하고, 그것을 현대적 언어로 해석해낸 귀한 작업입니다. 이 책들은 《주역》을 점술의 도구나 추상적인 철학에 가두지 않고, 변화의 원리로서, 인간과 세상을 깊이 이해하는 통합적 지혜로 풀어냅니다.

저는 '민들레 영토'를 통해 사람을 위한 공간을 만든 후, '휴먼 테라피'를 통해 사람의 마음과 관계, 그리고 회복을 중심에 둔 새로운 돌봄의 길을 모색하고 있습니다. 그 여정은 결국 '사람을 이해하는 것', 더 깊이 말하자면 '인간과 세계를 관통하는 원리를 이해하는 것'으로 이어졌습니다.

그러한 고민 속에서 접한 《주역》은 제 삶과 철학에 거대한 전환점을 주었고, 김들풀 선생의 《주역》 해석은 그 깊이에 발을 들이게 한 안내자와 같습니다. 《주역공부》는 개인이 스스로의 삶을 해석하고 성찰하는 데 필요한

철학적 도구를 제공하며, 《주역경영》은 공동체와 조직을 이끌어가는 리더들에게 변화의 흐름 속에서 방향을 잡을 수 있는 나침반 역할을 합니다.

  이 책들이 귀한 이유는, 변화를 두려워하지 않되, 그 속에서 질서를 세우고 중심을 잡는 '동중정動中靜'의 정신을 우리 삶에 실천할 수 있도록 구체적으로 안내하기 때문입니다. 변화 자체는 두려운 것이 아닙니다. 그것을 읽지 못하고, 준비하지 못한 상태가 위험한 것입니다. 김들풀 선생은 그 변화의 본질을 《주역》이라는 오래된 텍스트 속에서 꺼내어, 지금 우리가 살아가는 삶의 언어로 재구성합니다.

  《주역공부》와 《주역경영》은 지식이 아니라 통찰을 주는 책이고, 정보가 아니라 길을 보여주는 책입니다. 혼란과 과속의 시대를 살아가는 지금, 이 책이 더 많은 사람들의 삶에 닿아 내면의 안정과 외면의 통합, 그리고 인간다운 선택의 길을 열어줄 수 있기를 진심으로 바랍니다.

  "《주역》은 인간을 회복시키는 통합의 언어입니다."

추천사

《주역》에게 인간의 근본을 묻다
– 현대의 구도자들을 위하여

윤산 강행원

화가 | 시인 | 문인화 이론가

동아시아 인문화중심미학포럼 회장 | 포스트모던 시문학회 회장

　불교는 '무상無常'을 이야기합니다. 무상은 일체 만유가 끊임없이 변화하여 한순간도 고정된 실체가 없는 무쌍한 변화를 의미합니다. 다시 말하면, 모든 존재는 인연 따라 생겨나고, 머물며, 변하고, 사라집니다. 그것이 '생주이멸生住異滅'이며, 곧 법法의 작용이자, 무한한 물상物相들의 존재입니다. 따라서 일체의 존재가 갖는 필연적인 무상의 제행諸行을 체득하는 것이 해탈에의 첫걸음이기도 합니다.

　반면에 영원성을 넘보는 불교 신앙과는 다르지만, 유학 오경五經의 하나인 《주역》은 만상萬象을 음양 이원으로 설명하여 그 으뜸을 태극이라 하였고, 거기서 64괘를 만들었으며, 이에 맞추어 철학·윤리·정치상의 해법을 담고 있습니다. 동시에 《주역》은 우리 삶을 행복에의 변화로 이끈 철학입니다. 인류의 4대 성인이셨던 공자께서도 《주역》을 즐겨 하셨는데, 가죽으로 맨 책 끈이 끊겨 세 번이나 다시 묶어 읽었다는 이야기가 2천 여년을 넘어 오늘날까지 전해지고 있습니다.

　《주역》은 변화의 철학입니다. 그러나 그 변화는 혼란이 아니라 질서 속의 변화, 흐름 속의 도道를 읽어내는 지혜의 보고입니다. 《주역》의 괘卦는 그 자체로 일체유심조一切唯心造의 심연의 형상화와 비슷하며, 효爻는 마음

이 일으키는 조건과 반응의 움직임을 섬세하게 기록한 동양 사고의 경전經傳입니다. 그 논리는 일기이상一氣異相으로써, 곧 이원적 원리인 셈이며, 동양인의 사고법이기도 합니다. 다시 말하면, 동양 철학의 사고의 용수用水인 것입니다.

저는 화가이자 시인으로서 평생 '마음'을 그리며 살아왔습니다. 선방에서는 향을 피워 마음을 들여다보았고, 화폭 앞에서는 붓끝을 따라 흐르는 무심無心의 선묘를 따라 마음의 파형을 그렸습니다. 인문화는 경전의 해석이 아니라 마음공부의 결과물이자 수행의 흔적입니다.

그러한 맥락에서 저는 김들풀 선생의 책들을 한 편의 수행록이자 철학의 시문집처럼 읽었습니다. 《주역공부》는 인간이 자신의 삶을 관조하는 자리에 이르게 하는 책입니다. 괘상을 해석하는 과정은 곧 현상 너머의 본질을 꿰뚫어보는 관법觀法과도 같으며, 이를 삶의 자리에서 재조명하는 김들풀 선생의 해설은 마치 명상 언어처럼 동화되어 독자의 마음을 편하게 이끕니다.

《주역경영》은 무너져 가는 시대의 질서 속에서 어떻게 지혜로 중심을 세울 것인가에 대한 응답입니다. 붓다의 화엄 세계는 '일즉일체다즉일一卽一切多卽一', 즉 하나가 그대로 모두이듯, 한량 없는 정토 구현을 위한 구제중생이 불교의 대의입니다. 《주역》에서는 '천지의 큰 덕은 생生'이라 말합니다. 결국 변화의 중심에는 생生, 즉 살아 있음의 도리가 있습니다. 이 책은 경영의 본질을 생生의 흐름으로 보고, 조직과 개인, 시대를 조화롭게 잇는 법도를 제시합니다.

김들풀 선생은 《주역》을 책의 언어가 아니라, 몸과 마음의 언어로 풀어냅니다. 그는 《주역》을 살아 있는 수행 체계로 읽으며, 이를 통해 인간의 근본을 묻고 시대의 본질을 꿰뚫습니다. 그의 글은 도식이 아니라 혜견慧見입니다. 그의 해석은 교훈이 아니라 이치理致입니다.

불가에서 설한 '반야般若'는 공空 속에서 지혜를 실현하는 길이고, 《주역》이 말하는 '도道'는 변화 속에서 본래의 자리를 지켜내는 길입니다. 하지만 김들풀 선생의 책들은 그 두 길의 교차점에서, 우리 모두가 걸어가야 할 삶의 중도中道를 보여줍니다. 저는 이 책들을 삶을 예술로 바꾸고자 하는 이들에게, 그리고 마음공부를 실천하고자 하는 현대의 구도자들에게 권합니다. 독자님들의 많은 성원을 기원합니다.

추천사

《주역》을 통해 찾는 삶의 균형

유명석

대명한의원 원장 | 대한침도의학회 회장

한의학은 자연과 인간의 조화, 기氣의 흐름, 음양오행陰陽五行의 원리를 통해 질병을 예방하고 치료합니다. 이는 단순한 의학적 접근을 넘어, 인간과 우주의 조화를 이해하려는 깊은 철학적 탐구와 맞닿아 있습니다.

《주역공부》는 이러한 한의학의 근본 원리를 다시금 돌아보게 만드는 책입니다. 《주역》은 변화變化의 학문이자, 자연의 운행 법칙과 인간의 삶을 연결하는 지혜서입니다. 한의학에서 말하는 '상응相應', 즉 인체와 자연의 상호작용을 이해하는 과정이 《주역》의 변화 원리와 일맥상통하는 이유도 여기에 있습니다.

저자인 김들풀 선생은 《주역공부》를 통해, 현대적 시각에서 《주역》의 철학적 의미를 탐구하고, 과학적 접근과 실용적 활용 방법을 제시합니다. 특히, 음양陰陽의 변화와 생명 활동의 원리를 《주역》과 연결하여 설명한 부분은, 한의학을 공부하는 사람들에게도 깊은 통찰을 제공합니다.

한의사는 환자의 몸을 진맥하고, 기혈氣血의 흐름을 살펴, 가장 적절한 치료법을 찾아갑니다. 이는 《주역》의 괘卦를 통해 자연의 변화를 읽고, 인간 삶의 길흉화복을 이해하는 과정과 결코 다르지 않습니다. 《주역공부》는 단순한 철학서가 아니라, 한의학을 비롯한 다양한 분야에서 적용할 수 있는 실천적 지혜를 담고 있습니다.
  한의학의 기본이 자연과 인체의 조화를 이루는 것이라면, 《주역》은 변화 속에서 균형을 찾는 학문입니다. 변화의 시대를 살아가는 우리 모두에게, 《주역공부》는 흔들리지 않는 원리를 깨닫고 실천할 수 있는 나침반이 되어 줄 것입니다.

추천사

《주역》, 고전을 넘어 살아 있는 실천서로

성충모
문학박사 | 천도교 시천주복지재단 상임이사

　동방의 지혜는 언제나 인간의 내면으로부터 출발해 천지의 이치를 관통해왔습니다. 그 중심에 있는 것이 《주역》입니다. 《주역》은 단순한 점술이 아니라, 우주의 질서와 인간의 도리를 꿰뚫는 사유 체계입니다. 저는 천도교 신앙과 철학을 바탕으로, 오랫동안 인간의 근본 가치를 사유하고 실천해온 사람으로서, 이 책이 그간의 《주역》 해설서와는 본질적으로 다른 깊이를 지녔음을 느낄 수 있었습니다.

　《주역공부》와 《주역경영》은 동학과 《주역》, 인문학과 실천 철학이 만나는 지점에서 태어난 귀한 성과입니다. 시천주侍天主, 즉 '하늘님을 모신다'는 가르침은 외부의 신이 아닌 내 안의 천주, 곧 나 자신 안의 우주적 근원과 만나는 영적 사유입니다. 《주역》이 강조하는 내면의 성찰을 통한 변화의 이해와 하늘의 이치를 인간 삶 속에 구현하는 과정은 시천주의 철학과 깊이 맞닿아 있습니다.

　김들풀 편집장은 《주역》을 단지 철학적 해설에 머물게 하지 않고, 시대와 인간을 다시 연결하는 '살아 있는 말씀'으로 되살려냅니다. 《주역공부》는 단지 《주역》을 해설한 책이 아닙니다. 이 책은 저자가 《주역》을 직접 공부하며 삶 속에서 마주한 수많은 질문 앞에서 끊임없이 사유하고, 부딪히고, 성찰하며 얻은 살아 있는 통찰의 기록입니다. 말하자면, 이는 고전의 재해석이 아니라, 살아 있는 철학을 체득한 한 사람의 공부록이자 수행기입니다.

《주역공부》에는 형식적 해설서에서는 느낄 수 없는 깊이와 생생한 언어가 있습니다. 각 괘는 삶의 특정한 장면과 심리적 움직임을 품고 있으며, 김들풀 선생은 그것을 사람의 마음, 시대의 흐름, 공동체의 지향과 연결하여 풀어냅니다. 이를 통해 《주역》은 독자에게 단지 머리로 이해하는 지식이 아니라, 자신의 삶을 스스로 해석하고 성찰할 수 있는 거울로 다가옵니다.

또한 《주역경영》은 그 통찰을 리더십과 조직 운영, 공동체 삶의 실천 철학으로 확장한 책입니다. 경영은 곧 관계이고, 관계는 곧 변화 속에서 조화를 이루는 일입니다. 김들풀 선생은 이 책에서 수천 년 전 《주역》의 언어를 오늘날의 조직과 사회에 적실성 있게 되살려 냅니다. 변화의 양상, 결단의 시점, 리더의 태도, 조직의 운용이 어떻게 《주역》의 질서 안에서 유기적으로 해석될 수 있는지 놀라울 만큼 섬세하게 안내합니다.

그는 《주역》을 외운 것이 아니라, 살며 공부하며 얻은 것을 다시 사람과 시대를 위해 환원한 이정표로 책을 완성했습니다. 이 책은 삶의 흐름과 마주한 모든 이들에게, 내면의 방향을 찾고자 하는 이들에게, 인간과 시대를 더 깊이 이해하고자 하는 모든 실천가에게 따뜻한 지침이 되어줄 것입니다.

'인내천人乃天'의 정신은 인간을 하늘처럼 귀히 여기라는 가르침입니다. 《주역공부》와 《주역경영》은 그러한 사상과 정신을 실천할 수 있는 철학적 도구이자 실천적 길잡이가 될 것입니다.

차례

저자의 말
올바른 판단과 균형 잡힌 사고를 주는 유용한 《주역》 5

추천사
《주역》의 지혜를 통한 삶의 설계 _ 이응국   8
변화를 읽는 철학, 《주역》_ 이금룡   10
인간 회복의 통합 언어, 《주역》_ 지승룡   12
《주역》에게 인간의 근본을 묻다 _ 강행원   14
《주역》을 통해 찾는 삶의 균형 _ 유명석   17
《주역》, 고전을 넘어 살아 있는 실천서로 _ 성충모   19

서문
《주역》의 깊이 있는 해석을 위하여 25

一. 《주역》과 과학 그리고 미래 예측 39
《주역》과 복잡계 39
《주역》과 과학 그리고 동시성 43
숨겨진 질서 48
《주역》의 원리와 과학 49

二. 미래 예측과 알아차림 51

三. 《주역》의 개요 54
역易 자의 기원 54
《주역》의 출현 56
괘와 효 59
괘의 사 60
《주역》의 저자 62
건곤은 《주역》의 대문 64

四. 《주역》 64괘 66
괘상 66
괘사와 효사 67
음양 68
사상 : 태양, 소양, 태음, 소음 69
8괘 : 건, 태, 리, 진, 손, 감, 간, 곤 70
복희선천8괘 73
문왕후천8괘 74
《주역》 64괘 순서 76

五. 《주역》이란 무엇인가? 81
《연산역》과 신농 82
《귀장역》과 황제 83
《주역》과 복희 84

六. 삼역(三易)과 동양 사상 85
《연산역》 85
《귀장역》 86
《주역》 87

七. 《역전(易傳)》 89
괘명 괘사 효명 효사 90

八. 《역전》과 공자 94
《역전》 저자는 공자인가? 94
공자가 《역전》을 저술했다는 문헌과 고고학적 기록 95
공자가 《역전》의 저자가 아니다? 98
공자의 역학 전수 100

九. 공자와 노자 102
노자에게 도를 묻다 102
노자와 《주역》 104
노자, 공자에게 하늘의 이치를 가르치다 105

十. 《역전》에서의 역도(易道)와 유도(儒道)의 구분 110

十一. 《역전》 형성과 편목 113
《십익》의 편명과 성격 114
역대전의 의미 115

十二. 역학의 전파 117
선진시대 역학의 전파 117
한대 역학의 전파와 계보 119
전국시대 문화와 역학의 발전 120
각 지역 문화의 융합과 《역전》의 형성 121

十三. 공자와 《역경》의 관계 123

十四. 《역전》에 담긴 도가 사상 126

十五. 《역전》에 담긴 유가 사상 129

十六. 《역전》의 유물론과 유심론 132
　《역전-계사전》의 역유태극 해석 133
　《역전-계사전》의 형상형하 해석 134

十七. 《주역》과 사고방식 136

十八. 《주역대전》 사상의 의미 150

十九. 《주역》과 사회·정치 결정 메커니즘 158
　《주역》의 사회·정치적 영향 158
　《주역》과 정치적 의사 결정 159

二十. 《주역》은 왜 예측 기능을 가지는가? 164

二十一. 《주역》과 성인의 4가지 도 168

二十二. 《주역》은 시간·공간·사람을 관통하는 우주 의식 작품 170
　《주역》의 천지인 소통 구조 170
　《역전》의 해석 172
　《주역》과 《여씨춘추》 173
　시공간 구조와 개념의 긴밀한 연결 174

二十三. 《주역》의 시간·공간·인간 개념 176
　시공간의 철학 및 과학 181
　시간과 공간의 의미 182

二十四. 《주역》의 철학 정신 184
　3가지 역과 괘서의 차이 185
　주 문왕의 역할 185
　《경전》과 《역전》의 상호작용 186

二十五. 상수학과 의리학 188
　왕필의 의리파 주석 190

二十六. 분서갱유에서 살아남은 《주역》 193

二十七. 《설문해자》와 《주역》 195
　《설문해자》와 《주역》 195
　《설문해자》와 《주역》의 사상, 숫자의 구체적 의미 197
　단어 해석 201
　천간과 지지 202
　《설문해자》와 간지의 문자 해석 204

二十八. 《주역》이 문학과 예술에 미친 영향 207
　《주역》의 주요 전파 방식 208

二十九. 《주역》과 글쓰기 212
　《주역》과 문장학 212
　입상진의, 의상결합 216
　창왕찰래, 현미천유 217
　칭명취류, 인소견대 218
　언곡이중, 사사이은 218

三十. 《주역》과 유협 문학 220
　《주역》과 도교 - 신도설교와 체용 사상 220
　《주역》 사상 중 변역불변과 상변 관점 224
　《주역》의 변역불변과 유협의 문학적 관점 227
　문체의 상과 기법의 유연성 230

三十一. 《주역》 철학의 지혜 235

三十二. 《주역》 연구 244
　《주역》은 자연운동 결과의 객관적 분석 및 요약 244
　음양과 태극의 움직임 248
　《주역》의 연구 범위와 우주 법칙 254

三十三. 《주역》의 특징과 연구 방법 258
《주역》의 무한성 259
《주역》의 외재성과 표상성 260
《주역》의 내부 변화성 261
《주역》의 연속성 263
《주역》의 단계성 264
《주역》의 주기성 265
《주역》의 영원성 267
《주역》 철학과 과학의 통합성 268

三十四. 《주역》의 특징과 과학적 해석 271
만유인력과 척력 271
질량 보존의 법칙 274
에너지 보존의 법칙 274
열역학 제2법칙과 엔트로피 275
주기적 변화와 생명 276
빅뱅 이론 277
사람의 몸은 유기물질 전기체 279

三十五. 효사의 해석 방법 281
《주역》의 당위설 281
《주역》의 중위설 288

三十六. 《주역》의 괘를 해석하는 방법 295
남괘의 반란과 점괘 해석 295
당공 부인의 결혼 이야기 297
기효람과 《주역》 점괘 해석 298
미래가 과거에 영향을 미친다 299

三十七. 《주역》과 미래 예측 303
《주역》의 수리적 예측 303
《주역》과 컴퓨팅 314
《주역》의 역수와 미래 예측 316
《주역》의 백캐스팅과 포캐스팅 318

三十八. 《주역》의 64괘와 빅데이터 322
미래 예측 시스템 326
《주역》과 이순신 장군 327

三十九. 데이터 과학과 문제 해결 능력 331

四十. 《주역》 공부 335
체와 용 335
변화와 소통하며 날마다 새로워진다 337
극단과 대립 속에서도 조화와 균형은 이뤄진다 340
자신의 한계를 아는 것도 군자의 도리다 342
우주의 순환에 따라 인간은 성장한다 348
복잡함은 단순함이다 353
귀신은 변화로 생성과 소멸을 반복한다 358
우주와 자연의 이치를 닮아 살아간다 363
시작과 끝이 끊임없이 순환하고 반복한다 365
우주와 자연을 관찰해 숨겨진 질서를 본다 368
변화에 따라 행동한다 371
되돌아보면 후회하지 않는다 372
크고 작음은 괘 구조에 있다 374
귀천의 위치는 괘 전체를 종합적으로 분석한다 376
실수를 줄이고 올바른 방향으로 간다 379
우주는 인간이 있어 위대하다 385
변화는 가면 오고, 오면 간다 388
변화는 생각하는 대로 간다 391
서로 밀고 당기며 변화를 만든다 393
상을 통해 숨겨진 변화의 이치를 찾는다. 398
쉽고 간단하면 세상의 이치를 얻는다 404
《주역》은 여전히 새로운 진리다 406
강함과 부드러움의 마찰로 8괘와 64괘가 생겨난다 411
하늘의 상과 땅의 형을 보면 변화가 보인다 412
조화의 이치, 같은 성향이 항상 길하지는 않다 415
음양과 강유로 자연 법칙과 인간 도리를 말하다 421
하늘과 땅의 귀천은 우주의 질서다 425
육효의 배열이 인간 사회의 질서다 428

맺음말 《주역》의 가르침을 정리하며 433
저자 소개 436

서문

《주역》의 깊이 있는 해석을 위하여

　《주역》은 그 방대한 내용과 심오한 철학적 깊이로 인해 처음 접하는 이들에게 어려운 경전이다. 변화의 원리와 음양의 조화를 설명하는 이 고전은 그 자체로도 복잡한 구조를 지니고 있어 해석의 난이도 또한 높다. 이러한 이유로 많은 사람들이 《주역》을 이해하는 데 어려움을 겪고 있다. 따라서 이에 대한 체계적이고 명확한 안내서가 필요하다는 생각에서 이 책을 펴냈다.

　이 책은 《주역》의 원문뿐만 아니라, 《십익十翼》, 즉 《계사전繫辭傳》, 《설괘전說卦傳》, 《단전彖傳》, 《상전象傳》, 《문언전文言傳》, 《서괘전序卦傳》, 《잡괘전雜卦傳》을 망라하고, 지금까지 고대 문헌에서 언급한 《주역》의 철학적 의미와 역사적 맥락, 미래 예측에 관한 점술적 해석 등을 다루고 있다. 이를 위해 국내는 물론이고, 중국, 대만, 일본 등의 《주역》 관련 수많은 문헌들을 참고했다. 나아가 《주역》이 단순히 철학과 점술의 경전을 넘어서 문학적, 언어학적으로도 중요한 역할을 했다는 점에서, 《주역》 속의 문장학에 대해서도 다루었다. 이를 통해 독자들이 단순히 원문을 읽고 해석하는 것에서 그치지 않고, 다양한 시각에서 《주역》을 깊이 있게 이해할 수 있도록 돕고자 했다.

　이 책은 《주역》을 처음 공부하는 이들부터, 깊이 있는 연구를 원하는 이들까지 모두에게 도움이 되도록 기획되었다. 《주역》의 기본 구조와 핵심 개념을 설명하며, 고대 주석가들의 해석을 바탕으로 괘와 효의 의미를 분석해 철학적 깊이와 새로운 관점을 제시한다. 더 나아가 《주역》의 역사적 흐름과 미래 예측의 관점에서의 《주역》 해석, 그리고 고대와 현대를 잇는 《주역》의 문화적, 문학적, 과학적 가치에 대해서도 조명한다.

이 책은 필자가 오랜 시간 동안 《주역》을 공부하면서 얻은 작은 깨달음과 그 과정에서 터득한 이치를 독자들과 나누기 위해 집필한 것이다. 《주역》은 단순한 예언서나 철학서가 아닌, 자연의 이치와 사람의 삶을 연결하는 지혜의 보고다. 그 깊이와 폭은 한 사람의 인생을 통틀어 탐구해도 다 헤아릴 수 없을 만큼 넓고 깊다.

필자는 그동안 꾸준한 학습과 실천을 통해 조금씩 그 이치에 다가설 수 있었다. 이 책은 필자가 그 방대하고도 심오한 내용의 《주역》을 통해 깨달은 삶의 원리와 그 원리를 일상 속에서 어떻게 적용해왔는지에 대한 경험도 담겨 있다. 《주역》의 이치를 이해하고 응용하기 위한 다양한 방법론을 제시하며, 독자들이 스스로 자신의 삶에 맞는 해석과 적용을 할 수 있도록 돕고자 한다.

이 책이 《주역》을 처음 접하는 분들에게는 친절한 입문서가 되고, 이미 《주역》을 연구하고 있는 분들에게는 새로운 시각과 깨달음을 주는 참고서가 되기를 바란다. 《주역》이 우리에게 주는 가장 큰 가르침은 변화를 이해하고 받아들이며, 그 안에서 조화롭게 살아가는 방법이다. 이 책을 통해 독자들도 《주역》의 복잡한 구조와 깊은 사상을 더 쉽게 이해하고, 《주역》의 이치를 체득해, 변화의 흐름 속에서 자신의 길을 찾는 데 도움이 되기를 바란다.

주역공부

《주역》은 64개의 괘卦로 구성되어 있다. 각 괘는 음과 양의 6개의 효爻로 이루어져 있으며, 세상의 모든 변화와 이치가 담겨 있다. 하지만 《주역》은 매우 복잡하고 난해한 책으로, 처음 접하는 사람들에게는 이해하기 어려울 수 있다. 특히 각 괘 효사의 변화까지 고려하면 더욱 까다롭다.

하지만 '독서백편의자현讀書百遍義自見'이라는 말이 있다. '책이나 글을 백 번 읽으면 그 뜻이 저절로 이해된다'는 뜻으로, 학문을 열심히 탐구하면 뜻한 바를 이룰 수 있음을 가리키는 말이다. 이는 깊은 사유체계를 통해 통찰을 얻는 과정이다. 학문을 열심히 탐구하면 뜻한 바를 이룰 수 있음을 가리키는 말이기도 하다.

이 책은 필자가 펴낸 《주역경영》을 발췌하고, 다시 업데이트해서 만들어졌다. 《주역경영》의 원문 괘사와 효사는 국내 아카이브를 거의 샅샅이 뒤지며 비교했고, 특히 원문 한 글자 한 글자를 《설문해자說文解字》에서 최대한 3,000년 전의 뜻을 찾아 풀이했다.

《설문해자》는 중국의 가장 오랜 자전字典으로 중국 후한의 경학자經學者로 알려진 허신許慎이 필생의 노력을 기울여 저술한 책으로 알려져 있다. 1만여 자에 달하는 한자를 본래의 글자 모양과 뜻, 발음을 종합적으로 해설한 책이다. 즉, 처음 만들어질 때의 뜻과 모양과 독음讀音에 대해 종합적으로 해설한 중국 최초의 자전字典이다. 이 때문에 이 책은 한자의 자형字形을 연구하는 문자학文字學, 자음字音을 연구하는 성운학聲韻學, 자의字義를 연구하는 훈고학訓詁學, 유가儒家의 경전經傳을 연구하는 경학經學 등의 분야에서 모두 필독서로 손꼽힌다.

《주역》의 숫자, 모델 및 기호

《주역》은 숫자, 기호, 그리고 모델로 표현될 수 있는 독특한 시스템이다. 《주역》은 우주와 그 안의 모든 사물의 운동과 변화를 설명하는데, 이를 통해 사물의 변화 과정과 법칙을 이해할 수 있다. 《주역》은 단순한 상징 체계가 아니라, 자연과 우주의 원리를 나타내는 중요한 도구다.

《주역》은 만물을 포괄한다. 이는 단순히 물질세계뿐만 아니라, 그 안에서 일어나는 운동, 변화, 발전까지 모두 말한다. 이를테면, 자연의 변화나 사람의 삶, 사회의 발전 등을 모두 《주역》의 원리로 설명할 수 있다. 《주역》은 사물의 변화를 이해할 수 있도록 돕는 수학적 모델이나 기호 체계로도 사용될 수 있다.

《주역》의 중요한 특징으로는 무한성, 표상성, 연속성, 단계성, 영원성, 내재성, 주기성이 있다. 이러한 개념들은 사물의 변화를 설명하는 데 필수다.

역학의 무한성

무한성은 변화는 끝이 없으며, 우주는 무한히 확장되고 발전한다. 역학의 적용 범위는 무한하다. 시간적으로는 시작도 끝도 없고, 공간적으로는 안팎이 없다. 질량적으로는 크고 작음이 없으며, 수량적으로는 많고 적음이 없다. 형태적으로는 모양이 없고, 그 종류는 끝이 없다. 즉, 모든 것을 포함한다.

인류는 우주를 인식하는 과정에서, 동서양 문명 모두 우주를 좁은 범위에서 무한한 공간으로 확장해 나갔다. 고대 동양의 개천설, 서양의 지구 중심설 모두 지구를 우주의 중심으로 보았다. 그런데 유럽 르네상스 시대의 코페르니쿠스는 지구가 태양을 돈다고 주장해 인류의 우주 인식이 크게 도약하게 되었다. 현대 천문학 연구에 따르면, 태양계는 은하계를 중심으로 돌고 있으며, 은하계도 다른 은하들과 함께 회전하고 있다. 우주는 끊임없이 팽창하고 있으며, 그 끝은 아직 알 수 없다. 또한 '빅뱅' 이전의 우주는 무한히 작았을 것이다.

우주의 모든 물질과 그 성질을 사람이 모두 파악하는 것은 사실상 불가능하다. 현재 인류는 살고 있는 지구의 다양한 물질과 생물조차도 완전히 이해하지 못하고 있다. 물질의 구성에 대해서도 분자, 원자, 전자, 쿼크까지 알고 있지만, 그 이상은 아직 예측할 수 없다. 대체로 사람이 알고 있는 모든 사물, 우주와 미시적 기본 입자까지 모두 역학의 연구 범위에 포함된다.

역학의 외재성과 표상성

역학의 외재성과 표상성은 사물의 변화가 외부에서 일어나고, 그 변화를 우리가 인식하거나 감지할 수 있다는 개념이다. 쉽게 말해, 사물이 변화할 때 그 변화는 외부에서 나타나며, 우리는 그 변화를 보고 알 수 있다는 것이다.

사물의 변화는 외부에서 드러나는 부분을 통해 알 수 있다. 이를테면, 나무의 성장을 보면, 나무가 자라서 잎이 나고 꽃이 피고 열매를 맺은 후에 결국 시들어 죽는 과정을 관찰할 수 있다. 이러한 모든 변화는 나무의 외부에서 일어나는 일이다. 나무의 내부에서 어떤 일이 벌어지고 있는지는 보이지 않지만, 외부에서 드러나는 변화를 통해 나무가 성장하고 있음을 알 수 있다.

또 다른 예로, 하나의 세포를 연구 대상으로 삼을 때, 세포의 표면 바깥은 그 세포의 외부라고 할 수 있다. 세포 내부에서 많은 변화가 일어나고 있지만, 우리는 주로 그 세포의 외부에서 일어나는 변화를 통해 그 상태를 파악한다.

또 사물의 운동과 변화는 사람의 인식이나 감지에 의존한다. 즉, 우리는 사물이 외부에서 어떻게 변화하고 있는지를 보고, 그것을 통해 사물의 상태를 이해하게 된다. 나무가 자라는 것을 보고 나무가 건강하다고 판단하거나, 세포의 외부 변화에 따라 세포의 상태를 분석하는 것처럼, 사물의 외부에서 일어나는 변화를 관찰함으로써 우리는 그 사물의 발전 과정을 인식한다.

이처럼 우리는 사물의 내부에서 일어나는 변화를 직접 보지는 못하지만, 외부에서 드러나는 변화를 통해 그 사물의 전체적인 상태를 파악할 수 있다. 따라서 사물의 변화는 외부에서 드러나는 특징을 통해 사람이 감지할 수 있는 형태로 나타나며, 우리는 이러한 외부 변화를 관찰하고 그 사물의 상태와 변화를 이해하게 된다.

역학의 내부 변화성

사물 외부의 변화는 결국 내부의 변화에 기인한다. 이는 철학에서 '외부 요인이 내부 요인을 통해 작용한다'는 변증법적 유물론과 같다. 변증법적 유물론은 자연과 사회, 사고의 변화를 물질적인 조건과 상호작용을 통해 말한다.

이는 외부 요인이 변화를 일으킬 수 있지만, 그 변화는 내부 요인의 상태와 상호작용을 통해 실현된다고 본다. 즉, 변화의 근본적인 원인은 내부 요인에 있으며, 외부 요인은 그 변화를 촉발하거나 가속화하는 역할을 한다. 이를테면, 씨앗이 발아하려면 적절한 환경외부 요인이 필요하지만, 그 발아의 가능성은 씨앗 자체의 내부 구조에 달려 있다는 것이다. 따라서 외부 요인은 중요한 촉매 역할을 하지만, 변화의 실질적인 가능성은 내부 요인의 상태에 의해 결정된다는 것이 이 이론의 핵심이다.

역학의 연속성

사물은 끊임없이 변화하며, 그 변화는 한 번 시작되면 멈추지 않고 계속 이어진다. 물질의 운동이나 사물의 성장, 죽음 같은 과정들은 연속적으로 진행된다. 즉, 변화는 하나의 사건으로 끝나는 것이 아니라, 끊임없이 이어지는 과정이다.

이를테면, 물질의 운동은 언제나 계속된다. 지구가 태양 주위를 도는 것처럼, 모든 물질은 특정한 움직임을 가지며, 그 움직임은 중단되지 않고 지속된다. 같은 원리로, 생명체의 성장과 죽음도 하나의 과정이다. 생명체는 자라나고 결국 죽음을 맞이하는데, 그 과정은 연속적이다.

시간과 공간의 변화는 사물에 끊임없이 영향을 미친다. 변화가 일어나는 동안, 다른 요인들이 그 흐름에 간섭하더라도 완전히 중단되지는 않는다. 어떤 변화가 끝난 후에도 새로운 변화가 이어지며, 이전 변화는 다음 변화를 일으키는 원인이 된다. 이는 연속적인 변화의 특성을 잘 보여준다.

고대 그리스 철학자 헤라클리토스는 이와 관련해 "사람은 두 번 같은 강물에 발을 담글 수 없다"라고 말했다. 이 말은 모든 것은 항상 변하고 있기 때문에, 같은 상태로 존재하는 것은 없다는 의미다. 강물은 계속 흐르기 때문에 같은 강물에 다시 발을 담근다고 해도, 그 물은 이전에 발을 담갔을 때의 물과는 다르다는 것이다. 이 말은 변화가 끊임없이 일어나며, 그 변화가 연속적이라는 점을 잘 나타낸다.

즉, 변화는 한 번 일어나면 그것이 다음 변화를 이끌고, 그 과정이 계속 이어진다. 모든 변화는 서로 연결되어 있고, 한 변화가 끝나면 그에 따라 새로운 변화가 시작된다. 이를 통해 우리는 변화의 연속성을 이해할 수 있다.

역학의 단계성

변화는 단계적으로 일어나며, 각 단계마다 고유한 특징이 있다. 즉, 변화는 한 번에 급격하게 이루어지는 것이 아니라, 여러 단계에 걸쳐 차례차례 진행된다. 이를 통해 우리는 특정 시점에서 사물이나 현상이 어떤 상태에 있는지 알 수 있고, 그 변화 과정을 더 잘 이해할 수 있게 된다.

이를테면, 우주의 주기적인 운동은 여러 단계로 나눌 수 있다. 동양 철학에서는 이를 태극太極에서 시작해, 양의兩儀, 사상四象, 8괘八卦로 이어지는 단계로 말한다. 이러한 단계는 우주가 어떻게 변화하고 발전하는지를 나타내는 것으로, 각 단계는 우주의 특정한 상태나 현상을 상징한다.

또한 특정 사물이나 생명체도 변화의 단계로 나눌 수 있다. 이를테면, 생명체의 경우 탄생, 번성, 소멸 단계로 구분할 수 있다. 이러한 단계는 생명이 어떻게 태어나고 성장하며 결국 사라지는지를 이해하는 데 도움이 된다. 이러한 변화의 흐름을 이해하면, 생명체나 사물이 어떻게 발전하고 소멸하는지를 더 잘 알 수 있다.

인간 사회 역시 발전 과정에서 여러 단계로 나뉘어진다. 역사적으로 인간 사회는 원시사회, 노예사회, 봉건사회, 사회주의 사회/자본주의 사회와 같은 여러 사회 구조를 거치며 발전해 왔다. 각 사회 단계는 특정한 경제적, 정치적, 사회적 특징을 가지고 있으며, 이러한 단계를 통해 우리는 사회가 어떻게 발전하고 변화했는지 알 수 있다.

이러한 단계적인 변화는 사물이나 사회를 더 잘 이해하는 데 매우 중요한 역할을 한다. 단계성은 단순히 변화가 일어나는 과정을 구분하는 것이 아니라, 각 단계에서 나타나는 고유한 특징을 파악함으로써 사물의 본질을 이해할 수 있다. 사람이 사물을 이해하고 예측하는 데 있어 이러한 단계적 접근이 필수적인 이유는, 변화가 단계적으로 이루어지기 때문에 각 단계의 특징을 통해 미래를 더 잘 준비할 수 있기 때문이다.

역학의 주기성

모든 변화는 주기적으로 반복되며, 이러한 주기적인 운동을 관찰함으로써 우리는 자연과 사회의 본질을 더 깊이 이해할 수 있다. 우주는 시작도 끝도 없는 변화의 연속으로, 인간은 이러한 변화를 주기적인 것으로 가정해 우주의 본질을 파악하려고 노력한다. 자연 현상, 이를테면 계절의 변화나 해가 뜨고 지는 일처럼, 일정한 패턴으로 반복되기 때문에 우리는 이러한 주기적인 패턴을 통해 사물의 변화를 예측하고 이해할 수 있다.

주기적인 변화는 사람이 자연과 사회의 규칙성을 발견하고, 이를 바탕으로 미래를 예측하는 데 중요한 역할을 한다. 이러한 주기성은 일상 생활뿐만 아니라, 역사적 사건이나 사회적 변화에서도 나타나며, 이를 통해 우리는 변화의 흐름을 더 잘 파악할 수 있다. 결과적으로, 주기적 운동 과정을 이해하면 우리는 사물과 현상의 본질을 더 잘 알 수 있고, 이를 통해 더 나은 결정을 내릴 수 있다.

역학의 영원성

역학의 영원성은 사물의 움직임과 변화가 끝나지 않고 영원히 지속된다는 것이다. 모든 물질은 끊임없이 움직이며, 그 과정은 한 번 시작되면 멈추거나 사라지지 않고 연속적으로 이어진다. 이를테면, 지구가 태양 주위를 도는 운동은 끝나지 않고 계속되며, 이는 우주가 존재하는 한 지속된다. 이러한 운동은 한순간에 끝나는 것이 아니라 영원히 계속되는 과정이다.

사물의 생성과 소멸 또한 연속적이다. 나무가 자라고, 열매를 맺고, 결국 죽어가는 과정을 보면, 생명체나 사물은 탄생하고 소멸하는 순환을 겪는다. 그러나 나무가 죽더라도 그것은 끝이 아니다. 나무는 흙이 되어 새로운 생명체가 자라나는 데 도움을 주기 때문에, 이러한 변화는 연속적으로 이어진다. 즉, 사물의 생성과 소멸은 끊임없는 연결고리로, 영원한 흐름 속에서 지속된다.

물질은 언제나 변화를 겪으며, 그 변화는 멈추지 않는다. 이를테면, 물이 얼음으로 변하고 다시 물로 돌아가는 것처럼, 물질의 상태는 계속 변하며 고정된 상태에 머무르지 않는다. 물질의 변화는 영원히 이어지며, 중단되지 않고 계속해서 새로운 상태로 나아간다. 결국, 역학의 영원성은 사물과 물질이 끊임없이 움직이고 변화하는 것을 설명하며, 그 과정은 영원히 끝나지 않고 계속 이어진다는 자연의 기본 원리를 담고 있다.

역학의 철학과 과학의 통일성

역학은 철학적 사고와 과학적 원리를 동시에 포함하고 있다. 역학은 단순히 사물의 변화를 설명하는 철학적인 개념을 넘어, 자연의 법칙을 이해하고 이를 설명하는 과학적 체계를 담고 있다. 이를 통해 우리는 자연, 우주, 그리고 만물의 본질을 더 깊이 이해할 수 있다.

철학적 측면에서 역학은 우주와 자연의 이치를 설명하려는 데 중점을 둔다. 이를테면, 음양과 오행의 원리를 통해 세상이 어떻게 변화하고 조화를 이루는지를 말한다. 이러한 철학적 원리는 자연 속에서 사물들이 어떻게 상호작용하고 발전해 나가는지 이해하는 데 큰 도움을 준다. 하도河圖와 낙서洛書 같은 도식은 이러한 철학적 사고를 상징하며, 우주와 자연이 어떻게 질서를 가지고 움직이는지를 철학적으로 설명하는 중요한 도구다.

과학적 측면에서 역학은 자연의 법칙을 이해하고 실제로 적용할 수 있는 방법을 제시한다. 역학은 단순한 철학적 이론에 머물지 않고, 자연 현상을 과학적으로 분석하고 설명하는 데 사용된다. 하도와 낙서, 선천8괘와 64괘는 자연의 변화를 예측하거나 그 원리를 설명하는 도구로, 자연에서 발생하는 현상을 체계적으로 정리하고 분석하는 과학적 법칙을 포함하고 있다. 선천8괘는 자연의 기초적인 변화를 상징하는 8개의 괘로 구성되어 있으며, 64괘는 이를 확장해 사물의 다양한 변화를 말하고 예측하는 체계적인 방법을 제공한다.

철학과 과학의 통일성은 사람이 자연과 우주를 이해하고, 그 속에서 조화로운 삶을 영위하려는 노력에서 비롯된다. 역학은 자연의 원리를 철학적으로 이해할 뿐만 아니라, 그 지식을 바탕으로 자연을 이용하고 개선하는 과학적 방법을 제시한다. 자연의 법칙을 이해함으로써 우리는 그 법칙을 과학적으로 활용해 삶의 질을 높일 수 있다. 결론적으로, 역학은 철학적이면서도 과학적인 체계다. 이는 자연의 법칙을 연구하고, 이를 사람의 삶에 적용하는 과학적 도구로도 사용될 수 있으며, 자연과 우주의 본질을 이해하고, 그 법칙을 활용하려는 사람의 노력을 반영한다. 이처럼 《주역》의 독창성은 이러한 다양한 특징을 하나의 시스템으로 통합할 수 있다는 데 있다.

하지만 《주역》을 철학적 언어나 과학적 언어만으로 완벽하게 설명할 수는 없다. 다루는 범위가 너무 넓고 깊기 때문에, 어느 한 가지 방법으로 《주역》의 모든 것을 설명할 수가 없다. 철학이나 과학은 특정 영역에서 사물의 운동과 변화를 설명할 수 있지만, 모든 것을 다 포괄하지는 못한다. 《주역》은 우주와 만물의 변화를 설명할 수 있는 독특한 도구로, 철학이나 과학 이상의 범위를 가지고 있다. 이는 숫자와 기호로 표현할 수 있으며, 사물의 운동과 변화를 이해하는 데 강력한 방법을 제공한다.

고대 성인들은 세상의 다양한 변화를 설명하기 위해 가장 단순한 기호와 숫자를 사용했다. 그들은 자연과 우주의 움직임을 관찰하고, 이를 표현하는 방법으로 하도河圖, 낙서洛書, 선천8괘先天八卦, 후천8괘後天八卦 그리고 64괘六十四卦를 만들어냈다. 이 도식들은 그들의 지혜와 상상력의 결과물이다.

이 도식에서 사용하는 숫자와 괘의 기호는 매우 추상적이지만, 동시에 매우 직관적이다. 이를테면, 《주역》의 괘는 세 개 또는 여섯 개의 선으로 이루어져 있는데, 이 선들은 단순하지만 깊은 의미를 담고 있다. 또한 숫자 역시 복잡한 계산을 요구하지 않고 간단한 수로 표현하고 있다. 이렇게 간단한 기호와 숫자만으로 우주와 자연의 복잡한 변화를 설명할 수 있는 방법을 고안한 것은 간결함의 극치라고 할 수 있다.

이러한 도식은 직관적이어서 사람들에게 쉽게 이해될 수 있으며, 그 안에 담긴 복잡한 원리를 간단하게 전달할 수 있다. 즉, 고대 성인들은 복잡한 우주의 법칙을 단순화해 누구나 이해할 수 있는 도구로 표현한 것이다. 이 숫자와 기호는 매우 단순해 보이지만, 그 안에 담긴 사상과 지혜는 매우 깊고 방대하다. 고대 성인들은 이 간단한 모델과 도식을 통해 우주와 자연의 원리를 설명하려 했다. 이 도식들을 이해하면, 단순한 기호와 숫자 이상으로 깊은 영감을 얻을 수 있다.

이러한 도식을 통해 사람들은 도道, 태극太極, 무극無極 그리고《주역》이 무엇인지 더 잘 이해할 수 있다. 이 도식들은 복잡한 우주의 이치를 단순한 형태로 표현한 것으로, 이를 통해 객관적인 세계의 복잡성과 다양성을 상상할 수 있다. 하지만 도식 자체가 답이라기보다는, 그 안에 담긴 이치가 중요하다. 즉, 기호와 숫자가 중요한 것이 아니라, 그 기호들이 나타내는 원리가 핵심이다.

이러한 방식은 철학적 개념을 과학적 모델로 표현한 것으로서, 이는《주역》과 다른 책들과의 근본적인 차이를 보여준다.《주역》은 철학적 사유를 구체적인 기호와 숫자로 표현해, 자연의 법칙을 이해하고 설명하려고 했다. 이 점에서《주역》은 동양 문화와 다른 문화의 차이점도 보여준다. 동양 문화는 추상적인 철학을 실제적인 기호와 모델로 표현하려는 경향이 강했으며, 이를 통해 세상의 이치를 더 쉽게 이해할 수 있도록 했다.

《주역》의 도식 모델은 우주와 자연의 규칙적인 패턴을 반영하며, 세상의 변화와 발전 과정을 설명하는 중요한 도구다. 이 모델들은 하도, 낙서, 선천8괘, 후천8괘, 64괘로 이루어져 있으며, 각각 사물의 다양한 측면에서 변화와 발전의 규칙을 보여준다. 이 모델들에 대해 알아보자.

하도河圖 : 사물과 외부 세계 사이의 상호작용을 말한다. 이를테면, 나무가 자라기 위해서는 땅에서 물과 영양분을 흡수하고 햇빛을 받아야 한다. 이런 식으로 외부와의 관계는 사물의 존재와 발전에 중요한 역할을 한다. 하도는 사물이 어떻게 상호작용하고 결합하는지를 보여주는 모델로, 사물이 존재할 수 있는 기초를 말한다.

낙서洛書 : 사물 외부에서 일어나는 동적 변화를 정적인 패턴으로 나타낸다. 이를테면, 날씨나 계절이 변화하는 과정을 낙서는 고정된 숫자와 기호로 표현해 그 변화를 이해할 수 있게 한다. 이를 통해 외부의 변화를 관찰하고, 예측할 수 있다.

선천8괘先天八卦 : 사물 내부에서 일어나는 성장과 변화를 말한다. 이를테면, 씨앗이 땅에 심겨져 나무로 자라는 과정에서 내부에 어떤 일이 일어나는지를 나타낸다. 사물의 내부 변화를 중심으로 한 모델이다.

후천8괘後天八卦 : 사물 내부에서 일어나는 동적인 변화를 정적인 기호로 말한다. 사물의 내부에서 일어나는 활동을 고정된 패턴으로 보여주어, 그 변화의 흐름을 분석할 수 있게 한다.

64괘六十四卦 : 하도, 낙서, 선천8괘, 후천8괘의 종합적인 운동을 통해 사물이 어떻게 점차적으로 변화하고 발전하는지를 말한다. 이는 사물의 전체적인 변화 과정을 순서대로 이해하는 데 도움을 주는 모델로, 사물이 어떻게 시간의 흐름 속에서 변해가는지 보여준다.

《주역》의 이 다섯 가지 주요 도식은 각기 다른 방식으로 사물의 변화와 발전을 말한다. 이들은 단순한 기호나 숫자로 표현되지만, 그 속에는 사물과 세계의 깊은 패턴이 담겨 있다. 《주역》의 도식은 우주의 규칙성을 설명하는 도구로, 세상에서 일어나는 다양한 변화와 상호작용을 이해할 수 있게 해준다.

一. 《주역》과 과학 그리고 미래 예측

《주역》과 복잡계

눈으로 볼 수 있는 거시의 세계를 '양陽'이라 하고, 눈으로 볼 수 없는 미시의 세계를 '음陰'이라 한다. 이런 음과 양의 이치와 조화를 특정 암호처럼 고도로 은유하고 상징화해 기술한 책이 《주역》이다. 역易의 핵심 사상은 양陽과 음陰, 강剛, 강함과 유柔, 부드러움, 건乾, 하늘과 곤坤, 땅이 서로 대립하고 서로 보완하며 삼라만상을 움직이는 끝없는 우주의 순환 원리다.

실제로 현대 과학으로 보면 138억 년 전 빅뱅으로 하늘이 열리며 시간과 공간이 생겨났다. 그리고 또 오랜 시간이 흘러 사람이 태어나 오늘에 이르렀다. 《주역》은 이렇게 만들어진 시간天과 공간地 속에서 인간人이 겪게 되는 중요한 62가지의 상황을 음양의 이치에 따라 풀이하고 있다. 시간, 공간, 사람의 3요소가 서로 연결되고 작용해 결과를 만들어 내는 이 신비롭고 흥미로운 주제에 대해 3,000년 전 주周나라 BC 1111년~256년 시대에 쓰여진 것이 역易이며, 경經이다. 우리는 이를 《역경》 또는 《주역》이라 부른다.

이러한 역학적 사유의 세계에 함축된 열린 체계는 복잡계 관점과 유사하다. 《주역》의 하늘과 땅 그리고 사람의 가치론은 복잡계 이론에서 자기 조직화의 과정과 창발적 방식에 바탕을 둔 확산원리 Dissipating Principle 의 맥락에서 이해될 수 있다.

우리가 보는 세계는 인식할 수 있는 단순계가 아니라 복잡계이다. 인식 사고의 과정 자체에 한계가 있을 수밖에 없다. 현대로 접어들면서 양자역학이 우주의 보편적 법칙으로 제시되면서 세상을 바라보는 패러다임에 일대 전환이 일어났다. 《주역》의 세계관은 공시성에서 양자역학과 카오스 이론, 그리고 복잡계라는 관점에서는 혼돈계, 태극-음양-사상으로, 분화하는 관점에서는 자기 조직화하는 시스템과 유사하다.

복잡계Complex System란 완전한 질서나 완전한 무질서를 보이지 않고 그 사이에 존재하는 계로서, 수많은 상호작용을 통해 구성 요소 하나하나의 특성과는 다른 새로운 현상과 질서가 나타나는 시스템을 말한다. 이때 구성 요소들은 독립적으로 존재하지 않고 다양한 상호작용을 주고받는데, 그 결과 구성 요소를 따로따로 놓고 보았을 때의 특성과는 다른 거시적인 새로운 현상과 질서가 발현된다. 뉴턴 역학에서는 한 행동이 하나의 결과를 갖지만, 복잡계에서는 주어진 원인이나 행동이 비선형성과 되먹임 고리feedback loop를 통해 여러 가지 결과를 초래한다.

최근 자연과학 및 사회과학에서 복잡계 연구가 활발히 진행되고 있다. 무질서하게만 보이는 정치, 사회, 경제 현상 등 물리적, 생물학적, 사회학적 대상을 구성 요소들의 관계가 시스템의 집합적 행동을 발생시키는 메커니즘과 시스템이 환경과 상호작용하고 관계를 형성하는 방법을 연구하는 새로운 과학이다. 복잡계 이론은 세상이 돌아가는 원리나 법칙을 단순하게 해석하려는 기존의 분석적이고 분해적인 과학에 대한 도전으로, 자연과학뿐만 아니라 사회과학, 경제학, 컴퓨터 과학 등 다양한 분야에 활용되고 있다. 이를 통해 우리는 현실 세계에서 발생하는 다양하고도 복잡한 현상들을 이해하고 예측하고 설계할 수 있다.

대표적인 복잡계 연구소로는 독일 막스플랑크연구소Max Planck Institute와 미국의 산타페 연구소Santa Fe Institute, SFI가 유명하다. 막스플랑크연구소는 독일 뮌헨에 본부를, 독일 전역에 80여 개의 연구소를 두고 있는 물리·화학·생물·의학 등 기초과학 분야의 세계적인 연구소로, 그동안 33명의 노벨상 수상자를 배출한 그야말로 노벨 사관학교다. 또한 미국 산타페 연구소는 1984년에 노벨 물리학상 수상자인 머레이 겔만 Murray Gell-Mann과 필립 앤더슨 Phillip Anderson, 노벨 경제학상 수상자 케네스 애로 Kenneth Arrow가 미국 뉴멕시코 주 샌타페이에 설립한 연구소다.

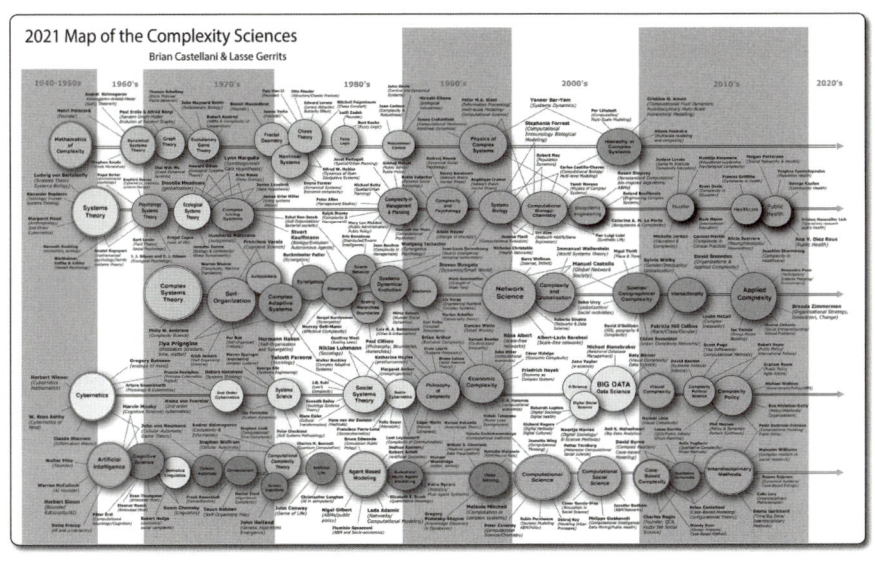

2021 복잡계 과학 지도 _ 출처 : Art & Science Factory

실제로 《주역》으로 보는 미래 예측은 시간의 문제다. 시공간적으로 제한된 삶을 사는 인간은 미래를 미리 알 수 없는 존재다. 이런 시간의 제한은 인간에게 부여된 운명이다. 어쩌면 사람의 길흉은 시간과의 불일치에서 비롯되었는지도 모른다. 양자역학의 세계에서 나타나는 모습처럼 과거-현재-미래가 서로 물고 물리는 중첩과 얽힘의 시간을 통한 미래 예측을 우리는 아직 알 수 없다.

《주역》은 사람의 길흉화복을 묻는 단순한 점서를 뛰어넘어 우주의 이치, 세상의 이치를 다루는 사람의 삶의 매뉴얼이다. 진리는 단순하다. 복잡하고 어렵다면 그것은 진리가 아니다. 진리처럼 보일 뿐이다. 따라서《주역》의 코드를 풀어 비밀의 문을 여는 사람은 자신을 알고, 상대를 알며, 세상의 흐름을 알 수 있다. 이 코드를 풀기 위한 다양한 노력과 시도가 때로는 진리에서 더욱 멀어지게 만들고, 《주역》은 난해하며 복잡하고 어렵다는 생각을 갖게 했다.

복잡한 시스템, 즉 복잡계도 마찬가지다. 종종 비선형적이고 혼란스럽고 정확하게 모델링하기 어렵기 때문에 복잡한 시스템에서 미래를 예측하는 것은 어렵다. 그러나 미래 예측의 정확성을 향상시키는 데 사용할 수 있는 몇 가지 접근 방식이 있다.

그중 첫 번째 접근 방식은 컴퓨터 시뮬레이션과 모델링을 사용해 복잡한 시스템의 동작을 시뮬레이션하는 것이다. 여기에는 시스템의 수학적 모델을 만들고, 컴퓨터 알고리즘을 사용해 다양한 조건에서 동작을 예측하는 것이 포함된다. 다양한 입력 및 매개변수로 시뮬레이션을 실행함으로써 시스템이 미래에 어떻게 작동할지에 대한 통찰력을 얻는다.

두 번째 접근 방식은 기계 학습과 같은 데이터 기반 방법을 사용해 복잡한 시스템에서 대량의 데이터를 분석하는 것이다. 여기에는 알고리즘을 사용해 데이터의 패턴과 관계를 식별하고, 이러한 패턴을 사용해 시스템의 향후 동작을 예측하는 작업이 포함된다.

세 번째 접근 방식은 전문 지식과 경험을 활용해 과거의 관찰과 현재의 추세를 기반으로 예측하는 것이다. 이 접근 방식은 해당 분야 전문가의 통찰력과 경험을 통해 시스템이 미래에 어떻게 작동할지에 대한 추론한다.

마지막으로 모든 예측 방법의 한계를 인식하는 것이 중요하다. 복잡한 시스템은 본질적으로 예측할 수 없으며, 예측하지 못한 사건은 시스템의 동작에 상당한 영향을 미칠 수 있다. 따라서 접근 방식을 조합해 사용하고 시스템을 지속적으로 모니터링해 새로운 정보를 사용할 수 있을 때 예측을 조정한다.

오늘날처럼 복잡하게 급변하는 세계에서는 《주역》처럼 상징화되고 숨겨진 진리를 현대 과학의 복잡계 등 다양한 방법을 융합하고 통섭해 중요한 의사 결정이나 전략을 세우고, 변화를 해석하는 유용한 도구로 삼아야 한다.

《주역》과 과학 그리고 동시성

예로부터 《주역》은 인간과 주변 환경의 관계를 이해하기 위해 사용되어 왔다. 《주역》은 동양 사상의 본질과 초월적 영역과 사람의 삶 사이의 연관성을 밝힌 철학서다. 《주역》에서는 핵심 이치인 사람의 삶과 그를 둘러싼 주변 전체 상황과 관계를 통通이라는 개념으로 정의했는데, 이를 통해 우리는 미래를 예측할 수 있다.

언뜻 보면 《주역》과 현대 물리학 사이에는 별다른 연관성이 없는 것처럼 보일 수도 있다. 하지만 빅뱅 이론, 양자역학, 복잡계 이론 등과 《주역》은 매우 흥미로운 유사점이 발견된다. 《주역》은 물론 우주의 기원과 본질을 다루는 현대 물리학 모두 물질과 에너지의 행동을 지배하는 근본적인 원리의 존재를 주장하고, 현실의 근본적인 측면으로서 끊임없는 변화를 강조한다. 현대 물리학은 각각의 행위가 매개점을 중심으로 유기적인 관계를 통해 어떻게 세계가 형성되는지 말한다면, 《주역》은 인간과 주변 환경이 하나로 연결되어 있다는 개념이다.

먼저 《주역》과 빅뱅 이론은 모두 모든 것의 상호 연결성을 강조한다. 《주역》의 기본 원리는 음과 양, 즉 빛과 어둠을 통해 일어나는 모든 변화를 다룬다. 빅뱅 역시 우주가 하나의 통합된 에너지와 물질 장에서 생겨났고, 이후에 우리가 관찰하는 복잡한 구조로 다양화되고 분화되었다고 가정한다. 빅뱅은 우주의 기원에 대해 가장 널리 받아들여지는 과학 이론이다. 이 이론에 따르면, 우주는 약 138억 년 전에 밀도와 온도가 무한한 점인 특이점으로 시작되었다. 그 후 우주는 급속히 팽창하고 냉각되어 아원자 입자, 원자, 그리고 결국 은하와 별이 형성되었다.

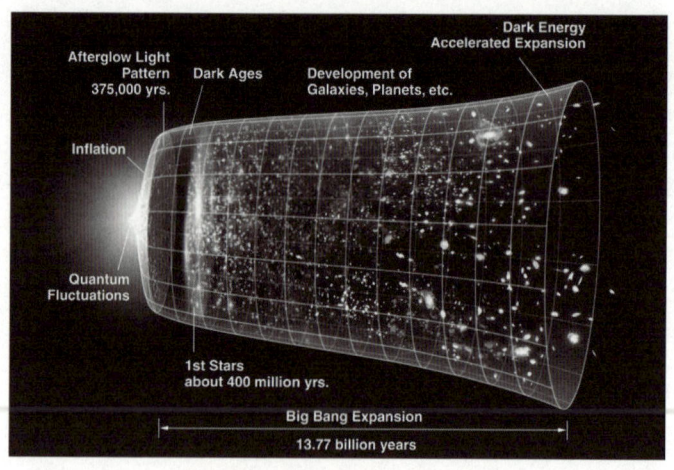

빅뱅(Bigbang) _ 출처 : NASA/WMAP Science Team

빅뱅 이론의 증거는 우주 마이크로파 배경 복사, 풍부한 빛의 원소, 우주의 대규모 구조 등 다양한 관측에서 나온다. 이러한 관측 결과는 우주가 매우 압축되고 뜨거운 상태에서 시작되었으며, 그 이후로 팽창과 냉각을 거듭해 왔음을 말해준다. 초기 우주에서 만들어진 최초의 원소들은 수소$_H$, 헬륨$_{He}$, 리튬$_{Li}$, 베릴륨$_{Be}$, 붕소$_B$이다. 이러한 원소들은 별과 행성 형성의 기본 재료가 됐다. 원소 비율은 수소 약 75%, 헬륨 약 25%, 미량의 리튬,

베릴륨, 붕소 등이다. 이러한 비율은 현재까지도 거의 동일하게 유지되고 있다. 이러한 원소들은 별이 죽을 때 우주 공간으로 방출된다. 또 이렇게 방출된 원소들은 새로운 별과 행성 형성에 사용된다.

이처럼 두 분야 모두 변화를 다루고 있다. 《주역》에서도 변화는 우주의 기본 원리로, 64괘는 자연계의 다양한 단계와 변화 주기를 예측하는 데 사용된다. 마찬가지로 빅뱅 이론은 우주의 인플레이션 기간과 최초의 별과 은하 형성을 포함해 오늘날까지의 변화를 다룬다.

특히 가장 눈에 띄는 유사점 중 하나는 비위치성 개념이다. 양자역학에서 비위치성은 먼 거리에 떨어져 있는 입자들이 서로의 행동에 즉각적으로 영향을 미칠 수 있는 현상을 말한다. 양자역학의 기본 개념으로 이를 '얽힘'이라고 한다. 《주역》 역시 우주의 모든 사물이 서로 연결되어 있으며 시스템 한 부분의 변화가 전체에 파급 효과를 미칠 수 있다는 원리다. 이는 우주의 다양한 변화와 주기를 나타내는 64괘에 구체화되어 있다.

겹치는 또 다른 영역은 이중성의 개념이다. 현대 물리학에서 음과 양의 원리는 입자이자 파동인 빛의 이중성에 반영되어 있다. 마찬가지로 《주역》도 한 쌍의 음과 양으로 구성되어 있으며, 이는 우주에서 일어나는 모든 현상의 근간이 되는 상보성을 나타낸다.

《주역》과 현대 물리학은 모두 복잡성이라는 개념과도 관련이 있다. 《주역》에서 괘는 우주를 지배하는 힘의 복잡한 상호작용을 표현하는 데 사용한다. 현대 물리학에서는 복잡성 이론을 연구해 날씨, 경제, 사람의 뇌와 같은 복잡한 시스템의 행동을 이해하고자 한다.

또한 《주역》과 현대 물리학의 연결성은 서양의 융의 분석심리학에서 말하는 동시성 개념과도 일맥상통한다. 동시성同時性, Synchronicity이란 아무런 인과관계가 없는 어떤 두 사건이 비슷하거나 혹은 같은 의미를 가지고 동시에 일어나는 것을 말한다. 결국 이 둘 모두 사람이 세상과 분리된 존재가 아니라 연결되어 있다는 것을 보여준다.

  동시성의 원리를 서양에서 처음으로 주장한 사람은 칼 융이다. 그는 처음에 고전 점성술에서 언급되고 있던 객관적 순간 objective time moment, 즉 사람의 정신과 외부의 사건 사이에 어떤 관련이 있을 것이라는 이론을 수용했다. 이 이론의 요점은 특정한 순간에 어떤 질적인 시간이 존재한다는 것이다. 해당 순간에 일어난 모든 일들은 그것이 무엇이든 그 순간의 성질을 가진다는 것이다.

  사실 우리는 일상에서 우연의 일치라는 말을 많이 사용한다. 필연이 어떤 인과성을 전제로 한다면, 우연은 어떤 인과성을 배제한다. 바로 이 인과성을 배제한 우연의 일치가 동시성의 원리를 보여주는 좋은 한 예다. 그러므로 동시성이란 인과성이 배제된 사건의 일치를 나타낸다. 그런데 여기서 주목할 것이 있다. '인과성이 없다'는 말을 '의미가 없다'는 말로 해석하는 오류를 범해서는 안 된다는 것이다. 왜냐하면 공시성은 두 사건 사이에 의미적 관련성이 없지만, 동시성은 두 사건 사이에 의미적 관련성을 가지고 있기 때문이다.

  동시성은 두 사건이 인과적 관계 없이 의미있는 사건이 동시에 나타나는 것을 말한다. 즉, 이것은 관찰자의 의식과 외부 사건이 어떤 한정된 공간 속에서 의미적 관련성을 가지고 동시에 일어나는 것을 말하지만, 때로는 관찰자가 존재하는 공간과 외부사건이 일어나는 공간이 다른 경우도 있다. 가령, 어떤 사람이 스웨덴에 있으면서 땅이 갈라지는 것을 보았는데, 동시에 일본에서 지진이 일어나는 것과 같은 일이 그것이다.

  그런데 이 동시성은 관찰자의 꿈이나 의식 속에 갑자기 나타난 사건이 미래의 사건과 일치하는 것까지 확대되어 적용되기도 한다. 이러한 동시성의 이론은 때로는 비과학적이라는 비판을 받을 수도 있다. 하지만 실재에 대한 개념을 바꾼다면, 즉 실체적 실재관을 '관계적 실재관', '유기적 실재관', '상대적 실재관' 등의 용어로 바꾼다면 상당히 다른 측면을 발견할 수 있다.

우리가 알고 있는 물리학 이론으로 '국소성의 원리 Pinciple of Locality'라는 것이 있다. 두 개의 물체가 공간적으로 멀리 떨어져 있다면 서로 직접적으로 영향을 줄 수 없다는 이론이다. 이것은 두 물체 간에 어떤 영향을 주고받으려면 중간에 어떤 매개자가 있어야 함을 전제로 한다. 그런데 아인슈타인이 포돌스키, 로젠과 함께 실험을 했는데, 결과가 다르게 나왔다. 사람들은 이 실험을 세 사람 이름에서 첫 글자를 따 'EPR 사고 실험'이라고 불렀다.

그 실험은 각기 멀리 떨어져 있는 두 물체 간에 매개자가 없다면 상호 직접적인 영향이 없어야 하는데, 두 물체 간에 매개자 없이도 상호 영향을 미친다는 연구 결과가 도출되었다. 즉, 국소성의 원리를 증명하기 위한 실험이었는데, 비국소성의 원리가 진실임을 보여주는 연구 결과가 나타난 것이다. 이 결과는 당시로서는 사고였지만, 1982년 아스페 Aspect가 한 세 번의 실험을 통해 비국소성의 원리가 사실임이 다시 증명되었다.

이 실험들은 공간적으로 멀리 떨어져 있는데, 각 공간에 있는 물체들 간에 상호작용이 있으며 상관성이 있다는 것을 증명한 것이다. 단순히 인과율로만 설명되지 않는 우주의 일체성 혹은 전체성을 인정한 것이다. 이것을 조금 확대 해석하면, 세계는 유기적 관계를 가진 유기체임을 암시한다. 즉, 세계는 어떤 알 수 없는 관계로 직조된 유기체인 것이다.

정리하자면, 동시성의 이론은 비인과론적이며, 과학으로도 어느 정도는 증명이 된 이론이다. 그리고 그것은 무엇보다도 우주 또는 세계가 유기체적이며 상관적이라는 사실을 간접적으로 증명해 주는 논리인 것이다.

숨겨진 질서

　데이비드 봄 David Bohm은 20세기의 가장 중요한 이론물리학자 중 한 사람으로 양자 이론, 신경심리학 및 심리철학에 커다란 아이디어들을 기여한 과학자다. 그의 홀로그램 우주 이론에 따르면, 우주는 근본적으로 서로 연결되어 있으며, 모든 물체와 현상은 근본적으로 '숨겨진 질서 Implicate Order'의 일부다. 이 이론은 눈에 보이는 세계는 우주에 있는 모든 것의 근간이 되고, 상호 연결되어 더 깊고 숨겨진 현실이 나타난다는 것이다.
　봄의 홀로그램 이론은 우주를 레이저 빛의 간섭 패턴에 의해 형성된 3차원 이미지인 홀로그램으로 생각할 수 있다는 것이다. 그의 이론에 따르면, 홀로그램에는 이미지의 모든 부분에 전체 이미지에 대한 정보가 포함되어 있으며, 이미지 전체가 하나의 일관된 패턴으로 저장된다.

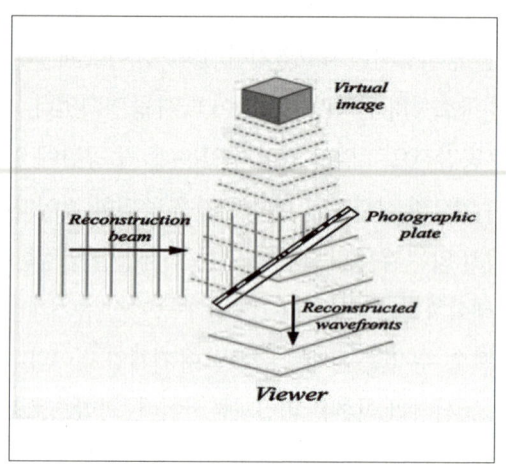

홀로그램 재구성 과정의 다이어그램 _ 출처 : wikipedia. CC BY-SA 3.0

봄은 우주가 우주의 모든 부분에 암호화된 숨겨진 질서를 포함하고 있다는 점에서 홀로그램과 유사하다고 말했다. 이 숨겨진 질서는 우주에 존재하는 모든 가시적 사물과 현상의 근원으로, 우리의 일반적인 인식 방식으로는 접근할 수 없지만, 깊은 성찰 과정을 통해 접근할 수 있다고 한 것이다. 그리고 이를 활용함으로써 우리는 우주와 그 안에서 우리의 위치를 더 깊이 이해할 수 있다고 했다.

봄의 홀로그램 이론은 양자역학 및 의식 연구와 같은 분야에 영향을 미쳤으며, 현실의 본질에 대한 새로운 연구와 통찰에 계속해서 영감을 주고 있다. 이 이론은 여전히 논란의 여지가 있고 논쟁의 대상이 되고 있지만, 우주의 근간이 되는 상호 연결성과 숨겨진 질서를 일깨워주는 강력한 이론임에 틀림없다.

《주역》의 원리와 과학

《주역》은 우주의 변화를 말하고, 그 변화를 통해 사람의 삶을 이해하고자 하는 동양 최고의 학문이다. 《주역》에는 '삼역三易'이라 불리는 3가지 대원칙이 있다. 바로 '간역簡易', '불역不易', '변역變易'이 그것이다. 우주 변화 원리의 쉽고 간단한 이치를 '간역簡易', 절대계의 불변하는 이치를 '불역不易', 현상계의 변화하는 이치를 '변역變易'이라 한다.

《주역》의 간역은 우주의 법칙이다. 우주를 지배하는 법칙은 간단하다. 빅뱅 이론은 우주의 기원을 설명하는 가장 일반적인 이론이다. 빅뱅 이론에 따르면, 우주는 138억 년 전에 매우 작은 크기로 시작해 폭발적으로 팽창해 오늘날의 우주로 성장했다. 또 아인슈타인의 유명한 방정식 $E=mc^2$은 에너지와 질량의 관계를 간결하게 표현한다. 자연선택 역시 복잡한 생물학적 시스템을 설명하는 간단한 원리다. 즉, 1+1=2라는 것을 안다면 매우 간단하다.

《주역》의 불역은 열역학 제1법칙에 의해 설명된다. 우주의 에너지는 불변이다. 열역학 제1법칙은 에너지가 생성되거나 소멸되지 않고, 그 총량이 항상 일정하다는 것을 말한다. 즉, 우주의 에너지는 항상 그 총량이 일정하다. 우주 대부분은 우리가 알지 못하는 암흑 물질과 암흑 에너지로 구성되어 있다. 이는 우주의 근본적인 원리를 이해하는 것이 쉽지 않음을 의미한다.

《주역》의 변역은 열역학 제2법칙에 의해 설명된다. 우주의 에너지는 항상 그 총량이 변하지 않지만, 우주의 엔트로피는 시간이 지날수록 증가한다. 열역학 제2법칙은 열역학적 계의 엔트로피가 항상 증가한다는 것을 말한다. 엔트로피는 무질서함의 정도를 나타내는 양으로, 우주의 엔트로피가 증가한다는 것은 우주가 점점 더 무질서해지고 있다는 것을 의미한다.

가령, 얼음이 녹으면 엔트로피가 증가한다. 이는 얼음이 녹으면서 분자들이 움직이기 시작하고, 그로 인해 무질서함이 증가하기 때문이다. 또 뜨거운 물은 시간이 지남에 따라 차가워지고, 뜨거운 공기는 시간이 지남에 따라 차가워진다. 이것은 열이 차가운 쪽으로 이동하기 때문이다.

정리하자면, 우주의 에너지는 항상 그 총량이 일정하지만, 그 형태는 변할 수 있다. 우주의 엔트로피가 계속 증가한다면, 결국 우주는 완전히 무질서해질 것이다. 이때 우주는 더 이상 생명체가 존재할 수 없게 될 것이다.

二. 미래 예측과 알아차림

미래 예측에서 알아차림은 빠르게 변화하는 기술 발전과 사회 변화 속에서 기업과 개인 모두에게 중요한 경쟁력이 되었다. 특히 미래의 유망 기술을 발굴하고, 새로운 시장 기회를 포착하기 위해서는 미래 변화의 징후를 미리 탐지하는 능력이 필수적이다. 이러한 징후를 알아차리는 데 중요한 역할을 하는 것이 바로 미세 신호Weak Signal다.

미세 신호는 처음에는 작고 눈에 잘 띄지 않지만, 앞으로 큰 변화를 이끌어낼 수 있는 미묘한 신호다. 작은 기술적 변화나 소비자의 행동 변화 같은 미세한 신호들을 미리 포착하고 분석하는 것은 미래를 대비하는 중요한 방법이다. 이를 통해 우리는 다가올 변화를 예측하고 준비할 수 있다.

미래 기술을 예측하는 것은 단순한 추측이 아니라, 과학적 데이터를 기반으로 변화의 패턴을 분석하는 것이다. 필자는 서양 과학, 논문, 특히 데이터를 기반으로 미래 기술을 예측하는 데 집중해 왔다. 이처럼 기술이 발전하는 방향을 연구하고 징후를 탐지하면 어떤 기술이 앞으로 유망할지 미리 파악할 수 있다. 이러한 예측은 기술 혁신을 주도하고, 새로운 시장 기회를 잡는 데 결정적인 역할을 한다.

미래를 예측하기 위해서는 징후를 빠르게 탐지하는 능력이 필요하다. 징후란 다가올 변화의 신호로, 기술 발전이나 사회 변화의 초기 단계에서 나타난다. 이 징후들은 작고 눈에 잘 띄지 않지만, 논문, 특허, 시장 동향을 분석해 작은 변화를 주의 깊게 살펴보면 미래의 큰 변화를 예측할 수 있다. 결국, 미세 신호와 미래 예측은 급변하는 세상에서 필수적인 능력이다. 작은 변화의 징후를 포착하고, 이에 따라 미래를 준비하는 것은 개인과 기업 모두에게 중요한 성공 요인이 된다. 미래 기술 변화의 신호를 빠르게 감지하고, 이를 바탕으로 새로운 기회를 포착하는 능력은 앞으로 더 큰 경쟁력을 제공할 것이다.

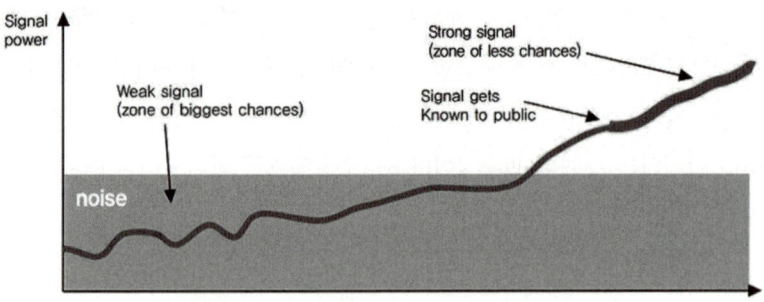

미래변화의 징후 _ 출처 : ETRI Electronics and Telecommunications Trends

　미래 변화의 징후는 미세 신호, 강한 신호 그리고 와일드 카드의 관계로 설명할 수 있다. 미세 신호는 미약하고 중요하지 않은 것처럼 보이지만, 미래에 일어날 일들에 대한 정보를 담고 있는 징후다. 미세 신호는 대개 노이즈 Noise와 섞여 있어서 구분하기가 힘들지만, 노이즈로 감춰지기 어려울 정도로 구체성을 띄게 되면 강한 신호 Strong Signal가 된다.
　와일드 카드 Wild Card는 예측하기 어려웠던 중대 사건의 발생을 의미하는데, 미세 신호가 의미하던 현상이 현실로 나타나는 것으로, 와일드 카드 이후에는 기회가 거의 없거나 아주 적어진다고 할 수 있다. 강한 신호가 나타난 후 와일드 카드까지는 시간이 짧으므로 대처할 시간이 부족하다. 하지만 미세 신호는 오랜 시간 유지되는 경향이 있기 때문에 초기에 징후를 포착한다면 미래의 변화를 준비할 충분한 시간을 가질 수 있다.

 미래학에서는 미세 신호의 정의를 좀 더 명확히 하기 위해서 많은 연구가 이루어져 왔다. 그중 엘리나 힐투넨 Elina Hiltunen 이 제시한 3차원 공간 모델이 미래를 보는 비밀 병기로 평가받고 있다.

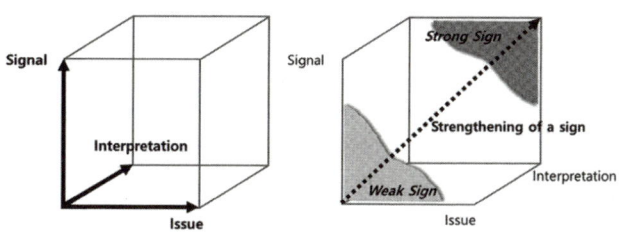

Hiltunen이 제안한 3차원 공간 모델 _ 출처 : Springer Nature

 이 모델에서 각 축은 신호 Signal, 이슈 Issue, 그리고 해석 Interpretation 으로 구성되며, 각 요소의 의미는 다음과 같이 해석한다. 신호는 시그널의 수나 가시성을 나타내고, 이슈는 사건의 수신문 뉴스, TV 보도, 루머 등를 나타내며, 해석은 정보 수용자들에게 미치는 미래 신호로써 인지하는 정도를 나타낸다. 신호와 이슈 축은 객관적 차원이라고 할 수 있고, 해석은 주관적 차원이라 할 수 있다. 신호의 수가 증가하고 사건의 수가 많아질수록, 그리고 정보 수용자들에게 주어진 신호가 미래 신호로써 큰 영향력을 미칠 때, 미세 신호에서 강한 신호로 이동하게 된다.

 미래 전략 연구, 시장 조사, 기술 개발 등 다양한 분야에서는 미래 트렌드의 싹인 미약한 신호를 포착하는 데 초점을 맞추고 있다. 《주역》 역시 64개의 괘를 통해 현재 어떤 상황인지 '알아차림'이 매우 중요하다.

三. 《주역》의 개요

역易 자의 기원

'역易' 자는 고대 한자의 상형문자에서 유래한 글자로, 자연의 변화와 순환을 상징한다. 일반적인 기원설은 역易 자의 구성 요소에서 '해 일日'이다. 해는 날마다 떠오르고 지며, 주기적인 변화와 순환을 나타낸다. 이는 자연에서 가장 기본적인 변화의 상징으로, 역易이 지닌 변화와 주기를 나타내는 상징적 요소로 볼 수 있다. 그다음은 '무릇 물勿'이다. 고대 문자에서 뱀의 형상을 본떠 만들어졌다고 한다. 뱀은 주기적으로 탈피하는 동물로, 변화를 나타내는 상징적인 존재다. 뱀이 껍질을 벗고 새로워지는 과정은 변화의 상징으로, 《주역》에서 말하는 변화/순환의 개념과 잘 맞아떨어진다. 따라서 역易 자는 이러한 자연의 주기적인 변화와 재생을 결합한 상징적 의미를 지니며, 시간이 지남에 따라 자연의 변화와 새로운 상태로의 전환을 나타내는 글자로 발전하게 되었다고 한다.

또한 역易 자는 해와 달의 상형으로 해석되기도 한다. 이는 해와 달이 주기적으로 변화하는 자연 현상을 반영한 것이라는 해석이다. 하지만 갑골문과 금문을 보면, 이 설은 일치하지 않는다는 지적이 있다.

또 다른 해석으로는 역易 자가 도마뱀의 상형에서 비롯되었다는 설도 있는데, 도마뱀이 환경에 따라 색을 바꾸는 특징에서 변화라는 의미가 도출되었다고 한다. 《설문해자》도 이러한 해석을 지지했고, 이후 많은 학자들이 이를 받아들였다. 금문 이후의 자형을 보면 도마뱀의 모습과 유사하다고 볼 수 있으나, 갑골문에서는 그 유사성이 부족하다는 한계가 있다.

익益 자의 약자설도 있다. 이는 물을 그릇에 옮기는 모양을 나타내는 익益 자의 생략된 형태가 역易이라는 것이다. 그릇 손잡이와 물을 나타내는 세 점만 남은 글자라는 설명이다. 이 설은 현재 많은 학자들의 지지를 받고 있으며, 역易 자가 '물을 갈다'는 의미로 해석될 수 있다고 주장한다.

易자의 형태 변천 과정과 기원 및 의미 변천 과정 _ 출처 : www.guoxuedashi.net

그밖에 초승달과 달빛 상형설도 있다. 갑골문에서 보이는 오른쪽 부분은 초승달을, 왼쪽 부분은 달빛을 상징하는데, 초승달과 달빛의 변화를 나타내며, 이러한 변화는 시간이 흐름에 따라 자연스럽게 순환하는 달의 모습을 반영한 것이라고 한다. 실제로 달은 고대부터 시간의 흐름을 나타내고, 달력의 기준으로 사용되어 왔다. 이러한 달의 변하는 모습은 역易의 변화하는 원리와 잘 맞아떨어진다.

이처럼 역易 자의 기원에 대한 여러 설들은 오랜 시간 논의되어 왔다. 고고학적 자료에 따르면, 이 글자는 두 손으로 잔에 물을 따르는 행위를 본뜬

상형문자에서 유래했다고 한다. 갑골문에서 역易 자는 물을 따르는 잔의 모습에서 기원했으며, 이 글자는 익益 자와 동일한 어원을 가진다. 여기서 '늘리다', '강해지다'와 같은 의미가 도출되었다.

시간이 지나면서, 금문 시대에는 역易 자가 '주다', '베풀다'라는 뜻으로 확장되었으며, 전국 시대에는 글자의 형태가 두 개의 발톱 모양으로 변형되었다. 전서篆書에서는 '무릇 물勿' 자가 오용되었고, 이는 도마뱀과 같은 모양으로 잘못 해석되기도 했다. 이와 함께, '해와 달을 상징하는 일월위역日月爲易'이라는 해석도 있었으나 이는 오류로 판명되었다.

결국, 역易 자는 술을 따르는 행위에서 비롯된 문자로서, 이후 '늘다', '강해지다', '주다' 등의 의미로 발전하며 시대에 따라 여러 변화를 겪었다. 다양한 설이 제기되었으나, 고고학 자료를 통해 본래 의미와 형태가 다시 해석되었고, 이를 바탕으로 역易 자의 기원이 밝혀졌다.

어찌 되었든 역易 자는 변화와 순환이라는 개념에 방점이 찍힌다. 이는 음양의 상호작용을 통해 자연과 인간 세계의 질서가 만들어진다는 사상과 연결된다. 사계절의 변화, 낮과 밤의 순환, 그리고 인생의 변화 등 모든 자연 현상이 이러한 개념을 설명하는 중요한 요소로 간주되고 있다. 따라서 역易 자는 끊임없는 변화와 진화를 상징하며, 이는 우주와 인간 세계에서 변화가 필연적이며 불변이라는《주역》의 철학적 핵심을 반영한다.

《주역》의 출현

역사적 사실은 신뢰할 수 있는 증거가 뒷받침되어야 하며, 기록된 내용은 적어도 당시 유물로 입증될 수 있어야 한다. 중국의 역사는 일반적으로 은나라에서 시작되었다고 본다. 1928년, 중국 하남성 안양현 소둔촌에서 발굴된 은허 殷墟에서 10만 조각 이상의 갑골이 출토되었고, 이를 통해 은나라가 실제로 존재했음을 확인할 수 있다.

표1_중국 역사 연대표

시대	설 명	시기
하나라	중국 최초의 국가로 사료는 부족하지만 거의 정설로 받아들여짐	기원전 2070년경 – 기원전 1600년경
은(상)나라	은허에서 유물인 갑골문자 등이 발견되면서 최초의 국가로 인정됨	기원전 1600년경 – 기원전 1046년경
주나라	중국 최초의 봉건제도를 가진 국가로 춘추전국시대를 맞이함	기원전 1046년경 – 기원전 256년경
춘추전국시대	진나라가 전국을 통일하기 전까지의 시대, 강대국들이 패권 다툼	기원전 770년경 – 기원전 221년경
진나라	중국 최초의 통일국가로, 진시황의 폭정으로 짧게 존속	기원전 221년 – 기원전 206년
전한	유방이 세운 한나라, 장건을 통해 서역을 개척	기원전 206년 – 서기 9년
신나라	왕망이 한나라를 멸망시키고 세운 나라, 정책 실패로 멸망	서기 9년 – 서기 23년
후한	한나라 왕족 유수가 세운 나라, 헌제가 폐위당하며 멸망	서기 25년 – 서기 220년
삼국시대	위, 오, 촉 삼국이 패권을 다투는 시대, 진나라가 삼국 통일	서기 220년 – 서기 280년
서진	삼국을 통일했으나 이민족의 침입으로 서진과 동진으로 나뉨	서기 265년 – 서기 420년
5호16국 동진시대	북쪽은 이민족이 세운 오호 십육국, 남쪽은 동진이 존속한 시대	서기 304년 – 서기 589년
남북조시대	남조와 북조로 나뉘어 국가들이 번갈아 가며 흥망성쇠를 겪음	서기 420년 – 서기 589년
수나라	양견(문제)이 세운 나라로, 고구려와의 전쟁으로 인해 멸망	서기 581년 – 서기 618년
당나라	한족이 세운 가장 위대한 국가, 안사의 난으로 쇠퇴하고 멸망	서기 618년 – 서기 907년
5대10국시대	중원에 5개 왕조, 주변에 10개 왕조가 존속한 시기	서기 907년 – 서기 960년
북송,요나라	조광윤이 세운 송나라가 요나라와의 갈등 속에 존속	서기 960년 – 서기 1127년
남송,금나라	남송과 금나라 모두 몽골제국에 의해 멸망	서기 1127년 – 서기 1279년
원나라	칭기즈칸이 세운 몽골제국의 후예가 원나라를 건설	서기 1271년 – 서기 1368년
명나라	주원장이 원나라를 멸망시키고 건국, 이자성에 의해 멸망	서기 1368년 – 서기 1644년
청나라	여진족이 세운 청나라가 유럽 열강에 의해 쇠퇴하고 멸망	서기 1636년 – 서기 1912년

은나라의 주요 문화적 특징은 '점'과 '문자'로 이루어졌다는 것이다. 점을 치는 과정에서 문자가 등장했을 가능성이 크다. 특히 은나라 후기 군주들은 갑골을 불에 태워 길흉을 예측하고, 그 결과를 갑골에 기록했다. 여기서 '갑甲'은 거북의 배 부분을, '골骨'은 짐승의 뼈를 가리킨다. 제사 의식에 주로 거북이 사용되었고, 일반적인 점에서는 짐승의 뼈가 사용되었다. 실제로 은허에서 출토된 유물 중 대부분은 짐승의 뼈였고, 거북은 상대적으로 적었다.

점을 치는 방식은 갑골을 잘 다듬고 구멍을 뚫은 뒤, 불에 태워 금이 생긴 모양을 보고 길흉을 판단하는 것이었다. 이 금을 '징조'라고 불렀고, 이를 바탕으로 점을 본 내용을 점사卜辭로 새겨 기록했다. 갑골에 새겨진 점사는 매우 간결하며, 점을 치고자 하는 일과 그 결과만을 담았다. 이러한 점술 행위를 '복卜'이라고 하는데, 이 글자는 갈라진 모양을 본떠 만든 상형문자다.

은나라는 하나라가 기원전 1600년경 쇠퇴하면서 창업자인 성탕成湯이 세운 나라로, 640년 동안 이어졌고, 마지막 군주 주왕이 폭정을 일삼아 멸명했다. 은나라의 제후국인 주나라 문왕은 덕망 높은 인물로, 천하의 많은 이들이 그를 따랐다. 문왕이 사망한 후 그의 아들 무왕이 군사를 일으켜 은나라를 멸망시켰다. 비록 주나라는 은나라를 무너뜨렸으나, 은나라의 높은 문화적 성취를 수용했다. 은나라가 멸망한 후에도 거북을 이용한 점술은 주나라에서도 계속 사용되었다.

그러나 주나라 초기에 거북점을 대체할 만한 새로운 점법이 등장했으니, 이것이 바로 시초蓍草를 이용한 《주역》이다. 《주역》은 은나라의 거북점을 기반으로 발전한 점술서로, 시초라는 풀을 사용해 점을 쳤다. 점을 치기 위해 50개의 시초를 셈하고, 이를 통해 괘卦와 효爻를 얻어 길흉을 판단했다. 이러한 방식의 점을 '서筮'라고 불렀으며, 이는 무당이 가느다란 나뭇가지를 이용해 점을 치는 것을 의미한다. 시초점과 거북점은 오랜 기간 함께 사용되었으나, 시간이 흐르면서 거북점은 점차 사라지고《주역》이 더 발전하게 되었다. 이후《주역》은 수를 계산하고, 괘와 효를 분석해 해석하는 방식으로 발전을 이어갔다.

괘와 효

거북점을 통해 점을 치던 은나라는 거북의 배나 짐승의 뼈를 불에 태워 생긴 금을 보고 길흉을 판단했으며, 그 내용을 문자로 기록했다. 반면에《주역》에서는 시초蓍草를 셈해 괘卦를 얻고, 그 괘와 효爻를 통해 점친 내용을 해석해 길흉을 판단했다.《주역》의 점치는 과정에서 가장 중요한 것이 바로 괘와 효다.

주나라 초기, 점을 담당한 관리들은 두 개의 상징적 기호인 '—'과 '--'를 사용했다. 이 두 기호는 각각 '양陽'과 '음陰'을 나타내며, 하늘과 땅을 상징했다. 초기에는 이 기호들에 별도의 명칭이 없었고, '구九'와 '육六', 그리고 '양'과 '음'이라는 용어는 훨씬 후대인 전국시대 말기에 생겨났다. 주나라에서 점치던 관리들은 두 개의 기호를 여섯 번 중첩해 6개의 효로 이루어진 괘를 만들었다. 이 과정을 통해 64개의 서로 다른 괘가 자연스럽게 만들어졌다.

춘추시대에 접어들면서 사람들은 64괘에서 8괘八卦를 도출해냈다. '—'과 '--'를 각각 세 번 중첩해 8개의 괘, 즉 8괘를 만들고, 각 괘에 특정한 상징적 의미인 상象을 부여해 64괘를 해석하는 체계가 등장한 것이다. 그러나 처음《주역》이 집필될 당시에는 8괘가 없었으며, 64개의 괘만 존재했다. 후에 64괘에서 8괘가 파생된 것이며, 8괘의 명칭 역시 64괘의 괘명에서 비롯된 것이다. 이는 8괘가 64괘보다 뒤에 생겨난 것이라 추론할 수 있다.

8괘를 이용해 점을 치는 방식은 춘추시대에 처음 등장했다. 《주역》의 괘상과 효사에는 8괘에 대한 언급이 전혀 없다. 복희가 8괘를 그렸다는 설은 한나라 때 만들어진 이야기이며, 8괘를 겹쳐 64괘를 만들었다는 주장도 마찬가지로 한대에 등장했다. 따라서 64괘는 8개의 괘를 단순히 곱해 만들어진 것이 아니라, 2의 6제곱 $2^6=64$으로 구성된 것으로 추정된다. 64괘에서 8괘를 도출하고, 여기에 상을 더해 해석하는 체계는 《주역》 발전에 중요한 전환점이 되었다.

《주역》의 64괘 배열 방식은 반대 괘綜卦, 종괘를 사용해 짝을 이루는 구조로 되어 있다. 단, 건乾과 곤坤, 이와 대과大過, 감坎과 리離, 중부中孚와 소과小過와 같은 몇몇 괘들은 음양효가 짝지어 배치된다. 주나라에서 점치던 관리들은 처음에 '━'과 '╌' 두 기호를 조합해 6효로 구성된 괘를 그리고, 그 괘를 반대로 해 다음 괘를 그렸다. 반대로 해도 같은 모양을 가진 4쌍의 괘는 음과 양이 짝지어 배열되며, 이를 통해 64괘의 배열이 완성되었다.*

괘의 사

주나라 초기, 점을 치던 관리들은 먼저 64개의 괘와 384개의 효를 그린 후, 각 괘와 효에 사辭를 덧붙여 《주역》의 점서占書를 완성했다. 64개의 괘는 각각 하나의 이야기를 담고 있으며, 각 괘사는 첫 번째 효에서 마지막 상효까지 하나의 서사로 연결되어 있다. 즉, 각각의 괘는 중심인물, 주제, 소재, 그리고 사건의 흐름으로 구성된 일종의 서사 구조를 지닌다.

이를테면, 건괘乾卦의 중심인물은 문왕文王을 상징하는 '군자'와 '대인'이며, 주제는 문왕의 삶을 다룬다. 건괘는 용龍을 주요 소재로 문왕의 일생을

---

* 위 내용은 〈주역〉의 기원에 대해 필자가 가장 동의하는 김상섭 박사의 글을 인용한 글이다.

요약한다. 괘사에서는 문왕의 출생 배경이 언급되며, 1효初九에서는 문왕이 나서지 않고 힘을 기르는 모습이, 2효九二에서는 많은 인재들이 문왕에게 귀속하는 모습이 담겨 있다. 3효九三에서는 유리 감옥과 같은 억압된 상황에서 해방되는 모습이, 4효九四에서는 시기를 얻어 도약하는 모습이 그려진다. 5효九五에서는 문왕이 천하의 민심을 얻고 명성을 떨치며, 마지막 6효上九에서는 죽음이 묘사된다. 이어서 용구用九에서는 무왕武王에게 왕위가 순조롭게 계승되는 과정이 서술되어 있다.

곤괘坤卦의 경우, 중심인물은 무왕이며, 주제는 무왕의 은나라 정벌이다. 곤괘는 무왕이 대지坤를 행군하며 황하 유역을 가로질러 은나라를 정벌하고 천자의 자리에 오르는 과정을 함축적으로 기록하고 있다. 괘사에서는 처음 출병하는 장면이 등장하는데, 1효初六에서는 겨울의 추위 속에서 출병하는 모습, 2효六二에서는 황하 유역을 행군하는 장면이 묘사된다. 3효六三에서는 목야牧野에서 벌어진 전투, 4효六四에서는 군사들이 전쟁에서 충성을 다하는 모습이 그려지며, 5효六五에서는 무왕이 천자의 자리에 오르고, 6효上六에서는 그의 사후에 동생들이 일으킨 난이 묘사된다. 마지막으로, 용육用六에서는 주공周公이 이 난을 평정하고 오랜 평화를 이루는 내용이 담겨 있다. 이처럼 64괘는 각기 중심인물, 주제, 소재, 사건의 흐름으로 구성된 서사적인 특징을 가지고 있다.

《주역》의 괘사와 효사는 은나라 말기부터 주나라 초기까지의 역사적 사건들을 많이 반영하고 있다. 따라서 《주역》을 이해하기 위해서는 은나라와 주나라의 역사적 사건들을 먼저 이해하는 것이 필수다. 이를테면, 은나라 고종高宗, 왕호는 武丁이 주의 공계文王의 아버지와 함께 귀방鬼方, 서쪽 변방 유목 민족을 정벌한 사건, 은나라 제을帝乙, 마지막 왕인 주왕의 아버지이 딸을 문왕에게 시집보낸 일, 문왕의 덕이 높아 천하의 민심을 얻은 이야기, 은나라 주왕의 폭정과 무왕의 정벌, 무왕 사후 성왕이 어려서 주공이 섭정을 맡은 일, 무왕의 두 동생이 일으킨 난을 주공이 평정한 사건, 주공이 미자계를 송군에 봉하고 동생 봉을 위강숙에 봉한 일, 낙읍을 건설해 은나라 유민을 이주시킨 사건 등이 그러한 사례들이다.

주공이 난을 평정한 후 미자계와 동생들을 각기 봉하고 낙읍을 건설해 은나라 유민을 이주시킨 이후의 사건은 《주역》 경문에 더 이상 기록되어 있지 않다. 이와 같은 역사적 사건들이 《주역》의 괘사와 효사에 반영되어 있는데, 《주역》은 이를 바탕으로 한 64편의 짧은 이야기로 구성된 책이다.

《주역》의 저자

《주역》의 괘사와 효사를 누가 지었는지는 다양한 견해가 존재한다. 사마천司馬遷과 반고班固는 문왕이 이들을 작성했다고 주장했고, 후한의 마융馬融과 삼국시대 오나라의 육적陸績은 괘사는 문왕이, 효사는 주공이 지었다고 주장했다. 그러나 이러한 주장들은 모두 한나라 이후에 나온 해석일 뿐이다.

하지만 《주역》을 지은 사람이 누구인지는 괘사와 효사 속에 스스로를 이미 드러내고 있다. 괘효사에는 '아我'라는 표현이 총 12번 등장하는데, 그 중 6번은 《주역》의 저자를 가리키는 것으로 추정된다. 이 '아'가 등장하는 괘들은 몽괘蒙卦, 소축괘小畜卦, 관괘觀卦, 정괘井卦, 소과괘小過卦 등이다.

이를테면, 수풍정괘水風井卦의 3효九三에는 "井渫不食, 爲我心惻. 可用汲, 王明並受其福."라고 기록되어 있다. 이는 "우물이 깨끗해도 아무도 물을 마시지 않으니 내 마음이 슬프다. 물을 길어 쓸 수 있으니, 왕이 현명하다면 복을 나누어 받을 것이다"라는 의미로, 여기서 '아我'는 점을 치는 관리이자 《주역》의 저자를 가리킨다. '왕王'은 무왕의 아들 성왕成王을 가리키며, '내 마음이 슬프다'는 표현은 《주역》을 쓴 저자의 개인적 감정을 드러낸

것이다.

　따라서 《주역》에 등장하는 6번의 '아我'는 모두 주나라 초기의 점치는 관리들이며, 이들이 《주역》을 작성한 것으로 추정된다. '아'가 같은 인물을 가리키는지는 확실하지 않으나, 여러 점치는 관리들이 함께 《주역》을 편찬했을 가능성이 크다. 이를 뒷받침하는 증거로는 괘사와 효사에서 제사를 언급할 때 다양한 용어가 사용된 점이 있다. 이를테면, '향亨'이라는 표현은 2곳에서, '향사亨祀'와 '제사祭祀'는 각각 한 곳에서 사용되었고, '사巳'는 3곳에서 사용됐다. 이러한 용어의 차이는 작성자가 각기 다른 용어에 익숙했음을 나타내며, 《주역》의 앞부분과 뒷부분이 서로 다른 사람들에 의해 작성되었을 가능성을 시사한다.

　또한 '원형리정元亨利貞'이라는 표현은 주로 상경上經에서 등장하며, 하경下經에서는 '형리정亨利貞'으로 축약되어 나타난다. 이 역시 상경과 하경이 다른 작성자에 의해 편찬되었음을 암시한다. 더불어, '대길大吉'이라는 판단사判斷辭, 괘나 효의 길흉을 설명하는 짧은 문구는 하경에 5번 등장하지만, 상경에서는 전혀 등장하지 않는다. '회망悔亡'이라는 표현도 상경에는 없으나 하경에는 19번 등장하는데, 이는 《주역》의 앞뒤 부분이 다른 사람들에 의해 작성되었음을 의미한다. 《주역》의 길흉 판단사를 통해 괘의 길흉을 알 수 있으며, 총 450개 문장 중 길한 문장은 141개 문장, 흉한 문장은 57개 문장이다.

　이러한 근거들을 종합해 보면, 《주역》은 최소한 두 명 이상의 점치는 관리들이 은나라 말기부터 주나라 초기의 사건들을 정리해 편집한 것으로 보인다. 또한 《주역》의 괘사와 효사는 주공이 두 동생의 반란을 평정하고, 낙읍을 건설해 은나라 유민을 이주시킨 사건 이후의 역사적 기록은 더 이상 포함되지 않았다. 이는 《주역》이 주공과 성왕 당시의 시기에 작성되었음을 시사한다.

결론적으로, 《주역》은 주나라 초기에 여러 명의 점치는 관리들이 주나라의 수도 호경에서 은나라 말기와 주나라 초기에 일어난 역사적 사건들과 상황을 정리해 편집한 것이다. 괘와 효, 그리고 사는 모두 주나라 초기 같은 장소에서 동일한 사람들이 작성한 것으로 보인다. 《주역》은 주나라 초기 점치는 관리들이 편찬한 책이며, 그 내용은 주나라의 입장에서 기록되었다. 이는 《주역》을 공부하는 사람들이 반드시 알아야 할 기본적인 관점이다.

건곤은 《주역》의 대문

《주역》은 음양오행 사상을 바탕으로 하고 있다. 건괘乾卦는 음양을 상징하며, 활 안에 화살이 들어 있는 형상으로 표현된다. 반면에 곤괘坤卦는 오행, 즉 다섯 가지 자연의 움직임을 나타내며, 활과 화살을 발사하는 모습을 형상화한다. 이 두 괘를 결합하면 건은 설계하는 과정, 곤은 실제로 그 설계를 실행하는 과정으로 볼 수 있다.

이는 집을 짓는 과정에 비유할 수 있는데, 먼저 설계도를 만들고, 그 설계도를 바탕으로 집을 완성하는 것과 같은 이치이다. 이 과정은 사물을 시작하고 마무리 짓는다는 뜻의 '개물성무開物成務'를 말한다. 즉, 먼저 추상적인 계획이 있고, 이후에 구체적인 결과물이 나온다는 의미다. 이러한 설명은 유심론이 아니라, 자연의 질서를 다루는 데 우주론적 관점에서 사물을 이해하는 방식이다.

《주역》의 저자는 우주의 생성 원리에 대해 철저히 유물론적 입장을 취하고 있다. 형이상학적 차원에서는 도道를, 형이하학적 차원에서는 기器를 말한다. 도는 건괘와 연관되며, 기는 곤괘와 연결된다. 공자가 쓴 것으로 알려진《십익》중 설괘전說卦傳에 '건으로 알게 한다乾知'는 구절은 건괘가 지혜를 상징한다는 의미이고, '곤이로써 능하게 한다坤能'는 말은 곤괘가 기록된 지식을 실제로 활용하는 능력을 뜻한다.

그렇기 때문에《주역》은 단순하지만, 그 안에서 천하의 이치가 드러난다고 할 수 있다. 이는 태양은 지혜를, 달은 능력을 상징한다. 태양은 빛을 주고, 달은 그 빛을 반사해 지구를 비추는 것처럼, 이 둘은 상호 보완적인 역할을 한다. 이러한 이치가 바로 단순하면서도 불변하는 원리다.

또한《주역》은 만물 생성의 원리를 설명하는 데 초점을 맞춘다. 이를테면, 풍수환괘風水渙卦는 감하손상坎下巽上의 구조를 가진다. 감은 물을 의미하고, 손은 바람을 나타낸다. 여기서 바람은 달의 은유로 해석되며, 바람이 물 위를 지나가는 것은 곧 달이 물 위를 비추는 장면을 상징한다.

달은 배의 이미지를 상징하기도 한다. 옛 사람들이 배를 만들 때, 그들의 머릿속에는 항상 하나의 이미지가 있었으며, 이는 곧 달의 이미지일 가능성이 크다. 그러나 여기서 중요한 점은, 배와 노를 발명할 때 사람들이 반드시《주역》의 환괘를 참고한 것은 아니라는 점이다. 이는《주역》이 자연의 이치를 설명하는 방식일 뿐, 특정한 발명의 과정을 뜻하지는 않는다.

四.《주역》64괘

괘상

《주역》은 음양을 나타내는 '--'과 '—' 부호로 3개씩 이루어진 8괘 건乾☰, 곤坤☷, 진震☳, 손巽☴, 감坎☵, 이離☲, 간艮☶, 태兌☱를 두 개씩 상·하로 겹쳤을 때 나타나는 64개의 괘로 구성되어 있다. 주역은 이 64개의 괘를 통해 세상의 모든 변화를 말한다. 64괘는 상경 30괘, 하경 34괘로 배열되며, 각각의 순서에 따라 배치된다.

8괘는 물상物象에 근거해 만들어진 추상적 부호다. 건은 하늘, 곤은 땅, 진은 우레, 손은 바람, 감은 물, 이는 불, 간은 산, 태는 연못을 상징한다. 이러한 상징들은 자연의 대표적인 물상일 뿐만 아니라 사람의 신체, 가족 관계, 짐승, 계절 등에까지 확장된다.

64괘는 각 괘마다 괘명卦名을 가지고 있다. 8괘가 중첩된 경우는 같은 이름으로 불리며, 서로 다른 괘로 구성되면 새로운 이름이 붙는다. 우리는 위 아래의 괘상을 종합해 괘의 상징을 추론할 수 있다. 이를테면, 땅을 상징하는 곤坤☷괘와 산을 상징하는 간艮☶괘가 위아래로 만나면 겸괘謙卦가 된다. 이 괘상은 땅 아래에 산이 있는 모습에서 산이 땅 속에 있는 것은 '겸손'을 뜻한다고 해석할 수 있다.

《주역》에서 괘상을 해석하는 주요 요소로는 각 괘가 자연 속 상징과 음과 양의 조화, 상하괘의 배치, 효의 위치와 의미 등이다. 즉, 괘상은《주역》에서 자연 현상과 인간 삶의 변화를 상징적으로 나타내는 도구다. 우리는 괘의 구성을 통해 자연적인 이미지와 변화의 원리를 파악할 수 있으며, 이를 바탕으로 미래의 가능성을 예측하거나 현재 상황을 해석할 수 있다. 따라서 괘상은 음양의 조화, 상하괘의 배치, 효의 의미를 종합적으로 고려해 사물의 상태나 변화를 이해하는 것이다.

괘사와 효사

《주역》원문을 보면 64괘 각각에 대한 설명인 괘사와 각 괘를 이루는 6개의 효를 설명하는 효사가 있다. 그러나 원문을 풀이하는 것은 매우 어려울 수 있다. 3,000년 전에 쓰여진 한자가 오늘날과 뜻이 많이 다르기 때문이다. 특히 고도로 압축된 은유가 담겨 있어 그 뜻을 이해하기는 더더욱 어렵다.

괘사는 괘 전체의 의미를 설명해 전반적인 상황과 흐름을 해석하고, 그 상황에서 취해야 할 방향이나 행동 지침을 제시한다. 이를테면, 건괘의 괘사는 '원형리정元亨利貞'이라는 문구로, 강력한 창조적 에너지를 상징하며 처음부터 모든 일이 순조롭게 나아갈 것임을 의미한다.

효사는 각각의 효, 즉 괘를 이루는 여섯 개의 음과 양의 기호에 대한 구체적인 해석을 제공한다. 효사는 특정 단계에서 일어나는 변화와 이에 따른 대처 방법을 제시하며, 괘사의 전반적인 방향 속에서 세부적인 길흉을 판단할 수 있도록 돕는다. 이를테면, 건괘의 첫 번째 효인 '잠룡물용潛龍勿用'은 '아직 때가 되지 않았으니 나서지 말라'는 의미다. 결국, 괘사는 전체적인 상황을, 효사는 각 단계에서의 구체적인 상황을 설명하며, 두 문구는 서로 보완적으로 작용해 사물의 변화를 더 깊이 이해할 수 있도록 해준다.

음양

　태극太極은 우주의 본질적 근원으로, 음과 양이 아직 구분되지 않은 상태다. 음양陰陽은 태극이 두 가지 상반된 기운으로 분리된 것이다. 사상四象은 음과 양이 다시 나뉘어 네 가지 상태(태양, 소양, 태음, 소음)로 세분화된다. 이 사상이 더 복잡해져 8괘八卦로 발전하게 된다.

　음양陰陽은 본래 구체적이고 실체적인 사물을 가리키는 개념이 아니라, 우주의 변화를 이끄는 주된 원리를 나타내는 구성 요소다. 음양은 고정된 실체가 아니라 끊임없이 변화하고 움직이는 운동 논리로, 우주는 '한 번 음 하고 한 번 양한다一陰一陽'는 원리에 따라 지속적으로 생명의 순환 과정을 반복한다. 이러한 음양의 순환을 통해 우주는 생명과 그 질서를 관장하고 있는 것으로 해석된다.

　따라서 음과 양은 서로 상반된 개념이지만, 각각의 존재는 상대방의 존재를 전제로 한다. 즉, 음은 양이 있어야 비로소 존재할 수 있으며, 양 역시 음이 있어야 그 존재가 성립된다. 이와 같은 관계를 상호 대립적이면서도 상호 의존적인 대대관계對待關係라고 한다. 음과 양은 서로 상반된 성질을 가지고 있지만, 서로가 있어야만 존재할 수 있는 필수적인 관계로서, 이 두 힘의 균형과 조화가 우주의 질서를 이루고 있다고 본다. 대대 관념이 명확하게 음양이라는 용어로 표현된 것은 《십익》에서다.

　이와 같이 음양의 원리는 단순히 대립하거나 분리된 상태가 아니라, 서로의 존재를 전제로 해 균형을 이루는 동시에, 끊임없이 변화하고 재구성되는 관계로 해석된다. 이러한 음양의 상호작용을 통해 우주와 생명의 질서가 유지되고 발전하는 것으로 설명할 수 있다.

사상 : 태양, 소양, 태음, 소음

사상四象은 음양陰陽이 태극 太極에서 비롯된 후, 그 음양의 에너지가 각각 더 세분화되면서 네 가지 상태태양 소음 소양 태음로 나뉘는 과정을 나타낸다. 이는 우주 만물이 음양의 대립과 상호작용을 통해 끊임없이 변화하고 생성된다는《주역》의 기본 원리를 보다 세밀하게 설명하는 역할을 한다.

태양太陽 =은 강한 양陽의 기운으로, 순수한 양의 에너지가 가장 강하게 발현된 상태를 의미하며, 밝음, 활동, 생성, 확장, 열정 등의 특성을 상징한다. 태양은 강력한 추진력과 성장의 에너지를 지닌다.

소양少陽 ==은 약한 양陽으로, 양의 기운이 발현되지만 그 강도는 태양만큼 크지 않은 상태이다. 소양은 활동과 밝음을 의미하지만, 그 힘은 완전하지 않고, 발전 과정의 중간적인 위치를 상징한다.

태음太陰 ==은 강한 음陰의 기운으로, 순수한 음의 에너지가 강하게 발현된 상태이다. 태음은 어둠, 휴식, 수용, 잠재력 등을 상징하며, 내적 성장과 축적의 에너지를 나타낸다.

소음少陰 ==은 약한 음陰으로, 음의 기운이 발현되지만 그 강도는 태음만큼 크지 않다. 소음은 조용하고 은밀하며, 내향적인 성격을 띠지만, 완전한 음의 에너지가 발현된 상태는 아니다.

사상四象은 음양이 태극에서 비롯된 후, 그 음양의 에너지가 더 세분화되면서 네 가지 상태로 나뉘는 과정을 말한다. 이는 우주 만물이 음양의 대립과 상호작용을 통해 끊임없이 변화하고 생성된다는《주역》의 기본 원리를 보다 세밀하게 설명하는 역할을 한다.

8괘 : 건, 태, 리, 진, 손, 감, 간, 곤

8괘八卦는 태극太極에서 음양陰陽으로, 음양에서 사상四象으로, 그리고 사상에서 8괘로 발전해 우주 만물의 변화와 질서를 설명하는 체계다. 8괘는 음효와 양효가 각각 세 개씩三才: 天, 地, 人 겹쳐져 나타나는 경우는 모두 여덟 가지가 있다. 삼재三才는 하늘, 땅, 인간을 상징하며, 이 세 개의 효로 만들어진 여덟 가지 괘를 소성괘小成卦라 한다.

각 괘는 자연 현상과 인간 사회를 상징한다. 즉, 사상태양, 소음, 소양, 태음이 각각 양의陽儀를 만나 더해져서 4개의 괘인 건乾, 태兌, 리離, 진震이 만들어지고, 사상이 또 각각 음의陰儀를 만나 더해져서 4개의 괘인 손巽, 감坎, 간艮, 곤坤이 만들어져 8괘八卦가 되었다. 8괘八卦는 이처럼 각각 세 개의 음효陰爻와 양효陽爻로 구성되어 있으며, 다양한 자연적 현상과 철학적 의미를 상징한다. 각 괘는 음과 양의 조합에 따라 다른 의미를 지니며, 우주의 변화를 설명하는 도구로 활용된다.

1. 건괘乾卦 ☰

세 개의 양효陽爻로 구성된 괘. 건괘는 순수한 양陽의 에너지를 상징하며, 하늘, 창조, 강함, 리더십 등을 나타낸다. 이는 강한 추진력과 모든 것의 시작을 상징하며, 무한한 잠재력과 진취적인 성격을 가진 괘다.

2. 태괘兌卦 ☱

소음少陰에 양효陽爻가 더해진 괘. 태괘는 연못과 기쁨을 상징하며, 소통, 유희, 쾌락의 에너지를 나타낸다. 밝고 기쁜 마음으로 일하는 사람에게 힘을 더해주며, 감정을 자유롭게 표현하는 상태를 상징한다.

3. 리괘離卦 ☲

소양少陽에 양효陽爻가 더해진 괘. 리괘는 불과 빛을 상징하며, 명확함, 진리, 이해, 깨달음의 에너지를 나타낸다. 불은 밝고 명확한 빛으로 사물을 비추며, 시각적 명료함과 진리 탐구의 열망을 상징한다.

4. 진괘震卦 ☳

태음太陰에 양효陽爻가 더해진 괘. 진괘는 우레와 지진을 상징하며, 움직임, 변화, 시작을 나타낸다. 큰 변화나 새로운 시작을 알리는 강력한 에너지를 가지고 있으며, 속도의 변화와 충격적인 사건을 상징한다.

5. 손괘巽卦 ☴

태양太陽에 음효陰爻가 더해진 괘. 손괘는 바람을 상징하며, 유연성, 확산, 침투를 나타낸다. 바람처럼 부드럽고 지속적인 힘으로 주변에 영향을 미치며, 확산되는 에너지와 포용력을 상징한다. 온화하고 유연한 접근 방식을 통해 세상과 소통하는 것을 나타낸다.

6. 감괘坎卦 ☵

소음少陰에 음효陰爻가 더해진 괘. 감괘는 물을 상징하며, 위험, 유동성, 깊은 지혜를 나타낸다. 물처럼 끊임없이 흐르고 변화하며, 깊은 곳에 잠재된 지혜를 의미한다. 어려운 상황 속에서도 중심을 잃지 않는 마음의 안정과 지혜를 상징한다.

7. 간괘艮卦 ☶

소양少陽에 음효陰爻가 더해진 괘. 간괘는 산을 상징하며, 멈춤, 안정성, 견고함을 나타낸다. 산처럼 움직이지 않는 안정적인 상태를 상징하며, 어려운 상황 속에서도 움직이지 않고 침착함을 유지하는 것을 의미한다.

8. 곤괘坤卦 ☷

태음太陰에 음효陰爻가 더해진 괘. 곤괘는 땅을 상징하며, 수용성, 부드러움, 생명력을 나타낸다. 곤괘는 모든 것을 수용하는 대지의 에너지를 상징하며, 온화하고 부드러우면서도 강력한 생명력을 의미한다. 수용성과 양육의 성격을 지닌 괘다.

이처럼 8괘는 각각 자연 현상과 인간 사회에서 나타나는 중요한 요소들을 상징하며, 그 조합을 통해 우주와 사람의 상호작용을 설명하는 중요한 도구로 사용된다. 이들은 음양의 상호작용과 더불어 끊임없이 변화하는 우주의 질서를 나타내며, 사람이 자연과 조화를 이루고 살아가는 방법을 제시한다.

☰ : 건乾 = 천天 건삼련乾三連
☱ : 태兌 = 택澤 태상절兌上絶
☲ : 리離 = 화火 이허중離虛中
☳ : 진震 = 뢰雷 진하련震下連
☴ : 손巽 = 풍風 손하절巽下絶
☵ : 감坎 = 수水 감중련坎中連
☶ : 간艮 = 산山 간상련艮上連
☷ : 곤坤 = 지地 곤삼절坤三絶

복희선천8괘

복희선천8괘

《계사하전》 제2장에는 복희伏羲, 또는 포희가 8괘를 만든 유래가 기록되어 있다. 전설에 따르면, 복희 씨는 천하를 다스릴 때 하늘을 올려다보고, 하늘의 모습을 관찰하며, 땅을 내려다보고 땅의 법칙을 보았다고 한다. 그리고 새와 짐승의 무늬, 땅의 지형을 관찰하고, 자연과 사물에서 영감을 얻어 8괘를 지었다고 한다. 이를 통해 신비로운 덕을 통하게 하고, 만물의 이치를 밝히게 되었다고 한다.

복희는 고대 삼황오제 중 한 명으로, 약 5,000년 전 황하 유역에서 우주의 이치를 깨닫고 8괘八卦를 만든 성인으로 전해진다. 전설에 따르면, 그는 용마龍馬가 등에 짊어지고 나온 하도河圖에서 우주의 원리를 보고 8괘를 창조했다고 한다. 이 8괘를 복희8괘라고 부른다.

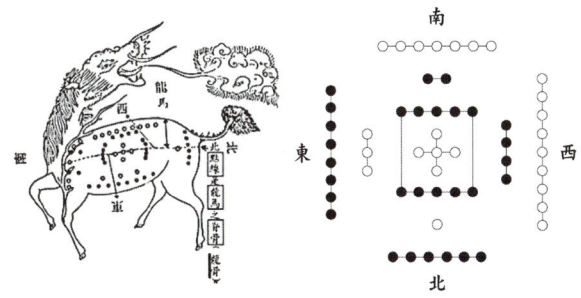

용마하도(龍馬河圖)

四. 《주역》 64괘

그러나 8괘가 실제로 복희에 의해 만들어졌는지 의문을 제기하는 연구들도 있다. 일부 문헌에서는 8괘가 《주역》의 상징적인 원형일 뿐, 복희와 직접적인 관련이 없다는 견해도 있다. 유가儒家의 존경받는 인물인 복희의 이름을 빌려 8괘를 '복희8괘'라 부른 것이라는 추론도 있다.

복희8괘를 '선천8괘先天八卦'라고 부르는 이유는, 이 8괘가 태극에서 양의陰陽, 사상四象, 8괘로 분화되는 과정을 설명하는 체계이고, 문왕의 후천8괘와 대비하기 위함이었다. 전통적으로 '복희선천8괘'라는 명칭이 사용되었지만, 이를 간단하게 선천8괘로 부르는 것이 더 적절할 수 있다.

문왕후천8괘

문왕후천8괘

문왕文王은 약 3,100년 전 중국 은殷나라 말기와 주周나라 초기에 활동한 성인이다. 그는 서쪽의 제후로, 선정善政을 펼쳐 백성들의 지지를 받았다. 이로 인해 은나라의 폭군 주왕紂王은 문왕을 두려워했고, 그를 유리羑里라는 지방의 감옥에 가두었다고 전해진다.

문왕은 옥중에 갇혀 있는 동안 낙서洛書라는 고대의 도형에서 영감을 얻어 8괘八卦의 배열을 새롭게 만들었다. 이 낙서는 은나라 이전인 하夏나라우禹 임금 때 출현한 도형으로, 우주의 이치를 담고 있다고 여겨졌다. 문왕은 이 낙서를 바탕으로 기존 복희8괘伏羲八卦와 배열을 달리해 새로운 8괘를 만들었는데, 이를 '문왕8괘文王八卦'라고 부른다. 문왕이 만든 이 새로운 8괘는 복희가 만든 8괘보다 뒤에 나온 것으로, '후천8괘後天八卦'라고도 불린다. '후천'이라는 이름은 복희의 선천8괘先天八卦와 대비되어 붙여진 것으로, 후에 나왔다는 의미를 담고 있다.

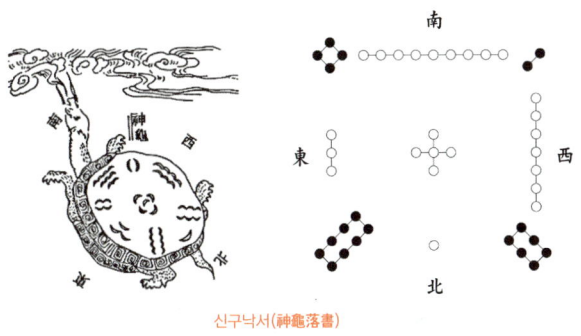

신구낙서(神龜落書)

전통적으로 '문왕후천8괘'라는 명칭이 사용되었으나, 이는 문왕이 주나라 시기에 역易을 체계화한 상징적인 인물로 인식되었기 때문으로 추정된다. 실제로 문왕이 8괘를 만들었다는 역사적 증거는 부족하지만, 후세에 복희8괘와 대비되는 체계로 발전한 것이 문왕후천8괘다. 이러한 이유로 전통적인 명칭인 문왕후천8괘 대신 간단히 '후천8괘'로 부르는 것이 더 적절할 수 있다.

복희선천8괘는 하늘과 땅의 조화, 우주의 균형을 강조하는 배열을 따른다. 8괘가 서로 대칭적으로 배치되어 있으며, 음陰과 양陽의 균형을 표현하는 데 중점을 둔다. 그 배열 순서는 천天, 택澤, 화火, 뢰雷, 풍風, 수水, 산山, 지地이다. 반면에 문왕후천8괘는 인간 삶의 변화를 중심으로 배열되었으며, 복희8괘의 대칭적 배열과는 다르다. 8괘의 순서는 사람이 살아가면서 겪는 다양한 상황과 환경을 설명하는 데 중점을 둔다. 그 배열 순서는 건乾, 태兌, 리離, 진震, 손巽, 감坎, 간艮, 곤坤이다.

《주역》 64괘 순서

《주역》의 64괘는 자연의 이치와 변화의 원리를 반영하며, 음양의 조화를 기반으로 설계된 배열이다. 64괘는 기본적으로 8괘八卦, 즉 여덟 가지 기본 괘를 두 개씩 결합해 만들어졌으며, 괘들의 순서는 자연의 순환과 변화의 원리, 음양의 상호작용을 바탕으로 이루어졌다. 이 배열은 건곤대괘乾坤大卦와 문왕괘서文王卦序라는 두 가지 원리를 통해 설명할 수 있다.

건곤대괘乾坤大卦는 64괘의 기본 원리다. 64괘의 시작은 건괘乾卦와 곤괘坤卦다. 건괘는 하늘을 상징하며 양陽의 기운을 나타내고, 곤괘는 땅을 상징하며 음陰의 기운을 나타낸다. 이 두 괘는 우주의 기본적인 질서이자, 음양의 근본적인 대립과 조화를 상징한다. 하늘과 땅, 창조와 수용의 원리를 나타내므로, 이 두 괘가 《주역》의 괘 배열에서 첫 번째와 두 번째 자리를 차지한다. 이 두 괘는 자연의 근본적인 원리를 상징하며, 나머지 62개의 괘들은 이 음양의 상호작용과 변화 과정을 바탕으로 배열된다.

문왕괘서文王卦序는 64괘의 구체적인 배열 원리다. 이 괘서는 각각의 괘가 상징하는 의미와 자연의 변화 원리를 바탕으로 배열되었으며, 음양의 변화를 나타내는 괘들이 서로 짝을 이루어 배치된다.

64괘는 대칭 구조로 짝을 이루는 괘들이 많다. 짝괘의 배열은 대체로 음과 양이 반대되는 괘들이 배치된다. 이를테면, 건괘乾卦와 곤괘坤卦는 하늘과 땅, 양과 음의 대표적인 대립 구조다. 태괘兌卦와 리괘離卦는 각각 서쪽의 연못과 남쪽의 불을 상징하는 짝이다. 감괘坎卦와 리괘離卦는 각각 물과 불을 상징하며, 음양의 대립을 나타낸다.

따라서 문왕괘서에서 64괘의 순서는 자연의 변화 과정을 반영한다. 각 괘는 자연에서 일어나는 현상이나 상황을 상징하며, 그 변화가 순차적으로 일어나는 흐름에 따라 배열된다. 초기의 괘들은 주로 창조와 발전을 상징하며, 후반부로 갈수록 완성, 성숙, 쇠퇴를 상징하는 괘들이 등장한다.

또 64괘의 배열은 계절의 변화나 자연의 순환을 상징적으로 반영한다. 이를테면, 소축괘 小畜卦는 구름이 모여 비를 예고하는 상황을 상징하는 괘다. 이는 자연 현상 중 하나로, 특정 계절이나 시기의 변화를 상징한다. 대유괘 大有卦도 큰 성취와 번영을 의미하며, 여름이나 가을의 풍요로움을 상징하는 괘로 해석된다.

《주역》의 64괘는 모두 음양 陰陽의 상호작용을 바탕으로 구성되어 있다. 괘는 여섯 개의 선 爻으로 이루어져 있으며, 양효 陽爻 ━와 음효 陰爻 --의 조합에 따라 그 괘의 성질이 결정된다. 이는 음양의 조합을 통해 사물의 상태와 변화 과정을 설명하며, 《주역》의 핵심 철학을 담고 있다. 64괘의 배열은 음과 양의 조화와 균형을 중시한다. 강한 양의 기운 건괘이 등장한 후에는 그에 상응하는 음의 기운 곤괘이 뒤따르며, 이러한 대립적인 원리가 조화를 이루며 배열된다.

또한 64괘 중 많은 괘들은 대칭 구조로 이루어져 있다. 상괘 上卦와 하괘 下卦를 뒤집으면 짝이 되는 괘를 종괘 綜卦라고 한다. 종괘는 상하괘를 서로 뒤집은 형태로, 변화가 상반되거나 대조적인 상황을 나타낸다. 이는 《주역》이 변화의 상호작용을 설명하는 방식을 잘 보여준다.

이를테면, 건괘 乾卦와 곤괘 坤卦는 서로 상반되는 특성을 가진 괘로, 음양의 대조와 조화를 설명하는 대표적인 종괘다. 수화기제 水火既濟와 수화미제 水火未濟도 기제는 물과 불이 서로 조화로운 상태를, 미제는 아직 완성되지 않은 상태를 나타내며, 서로 종괘로 짝을 이룬다.

정리하면, 《주역》의 64괘는 음양의 조화와 자연의 변화 원리를 바탕으로 설계되었으며, 각 괘는 서로 대칭적인 관계를 이루거나 자연의 순환을 반영해 배열되었다. 이러한 괘의 배열은 인간과 자연, 그리고 우주의 변화를 설명하는 데 중요한 역할을 하며, 《주역》의 핵심 철학을 잘 담고 있다.

표 2 _ 주역 64괘 순서표

1. 중천건	2. 중지곤	3. 수뢰둔	4. 산수몽	5. 수천수	6. 천수송	7. 지수사	8. 수지비
9. 풍천소축	10. 천택리	11. 지천태	12. 천지비	13. 천화동인	14. 화천대유	15. 지산겸	16. 뇌지예
17. 택뢰수	18. 산풍고	19. 지택림	20. 풍지관	21. 화뢰서합	22. 산화비	23. 산지박	24. 지뢰복
25. 천뢰무망	26. 산천대축	27. 산뢰이	28. 택풍대과	29. 중수감	30. 중화리	31. 택산함	32. 뇌풍항
33. 천산둔	34. 뇌천대장	35. 화지진	36. 지화명이	37. 풍화가인	38. 화택규	39. 수산건	40. 뇌수해
41. 산택손	42. 풍뢰익	43. 택천쾌	44. 천풍구	45. 택지취	46. 지풍승	47. 택수곤	48. 수풍정
49. 택화혁	50. 화풍정	51. 중뢰진	52. 중산간	53. 풍산점	54. 뇌택귀매	55. 뇌화풍	56. 화산려
57. 중풍손	58. 중택태	59. 풍수환	60. 수택절	61. 풍택중부	62. 뇌산소과	63. 수화기제	64. 화수미제

표 3 _ 주역 64괘 이름(명칭) 찾는 일람표

상괘(上卦) 하괘(下卦)	건(乾) 天	태(兌) 澤	이(離) 火	진(震) 雷	손(巽) 風	감(坎) 水	간(艮) 山	곤(坤) 地
건(乾) 天	건 重天乾	쾌 澤天夬	대유 火天大有	대장 雷天大壯	소축 風天小畜	수 水天需	대축 山川大畜	태 地天泰
태(兌) 澤	리 天澤履	태 重澤兌	규 火澤睽	귀매 雷澤歸妹	중부 風澤中孚	절 水澤節	손 山澤損	임 地澤臨
이(離) 火	동인 天火同人	혁 澤火革	이 重火離	풍 雷火豊	가인 風火家人	기제 水火旣濟	비 山火賁	명이 地火明夷
진(震) 雷	무망 天雷无妄	수 澤雷隨	서합 火雷噬嗑	진 重雷震	익 風雷益	둔 水雷屯	이 山雷頤	복 地雷復
손(巽) 風	구 天風姤	대과 澤風大過	정 火風鼎	항 雷風恒	손 重風巽	정 水風井	고 山風蠱	승 地風升
감(坎) 水	송 天水訟	곤 澤水困	미제 火水未濟	해 雷水解	환 風水渙	감 重水坎	몽 山水蒙	사 地水師
간(艮) 山	둔 天山遯	함 澤山咸	려 火山旅	소과 雷山小過	점 風山漸	건 水山蹇	간 重山艮	겸 地山謙
곤(坤) 地	비 天地否	취 澤地萃	진 火地晋	예 雷地豫	관 風地觀	비 水地比	박 山地剝	곤 重地坤

五. 《주역》이란 무엇인가?

《역경易經》이라고도 불리는 《주역》은 동양의 가장 위대한 현학玄學이다. 《주역》은 천지의 변화와 음양의 원리를 관찰해 우주, 자연, 사회, 인생에서 가장 깊고 본질적인 동시에 가장 일반적이고 평범한 이치를 연구한다. 이는 동북아 지역의 현인들이 창조하고, 후손들을 지도하기 위해 만든 학문적 기호 체계다.

《주역》은 동양에서 가장 오래된 고전으로서, 모든 경전의 으뜸이며, 원천이자 지혜의 최고봉이다. 원래 《주역》은 세 권이 있었는데, 하나라 왕조의 《연산역連山易》, 은나라 왕조의 《귀장역歸藏易》, 주나라 왕조의 《주역》이 그것이다. 하지만 앞의 두 가지는 없어지고, 《주역》만이 후대에 전해졌다.

《연산역》과 《귀장역》은 후대의 여러 기록을 통해 실제로 존재했다는 것이 확인되었다. 이 세 가지 역易의 괘卦와 효爻 해석은 대체로 비슷하지만, 차이점도 있다. 이를테면, 64괘의 배열 순서가 다르다. 하지만 고대에는 이들 모두를 '역易'이라고 불렀기 때문에 어느 정도 공통점이 있다. 이 세 가지 역易이 언제 만들어졌고, 그 저자가 누구인지는 여러 가지 의견이 있다. 여러 문헌에서 다양한 주장들이 있었지만, 특히 초기 기록인 《주례周禮》에서도 이를 명확히 설명하지 않았다.

한나라 학자 정현鄭玄은 그의 주석에서 《연산역》은 복희가, 《귀장역》은 황제가 만들었다고 기록했다. 당나라 학자 공영달孔穎達은 그의 《주역정의周易正義》에서 정현의 주장을 인용하며, "하나라 때는 《연산역》, 상나라 때는 《귀장역》, 주나라 때는 《주역》이라 불렀다"고 말했다. 또한 공영달은 "여러 기록에 따르면, 신농은 연산 씨라고도 불렸고, 황제는 귀장 씨라고도 불렸다"고 언급하며, 이로 인해 세 가지 역이 각각 하, 상, 주 시대에 만들어졌다는 설을 설명했다.

《계사전》에서는 "옛날 포희复羲 씨가 천하를 다스릴 때, 하늘의 상과 땅의 법을 보고 8괘八卦를 처음 만들었다"라고 기록되어 있다. 이로 인해 8괘는 복희가 만든 것이 확실하다는 해석이 일반적이다. 또한 사마천도 그의 사기史記에서 "복희가 8괘를 만들었고, 주 문왕이 384개 효爻를 펼쳐 천하를 다스렸다"고 말했다. 이후 많은 학자들도 이 견해를 따르고 있다.

이러한 기록들을 종합해 보면, 《연산역》은 신농이 만들었고, 《귀장역》은 황제가, 《주역》은 복희가 8괘를 처음 만든 것으로 보는 것이 가장 합리적인 해석이다.

《연산역》과 신농

신농神農은 고대의 전설적인 제왕 중 한 명으로, 백성들에게 농사법을 가르치고, 쟁기와 보습과 같은 농기구를 처음 만든 인물이다. 그래서 신농 씨라고 불렸다. 또한 신농은 염제炎帝라고도 불리며, 그의 출신지가 열산烈山이라는 산이었기 때문에 열산 씨라고도 불렸다.

신농은 재위 중에 100가지 약초를 맛보아 효능을 확인해 백성들의 질병을 치료하고, 시장을 열어 재화의 유통을 촉진했다. 이는 중국 고대 사회의 발전에 크게 기여한 중요한 업적이다. 열산 씨의 열烈 자는 다른 고대 기록들에서는 열冽 자로도 쓰였으며, 두 글자는 음이 비슷해 통용될 수 있었다. 이를테면, 고대 문헌인 《시경詩經》에서도 열烈과 열冽이 같은 뜻으로 사용되었다.

'연산'이라는 이름은 《주역》의 첫 번째 괘卦인 '간艮'에서 비롯되었다. '간'은 산을 의미하고, 두 개의 간이 겹쳐져 산들이 이어져 있는 상이다. 그래서 이 경전을 《연산역連山易》이라 부르게 되었는데, 이는 '산이 서로 이어져 있다'는 뜻을 담고 있다. 《간·상전艮·象傳》에서는 겸산兼山이라는 표현을 사용해 연산은 산들이 겹쳐진 모습을 상징한다고 말하고 있다.

《귀장역》과 황제

《귀장역》은 고대 중국 전설에서 황제黃帝가 만든 역易으로 알려져 있으며, 곤坤을 첫 번째 괘로 삼았다. 《설괘전》에서는 "곤坤은 만물을 감춘다"라고 말하고 있다. 청나라 학자 주이존朱彝尊의 고대 경전과 철학서인 《경의고經義考》에서는 "귀장은 만물이 땅에 귀장歸藏, 감춰져 돌아가는 것하는 것을 의미한다"고 해석했다. 곤은 땅을 의미하며, 땅이 모든 만물을 받아들이고 감추는 곳이기 때문에 이를 '귀장'이라고 부른다.

또한 당나라 《북당서초北堂書鈔》의 〈예문부藝文部〉에서는 한나라 학자인 환담桓譚의 《신론新論》을 인용해, "《연산역》은 란대蘭臺, 국가 기록 보관소에 보관되었고, 《귀장역》은 태복太卜, 점술과 천문학 기관에 보관되었다"라고 말한다. 이는 이 두 책이 한나라 시기에도 존재했음을 나타낸다. 그러나 후대에는 두 책이 '위서僞書, 가짜 책'라고 불리기도 했다.

북송시대 《태평어람太平御覽》〈학부學部〉 편에서는 《신론》을 인용해, "《연산역》은 8만 자이고, 《귀장역》은 4,300자"라고 기록되어 있다. 현재 우리가 사용하는 《역경易經》과 《마왕퇴백서馬王堆帛書》에서 발견된 《역경》은 모두 약 4,900자로, 《귀장역》과 큰 차이가 나지 않는다.

《주역》과 복희

《주역》은 복희가 만든 것으로 알려져 있다. 하늘을 상징하는 건乾을 첫 번째 괘로 삼았다. 이는 다른 고대 역경인 간괘의 《연산역》과 곤괘의 《귀장역》과의 차이점 중 하나다. 세 역경 모두 첫 괘가 다르다는 점에서 차별화되지만, 기본적인 원리와 구조에는 공통점도 있다.

청나라 시대에는 이 세 역경의 차이점을 모아 편집한 문헌이 있었다. 이 책은 위서僞書, 즉 신뢰할 수 없는 책으로 간주되지만, 참고 자료로 사용할 만한 가치는 있다. 주나라 문헌인 《주례》에서는 이 세 책을 '삼역三易'이라고 불렀다.

六. 삼역(三易)과 동양 사상

《연산역》

《연산역》은 하나라 왕조의 역학이다. '간艮'은 산을 의미하는데, '연산連山'은 8괘 중의 간괘를 중첩해 산봉우리가 끊임없이 이어지는 것을 상징한다. 《연산역》은 64괘의 배열에서 '연산'을 첫 괘로 삼은 것으로 알려진다. 하나라는 예禮와 악樂을 통한 정치를 지향했고, 형벌은 모두 《연산역》을 기준으로 삼았으며, 묵가墨家 사상은 《연산역》에서 비롯되었다.

참고로 예악은 예가 질서를 위한 것이라면, 악은 조화를 위한 것이다. 묵가墨家는 전국시대에 활동했던 제자백가의 한 학파로, 묵자墨子를 시조로 한다. 이 학파는 진시황의 통일 이후 사라졌다. 묵가는 유가, 도가와 함께 주요 철학 학파 중 하나였으며, 특히 유가의 주요 경쟁 상대였다. 묵자는 겸애설兼愛說을 가르쳤는데, 이는 조건 없이 모든 사람을 사랑하고 서로 이롭게 하는 것을 말한다.

그는 하늘의 뜻이 겸애이며, 하늘은 겸애의 화신이라고 보았다. 주요 사상으로는 상현尙賢이라는 인재 등용론과 비공非攻이라는 공격 전쟁 반대 사상이 있다. 또한 묵자는 근면한 노동과 절용節用, 검약을 강조했다. 최근에 그는 체험을 바탕으로, 사물의 본질을 추론하는 논리적 사고를 동양 최초로 창시한 인물로 높이 평가되고 있다.

《귀장역》

《귀장역》은 은나라 왕조의 역학이다. '곤坤'은 대지를 의미하는데, '귀장歸藏'은 8괘 중 곤괘를 중첩해 만물이 대지에서 시작한 다음 대지로 돌아감을 상징한다. 《귀장역》은 64괘의 배열에서 '귀장'을 첫 괘로 삼았다. 은나라는 예禮와 악樂을 통한 정치를 지향했고, 형벌은 모두 《귀장역》을 기준으로 삼았다. 도가道家 사상은 《귀장역》에서 비롯됐다. 《귀장역》은 각 괘마다 6효로 이루어져 총 384효를 가지고 있다.

참고로 도가道家는 노장사상老莊思想으로도 불리며, 전국시대 이래 유가 사상과 함께 동양 철학의 두 주류를 이루었던 학파다. 제자백가의 하나로, 대표적인 사상가는 노자와 장자이며, 전국시대 중기에 유가와 함께 쌍벽을 이루었다. 도가 사상은 참된 길, 즉 도道는 인위人爲를 초월한 곳에 있으며, 직관에 의해 체득된다고 가르쳤다. 사람은 그 참된 길로 돌아가야 하며, 인위를 배제하고 무위자연無爲自然을 권장했다.

특히 배제해야 할 인위 중 주된 것은 유가의 도道인 인仁이나 예禮라고 주장했다. 현실적이고 긍정적인 유가가 군주의 통치권을 합리화해 사회의 기본사상으로 자리 잡은 것에 비해, 도가 사상은 현실 부정적이고 도피적인 성향이 강해 하층민을 중심으로 뿌리내렸고, 후에 도교로 발전했다. 유가는 지배자의 사상을 대변하는 반면에 도가는 피지배자의 사상으로 대변됐다. 한나라 이후 도가는 독립적인 철학 학파로서의 모습을 잃었지만, 그 사상은 이후 불교에 수용되었고, 도교의 교리 형성을 도왔으며, 문예의 발달을 촉진시켰다.

제자백가諸子百家는 중국 춘추전국시대 기원전 770년~기원전 221년 동안 수많은 사상가와 학파들이 활발하게 활동한 시기를 의미한다. 이 시기는 다양한 철학과 사상이 번성해 중국 철학의 기초를 이루었다.

유가儒家는 공자와 맹자가 대표적인 사상가로, 인仁과 예禮를 중시하며 도덕적 인격 수양과 사회적 조화를 강조했다. 도가道家는 노자와 장자가 대표적인 사상가로, 무위자연無爲自然을 추구하며 인위人爲를 배제하고 자연스러운 삶을 강조했다. 묵가墨家는 묵자가 시조로, 겸애兼愛를 주장하며 조건 없는 사랑과 상호 이익을 중시했다.

법가法家는 한비자와 이사가 대표적인 사상가로, 엄격한 법치주의와 강력한 통치를 통해 사회 질서를 유지하는 것을 강조했다. 명가名家는 혜시와 공손룡이 대표적인 사상가로, 논리와 언어의 정확성을 중시하며 논변을 통해 진리를 탐구했다. 병가兵家는 손자와 오자가 대표적인 사상가로, 군사 전략과 전술, 전쟁의 원리와 방법을 연구했다. 농가農家는 허행이 대표적인 사상가로, 농업의 중요성과 자급자족, 평등한 사회를 강조했다. 음양가陰陽家는 추연이 대표적인 사상가로, 음양오행설陰陽五行說을 통해 자연과 인간 사회의 조화를 설명했다.

이처럼 제자백가는 춘추전국시대의 혼란 속에서 각기 다른 사상과 철학을 제시하며 동양 사상의 황금기를 이끌었다. 다양한 철학적 논의와 학문적 성과는 이후 정치, 사회, 문화에 깊은 영향을 미쳤으며, 오늘날에도 여전히 중요한 철학적 유산으로 남아 있다.

《주역》

《주역》은 주나라 왕조의 역학이다. 건乾은 하늘을 의미하는데, 건괘를 중첩해 천도天道의 강건함과 자강불식自强不息, 스스로 힘써 쉬지 않는다을 상징한다. 《주역》은 64괘의 배열에서 건괘를 첫 괘로 삼았다. 주나라는 예禮와 악樂을 통한 정치, 형벌은 모두 《주역》을 기준으로 삼았다. 유가 사상은

《주역》에서 비롯됐다. 《주역》은 '주역경周易經'과 '주역전周易傳'으로 구성된다. '주역경'은 음양의 두 효爻를 세 개씩 중첩해 만든 8개의 괘와, 8개의 괘를 겹쳐 만든 64개를 근간으로 한다. 매 괘마다 괘사卦辭가 있고, 괘마다 6개의 효가 있고 효마다 효사爻辭가 있다.

역경은 동양에서 가장 중요한 형이상학적 학문이다. 역易은 천지의 이치에 맞춰, 우주, 자연, 사회, 인생에서 일어나는 천지, 일월, 음양의 변화를 관찰하고 연구한다. 이는 가장 심오하면서도 보편적이고 평범한 원리를 탐구하는 학문으로, 《주역》은 동양에서 사람의 생존과 발전을 위한 학문적 상징 체계를 구축한 책이다.

역경은 동양에서 가장 오래된 경전으로, 모든 경전 중에서도 가장 중요한 위치를 차지하며 동양 철학의 근본이자 지혜의 정수로 여겨진다. 역경은 원래 세 종류의 경전이 있었는데, 하나라의 《연산역》, 은나라의 《귀장역》, 주나라의 《주역》이다. 현재 우리가 사용하는 것은 《주역》이다.

七. 《역전(易傳)》

'역전'은 《주역》을 해설하고 학습 방법을 제시한 글이다. 가장 대표적인 것으로 공자가 쓴 것으로 추측되고 있는 《십익》을 들 수 있다. 10개의 날개를 뜻하는 《십익》은 《단전》 상하, 《상전》 상하, 《계사전》 상하, 《문언전》, 《설괘전》, 《서괘전》, 《잡괘전》의 10편으로 나뉜다.

《서괘전》은 64괘의 순서에 대한 설명과 해석으로, 64괘 배열 순서의 의미를 말한다. 이를테면, '천지가 있어야 만물이 생긴다'는 관점으로 건괘와 곤괘가 첫 번째 자리를 차지하는 이유를 말한다. 원인과 결과의 연계, 극단적인 변화, 상반된 것들이 서로 생겨나는 원리를 설명하며, 마지막 괘인 미제未濟는 모든 것이 끝나지 않음을 나타낸다.

《잡괘전》은 상반된 관점으로 64괘의 배열 순서를 무시하고, 간단한 언어로 각 괘의 의미와 상호 관계를 말한다. 서괘는 시간적 관계에서 보지만, 잡괘는 공간적 관계에서 본다. 두 가지는 세계의 변증법적 현상을 구체적으로 나타낸다.

《설괘전》은 8괘의 의미를 구체적으로 설명하며, 8괘의 형성과 그 특성, 괘상卦象과 괘의 성격을 말한다. 《문언전》은 건괘와 곤괘를 통해 음양의 내재적 덕성을 말한다. 건괘를 설명하는 것을 '건문언乾文言', 곤괘를 설명하는 것을 '곤문언坤文言'이라고 한다.

《단전》은 상하편으로 나뉘어져 있다. 괘의 이름, 괘의 의미, 괘사를 설명하며, 6효괘의 전체 의미를 말한다. 《단전》은 한 괘의 의미를 단정하는 것으로 알려져 있다. 《상전》도 상하편으로 나뉘어져 있다. 효사를 통해 괘를 해석하며, 이는 《주역》의 본문에 따라 상편과 하편으로 나뉜다. 6효괘 중 3효 또는 1효를 통해 64괘의 괘상, 괘사, 효사를 말한다. 《단전》과 《상전》은 세계를 해석하는 두 가지 방법이다. 《단전》은 내재적 덕성을 말하고, 《상전》은 외재적 덕성을 말한다.

《계사전》도 상하로 나뉘어져 있다. 《주역》의 의미를 총체적으로 말하고, 하늘의 이치, 사람의 일과 그 관계를 전면적으로 해석한다. 이는 《주역》의 대의, 원리, 기원 및 점술 방법 등을 포함하며, 《주역》의 철학적, 윤리적, 실천적 의미를 말한다.

괘명, 괘사, 효명, 효사

'역경'은 《주역》의 경문 부분을 의미하며, 이 경문은 순서대로 괘명, 괘사, 효명, 효사로 구성되어 있다.

문자가 없던 시절, 고대의 현인들은 그림을 통해 기록을 남겼다. 그들은 어떤 일을 점쳐야 할 때 나뭇가지를 사용해 점괘를 기록했으며, 이 점괘의 기호를 '효爻'라고 불렀다. 이후 효는 점차 다른 사물을 나타내는 기호로 사용되기 시작했다.

효는 두 가지 형태로 나뉘며, 음효와 양효로 구분된다. 음효는 --로 기록되고, 양효는 —로 기록했다. 음효는 짝수, 암컷, 부드러움, 약함, 아래, 어둠, 짧음, 추움, 낮음과 같은 속성을 나타내며, 여성을 비롯해 달이나 가슴과 같은 요소를 상징한다. 반면 양효는 음효와 반대되는 홀수, 수컷, 강함, 밝음, 길음, 뜨거움 등과 같은 속성을 가진다. 이렇게 음효와 양효는 고대인들의 사고방식을 반영한 하나의 모형으로, 세상의 다양한 현상을 설명하는 기본적인 원리로 사용되었다.

《주역》은 괘卦와 효爻를 기본적인 사고 모형으로 사용한다. 가장 기본적인 기호는 음효--와 양효—다. 음효와 양효를 세 번씩 조합하면 8괘가 되고, 여섯 번씩 조합하면 64괘가 된다. 64괘는 8괘를 두 번 중첩한 결과다.

《주역》의 64괘는 각각 여섯 개의 효로 구성되며, 각 효는 효명을 가진다. 효명은 효의 위치와 성질을 나타낸다. 여섯 효의 위치는 아래에서부터 차례로 초효初爻, 이효二爻, 삼효三爻, 사효四爻, 오효五爻, 상효上爻로 기록한다. 효의 성질은 두 가지로 나뉘는데, 양성陽性은 구九로, 음성陰性은 육六으로 표시한다. 이를테면, 건괘乾卦의 여섯 효의 이름은 초구효初九爻, 구이효九二爻, 구삼효九三爻, 구사효九四爻, 구오효九五爻, 상구효上九爻로 구성된다. 여기서 구九는 양성을 나타내며, 효명의 앞이나 뒤에 위치할 수 있다.

64괘는 《주역》의 기본적인 모형이다. 괘사卦辭, 효사爻辭, 그리고 《역전易傳》은 이 기본 모형에 대한 문자적 해설과 내포를 설명한 글들이다. 그중 효사는 효의 구체적인 의미를 말하고, 각 효에 대한 해석을 담고 있다. 이를테면, 건괘乾卦의 괘사와 효사는 아래와 같다.

괘사 _ 건원형리정 乾 元 亨 利 貞

효사 _ 초구 : 잠룡물용潛龍勿用
　　　　구이 : 현룡재전 이견대인見龍在田, 利見大人
　　　　구삼 : 군자종일건건 석척약 려 무구君子終日乾乾, 夕惕若, 厲, 無咎
　　　　구사 : 혹약재연 무구或躍在淵, 無咎

구오 : 비룡재천 이견대인 飛龍在天, 利見大人
상구 : 항룡유회 亢龍有悔
용구 : 견군룡 무수 길 見羣龍, 無首, 吉

건괘乾卦는 《주역》의 64괘 중 첫 번째 괘로, 여섯 개의 양효陽爻로 구성되어 있다. 후대에는 이를 순양純陽 괘라고 불렀다. 《설괘전》에 따르면, 건괘는 하늘을 상징하며, 그 성질은 건健으로, 이는 곧 강함과 견고함을 의미한다. '역경'에서는 용龍을 하늘의 강건한 성질에 비유해, 강하고 활기찬 생명력을 표현한다.

건괘는 먼저 여섯 효명을 나열한 후 각각의 효사爻辭를 말한다. 효사의 큰 뜻을 다음과 같다.

초구효初九爻는 용이 아직 물속에 잠복해 있다는 의미로, 무한한 잠재력과 재능을 지니고 있지만, 아직 그 능력을 발휘할 시기가 아니라는 뜻이다. 여기서 물용勿用은 용의 가치가 없다는 의미가 아니라, 적절한 시기를 기다려야 한다는 의미다. 이 효를 얻으면, 행동을 자제하고 시기가 무르익을 때까지 기다리는 것이 좋다.

구이효九二爻와 구오효九五爻는 이견대인利見大人과 용구무구用九無咎를 통해 중용中庸의 가치를 실천할 때, 가장 이상적인 결과를 얻을 수 있음을 나타낸다. 대인을 만난다는 것은 중요한 인물이나 시기를 만난다는 의미이며, 무구無咎는 후회나 재앙이 없다는 뜻이다.

건괘의 초효 물용勿用과 상효 유회有悔는 어떤 일이든 시기가 너무 이르거나 지나치면 좋은 결과를 얻지 못함을 경고한다. 건괘는 용이 잠룡潛龍에서 항룡亢龍으로, 즉 점차 발전하며 만물이 성장하고 번성하는 과정을 상징적으로 보여준다.

'역경' 64괘는 각각 여섯 개의 효로 구성되어 있으며, 이를 모두 합하면 총 384개의 효가 된다. 여기에 건괘乾卦와 곤괘坤卦에 각각 하나의 용효用爻가 추가되어 총 386개의 효와 효사爻辭가 존재한다. 특별한 효인 용효는 건괘와 곤괘에서 각각 추가되는 효로, 괘의 일반적인 여섯 효에 더해져 그 괘의 특성을 더욱 명확히 설명하는 역할을 한다. 효사는 각 괘의 중요한 구성 요소로, 점을 친 결과에서 길흉을 판단하는 근거가 된다. 이를테면, 화수미제火水未濟 괘에서 제6효를 변효變爻로 얻었을 경우, 한편으로는 화수미제 괘에서 뇌수해雷水解로 변하는 괘사를 참고할 수 있고, 동시에 화수미제 괘의 제6효에 해당하는 효사를 살펴보아야 한다.

八. 《역전》과 공자

《역전》 저자는 공자인가?

공자_{기원전 551년-기원전 479년}는 이름은 구_丘, 자는 중니_{仲尼}로, 춘추시대 말기 노나라 창평향 추읍_{현재의 산동성 취푸 동남쪽} 출신이다. 어린 시절 아버지를 잃고 가난하게 살았지만, 타고난 총명함과 학구열 덕분에 유가 학파의 창시자, 성인, 교육자, 사상가, 철학자, 그리고 과학자로 거듭났다.

공자가 《주역》을 배우고 《역전-십익》을 저술한 것에 대해 일부 학자들은 역사 문헌을 무시하고 주관적인 견해로 이를 의심하거나 부정한다. 그러나 마왕퇴에서 출토된 백서 《주역》 이후 이러한 견해가 바뀌었다. 최근에는 《역전》이 도가 학파의 작품이라고 주장하며 공자가 이를 저술했다는 사실을 부정하려는 이들이 다시 등장했다. 그들은 《역전》이 도가 학파의 작품이라고 주장하지만, 자연관은 도가만의 전유물이 아니다. 유가라고 자연관이 없었을까?

사실, 공자는 도가의 창시자인 노자에게 배운 적이 있으며, 노자의 사상에 큰 영향을 받았다. 그래서 《역전》에 도가의 사상이 반영된 것은 그리 놀랍지 않다. 도가 사상이 포함되어 있다고 해서 그것이 도가의 작품임을 증명하지는 못한다. 유가와 도가는 다른 길을 갔지만, 모두 천도의 천문역법에서 비롯됐다. 따라서 《역전》도 하나의 과학 저작이며, 공자 또한 과학자였다.

여소강呂紹綱은《주역천미周易闡微》라는 책에서 사상, 역사 문헌학, 고고학 문헌학 세 가지 측면에서《역전》이 공자가 저술한 것이 맞다고 증명하고 있으며, 공자가 말한 도와 노자가 말한 도가 통하는 부분이 있다고 보았다. 이는 공자가 노자에게서 배운 후 영향을 받은 결과라고 보았다.

공자가《역전》을 저술했다는 문헌과 고고학적 기록

공자가《역전》을 저술했다는 것에 대한 역사 문헌의 명확한 기록이 있다. 사마천은《사기》〈공자세가〉편에서 다음과 같이 서술했다.

"공자가 말년에《주역》을 좋아해 '서序', '상象', '계사系辭', '설괘說卦', '문언文言'을 저술했다.《주역》을 읽으며 세 번이나 이어진 끈이 끊어졌다. 공자는 '내게 몇 년만 더 있다면, 나는《주역》을 완전히 이해할 수 있을 것'이라고 말했다."

여기서 가죽으로 맨 책 끈이 세 번이나 닳아 끊어진 것을 뜻하는 '위편삼절韋編三絶'이라는 말이 나왔다.

한나라의 역사가인 반고가 쓴《한서》〈유림전〉에서도 "공자가 늦게《주역》을 좋아해, 읽으며 세 번이나 이어진 끈이 끊겼다. 그리고《역전》을 저술했다"고 기록되어 있다.《한서》〈예문지〉에는 "공자가《상전》,《계사전》,《문언전》,《설괘전》 등 열 편을 저술했다"고 전했다. 또 위나라에서 편찬된 책으로, 주로 역학易學과 관련된 내용을 다루고 있는《위서》〈건곤착도〉에서는 "공자가 오십에《주역》을 연구해《십익》을 저술하고, 대도, 대수, 대법, 대의를 밝히며,《주역》책에서 통성通聖의 질문을 하고, 밝은 자는 이를 성현으로 여긴다. 공자는 이를 관찰해 인자는 이를 인仁으로 보고, 지자는 이를 지智로 보며, 성자는 이를 신神으로 본다"고 했다.

이로 보아 한나라 이전에는 모두 《역전》을 공자가 저술한 것으로 여겼다. 《위서》 건곤착도의 기록을 보면, 《십익》 외에도 다른 《주역》 저작이 전해졌음을 알 수 있다. 이는 마왕퇴 한묘에서 출토된 백서 《주역》에서 확인할 수 있다.

1973년 후난성 장사시의 마왕퇴 한묘에서 출토된 백서 《주역》에는 "부자夫子, 공자가 늙어서 《주역》을 좋아해, 거처할 때는 자리에, 움직일 때는 주머니에 넣어 다녔다"고 기록되어 있다. 이는 《사기》, 《한서》 등의 기록과 일치하며, 기존의 설이 허위가 아님을 증명하고, 공자를 의심하는 자들이 틀렸음을 보여준다.

공자는 《주역》을 머무를 때나 이동할 때나 늘 연구할 정도로 심취했으며, 세 번이나 이어진 끈이 끊어질 정도였다. 공자가 《주역》을 이 정도로 연구했으니, 그가 《역전》을 저술한 것은 놀라운 일이 아니다. 춘추시대 제례에 대한 책 《춘추위설제사春秋爲說祭祀》에서는 "공자가 말하길: 복희가 8괘를 만들었고, 나는 그것을 합쳐 그 문文을 펼치고, 신神을 이끌어 냈다. 《춘추》를 저술해 혼란을 바로잡았다"고 해, 공자가 《역학》을 연구한 것을 기록하고 있다.

마왕퇴백서馬王堆帛書

《마왕퇴백서》는 1973년 중국 후난성 장사시에 위치한 마왕퇴馬王堆 3호묘에서 발굴된 백서帛書, 비단에 쓴 글를 의미한다. 이 백서는 진말에서 전한 사이에 작성된 것으로 추정된다. 비단은 종이가 발명되기 전까지 나무로 만든 독牘이나 대나무를 깎은 죽편竹片과 함께 일반적인 문서나 서적의 소재로 사용됐다. 마왕퇴에서 출토된 많은 백서 문헌은 철학, 역사, 군사, 의약, 천문, 역법曆法, 역서易書 등 다양한 내용을 담고 있다.

마왕퇴에서 발견된 백서《주역》은 조각난 상태였으며, 총 글자 수는 약 21,000자. 백서《주역》에는 8괘를 포함한 64가지 형식을 해설한 '괘사卦辭'와 역易의 기본 이념을 적은《계사전》등이 수록되어 있다. 백서본 괘사의 문장은 현재 알려진《주역》과 다소 차이가 있다. 현재의《주역》에서는 공자가 저술한 것으로 전해지며, 유교적인 색깔을 강화하기 위해 분서갱유 이후에 덧붙여진 것으로 추정되는《십익》, 즉《계사전》을 포함한 10편의 보충 문장이 포함되어 있다. 하지만 백서본에는《상전》이나《문언전》등의 내용이 없으며,《계사전》의 경우 현재의 문장과 일부 다른 부분이 있거나 현재의 책에는 없는 내용이 수록되어 있다.

이처럼 마왕퇴에서 출토된 백서《주역》은 기존에 알려진《주역》과 다른 점이 많아 현재의《주역》이 성립되기까지의 과정을 이해하는 데 중요한 자료가 된다. 따라서 유학사상사나 문헌학 연구에 있어 매우 귀중한 자료로 평가받고 있다.

그렇다면 공자가《주역》을 늦게 공부한 것은 몇 살 때였을까?《논어論語》〈술이述而〉편에서 공자는 "내게 몇 년 만 더 시간이 있다면, 오십에《주역》을 공부해 큰 실수를 피할 수 있었을 것이다"라고 말했다. 이를 보면 공자는 오십 이후에《주역》을 공부하기 시작한 것으로 보인다. 공자가《주역》을 늦게 읽은 것을 후회하며 감탄한 것이다.

그렇다면 왜《주역》을 읽고 나서 이런 감탄을 했을까? 그것은 그가《주역》에서 진리를 발견했기 때문이다.《주역》을 읽기 전에는 많은 실수를 했다는 것을 깨달은 것이다. 공자는 여러 나라를 돌아다니며 자신의 정치적 소망을 이루지 못했음을 알게 되었다.

일반적으로《논어》는 공자의 작품으로 논란의 여지가 없다.《사기》의 기록은 모두 사실을 바탕으로 한 것이다. 여기서《사기》의 기록과《논어》의 기록이 일치한 것으로 보았을 때, 공자가 오십 이후에《주역》을 진지하게 연구했다는 것은 문제가 되지 않는다.

공자가《역전》의 저자가 아니다?

　공자가《역전》의 저자가 아니라는 다른 의견도 살펴보자.《역전》의 저자에 대해서는 많은 논란이 있다. 전통적으로 공자가《역전》의 저자라고 여겨졌지만, 이는 현대 학자들 사이에서 강한 의문을 받고 있다. 송나라 시기부터 이미 학자들은《계사전》이나 다른 부분들이 공자의 저작이 아니라는 의심을 제기했다.

　사마천은《사기》〈공자세가孔子世家〉편에서《역전》을 공자가 작성한 것이라고 언급했다. 이 말은 큰 영향을 미쳤으며, 사람들은 이를 오랫동안 믿어왔다. 그러나 송나라의 구양수歐陽修는 처음으로《계사전》이 공자가 작성한 것인지 의문을 제기했다. 그 후, 청나라의 최술崔述은《단전》과《상전》까지도 공자가 작성한 것이 맞는지 의심을 품었다.

　근대에 들어 많은 연구가 이루어졌고, 대부분의 학자들은《십익》을 공자가 쓴 것이 아니라고 보고 있다. 또한 각 편이 한 사람에 의해 작성된 것이 아니라, 전국시대 이후에 걸쳐 점차 형성되었다고 생각한다. 현대 학자들은《역전》이 전국시대에서 한나라 초기에 걸쳐 여러 학자들에 의해 집필되었다고 보고 있다. 공자의 제자들이 그의 가르침을 바탕으로 내용을 추가하거나 편집했을 가능성은 있지만, 음양론을 중심으로 한 철학적 내용이 공자 시대보다 후대에 발전한 것이기 때문에, 공자와 직접적인 연관성을 찾기 어렵다고 보는 것이다.

　그로 인해《역전》은 다양한 학파와 사상가들의 영향을 받아 형성된 것으로, 공자뿐만 아니라 여러 후대 학자들이 기여한 것으로 보는 것이 일반적인 견해다. 일부 사람들은 공자가 저자라고 주장하지만, 문체를 보면 실제로 공자가 완성한 것으로 보이는 부분은 《문언전》, 《단전》, 《상전》 정도다. 이마저도 공자가 이전 학자들의 연구 결과를 요약한 것일 가능성이 크다. 《계사전》은 공자의 말을 인용한 후대의 내용이 많이 섞여 있어, 공자의 제자들이 추가한 것으로 보인다.

또한 《설괘전》, 《서괘전》, 《잡괘전》은 문체가 일정하지 않으며, 앞뒤 내용이 상충하는 경우도 많다. 이러한 이유로 후대에 작성된 것으로 추정된다. 특히 각 문서의 구성과 내용에 일관성이 부족하다는 점에서, 한 사람의 저자가 작성한 것이 아니라 여러 명의 학자들이 오랜 시간에 걸쳐 추가하거나 편집한 것이라는 의견이 강하게 제기되고 있다.

따라서 《역전》은 특정한 한 사람이 저자라고 보기 어렵고, 여러 명의 학자들이 공동 작업한 결과물이라는 것이 합리적인 해석이다. 그럼에도 불구하고 공자가 《역전》에 중요한 기여를 했으며, 그의 공헌이 가장 크다는 점은 인정되고 있다. 다만 공자가 모든 내용을 직접 작성했다고 보기보다는, 후대 학자들이 그의 가르침을 바탕으로 내용을 발전시켰을 가능성이 크다.

《역전》의 완성 시기에 대해서도 논란이 있다. 각 편이 언제 형성되었는지에 대해서는 여전히 의견이 나뉜다. 크게 두 가지 설이 있는데, 하나는 전국시대 초기에 작성되었다는 설이고, 다른 하나는 전국시대 후기에 작성되었다는 설이다.

또한 저자가 어떤 학파에 속했는지에 대해서도 논란이 있다. 일부는 유가 학자들이 주로 작성했다고 보고, 또 다른 일부는 도가 학자들이 작성했다고 생각한다. 이 문제들은 앞으로 더 많은 연구가 필요한 부분이다.

정리하자면, 《역전》이 언제 완성되었는지에 대해서는 명확한 기록이 없지만, 《십익》이 오랜 시간에 걸쳐 개정, 증보로 다양한 학자들에 의해 변화 과정을 거쳤다는 것이 일반적인 의견이다. 따라서 《역전》은 여러 학자들이 오랜 기간에 걸쳐 집필하고, 편집한 공동 작업의 결과물로 보는 것이 합리적이다. 공자의 공헌이 크긴 하지만, 그 이후 다양한 학자들이 그 가르침을 이어받아 발전시킨 것으로 추정된다. 주나라 말기에서 춘추시대를 거쳐 전한前漢 또는 서한西漢 말기에 이르는 기간 동안 완성된 것으로 보인다.

공자의 역학 전수

공자는 정치적으로는 실패했지만, 말년에는 교육에 힘써 교육을 통해 세상을 구원하려 했다. 그는 3,000명의 제자를 가르쳤으며, 그중 72명의 현인이 있었다. 《한서》〈유림전〉을 보면 이들 중 일부는 제후를 떠돌며 경상사부卿相師傅, 고위 관직이나 군주의 스승이나 조언자가 됐다.

공자는 말년에 제자들에게 《주역》의 도를 가르치는 것을 매우 중요하게 여겼다. 《주역》의 도는 천도, 지도, 인도, 군도, 사시 변화의 도를 포함하며, 이는 나라와 백성을 다스리는 근본 원리다. 공자에게서 《주역》을 배운 사람들은 전국에 퍼져 한대漢代의 역학자들까지도 자신의 학문적 뿌리를 공자에게서 찾았다. 사마천은 《사기》〈중니제자열전〉에 다음과 같이 기록하고 있다.

"공자는 《주역》을 노나라 사람 상구商瞿에게 전수했고, 상구는 초나라 사람 간비자肝臂子 홍弘에게, 홍은 강동 사람 교자橋子 용庸에게, 용은 연나라 사람 주자周子 가수家豎에게, 가수는 순우 사람 광자光子 승우乘羽에게, 승우는 제나라 사람 전자장하田子莊何 전하田何에게, 전하는 동무 사람 왕자王子 중동中同에게, 중동은 치천 사람 양하楊何에게 전수했다."

후대의 《한서》〈유림전〉에도 이와 비슷한 기록이 있다. 왕보는 "이 족보를 기록한 사마천의 아버지 사마담은 양하에게 《주역》을 배운 적이 으며, 양하 자신도 이 족보에 포함되어 있다. 따라서 이 족보는 신뢰성이 높다"고 기록했다. 최소한 한나라 시대의 역학자들은 이 관점을 스스로 인정했다.

이 족보에서 '전하'의 위치는 비교적 특수하다. 그는 전국시대를 잇고 서한을 연 중요한 인물로, 한대의 정통 역학은 여러 갈래로 나뉘지만 모두 '전하'를 조상으로 여긴다. 이를테면, 후에 학관學官에 포함된 시수施讎, 맹희孟喜, 양구하梁丘賀는 모두 전하의 제자다. 현재 《역전》은 최종적으로 시수, 맹희, 양구하 세 가문에서 《십익》 체계를 완성한 것으로 알려져 있다.

참고로 한대漢代의 경학은 박사博士와 학관學官 제도를 기초로 발전했다. 박사는 경전을 연구하고 해석하는 전문가고, 학관은 이러한 박사들이 중심이 되어 교육과 연구를 하는 기관이다. 학관이 세워지면 많은 학생들이 그 아래에 모여들었고, 그들은 박사가 경전에 붙인 해석을 학문의 근본으로 삼았다. 이 해석본을 '장구章句'라고 한다.

九. 공자와 노자

노자에게 도를 묻다

공자는 일생 동안 학문을 좋아해 부지런히 배우고, 묻는 태도를 가졌다. 그는 부끄러워하지 않고 배우기를 좋아했으며, 선왕先王, 공자가 이상으로 삼은 옛 성군들에게서도 배우고, 당대의 현자뿐만 아니라 과거의 현자들에게서도 배웠다. 특히 노자老子에게서 도를 배웠는데, 노자의 도가 사상은 공자의 말년 사상에 큰 영향을 미쳤다.

공자는 일생 동안 배우고 역사적 경험을 요약해《시詩》,《서書》,《예禮》,《악樂》,《역易》,《춘추春秋》의 '육경六經'을 저술해 제후국의 군주들에게 선왕의 도를 전파하고자 했다. 그러나 그의 노력은 받아들여지지 않아 여러 곳에서 좌절을 겪었다. 이에 공자는 문제를 해결하기 위해 당시의 대학자 노자기원전 571년-?를 찾아갔다. 노자는 도가의 창시자로, 그의 사상은 공자의 말년 사상에 큰 영향을 미쳤다.

《장자》〈천운天運〉편에는 공자가 오십에 도를 묻기 위해 남쪽으로 패沛 지역에 가서 노담老聃, 노자를 만났다는 기록이 있다. 공자가 오십에 노자에게 도를 물었다는 사실은 그가 오십에《주역》을 연구하고 배우기 시작했다는 시간과 일치한다. 이는 공자가 노자에게 도를 묻고 나서《주역》을 깊이 연구하기 시작했기 때문일 수 있다.

《논어》〈위정〉편에서는 "공자는 열다섯 살에 학문에 뜻을 두었고지학, 志學, 서른 살에 자립했으며이립, 而立, 마흔 살에 흔들림이 없었고불혹, 不惑, 쉰 살에 하늘의 뜻을 이해하게 되었고지천명, 知天命, 예순 살에 귀가 순했고이순, 耳順, 일흔 살에 마음이 하고자 하는 바를 따랐다종심, 從心"고 말한다. 그렇다면 왜 공자가 50세에 천명을 알았을까? 그것은 《주역》이 천문과 역법에 관한 큰 책이었기 때문이다. 공자는 쉰 살에 《주역》을 배우고 나서야 하늘의 이치를 이해할 수 있었던 것이다. 천명天命은 자연의 필연적인 규칙을 뜻하며, 《주역》의 도는 천명과 깊이 연결되어 있다.

《사기》에는 공자가 주나라로 가서 노자에게 도를 물었고, 노자는 공자에게 "명철하고 깊게 관찰하면 죽음에 가까우며, 사람을 비판하기 좋아하는 사람도 마찬가지다. 자식된 자는 자신을 내세우지 말고, 신하는 자신을 내세우지 말아야 한다"고 조언한 이야기가 기록되어 있다. 또 다른 기록에서는 공자가 노자에게 예를 묻자, 노자가 "군자는 때를 만나면 나아가고, 때를 만나지 못하면 떠돌아 다닌다"며, "자네의 교만함과 욕망을 버리라"는 충고를 했다고 전한다.

이 외에도 《예기禮記》〈증자간曾子問〉과 《장자莊子》〈내편內篇 덕충부德充符〉, 〈천지天地〉, 〈천운天運〉 편 등 여러 문헌에서 공자가 노자에게 도를 묻는 이야기가 기록되어 있다. 한나라 《석각石刻》에서도 이러한 만남이 묘사되어 있어, 공자가 노자에게 도를 물은 것이 역사적 사실임을 뒷받침하고 있다.

공자가 노자를 용이라고 본 것은 노자가 천도를 가장 잘 이해하고 있음을 의미한다. 장자는 노자의 가장 뛰어난 후계자로서, 그의 기록은 사실일 가능성이 크다. 공자는 노자에게 배운 것을 제자들에게 전수해 유가 사상의 중요한 내용으로 삼았다. 노자에게서 배운 천도, 자연과학, 생명과학 등이 공자의 사상과 학문에 큰 영향을 미쳤다. 공자를 당시의 과학자라고 부르는 것은 그렇게 이상하거나 지나친 것이 아니라, 공자의 본래 모습을 되

찾고 그에 대한 편견을 제거하는 일이다.

노자와 《주역》

노자는 주나라의 사관으로, 《주역》에 능통했다. 노자는 주나라에서 다양한 직책을 맡았다는 기록이 있다. 《사기》〈노자한비열전老子韓非列傳〉 편에는 노자가 주나라 수장실의 사관이었다고 기록되어 있다. 수장실사는 주나라의 서적을 보관하는 사관이다.

《예기禮記》〈증자문曾子問〉 편 주석에서도 노자가 주하사柱下史이거나 수장실사였다고 언급했고, 당나라의 위세남虞世南도 노자가 주하사였다고 기록했다. 또 사마정司馬貞의 《사기색은史記索隱》에서도 노자는 주하사였고, 후한 정현鄭玄의 《논어주論語注》에서는 '태사太史'였다고 전했다.

이들 직책은 모두 주왕의 곁에서 예악을 관장하며, 문화와 천문, 역법에 대한 중요한 지식을 가진 사관이었음을 나타낸다. 그 당시 사관들은 천문 현상과 별자리 운행을 해석하고 설명하는 역할을 맡았다. 노자는 태사로서 대제사를 주관하고 점을 쳐서 길흉을 결정하는 역할을 했다. 이는 《도덕경》에도 반영되어 있다.

정현은 큰 군대를 출동시킬 때 태사가 '식式'을 안고 길흉을 결정한다고 설명했다. '식'은 천문학적 도구 또는 점술을 위한 도구로, 천문 현상을 관찰하거나 길흉을 예측하는 데 사용됐다. 사관은 천도를 알아야 했으며, 여기에는 천문과 길흉을 예측하는 것이 포함됐다.

노자는 천문학, 점술, 제사 등을 담당한 중요한 관직인 대사大史로서의 역할을 잘 수행했다. 《도덕경》에서도 그는 "집 밖으로 나가지 않고 천하를 알고, 창문을 넘지 않고 천도를 안다"고 표현했다. 이는 사관으로서 그의 역할을 반영한 것이다. 당시 사관, 점술가, 무당, 제사장들은 천문학적 지식을 가지고 있었으며, 춘추시대 후반에는 천문학과 역법이 발전해 월식月蝕, 달이 지구의 그림자에 가려지는 현상과 삭망朔望, 초승달과 보름달의 계산, 역법의 정밀성이 높아졌다. 그래서 노자는 "문을 넘지 않고 천도를 안다"고 말했던 것이다.

이처럼 노자는 주나라의 사관이었으며, 《주역》에 능통했다. 따라서 공자가 50세에 노자에게 도를 배웠을 때, 《주역》에 대한 가르침도 포함되었을 것이다. 《주역》은 주나라의 고전으로, 왕권의 상징이었으며, 수장실에 보관되어 있었다. 일반인은 이를 볼 수 없었지만, 노자는 수장실의 사관으로서 공자에게 《주역》을 전수할 수 있었을 것이다. 공자가 노자에게 물은 천도는 《주역》의 내용이었으며, 천문과 점술, 제사와 관련된 것으로 추정된다. 노자와 공자는 모두 제사 관직을 맡고 있었으며, 공자가 제사를 주관한 것도 이를 뒷받침한다.

노자, 공자에게 하늘의 이치를 가르치다

공자가 노자에게 천도관天道觀을 배운 이야기는 《장자莊子》에 상세히 기록되어 있다. 천도관은 우주와 자연의 질서 및 법칙을 이해하고, 사람이 자연과 조화를 이루며 살아가야 한다는 철학적 관점이다. 이는 동양 철학의 핵심 개념 중 하나로, 음양오행, 천인합일 등의 원리를 통해 설명된다. 《주역》은 하늘과 사람의 관계를 괘卦를 통해 설명하고, 자연의 변화와 사람의 행동을 연결한다. 천도관은 오늘날에도 환경과 생태, 사람의 삶의 방식에 중요한 영향을 미치고 있다.

《장자》〈천운天運〉 편에는 공자가 50세에 도를 찾아 남쪽의 패로 가서 노자를 만났다는 기록이 나온다. 노자는 공자에게 "북방의 현자로 소문이 자자한 그대가 왜 도를 구하러 왔느냐?"고 물었다. 공자는 "도를 얻기 위해 왔다"고 대답했다. 노자는 "그대는 어디에서 도를 찾았느냐?"고 물었고, 공자는 "수數에서 도를 찾으려 했으나 5년 동안 얻지 못했다"고 답했다. 노자는 다시 "또 어디에서 도를 찾았느냐?"고 물었고, 공자는 "음양에서 도를 찾으려 했으나 12년 동안 얻지 못했다"고 답했다.

노자는 공자에게 도가 사람에게 전해질 수 있는 것이라면, 사람들은 모두 자신의 군주, 부모, 형제, 자손에게 도를 전할 것이라며, 도는 그렇게 할 수 없다고 말했다. 그는 도가 내부에 올바른 마음이 없으면 멈추지 않고, 외부에 바른 기준이 없으면 실행되지 않는다며, 인의仁義는 옛 성군들이 잠시 머물렀던 것일 뿐, 오래 머물 수 있는 것이 아니라고 말했다.

또 노자는 공자에게 자연의 도를 설명하며, 하늘의 이치천도는 끊임없이 변화하며 발전하고, 사람도 이에 맞추어 변화해야 한다고 강조했다. 따라서 사람의 길은 하늘의 이치에 따라야 하며, 하늘의 이치가 변하므로 사람의 길도 이에 맞추어 변해야 한다고 했다. 이러한 노자의 가르침을 받은 공자는 3일 동안 말을 하지 않았고, 제자들이 묻자 "나는 이제야 용을 보았다. 나는 노자에게서 하늘의 이치의 깊이를 배웠다"고 답했다.

또한 노자는 공자에게 인의와 예악 같은 인위적인 것을 버리고, 자연으로 돌아가야 한다고 가르쳤다. 그는 자연에 따라 인위적인 것을 논하고, 하늘의 이치에 따라 사람의 길을 논하며, 사람의 길은 하늘의 이치를 따라야 한다고 말했다. 공자는 3개월 후 다시 노자를 찾아가 "나는 이제 이해했다. 사람으로서 스스로 변화를 이루지 못하면, 어떻게 사람을 변화시킬 수 있겠는가?"라고 말하며 깨달음을 얻었음을 밝혔다. 노자는 공자가 깨달음을 얻었다고 인정했다. 노자의 가르침을 통해 공자는 하늘과 땅의 이치를 깨달았고, 이를 제자들에게 다음과 같이 전했다.

"도道란 자연스럽게 순환하며 만물을 변화시키고 생명을 창조하는 것으로, 이는 기氣가 모이고 흩어지는 과정에 따라 일어난다. 모든 형태 있는 것은 무형에서 생기고, 죽으면 다시 무형으로 돌아간다. 사람의 길人道은 조화와 순응으로 상황에 맞게 적응하는 것이다. 이것이 대도大道, 즉 큰 길이다."

《장자》에 기록된 공자가 노자에게 도를 배운 이야기는 사마천 《사기》의 부족한 부분을 보완하고 있다. 이 책에서 노자가 공자에게 가르친 것은 다음과 같은 것들이다.

첫 번째는 천운天運이다. 천지, 해, 달, 별의 운행 규칙 등 하늘의 이치는 자연의 이치를 보여준다. 노자의 도는 태양의 순환을 바탕으로 설명된다. 노자老子는 《도덕경》 25장에서 "어떤 물체가 혼합되어 생겨났고, 하늘과 땅이 생기기 전부터 존재했다. 고요하고 변하지 않으며, 주위를 돌면서 멈추지 않는다. 이를 하늘과 땅의 어머니라 할 수 있다. 나는 그 이름을 알 수 없어서 억지로 '도'라고 부른다. '도'는 커서 멀리 가고, 멀리 가서 다시 돌아온다"라고 했다. 이는 태양의 순환 운동을 설명한 것이다.

두 번째는 천도天道다. 노자는 자연의 법칙에 대해 이야기하면서 인위적인 것에 대해 말했다. 천도에 따라 사람의 길人道을 말하고, 사람의 길은 하늘의 이치를 따라야 한다고 강조했다. 노자는 《도덕경》 25장에서 "도는 크고, 하늘과 땅도 크고, 사람도 크다. 이 세상에는 네 가지 큰 것이 있는데, 사람은 그 중 하나다. 사람은 땅을 따라야 하고, 땅은 하늘을, 하늘은 도를, 도는 자연을 따라야 한다"고 말했다.

세 번째는 천지天地로, 인간과 자연이 하나로 조화를 이루어야 한다는 것을 말하고, 무아無我를 강조했다. 노자는 공자에게 사람과 자연이 하나가 되어 조화롭게 살아야 한다고 가르쳤다. 이는 자연의 법칙에 따르며 사는 것을 의미한다. 무아는 이런 조화를 위해 자신의 욕심을 내려놓고 자연의 흐름에 맞추는 태도를 말한다. 노자는 자연의 법칙을 따르는 삶이 가장 이상적이며, 이를 통해 인위적인 욕심이나 갈등을 피할 수 있다고 보았다.

네 번째는 도가 사상가인 전자방田子方을 통해 사람이 도의 최고 경지에 도달하는 과정을 설명하며, 천인합일天人合一의 경지를 묘사했다. 이는 노자가 공자에게 태양의 음양 순환을 설명한 것으로 보인다. '숙숙肅肅'은 차가운 상태를, '혁혁赫赫'은 뜨거운 상태를 의미한다. 태양은 하늘에 있을 때 뜨겁고, 땅에 가까워지면 차가워진다. 태양은 계속 순환하면서 음과 양의 변화를 일으키며, 이 변화는 달의 움직임과도 연결된다.

이 자연 현상을 일변월화日變月化라고 부르며, 이는 생명과 죽음이 반복되고 시작과 끝이 순환하는 것을 의미한다. 생명은 새롭게 태어나고, 죽음은 원래 상태로 돌아가는 끝없는 순환이다. 공자는 이를 통해 "한 번 음이 되고, 한 번 양이 되는 것이 바로 도다"라는 '일음일양지위도一陰一陽之謂道'라는 명제를 이끌어냈다.

다섯 번째는 지북유知北遊로 도를 깨닫기 위한 철학적 탐구와 정신적 여정을 상징한다. 도의 핵심이 물의 기화氣化에 있다는 것을 강조했는데, '기氣는 모든 것의 근원이며, 사람의 생명은 기가 모인 것이고, 기가 흩어지면 죽음이 된다'는 뜻이다. 이는 노자의 상선약수上善若水 사상과 관련이 있다. 상선약수는 '최고의 선은 물과 같다'는 뜻으로, 물이 모든 것을 이롭게 하면서도 자신을 드러내지 않고, 낮은 곳으로 흐르는 것을 말한다. 이는 겸손하고 이타적인 태도를 상징한다. 원문은 '上善若水, 水善利萬物而不爭, 處衆人之所惡, 故幾於'로 '최고의 선은 물과 같다. 물은 만물을 이롭게 하면서도 다투지 않고, 사람들이 싫어하는 낮은 곳에 머무른다. 그래서 도에 가깝다'라는 의미다.

사실 노자가 가장 중요하게 생각한 것은 하늘의 이치天道와 양陽을 존중하는 것이었다. 그는 "만물은 음을 품고, 양을 안는다"며, "강함을 알지만 부드러움을 지킨다", "밝음을 알지만 어둠을 지킨다"라고 말했다. 이는 음과 양의 조화가 중요하다는 뜻으로, 부드러움과 강함, 밝음과 어둠이 균형을 이뤄야 한다는 의미다. 즉, 극단을 피하고, 균형을 유지하는 것이 중요하다는 것을 강조한 것이다.

노자는 하늘의 이치天道를 설명하면서, 사람의 길人道도 하늘의 이치를 따라야 한다고 강조했다. 그 핵심은 자연의 법칙을 따르고, 억지로 하지 않으며, 부드러움을 소중히 여기는 것이다. 공자는 노자에게서 물을 보며 도道를 깨닫고, 인의와 예악 같은 인위적인 것들을 버리고 자연으로 돌아가야 한다고 배웠다. 노자의 가르침을 통해 공자는 하늘과 땅의 큰 이치를 깨달았고, 이를 제자들에게 전했다. 노자의 이 관점은 공자의 말년 사상에 깊은 영향을 미쳤다.

장자는 노자의 후계자로서 그의 사상을 계승하고 발전시켰다. 따라서 《장자》는 도가 사상을 담은 책으로 여겨진다. 하지만 공자가 노자의 사상을 받아들였다고 해서 그것이 도가의 작품이라고 할 수는 없다. 마왕퇴에서 출토된 백서《주역》에서도 이를 확인할 수 있다.

十. 《역전》에서의 역도(易道)와 유도(儒道)의 구분

먼저 짚고 넘어가야 할 점은, 《계사전》이 도가道家 사상의 저작인지 여부다. 《계사전》 전체에 '천인합일天人合一' 사상이 뚜렷하게 드러나 있기 때문에, 이 책의 저자가 도가 사상을 흡수했다는 것은 분명하다. 따라서 《계사전》은 도가 사상이 유행한 이후, 즉 전국시대 또는 그 이후에 쓰인 것으로 추정할 수 있다.

그러나 중요한 점은 《계사전》의 '천인합일' 사상이 노자와 장자의 '천인합일' 사상과 동일한지 여부를 분석하는 것이다. 만약 동일하다면 도가의 저작으로 볼 수 있겠지만, 다르다면 도가의 저작이라고 할 수 없다.

여기서 흥미로운 이야기를 하나 소개한다. 2000년 초 원자물리학 국제학술회의에서 원자, 중성자, 양성자와 같은 기본 입자를 계속 분할하면, 최종적으로 더 이상 나눌 수 없는 단위에 도달할지에 대해 논의가 있었다. 대부분의 서양 물리학자들은 이 기본 입자가 거의 최종 단위일 것이라고 생각했다. 하지만 동양 사상에 영향을 받은 동양의 원자 물리학자들은 계속 나눌 수 있을 것이라고 생각했다. 이러한 차이는 어디에서 비롯되었을까? 과학은 매우 엄격한 학문이지만, 동양과 서양의 사상적 차이 때문에 이런 다른 관점이 생긴 것이다.

여기서 중요한 것은 지식은 누구나 배울 수 있다는 점이다. 사람의 능력이나 지능과는 상관없이, 이 차이는 학문적인 접근 방식의 문제일 뿐이다. 우리가 어떤 지식을 접했을 때, 그 지식을 어떻게 평가하고 활용하느냐에 따라 다른 접근 방식이 생기고, 이러한 차이점들은 결국 다른 학파로 발전한다. 결국, 동양과 서양의 사고방식은 학문적인 탐구 방향에 영향을 주며, 이를 통해 다양한 이론과 학파가 형성된다는 점을 보여준다.

고대 그리스에서는 원자가 더 이상 나눌 수 없는 가장 작은 단위로 여겨졌다. 그 이유는 그리스에서는 무한히 작은 것, 즉 무한소無限小, infinitesimal의 개념이 없었기 때문이다. 반면에 동양에서는 장자가 어떤 물건을 매일 절반으로 나누면 끝없이 나눌 수 있다고 말한 것처럼, 오래전부터 무한소의 개념이 존재했다.

가령, 1미터 길이의 막대를 생각해 보자. 이 막대를 매일 절반으로 자르면, 처음에는 50센티미터, 그다음에는 25센티미터, 그다음에는 12.5센티미터로 계속해서 나눌 수 있다. 이렇게 끝없이 나눌 수 있는 개념이 바로 무한소다. 동양에서는 이러한 생각이 일찍부터 있었던 반면에 그리스 철학에서는 이러한 개념이 부족했던 것이다.

고대 그리스에서는 분수의 개념조차 없었다. 그래서 그들은 기하학에는 뛰어났지만, 대수학에서는 그렇지 못했다. 그 이유는 분수나 무한소 같은 개념이 없었기 때문이다. 무한소의 개념이 받아들여진 후에야 새로운 수학과 물리학 체계가 만들어질 수 있었다.

서양 사람들에게는 이 무한소의 개념이 이해하기 어려웠지만, 동양 사람들의 사고방식에서는 이 개념이 자연스럽게 받아들여졌다. 동양에서는 끝없이 나눌 수 있다는 생각이 오래전부터 있었기 때문이다.

따라서 같은 지식을 가지고 있어도 어떤 관점에서 접근하느냐에 따라 다른 결과가 나올 수 있다. 이 관점이 입장, 태도, 가치관, 원칙을 형성하게 되며, 이런 차이들이 학파나 사상의 기본 정신을 만든다. 이를테면, 왜 우리는 이 땅에서 한국인, 중국 조선족, 북한 사람을 쉽게 구분할 수 있을까? 이들은 모두 한국어를 사용하지만, 사고방식과 가치관이 서로 다르기 때문에, 태도와 표현 방식이 다르기 때문이다. 이처럼 같은 언어와 배경을 가지고 있어도 생각하는 방식이 다르면, 표현이나 행동도 달라진다.

十一.《역전》형성과 편목

현재 우리가 보는《주역》은 두 부분으로 구성되어 있다. 첫 번째는《주역고경周易古經》이라는 고대 텍스트이고, 두 번째는 이 고경을 해설한 글이다.《주역고경》은 주나라 초기의 고서로, 전체 글자 수는 5천 자가 넘지 않는다.

하지만 전국시대에 유가 학자들이《주역고경》을 분석하고, 이를 발전시켜 많은 해설서를 만들었다. 그중 일곱 가지가 특히 뛰어나 한나라 때 주요 해설서로 선택되었다. 그 일곱 가지 글 중에서《주역고경》의 괘사卦辭를 해설한《단전》과 괘사 및 효사爻辭에 나오는 상象의 의미를 발전시킨《상전》은《주역고경》의 구조에 맞춰 상편과 하편으로 나뉜다.《계사전》도 오늘날 통용되는《주역》해설서 중 하나로, 내용이 많아서 상편과 하편 두 부분으로 나뉜다. 여기에《문언전》,《설괘전》,《서괘전》,《잡괘전》네 편을 더해 총 열 편이 된다.

한나라 때의《위서》에서는 이 열 편의 해설서를《십익》이라고 불렀다. 익翼은 새의 날개를 의미한다. 새가 높이 날 수 있는 것은 날개 덕분이다. 이 열 편의 글을《십익》이라고 부르는 이유는《주역고경》이 이 해설서들 덕분에 더욱 중요한 가치를 지니게 되었기 때문이다. 즉,《주역고경》은 이 열 편의 글 덕분에 더 빛을 발하게 된 것이다.

《십익》의 편명과 성격

《계사전》은 《십익》 중 하나로, 《주역》을 해설한 중요한 글이다. 전통적으로 경전을 해설한 최고 수준의 저작을 '전傳'이라고 부르고, 그다음 수준의 해설을 '주注'라고 부른다. 또한 '전'이나 '주'를 다시 해설한 글은 '전箋'이나 '소疏'라고 부른다.

《계사전》은 경전을 해설한 최고 수준의 저작이기 때문에 전傳이라 불리며, 내용이 많아 상편과 하편으로 나누어져 있다. 그래서 상전上傳과 하전下傳이라고 부른다. 이 명칭을 처음 사용한 사람은 한나라와 위나라 사이의 학자 왕숙王肅이다. 이후 남송의 학자 주희朱熹도 같은 방식으로 《계사상전繫辭上傳》과 《계사하전繫辭下傳》이라는 명칭을 사용했다. 또한 《계사전상繫辭傳上》과 《계사전하繫辭傳下》로도 부르며, 옛 사람들은 종종 이렇게 불렀다.

그렇다면 계사繫辭라는 두 글자의 의미는 무엇일까? 계繫는 연결한다는 의미로, 서로 다른 물건을 끈으로 연결하는 것을 의미한다. 사辭는 글자, 문구를 의미한다. 《계사전》에서 계사라는 두 글자는 두 가지 의미로 사용된다. 《주역고경》의 괘 아래에 연결된 괘사를 계사라 부르고, 효 아래에 연결된 효사의 길흉을 설명하는 글도 계사라 부른다. 따라서 《계사전》 원문에서 계사는 괘사를 의미할 수도 있고, 효사를 의미할 수도 있다. 이를테면, 건괘乾卦의 '건, 원형이정元亨利貞'은 괘사다. 그 다음의 '초구, 잠룡물용潛龍勿用'은 효사다. 괘와 효 아래에 연결된 글을 계사라 부른다.

이 의미를 더 넓게 보면, 《주역고경》 뒤에 추가된 모든 글을 계사라고 부를 수 있다. 이런 글들은 《주역고경》을 더 잘 이해하기 위해 반드시 읽어야 하며, 그 중요성이 크다. 우리가 지금 읽고 있는 《계사전》은 《주역고경》의 큰 의미를 설명해 주며, 독자들이 《주역》의 숨은 뜻을 쉽게 이해할 수 있도록 도와주는 중요한 해설서다.

계사라는 이름을 사용함으로써, 이 상·하 두 편의 글이 《주역고경》 해설서 중에서 특히 중요하다는 점을 강조하고 있다. 그래서 《주역》을 공부할 때 첫 번째 단계는 《주역고경》의 본문을 읽는 것이다. 두 번째 단계에서는 내용을 더 깊이 이해하기 위해 《계사전》을 반드시 읽어야 한다. 《계사전》은 《주역》의 개론이자 입문서일 뿐만 아니라, 《주역》의 내용을 더 높은 철학적 수준으로 발전시킨 중요한 글이다.

'계사繫辭'는 통론이나 개론을 의미하기도 한다. 《주역고경》의 내용을 종합하고 발전시키는 글이기 때문에, 많은 학자들이 계사를 전체를 정리하고 설명하는 글이라고 본다. 그래서 《계사전》은 《주역》의 중요한 해설서로 여겨진다.

또한 《계사전》은 《역대전易大傳》이라고도 불린다. 《역대전》이라는 명칭은 서한 시대의 역사학자 사마천司馬遷이 《사기史記》〈태사공자서太史公自序〉에서 여러 철학 학파六家, 유가, 도가, 법가, 묵가, 음양가의 핵심을 논하면서 《역대전》이라고 부른 데서 유래했다.

《역대전》의 의미

《역대전》은 《주역》을 종합적으로 설명하는 글을 뜻한다. 한나라 때에는 《상서대전尚書大傳》이라는 책도 있었는데, 이 책은 《서경書經》을 한 글자씩 해설하는 것이 아니라, 서경 전체 내용을 종합적으로 설명한 책이다. 마찬가지로, 《계사전》도 《주역고경》의 괘와 효를 한 글자씩 풀이하지 않고, 그 내용을 종합적으로 설명하는 글이다. 그래서 《역대전》은 《주역》의 내용을 개론식으로, 즉 전체적으로 설명하는 글이라는 의미를 가진다.

원나라 시대의 학자 호일계胡一桂는 서한 때 양하楊何가 《주역》을 전수하면서 많은 주석을 작성했다고 말했다. 그리고 그의 제자들은 이 주석을 《역전》이라고 불렀다고 전했다. 하지만 《계사전》은 양하가 쓴 것이 아니라 공자孔子가 쓴 것으로 알려져 있다. 그래서 공자의 위대함을 강조하기 위해 대大 자를 붙여 《역대전》이라고 불렀다고 한다. 호일계에 따르면, 공자가 쓴 모든 《주역고경》의 주석은 《역대전》이라 부를 수 있으며, 그래서 《십익》을 《주역대전》이라고 부른다고 했다.

하지만 실제 문헌에서는 《십익》 중 《계사전》 외의 다른 편들을 《역대전》이라고 부른 적이 없다. 이런 이유로, 이 주장은 근거가 있지만 반드시 합리적이라고 할 수는 없다. 그래서 다른 학자들은 이 주장에 대해 반박하기도 한다. 그러나 사마천이 《계사전》을 《역대전》이라 불렀다는 것은 확실하다.

十二. 역학의 전파

선진시대 역학의 전파

선진시대는 중국 역사에서 진나라秦朝 이전의 시대를 가리키는 용어다. 이 시기는 대략 기원전 221년, 진나라가 중국을 통일하기 전까지의 기간을 포함한다. 선진시대는 춘추시대春秋時代와 전국시대戰國時代를 포함하며, 이 기간 동안은 여러 나라들이 경쟁하고, 철학과 사상, 문화가 크게 발달한 시기였다.

춘추시대는 기원전 770년부터 기원전 476년까지의 시기로, 여러 제후국들이 패권을 다투던 시기다. 이 시기에는 공자를 비롯한 유가 사상가들이 활약했다. 전국시대는 기원전 475년부터 기원전 221년까지의 시기로, 칠웅七雄, 진·초·제·연·한·위·조이 패권을 다투던 시기다. 이 시기에는 법가法家, 도가道家, 묵가墨家 등 다양한 학파들이 등장해 활발히 활동했다.

《좌전左傳》의 소공昭公 2년 기록에 따르면, 진후晉侯는 한선자韓宣子를 보내어 예禮를 표했다. 대사씨大史氏의 책을 보니, 역상易象과 노춘추魯春秋가 있었다. 이에 진후는 "주나라의 예禮는 모두 노나라에 있구나. 나는 이제 주공周公의 덕과 주나라가 왕위에 오른 이유를 알겠다"고 말했다.

춘추시대에 왕실은 쇠퇴해 전통적인 주나라의 문화를 보존할 힘이 없었고, 많은 전통문화를 가진 축종祝宗*과 복사筮史**들은 각국으로 흩어져 생계를 유지했다. 이들 중 한 명이 주나라의 역사서를 가지고 노나라를 방문했다. 노나라는 주공의 후손이었다. 당시 사람들은 노나라의 문화를 주나라 문화의 상징으로 여겼다. 유가의 창시자인 공자의 사상은 노나라 문화의 영향을 받아 형성됐다.

공자는 스스로를 '과거의 지혜와 전통을 전달할 뿐, 스스로 새로운 것을 창작하지 않는다'는 뜻의 '술이불작述而不作'이라고 했으나, 실제로는 전통문화를 지닌 경전을 정리하고 해석하는 형식으로 자신의 사상을 발전시켰다. 이러한 전통문화 경전에는 《시경》, 《서경》, 《예기》, 《역경》, 《춘추》 등이 포함된다. 비록 《역전》이 공자가 작성한 것이 아니라 할지라도 공자와 《주역》은 깊은 관련이 있다.

《논어論語》에는 두 가지 기록이 있다. "공자께서 말씀하시기를, 나에게 몇 년 만 더 주어진다면, 오십에 《주역》을 공부해 큰 실수가 없을 것이다"라며, 〈술이述而〉편에는 "공자께서 말씀하시기를, 남쪽 사람들이 말하기를, 사람이 덕이 없으면 무당이나 의사가 될 수 없다. 좋다! 덕을 지키지 않으면, 부끄러움을 겪을 수 있다"고 했고, 〈자로子路〉편에서는 "공자께서 말씀하시기를, 점치지 않을 뿐이다"라고 한 구절이 그것이다.

"덕을 지키지 않으면, 부끄러움을 겪을 수 있다"는 항괘恒卦는 구삼 효사九三爻辭다. 공자는 항괘의 이 효사를 인용하며, 《주역》을 점치는 데 사용하지 않고 그 안에 담긴 보편적 의미를 체득해야 한다고 강조했다. 즉, 《주역》을 점치는 데 사용하지 않고 의리義理로부터 의미를 추론한 것은 공자의 독역법讀易法이다. 다시 말해 공자의 독역법은 《주역》을 단순한 예언서가 아닌, 철학적이고 도덕적인 교훈을 얻기 위한 책으로 여기는 해석 방식이다. 공자는 《주역》을 통

---

* 제사와 관련된 의식을 주관하던 관직

** 점복을 통해 하늘의 뜻이나 미래를 예측하고, 그 결과를 기록하는 일을 담당했던 관직

해 사람의 길과 하늘의 이치를 이해하고, 이를 삶에 적용하려고 했다.

그는 도덕적 해석을 중시하고, 《주역》의 괘와 효를 통해 삶의 방향과 행동 원칙을 파악했다. 또한 공자는 《주역》의 가르침을 실생활에 적용하는 것을 중요하게 여겼으며, 책에서 배운 내용을 실제로 실천하려 했다. 평생 동안 《주역》을 연구하며 "내게 몇 년만 더 주어진다면 《주역》을 공부해 큰 잘못을 피할 수 있을 것"이라고 말할 정도로 그는 끊임없는 탐구를 강조했다.

이러한 독역법은 이미 춘추시대부터 많은 사람들이 사용했던 방법이다. 공자는 이를 더 자각自覺, 즉 자신이 무엇을 하고 있는지 의식하고 인지한 상태에서 그것을 능동적으로 활용했다. 이후 유가는 모두 공자의 독역법을 사용해 《주역》을 읽었다. 이를테면, 순자荀子는 "역경을 잘 아는 자는 점치지 않는다"고 말했다. 유가가 이 방법을 자각적으로 활용했기 때문에, 《주역》은 점차 종교와 주술의 성격을 벗어나 점치는 책에서 유가의 의리義理를 담은 책으로 변모했다.

공자가 역경을 읽으며 '위편삼절韋編三絶'했다는 전설은 공자가 이 책을 얼마나 열심히 공부했는지를 보여준다. 《역경》에서 《역전》으로 발전하는 과정에서 저자가 누구이든 간에, 공자가 중요한 인물로서 큰 역할을 한 것은 분명하다.

한대 역학의 전파와 계보

한대 역사가들은 역학易學의 전파 계보를 모두 공자까지 거슬러 올라간다. 사마천은 《사기》 〈공자세가〉 편에서 "상구商瞿는 노나라 사람으로, 자字는 자목子木이다. 공자보다 29세 어리다. 공자는 《역경》을 상구에게 전수했고, 상구는 초나라 사람인 한비자扞臂子에게 전수했다. 한비자는 강동江東 사람 교자용矯子庸에게 전수했다. 교자용은 연나라 사람 주자周子에게 전수했다. 주자는 전주 사람 광자승우光子乘羽에게 전수했다. 승우는 제나라 사람 전자장하田子莊何에게 전수했다. 전자장하는 동무東武 사람 왕자중동王子中同에게 전수했다. 중동은 묘천苗川 사람 양하譚於楊何에게 전수했다. 양하는 원수元朔 시기에 《역경》을 공부해 한중대부漢中大夫가 됐다"고 말했다.

반고班固는 《한서》〈예문지藝文志〉에서 "노나라 상구商瞿 자목子木이 공자에게 《역경》을 배워 노나라 교자용矯子庸에게 전수했다. 교자용은 강동江東 사람 한비자馯臂子에게 전수했다. 한비자는 연나라 사람 주자周子에게 전수했다. 주자는 동무東武 사람 손처자승우孫處子乘羽에게 전수했다. 승우는 제나라 사람 전자장하田子莊何에게 전수했다. 전자장하는 제나라齊 사람 왕자중동王子中同에게 전수했다. 중동은 자광子光에게 전수했다. 또 중동은 묘천苗川 사람 양하楊何에게 전수했다. 양하는 자서子胥에게 전수했다"고 말했다.

사마천과 반고의 기록은 대체로 믿을 만하다. 진나라 이후를 제외하고, 《주역》은 공자로부터 시작되어 노나라로, 다시 초나라로 전파되었다. 그 후 다시 노나라로 돌아왔다. 여기서 중요한 점은, 초나라 사람인 한비자가 《역경》에서 《역전》으로 이어지는 중요한 연결고리라는 것이다. 만약 이 연결고리를 무시한다면, 《주역》이 초나라 문화에 어떤 영향을 미쳤는지 설명하기가 어렵다.

전국시대 문화와 역학의 발전

전국시대에는 각국의 정치와 경제 발전의 불균형으로 인해 문화에 뚜렷한 지역적 색채가 나타났다. 대략 남방문화와 북방문화로 나눌 수 있으며, 세부적으로는 형초문화荊楚文化, 추로문화鄒魯文化, 연제문화燕齊文化, 삼진문화三晉文化로 구분된다. 이러한 지역 문화들은 각기 독특한 특징을 가지고 있었으며, 동시에 서로 영향을 주고받으며 융합됐다.

형초문화는 초나라를 중심으로 신비주의와 도가 사상과 연관된 종교적 색채가 강한 문화였고, 추로문화는 노나라와 추나라를 중심으로 유가 사상의 중심지로 윤리와 예절을 중시했다. 연제문화는 연나라와 제나라를 중심으로 실용주의와 군사 전략을 강조하며 법가 사상과 관련이 깊었고, 삼진문화는 한韓나라, 위魏나라, 조趙나라를 중심으로 정치와 군사적 실용성을 중시하며 법가法家 사상의 발전에 기여했다.

당시 주요 학파들은 특정 지역 문화를 배경으로 형성되었으며, 동시에 다른 지역 문화를 흡수해 자신들의 학문을 풍부하게 했다. 《역전》의 철학 사상 체계의 형성은 이러한 문화 융합의 명백한 사례다. 이 사상 체계는 추로문화를 배경으로 하며, 동시에 다양한 영향을 받았다. 노나라에서 초나라로 전해지며 도가사상의 영향을 받았고, 다시 연제문화로 전해지며 관중학파關中學派와 연제문화, 음양가陰陽家의 영향을 받았다. 또한 법가의 영향도 볼 수 있다.

그 중에서도 도가와 음양가의 영향이 가장 크다. 도가의 천도관天道觀과 음양가의 사상을 흡수하지 않았다면, 《역전》은 공자의 정치 윤리 교훈에 머물렀을 것이며, 하늘의 이치天道, 땅의 이치地道, 사람의 이치人道를 포함한 완전한 철학 체계를 형성하지 못했을 것이다.

각 지역 문화의 융합과 《역전》의 형성

각 지역 문화의 융합은 전국시대 말기에 절정을 이루었다. 남방의 형초문화는 자연 철학에 큰 관심을 가졌다. 《장자》〈천하〉 편에는 "남방에 의인

倚人이라는 사람이 있었는데, 황료黃繚라 불렸다. 그는 천지가 왜 무너지지 않는지, 바람, 비, 천둥이 왜 일어나는지를 물었다"는 기록이 있다. 이러한 자연 현상에 대한 관심 덕분에 남방의 형초문화는 음양학설의 형성과 발전에 중요한 역할을 했다.

이를테면, 월나라의 범려范蠡는 처음으로 음양의 개념을 사용해 하늘의 이치를 설명했다. 노자는 음양을 통해 "모든 것은 음을 품고 양을 안으며, 이 둘이 조화를 이룬다"는 철학적 원리를 세웠다. 장자 역시 음양의 개념을 자주 사용해 자신의 철학 체계를 발전시켰고, '태극太極'이라는 개념을 처음으로 제시했다. 또한 제나라의 추연鄒衍은 음양 사상을 바탕으로 음양학파를 창립했다.

음양학설은 유가儒家에 비교적 늦게 영향을 미쳤다. 전국시대 말기에 이르러서야 순자의 사상에서 나타났다. 공자는 하늘의 이치에 대해 거의 언급하지 않았고, 주로 사회와 정치, 윤리 문제에 관심을 가졌다. 전국시대 중기의 맹자孟子도 음양을 언급하지 않았으며, 천도의 본질을 성실함으로 설명했다. 도가道家처럼 자연의 음양 변화를 본질로 삼지 않았다.

전국시대 말기에는 각 지역 문화가 오랫동안 서로 영향을 주고받으면서 학문적 융합이 절정에 이르렀다. 순자는 유가儒家의 입장에서 도가道家의 천도관하늘의 이치에 대한 관점을 비판했지만, 동시에 도가가 발전시킨 음양학설을 자신의 철학에 통합했다. 이를 통해 공자나 맹자와는 다른 자연주의적인 천도관을 세웠다.

十三. 공자와 《역경》의 관계

 현재 공자와 《역경》의 관계를 알 수 있는 기록은 논어에 나오는 두 가지 자료뿐이다. 맹자는 여러 번 《시경》, 《서경》, 《춘추》에 대해 이야기했지만, 《주역》에 대해서는 언급하지 않았다. 그래서 《주역》 해설서인 《역전》이 만들어질 때, 맹자는 직접적인 관련이 없다고 추정할 수 있다.
 하지만 순자는 《주역》에 대해 네 가지 언급을 남겼다.
 첫째, "역경에서 괘항括囊은 잘못도 없고 칭찬받을 일도 없다"는 구절을 인용해, 이것이 부도덕한 사람을 가리킨다고 설명했다. 괘항은 긍정적이거나 부정적이지 않은 평범한 상태 또는 중립적인 상황으로 부도덕한 사람이 특별히 나쁜 행동을 하지는 않았지만, 그렇다고 해서 칭찬받을 만한 행동도 하지 않는 상태라는 것이다. 즉, 이 사람은 도덕적으로 모범적이지도 않지만, 명백한 잘못도 없는 중간적인 상태를 의미한다.
 둘째, "역경에서 복復은 스스로의 길을 따른다. 그러니 무엇이 잘못이겠는가?"라는 구절을 언급하며, 《춘추》에서 목공穆公을 변화할 줄 아는 현명한 인물로 여겼다고 했다. 이 말은 자연스러운 변화나 본래의 이치에 맞는 행동에는 잘못이 없다는 뜻이다. 목공이 상황에 따라 변화하고 적응할 줄 아는 지혜로운 인물로 평가되었음을 말한다. 즉, 변화에 능하고 스스로의 길을 따르는 것이 현명한 선택이라는 뜻이다.

셋째, "《주역》을 잘 아는 사람은 점을 치지 않는다"는 말을 통해, 《주역》의 진정한 의미를 아는 사람은 굳이 점을 칠 필요가 없다고 설명했다. 이는 《주역》의 진정한 의미를 이해한 사람은 굳이 점을 통해 미래를 예측하거나 운을 점칠 필요가 없다는 것이다. 《주역》의 깊은 철학적 가르침을 완전히 깨달은 사람은 자연의 이치와 삶의 원리를 이해하고, 그에 따라 스스로 상황을 판단하고 대처할 수 있기 때문에 점을 칠 필요가 없다는 의미다.

넷째, "《역경》의 함鹹괘는 부부를 나타낸다"는 구절에서는 부부 관계의 도리를 바로잡는 것이 중요하며, 이는 군신君臣과 부모 자식 관계의 기초라고 말한다. 함은 감응을 뜻하며, 윗사람이 아랫사람에게, 남자가 여자에게 감응하는 것을 말한다. 부드러운 것이 위에 있고 강한 것이 아래에 있는 것이 부부 관계의 기본 원칙이라고 설명하며, 결혼 예절과 그 중요성을 강조했다.

첫째, 둘째, 셋째 언급은 공자의 독역법을 그대로 이어받은 것이다. 하지만 넷째 언급에서는 함괘에 대한 해설을 통해, 괘의 의미와 효의 위치, 강유설剛柔說을 창의적으로 발전시킨 것이다. 이 부분은 《역전》과 많은 공통점을 보이기도 한다. 그래서 일부 연구자들은 이러한 공통점을 바탕으로 《역전》이 유가 중에서도 순자학파에 속한다고 주장한다.

하지만 《역전》은 독자적인 사상적 특징을 가지고 있어 독립적인 학파로 봐야 한다. 이를테면, 순자는 성악설性惡說을 주장했지만, 《역전》에서는 성선설性善說을 따르고 있다. 이러한 차이로 인해, 《역전》은 순자학파와는 별개로 봐야 한다.

이를테면 《계사상전》에서는 "일음일양지위도一陰一陽之謂道, 계지자선야繼之者善也, 성지자성야成之者性也"라고 말한다. 이는 "음과 양이 서로 교체되며 변화하는 것이 도다. 즉, 세상의 모든 변화와 이치는 음과 양의 조화와 균형에서 비롯된다. 그 음양의 교체를 이어받아 이루어지는 것은 선이다. 이는 음양의 조화를 유지하고 이를 통해 선을 이룬다. 그것을 완성하는 것은 성이다. 즉, 음양의 조화가 이루어져 본성이 완성된다"는 의미로, 사람의 본성은 이러한 음양의 조화와 선함을 통해 완성된다는 뜻이다. 쉽게 말해, 음과 양이 서로 교체되며 균형을 이루는 것이 세상의 이치道이며, 이 균형을 이루는 것이 선함이고, 이를 통해 사람의 본성이 완성된다는 뜻이다.

《역전》의 성선설은 맹자의 성선설과 비슷하지만, 그 철학적 기초는 다르다. 맹자는 성선설을 사람의 내면에 이미 존재하는 것이라고 보았다. 반면에《역전》은 성선설의 근거를 천도하늘의 이치, 즉 음양의 변화라는 자연의 법칙에서 찾는다. 이런 차이 때문에, 《역전》을 맹자 학파에 속한다고 보는 것은 적절하지 않다.

정리하면, 전국시대 말기에는 학문이 서로 융합되면서 각 학파가 자신들의 사상을 종합하고 정리하는 작업을 했다. 《역전》의 사상을 보면, 도가의 자연주의와 유가의 인문주의를 잘 결합한 것으로 보인다. 즉, 도가처럼 천도에만 집중하지 않고, 유가처럼 인도사람의 도리에만 치우지지도 않았다. 또한 다른 학파들의 사상과 문화를 종합해 요약한 특징도 있다. 결론적으로, 《역전》 각 편의 저자와 작성 시기는 정확히 알 수 없지만, 선진시대의 사상과 문화가 어떻게 발전했는지를 살펴보면 대략적인 분석이 가능하다.

十四. 《역전》에 담긴 도가 사상

《역전》의 사상을 연구할 때 가장 먼저 알아야 할 것은, 이 책이 전한前漢 또는 서한西漢 말기에 완성되었다는 사실이다. 이 시기를 이해해야만 《역전》과 선진先秦 시대의 사상적 관계를 제대로 파악할 수 있다.

전한 말기에는 제자백가의 학설이 이미 한참 전의 사상이 되어, 새로운 시대의 주류 사상은 유가儒家와 도가道家가 차지하고 있었다. 《역전》의 내용은 이 같은 역사적 상황을 반영한다. 여러 고대 사상과 주제를 융합한 책이지만, 선진 시대의 사상 중에서도 유가와 도가의 사상을 반영한 것이 특징이다. 즉, 《역전》은 단순히 과거 사상의 집합체가 아니라, 당시 유가와 도가가 주류로 자리 잡은 새로운 창작물이라고 할 수 있다. 그 안에 담긴 철학적 내용은 음양론을 바탕으로 유가의 도덕적 사상과 도가의 자연주의적 사상을 통합한 결과물이다.

유가 사상은 《역전》의 핵심을 이루며, 도가 사상은 그 중 일부만 차지하고 있다. 《역전》에서 도가 사상이 반영된 주요 내용은 두 가지다. 첫 번째는 노자가 제시한 도道이며, 두 번째는 그의 윤회론이다.

도道라는 용어는 유가와 도가에서 사용하는 의미가 서로 다르다. 유가의 도는 윤리적인 도로, 네 가지 의미로 나눌 수 있다. ▲사상과 행동의 경향을 지칭하고, ▲사상과 행동의 법칙과 규범, ▲법칙과 규범에 부합하는 사상과 행동 또는 그것을 따르는 정신, ▲사상과 행동의 법칙과 규범을 총괄적으로 나타내는 추상적 개념이다.

도가의 도道는 철학적인 개념으로, 형이상학적인 도를 의미한다. 이는 우주 만물의 존재 이유를 설명하는 최고 원리로서, 우주 법칙 또는 우주 질서를 가리킨다. 도가에서는 도가 모든 사물의 근본이며, 세상의 모든 변화와 존재가 이 도에 의해 이루어진다고 보았다. 이 개념은 노자老子가 제시한 것으로, 자연의 흐름을 따르고 인위적인 간섭을 피하는 것이 도의 중요한 부분이다. 도가의 도는 우주와 자연의 본질적인 원리를 강조하며, 인간도 이러한 우주의 질서에 순응하는 삶을 살아야 한다고 가르친다.

우주 만물이 존재하는 이유는 반드시 그에 대한 근본 원리가 있기 때문이라고 도가 사상은 말한다. 이 근본 원리란 바로 도로, 모든 존재에 앞서 존재하는 원리다. 도는 하늘과 땅이 생기기 이전부터 이미 존재했으며, 만물을 낳는 세상의 어머니와 같은 역할을 한다. 즉, 우주 만물은 도에 의지해 생겨난 것이다.

그러나 이 도는 구체적인 물체가 아니라, 추상적인 개념이다. 도는 형태가 없고, 눈에 보이지 않으며, 만물의 흐름을 설명하는 우주의 법칙에 가깝다. 이 때문에 도의 존재 상태는 '고요하고 텅 빈 상태寂兮寥兮'로 표현된다. 우주 만물의 근원을 설명하는 가장 높은 원리인 도에 도달하면, 더 이상은 그 근원을 거슬러 올라갈 수가 없다. 이 원리는 자연에서 비롯된 것으로, 우주 만물의 생성과 소멸을 지배하는 추상적인 법칙이다. 이 법칙에 따라 만물은 태어나고 사라지는 순환을 반복한다.

이 도는 유가에서 말하는 도와는 다르다. 유가의 도는 주로 윤리적이고 도덕적 의미를 지니며, 인간 사회의 질서를 유지하는 규범적 원리를 뜻한다. 그러나 도가의 도는 우주 전체를 아우르는 자연의 법칙이며, 만물의 근원과 변화를 설명하는 형이상학적 원리다.

　흥미롭게도, 유가 중에서 순자荀子만이 이런 도의 개념을 가지고 있었다. 순자가 말하는 도는 유가의 전통적인 의미와는 다르고, 도가의 도 개념과 매우 유사하다. 이는 순자가 노자와 장자 이후에 활동하면서 도가의 영향을 받았기 때문이라고 볼 수 있다. 순자는 도가의 자연 철학을 일부 받아들여, 이를 자신의 사상에 반영했던 것이다.

十五. 《역전》에 담긴 유가 사상

《역전》에 담긴 사상은 그 시대를 살았던 여러 사람들의 생각이 반영된 것이다. 하지만 《역전》은 단순히 한 사람이 쓴 것도, 한 시대에 완성된 것도 아니다. 오랜 시간 동안 여러 학자들이 참여해 내용을 보완하고 발전시켰기 때문에 그 안에 담긴 사상은 매우 다양하고 복잡하다.

《역전》의 자료는 전국시대 말기에서 서한 말기까지 수집되고 축적되었다. 즉, 오랜 기간에 걸쳐 형성된 사상들이 모여 있는 책이다. 그 때문에 《역전》에서 볼 수 있는 사상도 여러 시대와 여러 학파의 철학과 생각이 융합된 결과다. 《역전》은 여러 사상을 포함하고 있지만, 이들은 혼합된 상태로 표현되어 있다. 중요한 점은, 《역전》이 유학자들에 의해 작성된 저작물이기 때문에 그 안에는 일관된 정신이 담겨 있다는 것이다. 즉, 《역전》의 중심 사상은 전통적인 유가 사상을 기반으로 한다.

《역전》은 다른 사상들이 포함되어 있지만, 유가 사상과 조화를 이룰 수 있는 내용들만 채택되었다. 이는 《역전》이 유교적 가치를 유지하면서도 다른 철학을 포용하는 방식으로 작성되었음을 의미한다. 결과적으로, 《역전》은 다양한 사상들이 반영되어 있지만, 그 핵심은 유교적 윤리와 도덕적 규범을 중심으로 한 철학을 전달하고 있다.

《역전》 안에 담긴 사상은 크게 세 가지로 나눌 수 있다. 우주론, 실천 윤리, 정치 철학이다. 이 중에서 실천 윤리와 정치 철학이 가장 중요한 부분을 차지한다. 그 이유는, 우주론에서 다루는 문제들이 실천 윤리와 정치 철학의 기초가 되기 때문이다.

《역전》의 우주론은 유가 사상과는 다소 다르다. 우주론은 천지 만물의 이치와 원리를 설명하는데, 이는 유가에서 다루는 도덕적 윤리와는 차이가 있다. 그러나 이러한 우주론을 기초로 도출된 윤리 사상과 정치 철학은 유가의 사상과 완전히 일치한다. 즉, 《역전》은 유가 사상에서 비롯되었지만, 그 안에 새로운 해석을 덧붙여 더 확장된 윤리와 정치 철학을 제시하고 있다는 뜻이다. 결론적으로, 《역전》은 다양한 사상들을 바탕으로 유교적 윤리와 정치 철학을 강화하고, 이를 통해 사회와 개인의 도덕적 가치를 강조한다.

《역전》은 새로운 해석이 주어졌지만, 결론적으로 그 기본 틀은 전통적인 유가 사상과 일치한다. 이를테면, 《계사전》에서 "천존지비天尊地卑, 건곤정의乾坤定矣, 비고이진卑高以陳, 귀천위의貴賤位矣"라는 말은 '천지의 질서처럼 사회 계급도 자연스럽게 존재하고, 이를 합법적으로 인정해야 한다'는 뜻이다. 즉, 사회 계급의 차이를 자연의 질서와 같이 정당하게 본다는 것이다.

이 생각은 공자의 사상과도 일치한다. 공자는 "군군, 신신, 부부, 자자君君臣臣 父父 子子"라는 말을 통해 군주와 신하, 아버지와 아들이라는 사회적 역할이 각자 맡은 바를 충실히 수행하는 것이 질서를 유지하는 방법이라고 했다. 즉, 공자도 계급 제도의 합법성을 인정했던 것이다.

또한 맹자 역시 이런 사상을 지지했다. 그는 "모든 사람이 자신의 부모를 사랑하고, 어른을 존경하면 천하가 평화로워진다"고 말하며 사회 질서와 계급의 중요성을 강조했다. 이처럼 《역전》은 새로운 해석을 가미했지만, 결론적으로는 전통적인 유가 사상과 일치하는 입장을 유지했다.

《역전》의 윤리 사상과 정치 철학은 주로 《단전》과 《상전》에 담겨 있다. 이들 사상은 유가의 전통적인 사상과 일치하며, 그 철학적 기초도 같다. 이를테면, 《단전》에서 가인괘家人卦는 "남녀의 역할이 명확히 나뉘고, 가정이 정리되면 국가가 다스려지고, 사회가 안정된다"라고 말한다. 이는 가정에서부터 질서가 확립되어야 한다는 유가의 기본 원리와 같다.

유가 사상은 가정이 사회의 가장 중요한 단위이며, 남녀의 역할이 잘 정리되어야 가정과 사회가 안정될 수 있다고 본다. 이를 통해 국가 역시 평화롭고 안정적으로 다스려질 수 있다는 것이다. 이러한 내용은 《역전》의 윤리와 정치사상이 유가의 전통적인 가르침과 완전히 일치함을 보여준다.

또한 《역전》은 "성인聖人이 신도神道를 통해 교육을 세우고 만물을 가르친다"고 말한다. 이것은 '천지天地가 만물을 기르는 것처럼, 성인도 현명한 사람들을 길러낸다'는 뜻이다. 또한 효孝를 다하고 제사를 중요하게 여기는 것 역시 유가儒家 사상의 핵심이다. 유가는 효를 개인의 기본 덕목으로 보며, 부모와 조상에 대한 제사는 그들의 정신을 이어받고 가족의 연속성을 강조하는 중요한 의례다. 이처럼, 성인의 역할을 천지의 이치에 비유하고, 효와 제사를 중시하는 것은 유가 사상의 중심 가치와 완전히 일치하는 내용이다.

《상전》은 전적으로 유가 사상에 기반한 책이다. 64괘 각각에서 유가 사상에 맞는 여러 사례를 찾아볼 수 있으며, 그 근거는 논어와 같은 유가 경전에서도 확인된다. 《역전》에서 언급되는 윤리사상과 정치 철학 대부분은 유가 경전에서 그 출처를 찾을 수 있다. 이를테면, 《상전》에서는 각 괘卦의 해석을 통해 가정의 질서, 국가의 안정, 효와 제사와 같은 유교의 중심 가치를 말하고 있다. 이런 내용들은 논어를 비롯한 유가의 주요 텍스트들과 깊은 연관이 있으며, 유가 사상이 《역전》의 핵심 사상임을 보여준다.

十六.《역전》의 유물론과 유심론

《주역고경》은 원래 고대 중국에서 사용된 점술서로, 미래를 예측하거나 운명을 점치는 데 사용되었다. 점술은 고대 종교적 활동의 일환으로, 주로 인간과 자연, 신과의 관계를 설명하려는 목적을 가지고 있었다. 그래서 《주역고경》은 이 점술 활동을 위한 도구로 쓰였고, 이에 대한 해석서가 바로 《역전》이다.

《역전》은 단순히 점술서에 그치지 않고, 점술의 이론적 배경을 분석하고 설명하면서 더 깊이 있는 주제들로 확장된다. 이를테면, 천지의 기원이나 만물의 변화, 그리고 8괘《주역》의 핵심 상징 체계의 출처 등을 설명하며 우주의 원리나 세계의 변화를 논의한다. 이 점에서《역전》은 유물론唯物論과 유심론唯心論이 혼재되어 있다고 볼 수 있다.

유심론은 사람의 정신이나 의식이 모든 것의 근원이라고 보는 철학적 관점이다. 반면에 유물론은 물질이 모든 것의 근원이며, 물질의 변화가 세상의 변화를 이끈다고 보는 관점이다. 《역전》은 원래 점술서로서 정신적인 세계관을 바탕으로 하고 있었지만, 동시에 우주의 객관적인 변화와 법칙에 대한 관찰을 통해 물질세계의 변화를 말하고자 했다. 따라서《역전》의 철학을 온전히 이해하기 위해서는 이 두 가지 관점을 모두 고려해야 하며,

특히 《역전》이 말하는 주요 명제들이 무엇을 의미하는지 깊이 있게 탐구할 필요가 있다.

《역전-계사전》의 역유태극 해석

《주역》에서 '역易'이라는 글자는 다양한 의미로 사용된다. 이를테면, '역지위서야易之爲書也'에서 역은 《주역》이라는 책을 뜻한다. 또한 《주역》에는 군자의 도가 네 가지 있다'는 뜻의 '역유군자지도사언易有君子之道四焉'이라는 문장에서도 '역'은 《주역고경》을 의미한다. 따라서 '역'은 문맥에 따라 《주역》이라는 책을 가리키는 말로 사용된다는 것을 알 수 있다.

또한 '끊임없이 변화하고 생성되는 것을 역이라 한다'는 뜻의 '생생지위역生生之謂易'와 '신은 일정한 모습이 없고, 역은 형체가 없다'는 뜻의 '신무방이역무체神無方而易無體'에서 역易은 변화 과정을 뜻한다. 또 '역은 간단하면서도, 이로써 천하의 이치를 얻을 수 있다'는 뜻의 '역간이천하지리득의易簡而天下之理得矣'에서 역易은 간단함을 의미한다. 즉, '역'은 문맥에 따라 변화, 무형, 간단함 등 여러 가지 의미를 가진다.

그렇다면 《계사전》의 '역유태극易有太極'에서 '역易'은 무엇을 의미할까? 일부 학자들은 이것을 《주역》이라는 책으로 해석하지만, 실제로 《주역고경》에는 '태극'이라는 개념이 등장하지 않는다. 고경에서는 '건곤乾坤'과 '강유剛柔' 같은 개념들만 언급된다. 왕필王弼은 태극을 대연大衍의 수 50 중 49를 사용하지 않는 것으로 해석했지만, 이것은 《주역》의 '역유태극'에서 말하는 의미와는 다르다. 이런 이유로 '역유태극'에서의 '역易'은 '변화 과정'을 뜻한다고 할 수 있다.

참고로 대연大衍은 천문학과 점술에 사용된 이론을 가리키며, 이 대연의 수 50은 점을 치기 위해 사용된 숫자다. 구체적으로 대연의 수 50은 점을 칠 때 사용된 50개의 산가지算著, 산사를 의미한다. 이 50개의 산가지 중 하나는 대연의 근본태극으로 남겨두고, 나머지 49개를 사용해 점을 치는 과정을 진행한다. 이 과정에서 음양의 조화, 그리고 태극太極, 양의兩儀, 사상四象, 8괘八卦 등과 같은 개념이 도출된다. 따라서 대연의 수 50은 우주와 만물의 이치를 상징하는 숫자 50을 의미하며, 이 숫자를 통해 점술을 행하고 천지의 이치를 이해하려고 했던 고대 철학적 사고다.

《역전-계사전》의 형상형하 해석

《역전-계사전》에는 중요한 명제가 있는데, 그것은 '형이상자는 도道라 하고, 형이하자는 기器라 한다 形而上者謂之道, 形而下者謂之器'이다. 이 문장은 쉽게 말해, 눈에 보이지 않는 추상적인 것은 '도'라고 하고, 눈에 보이는 구체적인 것은 '기'라고 한다는 뜻이다.

공영달孔穎達은 이 구절을 도는 형체가 없는 이름이고, 기는 물질적인 이름이라고 해석했다. 즉, 도는 무형의 개념이고, 기는 구체적인 물질이라는 뜻이다. 성리학자인 정이程頤와 주희朱熹는 '형이상의 도'를 '이理'라고 보았고, '형이하의 기'는 '기'와 물질로 이해했다. 즉, 도는 세상의 원리나 법칙을 의미하고, 기는 눈에 보이는 에너지나 물질이라고 해석한 것이다. 반면에 청나라 시기 주자학을 비판한 대진戴震은 다르게 해석했다. 그는 기 또한 형이상적인 것이라고 주장하며, 형이하의 기는 이미 형성된 구체적인 것이라고 보았다. 즉, 기도 형이상적인 성질을 가질 수 있다는 입장이었다.

《역전》에서는 '도'라는 단어가 여러 번 등장하는데, 이를테면, 천지의 도天地之道는 하늘과 땅의 법칙, 주야의 도日月之道는 낮과 밤의 규칙, 변화의 도變化之道는 세상의 변화에 관한 원리를 뜻한다. 여기서 '도'는 모두 자연의 법칙이나 규칙을 의미한다.

《역전》에서는 '도'를 형이상적인 것으로 보고, '기'는 형이하적인 것으로 말한다. '형이상'은 눈에 보이지 않는 추상적인 개념을 의미하며, '형이하'는 눈에 보이는 구체적인 것 또는 물질을 뜻한다. 따라서 《역전》에서 말하는 '도'는 추상적인 이치나 원리理를 가리키고, '기'는 구체적이고 물질적인 사물物을 의미한다.

참고로 우리가 많이 쓰는 '형이상학形而上學'과 '형이하학形而下學'이라는 용어는 '형이상形而上'과 '형이하形而下'라는 단어에 '학學'이 결합되어 생겨난 말이다. '형이상학'은 아리스토텔레스의 형이상학Metaphysics를 번역한 용어로, 사물의 본질이나 존재의 근본 원리를 사유나 직관을 통해 탐구하는 학문을 의미한다. 이 개념은 헤겔이나 마르크스 철학에서도 사용되며, 초경험적 대상을 탐구하는 학문을 가리키기도 한다. 이에 비해, 경험적 대상을 다루는 자연 과학은 '형이하학'으로 불린다.

'형이상학'과 '형이하학'은 철학에서 중요한 용어로 자리 잡았는데, 이는 위에서 다룬 《계사상전》의 '형이상자위지도, 형이하자위지기形而上者謂之道, 形而下者謂之器'에서 유래한 말이다. 송나라 시대의 주희朱熹는 '형이상'을 '이'나 '성性'으로, '형이하'를 '기'로 해석하며 성리학에서 중요한 개념으로 발전시켰다.

이 용어들은 동양 철학의 전통과 깊은 관련이 있다. 즉, 형체를 갖기 전의 근본적 상태를 '형이상'이라 하고, 구체적인 사물을 '형이하'라고 한 동양 철학의 사고에 기반해 아리스토텔레스의 메타피직스Metaphysics를 번역하면서 '형이상학'과 '형이하학'이라는 말이 만들어졌다.

'형이상학'과 '형이하학'이라는 말은 비록 전문 용어지만, 동양 철학의 전통적 개념에서 유래한 고사 성어로 간주될 수 있다. 이는 동서양 학문의 접점에서 새롭게 형성된 개념이기 때문이다.

十七.《주역》과 사고방식

　인류가 자연을 극복하고 나서 처음으로 맡은 중요한 과제는 주변 세계의 비밀을 밝히는 것이었다. 이는 생존과 발전을 위해 필수적이었기 때문이다. 사람이 세계를 이해하는 방식은 여러 요소에 의해 결정되었다. 그들이 살고 있는 지리적 환경, 날씨와 기후 조건, 그리고 그 속에서 형성된 사회적 관계들이 큰 영향을 미쳤다. 또한 사람들이 실제로 사용하는 도구나 활동의 범위, 그리고 그들이 가진 능력에 따라서도 세계를 인식하는 방식이 달라졌다.
　우리 조상들은 다양한 환경과 조건의 제약 속에서 오랜 세월에 걸쳐 실천 활동을 이어나갔고, 자신들만의 독특한 방식으로 세상을 이해하는 능력을 발전시켰다. 이 과정에서 그들은 자신들만의 문화를 만들어 나갔다. 《주역》은 이러한 조상들의 경험과 지혜를 종합하고, 추상화해 세상을 설명하는 모델을 제시한 책이다.
　사고방식은 사람들이 세상을 인식할 때, 눈에 보이는 현상을 감각과 생각으로 바꾸는 과정에서 형성된 구조다. 이 구조는 종종 기호나 이미지로 표현되며, 쉽게 변하지 않는 특성이 있다. 즉, 사고방식은 우리가 세상을 이해하는 기본적인 틀을 말하며, 이 틀은 시간이 지나도 비교적 안정적으로 유지된다는 뜻이다.

  사고방식은 크게 두 가지 유형으로 나뉜다. 경험적 사고방식과 논리적 사고방식이다. 경험적 사고방식은 사람들이 일상생활에서 겪은 경험을 바탕으로 형성된 사고방식이다. 이 방식은 사람들이 반복해서 겪은 전형적인 사례들을 비교하고, 분류하며, 종합해서 만들어진다. 즉, 과거의 경험을 통해 자연스럽게 쌓여가는 패턴이나 규칙들을 기반으로 세상을 이해하는 방식이다. 논리적 사고방식은 논리적 추론을 이용해 세상을 이해하는 방식이다. 여기서는 논리적인 규칙을 따라 문제를 해결하거나 결론을 도출한다. 즉, 감정이나 직관보다는 이성적인 사고를 통해 체계적인 모델을 구축하는 것이다.

  이 두 가지 사고방식, 즉 경험적 사고방식과 논리적 사고방식은 완전히 분리된 것이 아니라 서로 얽히며 영향을 주고받는다. 《주역》은 경험적 사고방식에 기반한다. 《주역》은 오랜 세월 동안 축적된 사람의 경험을 바탕으로 세상을 이해하고, 설명하는 시스템을 만들어낸 것이다. 이런 경험적 사고방식은 사실상 인류 역사상 가장 오래된 형태의 체계적인 인지 과정으로, 사람들이 경험을 통해 자연스럽게 세상을 이해하는 방식을 체계적으로 정리한 것이다. 또한 《주역》의 경험적 사고방식은 몇 가지 독특한 특성을 반영하고 있는데, 그 특성은 다음과 같다.

  첫째, 폐쇄적 순환 변동성이라는 특성이 있다. 《주역》을 처음 접하면, 8개의 기본 단괘와 이 단괘들이 두 개씩 겹쳐져 이루어진 64괘의 조합으로 이루어진 전체적인 구조가 눈에 띈다. 이 구조는 우주와 자연의 변화를 상징적으로 표현한 것이다.

  《주역》의 전체적인 도식은 도에서 시작해, 양의兩儀, 즉 음과 양의 두 가지로 나뉘고, 이 두 가지에서 사상四象, 즉 네 가지 상징이 생겨나며, 그 다음에는 8괘八卦가 형성되고, 마지막으로 이 8괘가 겹쳐져 64괘六十四卦를 이룬다.

《역전-계사상전》에서는 "그러므로 역에는 태극이 있고, 태극에서 양의가 생기고, 양의에서 사상이 생기며, 사상에서 8괘가 생기고, 8괘는 길흉을 정하며, 길흉은 대업을 낳는다"고 말한다. 이 말은 수와 상, 즉 숫자와 상징을 통해 우주의 모든 것을 하나의 도로 통일하는 시스템적인 인지 구조를 표현한 것이다. 이는 자연의 변화와 순환을 통해 세상을 이해하고자 하는 《주역》의 사고방식을 잘 보여준다.

주나라 말기부터 춘추시대에 이르는 역사를 기록한 《좌전左傳》에는 "거북은 상象이고龜爲象, 시초*는 수數다筮爲數. 물건이 생긴 후에 상이 있고物生而後有象, 상이 있은 후에 자라며象而後有滋, 자란 후에 수가 있다滋而後有數."라고 기록되어 있다. 이 구절에서 말하는 상象은 사물의 형상이나 이미지로, 외형적인 구조를 의미한다.

8괘는 짝수와 홀수를 이용해 천도, 지도, 인도라는 삼재三才 원칙에 따라 배열된 여덟 가지 다른 이미지다. 이 각각의 괘는 사람이 일상생활에서 흔히 접하는 여덟 가지 자연 현상을 나타낸다. 예를 들어, 하늘, 땅, 물, 불, 바람 같은 자연의 기본 요소들을 상징화한 것이다. 이를테면 건乾은 하늘, 태兌는 못, 이離는 불, 진震은 천둥, 손巽은 바람, 감坎은 물, 간艮은 산, 곤坤은 땅이다. 이 각각의 괘는 자연 속에서 사람이 경험하는 기본 요소들을 표현한 것으로, 이를 통해 세상의 변화와 원리를 이해하려고 했다.

고전 문헌에 따르면, 사람들은 실제 사용 과정에서 8괘에 다양한 지시 의미를 부여했다. 이를테면 ▲건乾은 하늘, 천자, 군, 부, 금, 광, 옥. ▲곤坤은 땅, 어머니, 무리, 말, 비단, 따뜻함, 순함, 안정, 바름, 두터움. ▲진震은 우레, 형, 장남, 조카, 발, 차, 행, 살. ▲손巽은 바람, 여자. ▲감坎은 물, 남편, 무리, 고됨, 강, 강함, 화목. ▲리離는 불, 해, 공, 후, 고모, 소, 까마귀. ▲간艮은 산, 남자, 뜰, 말. ▲태兌는 연못, 깃발, 마음 등이다.

---

* 시초를 통한 점

이렇게 각 괘는 자연 현상뿐만 아니라 가족 구성원, 물질, 감정 등을 상징해, 당시 사람들이 다양한 상황을 해석하고 이해하는 데 중요한 역할을 했다. 64괘의 의미는 8괘보다 훨씬 더 복잡하다. 64괘는 하늘의 이치와 사람의 일들 사이에 다양한 연결을 형성하며, 이 구조의 내적 원리는 수數, 즉 숫자에 기반을 둔다.

《한서》〈율력지律曆志〉에 따르면, "복희가 8괘를 그린 후 모든 것은 수에서 시작됐다"고 기록되어 있다. 최근의 고고학적 발견에 따르면, 《주역》 괘는 사실 숫자 괘라는 것이 밝혀졌다. 이는 짝수와 홀수를 기본으로 교차 배열하고, 중첩하여 규칙적인 전체 구조를 형성하는 시스템이다. 즉, 《주역》의 괘는 숫자를 통해 세상의 이치를 말하고 연결하는 체계를 가지고 있다.

《주역》 괘가 숫자 체계, 특히 이진법에 기반하고 있다는 주장은 역사적 해석과 최근 연구에 기인한 것이다. 《주역》의 괘는 각 괘가 음陰과 양陽의 선으로 구성되어 있으며, 이는 각각 0과 1에 대응하는 이진법의 구조로 볼 수 있다. 이러한 이진법적 구조는 《주역》의 변화와 우주적 원리를 설명하는 기본 체계를 형성한다.

최근의 고고학적 발견과 연구는 《주역》 괘가 단순한 상징 체계가 아니라, 숫자 기반의 이진법 체계를 반영한 것임을 보여주고 있다. 고대 기록들, 이를테면 한나라 시기 기록은 복희伏羲가 8괘를 만든 후, 그 배열이 수리적 규칙에 기반해 있다고 기록하고 있다. 이러한 괘는 짝수와 홀수로 구성되며, 상호 교차 배열되어 규칙적인 전체 구조를 형성한다.

《주역》에서 짝수와 홀수는 각각 음과 양을 상징한다. 이를 세 번씩 나누면 여덟 개의 단괘가 형성되고, 여섯 번 나누면 64개의 중괘가 만들어진다. 이를테면, 1이 2를 낳고, 2가 4를 낳고, 이런 방식으로 기하급수적으로 나아가 64괘가 탄생하는데, 이는 모든 괘가 독립적으로 존재하고 반복되지 않는다는 의미다. 수학적 계산에 따르면, 짝수와 홀수의 세제곱이 8괘를 구성하고, 여섯 제곱이 64괘를 구성하게 된다. 또한 8괘의 중첩 방법은 8×7=56이지만, 8괘 자체가 포함되기 때문에 최종적으로 64괘가 완성된다. 이 과정은 수리적 패턴과 우주 원리를 결합해 《주역》의 괘를 설명하는 중요한 방식이다.

이는 《주역》 괘가 엄격한 수리적 규칙성을 가지고 있음을 보여준다. 각 괘는 여섯 개의 효爻로 이루어져 있으며, 이를 계산하면 64괘에서 총 384효가 나온다. 이 효는 하나하나가 변할 때마다 전체 괘에 영향을 주는데, 이것이 바로 우주가 끊임없이 변화하고 다양하게 나타나는 원리를 반영하는 것이다. 효의 위치가 변할 때마다 새로운 괘가 생성되는데, 이러한 변화는 단순한 우연이 아니라 매우 논리적인 수의 체계를 따른다. 즉, 《주역》 괘는 음과 양, 짝수와 홀수의 변화에 따라 일관된 패턴을 형성하며, 이를 통해 우주의 이치와 변화를 설명하려는 수학적, 철학적 구조로 해석된다.

이와 같은 구조는 우주적 변화와 질서를 수리적으로 설명하는 중요한 도구가 된다. 이를 통해 우리는 《주역》이 단순한 예언서가 아니라, 체계적인 논리와 수학적 패턴을 반영한 철학적 텍스트임을 알 수 있다.

《주역》 64괘는 건乾괘로 시작해 미제未濟괘로 끝나며, 이를 통해 하나의 폐쇄된 원을 형성한다. 이 원은 우주 만물의 변화를 모두 포함하며, 일종의 절대적 진리 체계를 상징한다. 즉, 모든 변화와 과정이 이 원 안에서 이루어지며, 《주역》은 이를 통해 우주의 원리와 변화를 설명하려는 의도를 담고 있다.

《역전-계사상전》에서는 이러한 구조에 대해 "역은 넓고 크며, 멀리 보면 한계가 없고, 가까이 보면 고요하고 바르다. 하늘과 땅 사이에서 모든 것이 완전하다夫易 廣矣大矣 以言乎遠則不禦 以言乎邇則靜而正 以言乎天地之間則備矣"고 말한다. 또, "하늘과 땅의 변화를 둘러싸며, 과하거나 부족함 없이 만물을 완성한다範圍天地之化而不過 曲成萬物而不遺"고 말한다. 이는 《주역》의 핵심적인 의미를 반영하는 해석이다. 즉, 《주역》은 우주의 질서와 변화가 모두 이 64괘의 원 안에서 이루어진다고 보고, 그 완벽한 체계를 강조하고 있다. 이는 비교적 《주역》의 본뜻에 가까운 해석이다.

《주역》에서 미제未濟를 마지막 괘로 배치한 것은 매우 의미심장하다. 미제는 아직 완성되지 않고, 과정 중에 있는 상태를 나타낸다. 이는 《주역》이 끝없는 변화와 진화를 반영하는 철학을 담고 있음을 보여준다. 《주역》의 64괘를 분석해보면, 어느 하나도 고정된 것이 없이 끊임없이 변하고 있다는 것을 알 수 있다.

《역전-계사하전》에서는 이를 다음과 같이 말한다.

"역은 멀리할 수 없고, 이치는 자주 변하며, 변화는 멈추지 않고 계속되며, 일정한 상태에 머물지 않는다. 여섯 가지의 자리爻에서 끊임없이 변하며, 고정된 위치가 없어 강함과 부드러움이 서로 교체된다. 고정된 법칙으로 삼을 수 없으며, 규칙이 없다. 오직 변화에 맞춰 적응할 뿐이다. 易之爲也 不可遠 爲道也 屢遷 變動不居 周流六虛 無常 剛柔 相易 不可爲典要 唯變所適"

이는 64괘가 유한한 수지만, 그 안에서 우주의 무한한 변화를 반영하려는 의도가 담겨 있음을 나타낸다. 《주역》은 끊임없는 변화의 원리를 강조하며, 고정된 상태보다는 계속해서 변하는 우주를 상징한다.

그러나 《주역》괘의 변화는 '물극필반物極必反', 즉 '사물이 극에 이르면 반드시 반대 방향으로 전환된다'는 순환적 특성을 가지고 있다. 이 개념은 《주역》의 괘들이 변화하는 방식에서도 잘 드러난다. 이를테면, 건乾과 곤坤 두 괘는 각각 순수한 양陽과 음陰을 상징하는 괘다. 건은 하늘을 상징하고, 곤은 땅을 상징하며, 둘은 서로 반대되는 성질을 가지고 있다. 《주역》에서는 각 괘의 여섯 개의 효가 모두 변할 때, 그 성질이 완전히 반대로 바뀌게 된다. 즉, 건의 순수한 양이 극에 달하면 곤과 같은 순수한 음으로 변하게 되는 것이다. 이것은 상호보완적 원리를 반영하는 중요한 철학적 개념이다.

또한 다른 괘들도 이와 같은 변화의 법칙을 따르며, 일부 괘는 효 자체의 변화에서도 이러한 순환성을 보여준다. 이를 통해 《주역》은 모든 사물과 현상이 끊임없이 변화하고, 극에 달하면 반대 방향으로 전환된다는 원리를 말하고 있다. 이를테면 건괘는 다음과 같다.

초구初九 _ 잠룡은 사용하지 마라 潛龍勿用

구이九二 _ 현룡이 들판에 나타난다. 대인을 만나는 것이 이롭다 見龍在田 利見大人

구삼九三 _ 군자가 종일 건건하고, 저녁에는 경계하니, 위태롭지만 허물이 없다 君子終日乾乾 夕惕若厲 無咎

구사九四 _ 혹은 연못에서 뛰어오르니 허물이 없다 或躍在淵 無咎

구오九五 _ 비룡이 하늘에 있으니, 대인을 만나는 것이 이롭다 飛龍在天 利見大人

상구上九 _ 항룡이니 후회가 있다 亢龍有悔

건괘는 잠룡-현룡-약룡-비룡-항룡의 변화 과정을 통해 '물극필반', '즉 사물이 극에 달하면 반드시 반대 방향으로 돌아온다'는 순환의 원리를 보여준다. 이러한 변화는 복괘復卦에서 나타나는 '7일 만에 돌아온다七日 來復'는 순환과 비슷하다. 이는 낮과 밤, 음과 양, 삶과 죽음, 계절의 변화 등 자연에서 발견되는 반복적 순환의 원리를 반영한다. 옛 사람들은 이러한 주기적 변화를 경험하면서, 세상의 모든 것이 반복되고 순환한다고 여겼다. 따라서 이 순환과 변동성의 개념은 옛 사람들의 사고방식에서 중요한 전통이 되었으며, 《주역》의 철학적 기초를 이루게 되었다.

둘째, 절대적 상대성을 숭상하는 특성이 있다. 《주역》의 순환 변동성은 음과 양의 상대성을 기본 전제로 하고 있다. 《장자》 '천하'에서는 "역易은 음양의 도를 따른다"고 언급했다. 이는 음과 양의 상호작용을 말한다.

《주역》에서 괘상을 구성하는 괘효卦爻는 음과 양의 기호를 나타낸다. 64개의 괘상은 모두 음과 양의 상호작용을 기반으로 하며, 이때 음과 양은 단순히 서로 반대되는 개념이 아니다. 음양은 서로를 필요로 하고, 보완함으로써 모든 현상이 변화하고 조화를 이루게 된다. 즉, 음과 양은 대립적인 존재면서도 서로에게 의존하고, 함께 변화하면서 우주의 조화와 변화를 이끌어 나가는 중요한 원리다. 이러한 음양의 상호보완성은 《주역》의 핵심 철학 중 하나로, 모든 변화는 음양의 상호작용을 통해 발생한다는 점을 강조하고 있다.

《역전-계사하전》에서는 "건은 양물이고, 곤은 음물이다乾, 陽物也, 坤, 陰物也"라고 설명하고, 《역전-계사상전》에서는 "건곤이 파괴되면 역을 볼 수 없다乾坤毁 則無以見易"고 말했다. 이는 건乾과 곤坤, 즉 양과 음이 우주의 기본적인 원리로 작용한다는 뜻을 강조한 것이다. 또한 《설문해자》에서는 "일월이 역이며, 음양을 상징한다日月爲易, 象陰陽也"고 말했다. 일日은 양, 월月은 음을 상징한다.

《주역》은 음과 양이라는 두 가지 기본 원리를 통해 우주 만물이 서로 어떻게 연결되어 있는지를 설명하는 책이다. 음과 양은 단순히 반대되는 힘이 아니라, 서로 보완하며 조화를 이룬다. 이 책은 만물이 서로 관계를 맺고 변화하는 과정에서, 음과 양의 상호작용이 모든 현상의 기반이 된다. 저자는 이러한 음양의 조화 과정을 통해 우주 만물의 원리를 말하고 있다.

그러나 음과 양은 서로 대립하면서도 조화롭게 통일되는 과정에서, 한쪽이 억압되는 형태로 나타난다. 《주역》의 저자는 우주의 근본 원리를 '도'라고 부르며, 음과 양을 이 도의 두 가지 표현이라고 간주한다. 하지만 이 과정에서 양이 더 중요한 위치에 놓인다. 음과 양이 서로 대립할 때, 양이 주도적인 역할을 하며, 음은 억제되는 경향이 있다. 즉, 양이 주도권을 가지고 적극적인 역할을 하는 반면에 음은 그에 비해 수동적이고, 양의 흐름에 따라가는 형태가 된다.

이것은 《주역》에서 양이 생성과 확장의 힘을 상징하고, 음은 수용과 응답의 역할을 하는 것과 연결된다. 음과 양의 상호작용은 필연적으로 양의 주도 아래 이루어지며, 이를 통해 우주의 조화와 질서가 유지된다. 이를테면, 《주역》에서는 순수한 양을 상징하는 건괘乾卦가 가장 먼저 등장한다. 이는 《주역》에서 양이 중요한 위치를 차지하고 있음을 보여준다. 건괘는 하늘과 같은 가장 위대한 힘을 상징하며, 양이 주도적인 역할을 한다는 의미를 내포하고 있다.

양은 주로 하늘, 군주, 아버지, 남성, 강함 등을 상징하는데, 이는 적극적이고 창조적인 힘을 나타낸다. 반면에 음은 땅, 신하, 자식, 여성, 부드러움을 상징하며, 수용적이고 응답적인 성격을 띤다. 이러한 음과 양의 상징은 《주역》에서 우주의 원리를 설명하는 중요한 기초로 작용한다. 《역전》에서는 이러한 사상을 더욱 발전시키며, 음과 양의 상호작용을 통해 세상의 모든 변화가 일어난다고 말한다. 음양의 관계는 대립하면서도 상호보완적이며, 이 균형이 깨지면 우주도 혼란에 빠진다고 본다.

《계사상전》에서는 "하늘은 귀하고, 땅은 낮으니 하늘과 땅의 역할이 정해졌다. 귀하고 낮은 위치가 명확해졌으며, 남자는 하늘의 이치로, 여자는 땅의 이치로 만들어진다. 하늘은 중요한 일들을 주관하고, 땅은 만물을 이루게 한다. 하늘은 간단한 원리를 알고, 땅은 이를 실행한다"라고 말한다. 또한 《계사하전》에서는 "하늘은 가장 강력하니 어려움을 이겨낼 수 있고, 땅은 가장 순순하니 어려움을 잘 받아들인다"라고 말한다. 《설괘전》에서는 '하늘은 아버지, 땅은 어머니'로 비유된다.

이는 하늘과 땅의 역할을 남성과 여성의 역할에 비유해, 하늘陽은 창조적이고 주도적이며 강함을 상징하고, 땅陰은 수용적이고 순응적이며 부드러움을 상징한다. 즉, 하늘은 원리를 제시하고, 땅은 그 원리를 실천함으로써 우주 만물이 조화를 이루게 된다는 의미다. 이러한 사상은 남성은 하늘, 여성은 땅이라는 상징을 통해 음양의 조화를 말하고 있으며, 하늘과 땅이 서로 다른 역할을 수행하면서도 상호보완적으로 작용해 우주를 완성한다는 철학을 보여준다.

청나라 시기의 학자 손하봉孫夏峰은 "하늘의 이치는 양을 귀하게 여기고, 음을 덜 중요하게 여긴다"고 말했다. 이 관점에서 성인聖人들은 음을 억제하고 양을 도와주었다. 즉, 양이 드러나면 그것을 보호하고, 음이 나타나면 그것을 억제하는 방식으로 음양의 조화를 유지했다.

《주역》에서는 길하고 형통하며 이로운 것이 대부분 양에 속하고, 나쁜 일이나 후회, 인색함 같은 부정적인 일들은 대부분 음에 속한다고 여겼다. 이러한 양을 더 중요하게 여기는 사고방식은 부권 중심 사회에서 비롯되었다. 그리고 《주역》을 통해 양이 더 귀중한 것으로 여겨지며, 이 개념은 점차 절대적인 원리로 자리 잡았다.

결국, 이러한 양 중심의 사고방식은 깊이 뿌리내려 사회와 문화에 큰 영향을 미쳤다. 양이 더 중요하다는 생각은 오랜 역사 속에서 지속되어 온 사고의 흐름으로, 음과 양의 조화 속에서도 양이 주도적 역할을 한다는 점이 강조되었다.

셋째, 사물에 이치가 담겨 있는 형상적 특성이 있다. 《주역》은 숫자, 상징, 사건, 이치를 하나로 결합한 책이다. 이 구조는 숫자로부터 상징이 만들어지고, 그 상징이 특정 사건을 나타내며, 사건을 통해 이치가 담기게 되는 방식으로 이루어진다.

《주역》의 괘는 대부분 하늘과 땅을 관찰하고, 가까운 곳에서부터 먼 곳까지 세심히 살펴본 결과를 바탕으로 만들어졌다. 이러한 괘는 사물의 형상을 통해 우주와 자연의 이치를 드러낸다. 또한 상고시대의 이야기와 경험이 많이 포함되어 있어, 당시 사람들의 세계관을 반영하고 있다.

즉, 《주역》은 단순한 점술서가 아니라, 숫자와 상징을 통해 사건을 예측하고 그 안에 담긴 이치를 탐구하는 책으로, 옛 사람들이 자연을 이해하고 세상을 바라보는 방식을 담은 철학서다. 이를테면 《주역》에는 '고종이 귀방을 정벌하다', '제을이 여동생을 보내다', '양을 잃다', '중행이 공에게 알리다'와 같은 표현들이 등장한다. 이러한 표현들은 단순한 이야기나 사건을 넘어 당시 사회와 문화를 반영한 예시들이다.

《주역》은 이러한 구체적인 사건들 외에도 당시 생산 활동, 사회적 습관, 지배층의 생활, 사회 생활, 종교 및 예술 등 다양한 측면을 포함하고 있다. 심지어 기공氣功과 같은 건강관리 방법, 천문학, 역법 같은 자연과 관련된 지식도 담겨 있다. 즉, 《주역》은 단순한 철학서나 점술서가 아니라, 당시 사람들의 일상생활과 자연 현상을 포괄적으로 설명하는 종합적인 지식의 집합체로, 고대 사회와 문화를 이해하는 중요한 자료다.

또 《주역》 64괘는 모두 철학적인 시詩로 비유할 수 있다. 이를테면, 건괘 乾卦를 보면, 이 괘의 여섯 효爻는 단순한 상징이 아니라 '동방칠수東方七宿' 또는 '창룡칠수蒼龍七宿'라 불리는 동쪽 하늘의 일곱 별자리의 움직임을 나타낸다. 이 일곱 별자리는 각角, 항亢, 저氐, 방房, 심心, 미尾, 기箕로 구성되어 있으며, 이 별들의 운행은 하늘의 이치와 자연의 이치를 설명하는 중요한 상징으로 사용된다.

참고로 동양의 별자리 체계에서 창룡은 칠수七宿라고 불리는 일곱 개의 별자리에 해당하며, 이는 현대 천문학에서 황도 12궁의 일부로 간주될 수 있다. 이 칠수에는 각수角宿, 항수亢宿, 저수氐宿, 방수房宿, 심수心宿, 미수尾宿, 기수箕宿가 포함된다. 이러한 별자리들이 동방의 창룡을 구성하며, 각각의 별자리는 계절 변화가 연관되어 있다. 이 별자리들은 하늘에서의 위치와 움직임을 통해 계절이나 자연의 변화를 예측하는 데 사용되었다.

따라서 건괘의 여섯 효는 이 별자리들의 변화를 통해 자연의 질서와 우주의 법칙을 상징적으로 나타내고 있으며, 이는 우주와 사람의 관계를 설명하는 철학적 시로 볼 수 있다. 《주역》은 이러한 방식으로 자연 현상과 철학적 이치를 결합해, 우주와 사람의 삶을 설명하는 독특한 시적 구조를 갖췄다.

잠룡潛龍은 겨울을 상징하며, 이때 용龍은 하늘에서 보이지 않고 지평선 아래에 숨어 있는 상태다. 춘분이 가까워지면, 용의 뿔이 지평선 위로 조금씩 나타나기 시작하고, 시계 방향으로 하늘을 따라 올라간다. 하지 무렵에는 용이 하늘 한가운데에서 가장 높은 위치에 도달하게 된다.

입추와 추분 사이의 시기에는 용의 뿔이 다시 서쪽 지평선 아래로 내려가며, 이때 항수亢宿는 서쪽 지평선 위에 위치하게 된다. 그런 후, 계추음력 9월로 가을의 마지막 시기와 맹동음력 10월로 겨울의 시작 시기에는 용이 다시 완전히 지평선 아래로 사라지게 된다.

이처럼 용의 움직임은 계절의 변화와 밀접하게 연관되어 있다. 그리고 동양의 전통 천문학에서는 이러한 별자리의 위치 변화를 통해 자연의 변화를 예측하고 이해해 왔다.

또 본괘本卦는 《주역》에서 64괘 중 하나의 기본 괘다. 괘卦는 6개의 효爻로 이루어진 상징적인 도형이며, 본괘는 특정한 사건이나 상황을 설명하는 기본적인 괘다. 이 본괘는 다른 괘와 결합하거나 변화를 통해 변괘로 발전하기도 한다.

본괘는 특정한 상황이나 사물의 상태를 나타내며, 각 괘의 효는 그 상태의 변화를 상징한다. 《주역》에서 본괘는 사건의 시작을 설명하며, 그 과정에서 나타나는 변화와 그에 따른 결과를 해석하는 데 중요한 역할을 한다. 본괘는 사물의 현재 상태를 상징하며, 변화를 거쳐 새로운 상황이나 결과를 예측하는 역할을 하는 것이 특징이다.

본괘는 사물이 불가능에서 가능으로, 약함에서 강함으로, 그리고 극에 달했다가 쇠퇴하는 과정을 통해 '물극필반', 즉 사물이 극에 달하면 반드시 반대로 돌아온다는 원리를 보여준다. 이 과정은 사물의 변화가 부정적인 상태를 거쳐 긍정적인 방향으로 전환되거나, 반대로 강한 상태에서 약해지는 주기적 변화를 나타낸다.

간괘艮卦를 예로 들어보자. 간괘는 산을 상징하며, 변화가 멈추고 고요해지는 상태를 나타낸다. 간괘는 멈추는 것을 상징하지만, 이는 정지 상태가 아니라, 다시 변화가 시작되는 순간을 의미한다. 즉, 사물이 한 번 멈춘 후에 다시 움직이고 변화하는 과정으로, 쇠퇴와 재생이 반복되는 모습을 보여준다. 이런 방식으로, 《주역》은 사물의 모든 변화가 긍정과 부정의 주기를 거치면서 끊임없이 이어지고 있다. 따라서 본괘는 사물이 극에 달하면 다시 반대 방향으로 돌아가며, 이 주기적 변화를 통해 우주와 자연의 원리를 담고 있다.

중산간重山艮

간艮 : 간艮멈춤은 등에서 멈추고, 그 몸을 얻지 못해 뜰을 지나도 사람을 볼 수 없어 허물이 없다. 艮其背 不獲其身 行其庭 不見其人 無咎

초육初六 : 발가락에서 멈추니 허물이 없고 이로움이 끝까지 지속된다. 艮其趾 無咎 利永貞

육이六二 : 종아리에서 멈춰 그를 구하지 못해 따라가야 해서 마음이 불편하다. 艮其 不拯其隨 其心不快

구삼九三 : 허리에서 멈춘다. 등뼈를 갈라놓는 고통이니 위태롭고 마음이 타들어 간다. 艮其限 列其 薰心

육사六四 : 몸에서 멈춰 움직이지 않으니 허물이 없다. 艮其身 無咎

육오六五 : 볼에서 멈춰 말에 조리가 있으니 후회가 없다. 艮其輔 言有序 悔亡

상구上九 : 돈독하게 멈추니 길하다. 敦艮 吉

본괘가 지시하는 사물은 기공氣功의 수련 과정과 비슷하게 설명될 수 있다. 기공에서는 진기眞氣, 즉 생명 에너지가 신체의 경락과 혈위혈잠를 따라 아래에서 위로 이동하며 변화를 겪는다. 이 과정에서 진기는 발가락에서 시작해 다리, 허리, 몸, 뺨, 머리로 올라가면서 에너지가 흐르고, 그 흐름을 통해 신체와 마음이 조화를 이룬다. 이처럼 기공의 수련 과정은 사물의 발전과 변화를 설명하는 방식과 비슷하다. 사물이 발전하고 변화하는 과정은 규칙적이며, 이러한 과정을 통해 이치가 담겨 있는 형상을 형성한다.

이런 식의 사고방식은 사물의 변화 과정을 구체적이고 형상적으로 이해하려는 특징을 반영하며, 이후 동양의 형상적 사고를 풍부하게 하는 전통으로 이어졌다. 즉, 《주역》에서 본괘가 보여주는 변화의 규칙성은 사물의 흐름과 이치를 직관적으로 형상화하는 동양 사상과 문화의 중요한 부분이 되었다.

十八.《주역대전》사상의 의미

《주역대전周易大全》은 명나라 때 발간된 《주역》 주석서의 집대성본인 《주역전의대전周易傳義大全》을 말한다. 이 책은 당시까지 나온 《주역》에 대한 여러 주석을 모아 정리한 것이기에, 대전大全이라는 이름을 붙였다.

《주역》은 본래 《주역고경》과 이를 해석한 역전인 《십익十翼》이라는 주석서로 구성되어 있었다. 그러나 이후 많은 학자들이 《주역》에 대한 다양한 해설서를 발간했고, 《주역전의대전》은 그 주석들을 총망라한 책이다. 이 때문에 《주역전의대전》은 《주역》에 관해 지금까지 발간된 책 중 가장 종합적이고 방대한 책으로 여겨지며, 여러 시대의 해석과 주석을 한 권에 모아 《주역》의 이해를 돕는 중요한 자료로 평가된다.

《주역대전》 사상의 중요한 의미는 개인주의의 약화와 윤리적 원칙의 강화에 있다. 고대 경전에서 '의意'는 주로 하늘이나 신의 뜻을 의미했으나, 《주역대전》에서는 이 개념이 성인의 의지로 변화되었다. '의'가 하늘의 뜻을 강조하던 기존의 해석에서 벗어나, 이제 성인의 생각과 지혜를 중심으로 해석되기 시작한 것이다. 즉, 《주역》은 더 이상 하늘의 뜻을 전달하는 것이 아니라, 성인聖人의 생각과 지혜를 전달하는 책으로 변모한 것이다.

이 과정에서 하늘의 역할은 점점 줄어들었고, 이는 사람의 독립적인 역할도 약화된 것으로 해석된다. 하늘의 역할이 사라지는 것은 곧 사람의 주체적 역할도 줄어든다는 의미로, 《주역대전》은 개인보다 윤리적 질서와 사회적 원칙을 더욱 강조하는 사상적 흐름을 보여준다. 따라서 《주역대전》에서는 하늘과 사람의 독립적인 역할이 줄어드는 대신, 성인의 지혜와 도덕적 원칙이 중심에 자리 잡게 되었음을 알 수 있다.

물론 《주역대전》에서도 하늘의 신天神이라는 개념이 완전히 사라진 것은 아니다. 그 중에서도 제帝라는 개념이 여전히 남아 있었기 때문이다. 이를테면, 《단전》에서는 성인이 하늘의 신인 상제上帝를 섬기고, 성현을 기르는 역할을 한다고 말한다. 또한 《상전》에서는 선왕들이 상제에게 제사를 지내고, 사당을 세우는 전통을 언급하고 있다. 이러한 내용들은 특히 은나라의 전통적 관념을 반영하고 있다. 즉, 《주역대전》에서는 하늘의 신이나 상제와 같은 초자연적 존재에 대한 개념이 여전히 중요하게 다뤄졌으며, 이를 통해 당시 사회의 종교적 전통과 연결되고 있음을 보여준다.

또한 《주역대전》에서는 하늘天이라는 개념도 여전히 중요한 위치를 차지하고 있다. 이때 하늘은 주로 자연의 하늘을 의미하지만, 시간이 흐르면서 제帝, 즉 상제의 역할 일부를 포함하게 되었다. 이는 하늘이 단순한 자연현상을 넘어 신성한 의미를 지니게 되었음을 의미한다. '천명天命'이라는 개념도 여전히 신성한 의미를 가지고 있으며, 하늘의 뜻이나 운명 같은 상위의 원리로 간주된다. 이러한 방식으로 《주역대전》은 하늘을 자연 현상과 신성한 존재의 역할을 모두 아우르는 중요한 개념으로 해석하고 있으며, 하늘이 사람의 삶과 세계에 영향을 미치는 신성한 힘으로 이해되고 있음을 보여준다.

그러나 《주역대전》의 기본 특징은 현실적이고 철학적인 해석에 있다. 하지만 《단전》에는 오해를 일으킬 수 있는 구절이 나온다. "하늘의 신도神道를 보고 사계절이 어긋나지 않는다"는 내용이 그것이다. 여기서 중요한 것은 신神이 무엇을 의미하는지에 대한 해석이다. 《계사전》에서는 신이 음양의 조화처럼 측정할 수 없는 개념을 의미한다고 말한다. 또한 신은 만물의 오묘함을 나타내는 뜻으로도 해석된다. 즉, 신은 초자연적 존재라기보다는 세상에서 일어나는 조화롭고 미묘한 변화나 이치를 상징하는 개념으로 이해된다.

이처럼 《주역대전》에서는 신성한 개념을 현실적으로 해석해, 음양의 원리와 만물의 이치를 통해 자연 현상과 인간 세상을 설명하려고 했다는 특징을 보여준다. 따라서 신도神道는 종교적인 신의 길이 아니라, 음양의 이치, 즉 자연의 법칙을 의미한다. 이를 예로 들면, 자연의 법칙은 반복적이고, 끝이 있으면 새로운 시작이 있다는 원리를 따른다.

《주역대전》에서는 심지어 신물神物도 최고신을 가리키는 것이 아니라, 자연의 신비로운 현상을 뜻한다. 이를테면, 동한東漢 시대에 편찬된 유교 경전 해석서인 《백호통白虎通》에서도 신농神農을 언급할 때, 이는 신이 아니라, 성인이 자연의 이치를 깨닫고 백성을 위해 변화를 일으킨 것을 의미한다고 해석한다. 즉, 《주역대전》에서는 신과 관련된 개념들을 종교적 또는 초자연적으로 해석하기보다는, 자연의 이치와 법칙을 상징하는 것으로 해석한다. 이는 성인이 자연의 원리를 이해하고, 이를 통해 백성에게 도움이 되는 변화를 일으킨다는 점을 강조한다.

요약하자면, 《주역대전》에서 인간과 신의 관계는 하늘과 땅이 제자리를 잡고, 성인이 지혜를 발휘해 세상을 이끌어 나간다는 것이다. 옛 성인들은 《주역》을 만들 때, 신의 도움을 받아 자연의 이치를 관찰하고, 음양의 조화를 통해 사람의 삶을 이해하려 했다는 것이다. 하지만 모든 것은 신보다는 성인의 지혜와 노력에 달려 있다는 것이다.

앞서 언급한 것처럼, 신의 역할이 줄어들면서 사람의 역할은 더 중요해졌다. 하지만 여기서 말하는 인간은 개인이 아니라 집단으로서의 사람을 의미한다. 이 집단성을 대표하는 개념이 바로 종宗이다. 《주역대전》에서는 개인보다는 집단을 중시하는 종법宗法 개념이 강조된다. 종법은 가문이나 집단 내에서 공동체적 질서와 유대를 중시하는 사상으로, 개인보다는 가문이나 집단 전체가 중요하게 다루어진다.

이로 인해 《주역대전》에서는 사람의 역할이 집단 속에서 사회적 질서를 유지하고 공동체의 가치를 실현하는 데 있다고 본다. 이를테면, 《주역대전》에서는 한 가족을 하나의 큰 집단으로 보고, 각 구성원이 자신의 역할을 잘 수행해야 가정이 바로 서고, 나아가 사회도 안정된다고 말한다. 즉, 아버지는 아버지답게, 자식은 자식답게 행동해야 한다는 것이다. 또한 여자는 정절을 지키고, 남자는 의리를 세우는 것이 중요하다고 강조한다.

이러한 원칙들은 개인보다 집단의 규율과 역할이 더 중요시된다는 사상을 반영한다. 즉, 인간은 제도와 규율 속에서 살아가며, 그 속에서 자신의 위치와 역할을 충실히 해야 한다는 것이다. 《주역대전》은 이러한 집단의 조화와 사회적 질서를 유지하는 것을 중요한 가치로 여긴다.

《주역대전》이 오늘날 중요한 이유는 단순히 철학적 내용 때문만이 아니라, 음양이라는 개념을 통해 동양의 생명철학을 확립했기 때문이다. 이 생명철학은 개인의 삶뿐 아니라, 집단의 생명과도 연결된다. 음양은 조화와 상호작용을 통해 개인과 공동체의 생명력이 어떻게 유지되고 변화하는지를 말한다. 이는 개인의 삶이 집단의 삶과 어떻게 연결되고, 음양의 원리를 통해 인간과 자연, 사회의 조화로운 발전을 이해할 수 있게 해주는 중요한 철학이다. 따라서 《주역대전》은 동양 사상에서 음양 철학을 확립해 개인과 집단 모두의 생명력과 조화를 설명하는 생명철학의 근본이 되었으며, 이는 오늘날에도 중요한 가치를 지닌다고 볼 수 있다.

《주역대전》 사상에는 두 가지 중요한 의미가 있다. 첫째는 윤리적인 우주론적 모델이고, 둘째는 존재론적 모델이다. 이 두 가지 모델 모두 음양이라는 개념에 기반을 두고 있다. 우주론적 의미에서 음양은 독립된 실체가 아니라, 순수한 관계를 의미한다. 즉, 음과 양은 서로 대립하면서도 상호작용을 통해 우주 전체의 조화와 균형을 이루는 관계다. 존재론적 의미에서 음양은 두 개의 독립된 실체를 전제로 한 관계를 뜻한다. 이 관점에서는 음과 양이 각각 독립적인 존재로서 상호작용하는 것을 기반으로 한다.

이를 설명하는 예로, 《계사전》에서 인용된 고사성어 '이인동심 기리단금 二人同心 其利斷金'이 있다. 이 말은 '두 사람이 마음을 같이하면 그 날카로움이 단단한 쇠라도 끊을 수 있다'는 뜻으로, 두 개체가 존재해야만 관계가 형성된다는 점을 잘 보여준다. 이와 같이 《주역대전》에서의 음양 관계는 언제나 두 개체의 존재를 전제로 하며, 그들의 상호작용을 통해 세상의 이치와 조화가 이루어진다.

우주론적 모델에서는 집단 윤리 정신이 강하게 드러난다. 이를테면 《계사전》의 첫 부분에 "하늘은 존귀하고, 땅은 비천하니, 천지의 질서가 정해졌다 天尊地卑, 乾坤定矣"라는 구절이 있다. 이 말은 '자연에서의 존귀함과 비천함이라는 질서가 인간 사회에서도 동일하게 적용된다'는 것을 의미한다. 즉, 자연의 질서가 사회적 질서로 확장되어, 인간 사회에서도 계층과 위계가 중요하다는 사상이 반영된다. 이는 사회에서 각자의 위치와 역할이 중요하며, 이를 통해 집단의 조화와 질서가 유지된다는 집단 윤리의 정신을 강조한 것이다. 이러한 사고방식은 《서괘전》에서도 잘 나타난다. '천지가 먼저 생기고, 그 다음에 만물이 생기며, 남녀가 생기고, 그 후에 부부, 부모, 군신, 상하, 예의가 생긴다'는 설명은, '천지'가 만물과 인간 사회의 모든 질서와 규칙을 창조했다는 것을 말한다.

여기서 중요한 점은, 신의 역할이 없고, 독립된 개인의 자리가 강조되지 않는다는 것이다. 대신, 자연의 원리에 따라 집단과 사회적 질서가 형성된다는 점이 부각된다. 이는 사람이 자연의 일부로서, 자연의 법칙에 따라 사회와 관계를 형성해야 한다는 사고방식을 보여준다. 개인보다 집단의 중요성이 강조되는 것이 특징이다.

존재론적 모델은 개인의 정신을 강조하는데, 이는 《주역대전》에서 매우 중요한 측면이다. 후대의 송명리학宋明理學에서는 우주론적 모델이 강조되면서 개인의 정신이 상대적으로 덜 중요하게 여겨졌다. 그러나 그 이전 시대인 위진현학魏晉玄學에서는 존재론적 모델이 특히 중시되었으며, 이로 인해 개인의 정신과 자기 성찰이 중요한 것으로 자리 잡게 되었다.

참고로 위진현학은 위진남북조 시대의 혼란한 사회적 상황 속에서 등장한 철학적 사조로, 노장사상과 유교와 불교의 요소들을 융합한 독특한 철학이다. 위진현학은 현학玄學이라는 이름에서 알 수 있듯이, 심오하고 난해한 개념을 탐구하는 데 중점을 두었다. 이는 주로 노자와 장자의 사상을 바탕으로 하고 있으며, 도교적 색채가 강했다.

위진현학 시기에는 개인이 독립적으로 자신의 정신을 수양하고, 내적 성찰을 통해 우주의 이치와 조화를 이루는 것이 매우 중요한 사상적 흐름이었다. 이는 개인의 자아와 정신적 성장을 강조하는 존재론적 모델의 중요한 특성으로, 《주역대전》에서도 이러한 측면이 중요하게 다루어졌다.

이를테면, 《주역대전》에는 다음과 같은 구절들이 있다. "왕후를 섬기지 않는 것은 자신의 뜻을 따를 만하다", "군자는 독립해 두려워하지 않고, 세상에서 도망가도 번민하지 않는다", "늙은 남자와 젊은 여자의 결혼은 과함으로 인한 것이다", "군자는 자리를 바꾸지 않는다" 등과 같은 표현들은 모두 개인의 정신을 강조하는 내용이다. 특히 자기 주체성을 강조하며, 외부의 권위나 사회적 규범에 휘둘리지 않고 자신의 뜻에 따라 행동하는 군자의 모습을 그리고 있다. 이 구절들은 자아의 독립성과 내적 성찰을 통해 자신의 삶을 주도적으로 이끌어가는 개인의 정신적 자유와 자립성을 강조하는 중요한 내용으로, 《주역대전》에서 개인의 정신적 수양과 자립적 태도를 중시하는 존재론적 모델의 특징을 잘 보여준다.

이와 비슷하게, 서양 철학에서는 아리스토텔레스가 개인의 독립적 가치를 강조한 바 있다. 하지만 서양에서는 개인의 독립이 때로는 "사람은 사람에게 늑대다 Homo homini lupus est"라는 격언처럼, 경쟁과 갈등을 불러올 수 있다고 보았다. 참고로 이 격언은 기원전 195년 플라우투스의 희극인 《아시나리아 Asinaria》에서 최초로 사용된 말이다. 플라우투스는 사람의 본성과 사회 문제를 풍자하는 희극으로 유명한 고대 로마의 작가이자 철학자다.

반면에 동양의 음양 사상은 조화와 균형을 중시한다. 음양 개념은 다원적 상호 보완과 조화를 강조하며, 모든 것이 서로 상호작용하고 균형을 이루는 것을 중요하게 여긴다. 오늘날의 관점에서는 음과 양을 두 개의 독립된 실체로 이해하면서도, 이들이 서로 조화롭게 공존해야 한다고 본다. 즉, 음과 양은 서로 대립하는 것이 아니라 보완하고 상생하는 관계로, 개인의 독립성과 상호 의존성이 동시에 중요하게 다뤄지는 철학적 개념이다.

또한 《주역대전》은 비록 유학의 심학心學, 즉 마음과 성품에 관한 철학을 다루는 전통적인 문헌은 아니지만, 그 안에는 여전히 심학적인 사상이 많이 담겨 있다. 이를테면 "군자는 자기 자신을 돌아보고 덕을 쌓는다"거나, "스스로 밝은 덕을 드러낸다"는 구절들이 그것이다. 이러한 가르침들은 사람에게 자기 내면을 성찰하고, 자신의 덕德을 쌓으며, 도덕적인 삶을 살아야 한다는 메시지를 전달한다. 《주역대전》에서는 개인이 스스로의 마음을 돌아보고 도덕적 완성을 이루는 것을 중시하는데, 이는 심학적 사고방식과 연결된다. 즉, 내면의 수양과 자기 성찰을 통해 도덕적 사람이 되는 것이 중요한 목표로 제시된다.

또 《주역대전》에서는 악을 멀리하고 진실을 지키며, 올바름과 성실함을 매우 중요하게 여긴다. 이러한 가르침은 유학의 가르침과도 일맥상통하며, 사람의 성품을 잘 길러야만 올바른 삶을 살 수 있다고 강조한다. 이처럼 《주역대전》은 사람이 스스로 도덕적인 성품을 발전시키는 것을 매우 중요하게 생각한다. 이는 도덕적 성찰과 자기 수양을 통해 진정한 인간다움을 추구하는 가르침을 반영하며, 사람의 내면적 성장과 도덕적 완성이 궁극적인 목표임을 시사한다.

유학에서는 하늘과 땅이 아직 완전히 완성되지 않은 상태로 보고, 이를 어떻게 잘 이어받고 완성하느냐가 매우 중요하다고 여긴다. 그리고 이 과정이 사람의 성품에 달려 있다고 본다. 《계사전》에서는 "성품을 이루는 것이 도의 길로 이어진다"라고 말한다. 이는 사람의 성품이 곧 하늘과 땅의 이치를 반영한다는 의미다. 즉, 사람이 자신의 성품을 잘 가꾸고 도덕적 수양을 통해 성숙해질 때, 자연의 이치와 조화를 이루는 삶을 살 수 있다는 가르침이다. 따라서 유학에서는 사람의 성품을 하늘과 땅의 도리와 연결된 중요한 요소로 보고, 그 성품을 완성하는 과정이 우주의 이치를 따르는 길이라고 강조한다.

《계사전》에서는 덕행을 통해 성품을 이루어야 한다고 강조한다. "신도로 가르침을 세운다"는 구절은, 신성한 덕을 밝혀 사람들에게 가르친다는 의미로, 결국 사람 자신의 노력과 덕행에 달려 있음을 시사한다. 또한 《설괘전》에서도 "이치를 깨닫고 성품을 다듬어야 진정한 명예에 이를 수 있다"고 말하는데, 이러한 사상은 심학心學과도 일치한다. 여기서 말하는 이치는 외부에서 주어지는 것이 아니라, 인간 내면에 있는 것을 의미하며, 이는 성품과 운명의 이치와도 연결된다.

《주역대전》은 이러한 사상을 담고 있으며, 이는 개개인의 독립된 정신을 강조하는 심학의 핵심과 맞닿아 있다. 즉, 《주역대전》은 사람이 내면의 이치를 깨달아 스스로 덕을 쌓고 성품을 완성하는 과정을 통해 운명과 조화를 이루는 것을 중요하게 여긴다.

十九.《주역》과 사회·정치 결정 메커니즘

《주역》의 사회·정치적 영향

《주역》은 고대 사회에서 매우 중요한 역할을 하였는데, 특히 정치적 의사 결정 과정에 큰 영향을 미쳤다. 《주역》은 《역경》과 《역전》으로 구성되어 있으며, 이들 문헌은 점술, 상징적 숫자, 그리고 의리 해석을 포함하고 있다. 이러한 문헌들은 무명 상태에서 문명사회로 발전하는 과정을 기록한 중요한 유산이자 미신적 사고에서 과학적 사고로의 전환을 보여준다.

《주역》은 동양 철학이 주술과 신화에서 벗어나, 태극太極과 조화를 강조하는 방향으로 나아가는 과정을 상징적으로 담고 있다. 이는 형상적 사고에서 이론적 사고로 발전하는 과정을 반영한 것으로, 동양 철학의 사고 전환과 발전 과정을 잘 보여주는 중요한 문헌이다. 《주역》은 사람의 삶과 우주의 이치를 연결하는 지침서로서, 동양 철학의 기초가 된 중요한 사상적 흐름을 담고 있다.

《주역》은 동양 문화의 근본이자, 동양 사상과 정신의 원천으로서, 고대 사회의 경제, 정치, 문화, 생활 방식, 윤리와 도덕, 그리고 심리 구조에 깊은 영향을 미친 중요한 철학적 문헌이다. 《주역》은 수천 년 동안 동양뿐 아니라 세계 문화에도 큰 영향을 끼쳤다.

특히 《주역》은 선진시대先秦時代의 여러 사상에 깊은 영향을 주었다. 이를테면 유가의 강인한 정신과 현실주의, 도가의 유연함과 은둔 정신, 묵가의 사랑과 평화 사상, 음양가의 오덕 순환 이론, 명가의 논리적 논쟁, 법가의 법률과 정책, 병가의 전략과 전술 등 다양한 학파의 사상에 영향을 미쳤다. 《주역》은 동양 사상의 여러 학파들에 걸쳐 사고의 틀을 제공했으며, 사회 정치적 결정뿐만 아니라 철학적 기초를 형성하는 데도 중요한 역할을 했다. 그 결과 《주역》은 고대 동양 사회의 모든 영역에 걸쳐 지혜와 가르침의 원천이자, 사회·정치적 발전의 핵심적인 철학적 기반으로 작용했다.

여기서 오덕순환五德循環은 음양오행 사상에서 비롯된 개념으로, 다섯 가지 덕목德目이나 요소가 주기적으로 변화하고, 서로 영향을 주고받는 과정을 말한다. 여기서 오덕은 다섯 가지 기본 원소인 목木, 화火, 토土, 금金, 수水를 가리키며, 각각은 특정한 덕목이나 속성을 상징한다.

이를테면, 목木은 화火를 돕고, 화火는 토土를 돕고, 토土는 금金을 돕고, 금金은 수水를 돕고, 수水는 다시 목木을 돕는다. 이렇게 다섯 가지 요소가 상호 작용하면서 세상이 유지되고, 변화가 일어난다는 개념은 단순히 자연 현상을 설명하는 데 그치지 않고, 정치, 사회, 철학 등의 다양한 분야에 적용됐다. 이를 통해 왕조의 교체나 사회 변화의 원리를 설명하려는 시도도 있었다.

《주역》과 정치적 의사 결정

《주역》은 정치적 의사 결정에 깊은 영향을 미쳤다. 한대의 역사학자 반고班固는 《한서》〈예문지〉에서 "역경의 가르침은 매우 깊다"고 말하며, 《주역》이 오랜 시간 동안 여러 성인들을 거쳐 전해졌다고 기록했다. 심지어

진시황이 분서갱유책을 불태우고 유학자들을 생매장한 사건를 일으켰을 때에도 《주역》은 점술占術로서 계속 이어졌고, 그 전승이 끊기지 않았다. 이러한 기록은 《주역》이 단순한 철학서가 아니라, 정치적 의사 결정과 사회적 변화에 중요한 영향을 미쳤음을 보여준다. 《주역》은 여러 시대에 걸쳐 정치 지도자들이 의사 결정을 내리는 데 활용되었으며, 점술의 형태로도 널리 사용되었다.

여기서 말하는 점술은 주로 귀갑龜甲, 거북 껍질과 시초蓍草, 식물 줄기를 이용한 방법을 의미한다. 하나라, 은나라, 주나라 때 점술은 사회와 정치에서 중요한 의사 결정 도구로 사용됐다. 특히 은나라에서는 점술이 매우 흔하게 사용되었고, 점을 치는 데 사용하는 거북 껍질이 점점 희귀해지면서 가격이 비싸지자, 시초를 사용하는 방법이 채택됐다. 이러한 점술 도구들은 무녀들이 하늘과 땅과 귀신과 소통하는 중요한 도구로 사용되었다. 이를 통해 하늘의 뜻을 읽고 정치적이거나 사회적 결정을 내리는 데 활용되었으며, 당시 사회에서 점술은 신과 사람을 연결하는 중요한 매개체로 여겨졌다.

《주역》은 고대 사회, 특히 청동기 시대의 정치와 사회에 큰 영향을 미쳤다. 당시 정치에서는 점술이 길흉을 판단하고, 국가를 다스리며 사회 안정을 이루는 데 중요한 역할을 했다. 《주역》은 오랜 기간 동안 축적된 다양한 점술 기록을 바탕으로 만들어진 책이다. 이 책은 당시 사람들이 정치적 결정을 내리거나 국가적 문제를 해결할 때, 점을 통해 하늘의 뜻을 확인하고 이를 바탕으로 방향을 정하는 데 사용되었다. 따라서 《주역》은 고대 사회의 정치적 지침서로서, 국가의 운영과 사회 안정에 중요한 영향을 끼친 문헌이다.

고대인들은 국가의 중요한 일부터 일상적인 작은 일까지 점술을 광범위하게 활용했다. 《주례》 〈춘관春官〉 편에 따르면, 점술은 전쟁, 날씨 변화, 사람과 물건의 교환, 계획의 성공 여부, 여행, 강우 여부, 병의 회복 등 다양한 주제를 다루었다. 《주역》의 괘사와 효사를 살펴보면, 점술이 주로 전쟁, 여행, 제사, 어업, 목축, 혼인, 질병, 재난 등 8가지 분야와 관련이 있음을 알 수 있다. 즉, 고대 사회에서는 이러한 중요한 사건과 일상생활에서 결정을 내리는 데 점술이 중요한 역할을 했다.

동주東周 시기에는 제후국의 군주 후계자 선출이나 제후국 건립 같은 중요한 결정들도 점술에 의해 이루어졌다. 이를테면, 《좌전》의 소공 7년 기록에 따르면, 위나라 제후 양공衛襄公의 부인 강씨는 아들이 없었고, 그의 애인 미씨가 아들 맹지孟䞇를 낳았다. 이때, 공성자孔成子는 《주역》으로 점을 쳤다. 그 결과, 맹지가 위나라를 오래 다스릴 것이라는 예언을 받았지만, 동시에 맹지가 제후로 세워지지 않을 것이라는 해석도 나왔다. 결국, 공성자는 예언을 고려해 양공의 이복동생 영공靈公을 후계자로 세웠다. 이 사례는 고대에 정치적 결정이 단순히 개인적 선택이 아니라, 점술을 통해 하늘의 뜻을 확인하는 방식으로 이루어졌다는 것을 보여준다.

이처럼 《주역》의 점술은 국가의 후계자 선출이나 제후국 건립과 같은 중요한 정치적 결정을 내리는 데 중요한 역할을 했다. 당시 점술에 사용된 시초蓍草는 귀갑거북 껍질보다 쉽게 구할 수 있었기 때문에, 일반 민중 사이에서도 널리 활용되었다. 이를 통해 《주역》이 사회 전반에서 정치적·사회적인 결정을 내리는 데 폭넓게 사용되었음을 알 수 있다.

이러한 상황에서 점술가들은 군주, 관리, 그리고 일반 백성들과 함께 《주역》을 통해 점을 치며, 사회적 공감대와 공동체를 형성했다. 《상서尚書》〈홍범洪範〉에 따르면, 큰 문제가 발생했을 때는 점술가들이 군주와 관리, 백성들과 함께 점을 쳐서 문제를 해결하는 방식이 사용되었다. 이를 통해 점술은 단순히 개인적인 예언이나 결정을 넘어서, 사회적 합의와 공동체의 유대를 강화하는 중요한 도구로 작용했으며, 사회적 결속을 다지는 데 중요한 역할을 했다.

여기서 중요한 개념이 대동大同, 즉 모든 계층이 함께 참여하는 것이다. 군주, 관리, 백성들이 모두 점술의 결과에 동의하면, 그 결과는 가장 좋은 결과로 여겨졌다. 그러나 만약 어느 한쪽만 동의하고 나머지 계층이 동의하지 않으면, 그 결과는 부분적으로만 길하거나 흉한 것으로 간주되었다. 이는 점술이 단순한 예언 도구가 아니라, 사회적 합의를 이끌어내고 공동체의 조화를 유지하는 수단으로 사용되었음을 보여준다.

여기에서 강조된 것은 점술이 때로는 군주의 의사 결정보다 더 중요한 역할을 할 수 있다는 점이다. 즉, 중요한 결정은 군주 한 사람의 의지에만 의존하는 것이 아니라, 다양한 의견을 종합해 이루어져야 한다는 메커니즘이 있었다. 점술가의 역할은 하늘의 뜻을 반영하는 것이었고, 군주, 관리, 백성의 결정은 사람의 뜻을 반영하는 것이었다. 이 두 가지, 즉 하늘의 뜻과 사람의 뜻이 조화를 이루는 것이 매우 중요했다. 이는 사회적 합의와 공동체의 결속을 강화하는 데 있어 단일 권력에 의존하기보다는 전체 사회의 의견을 반영하는 균형 잡힌 의사 결정 구조를 가졌음을 보여준다.

참고로 《상서》는 중국 고대의 중요한 경전으로, 《상서》〈홍범〉 편은 이상적인 통치 원칙과 질서를 말하고 있다. 《상서》는 주나라 무왕이 은나라의 마지막 왕인 주왕을 물리친 후, 기자로부터 들은 가르침을 기록한 것으로 전해진다. 《상서》〈홍범〉 편은 '통치자가 따라야 할 9가지 법칙九疇'을 제시하였는데, 이는 자연의 법칙, 통치자의 태도, 하늘과 사람의 관계, 교육과 통치, 명분, 관직 임명, 공적 평가, 경제 발전, 그리고 점술을 통한 길흉 판단 등을 포함한다.

'천인합모天人合謀'는 하늘과 사람이 조화를 이루며 나라를 다스리는 방식을 말한다. 이는 "황천무친 유덕시보皇天無親 唯德是輔"라는 말처럼, '하늘은 특정한 편견 없이 덕이 있는 자를 돕는다'는 원칙을 강조한다. 왕후장상王侯將

相의 임무는 공공 업무를 관리하고, 백성의 이익을 조정하는 데 있다.

  이를테면, 《주역》의 임괘臨卦는 이러한 상황을 설명하는 괘로, 나라를 다스리는 데 필요한 자원과 지침을 제공한다. 임괘에는 '큰 발전과 정당한 길을 추구하되, 특정 시기8월에는 주의해야 한다'는 경고가 담겨 있다. 임괘에 있는 각각의 효爻는 다양한 상황에서의 행동 지침을 제시한다. 이를 통해 리더들이 올바르게 나라를 다스리고, 백성을 이롭게 할 수 있음을 보여준다. 따라서 '천인합모'는 하늘의 이치와 사람의 덕을 조화롭게 결합해 국가를 안정적으로 다스리는 방식을 의미하며, 이를 통해 사회와 정치에서 도덕적 원칙이 중요한 역할을 함을 강조한다.

二十. 《주역》은 왜 예측 기능을 가지는가?

《주역》의 예측 기능은 천지의 변화하는 규칙을 바탕으로 한다고 주역학자들은 주장한다. 그들은 《주역》이 천지의 변화와 그 속에 담긴 이치를 설명할 수 있다고 보았다. 《주역》은 하늘을 관찰해 천문을 이해하고, 땅을 살펴 지리적 원리를 파악한다. 이를 통해 밝음과 어둠, 즉 낮과 밤의 변화를 이해하고, 만물이 어떻게 시작되고 끝나는지를 알 수 있다. 또한 그 과정에서 생명과 죽음의 이치를 깨닫게 된다. 이처럼 《주역》은 하늘과 땅, 자연 현상을 통해 미래를 예측하고, 우주의 원리를 파악해 사람의 삶과 세상에 대한 통찰을 제공하는 중요한 역할을 한다.

《주역》은 물질이 어떻게 생겨나고 어떻게 소멸하는지도 말한다. 정기精氣가 모이면 물질이 되고, 유혼遊魂이 흩어지면 허무로 돌아간다고 말한다. 이를 통해 귀신鬼神이 어떻게 변하는지 이해할 수가 있다. 또한 괘卦의 원리가 하늘과 땅의 이치와 잘 맞아떨어지기 때문에, 자연의 규칙을 따르는 바른 행동 방법도 제시한다. 즉, 《주역》은 자연의 법칙에 따라 우주의 변화와 사람의 삶을 이해하고, 올바른 길을 찾는 지침서로서 중요한 역할을 한다.

여기서 귀신鬼神은 단순히 초자연적인 존재를 의미하는 것이 아니다. 동양 철학에서 생명과 죽음, 물질과 비물질, 그리고 영혼과 관련된 개념을 포괄적으로 나타내는 용어다. '귀鬼'는 죽음 이후의 영혼이나 존재의 소멸과 관련된 개념이고, '신神'은 생명력이 있는 존재 또는 그 생명력을 유지하는 힘을 뜻한다. 따라서 귀신은 생명과 죽음의 전환을 설명하는 중요한 철학적 개념으로, 《주역》에서는 이를 통해 우주와 사람의 변화를 이해하고자 한다.

참고로 주희朱熹의 귀신론鬼神論은 성리학性理學적 세계관 속에서 귀신의 역할을 철학적으로 설명한 이론이다. 주희는 귀신을 단순한 초자연적 존재나 신앙적 대상으로 보기보다는, 자연과 우주에서 기의 흐름이나 변화와 관련된 개념으로 해석했다. 주희는 귀鬼와 신神을 각각 소멸과 생성의 과정으로 설명했다.

귀는 물질과 생명이 소멸하는 현상, 즉 사라지거나 죽음으로 돌아가는 상태를 상징하고, 신은 생명력과 창조의 힘, 즉 기가 응집해 생명과 물질이 형성되는 현상을 나타낸다. 주희는 귀신을 자연의 이치, 즉 음양과 기의 순환과 변화로 설명하며, 사람이 죽으면 기가 흩어져 다시 자연으로 돌아가는 과정에서 귀신의 역할이 이루어진다고 보았다. 즉, 귀신을 물리적 변화와 생명력의 흐름을 상징하는 개념으로, 우주와 자연의 순환적 원리를 반영하는 존재로 이해한 것이다. 이처럼 주희의 귀신론은 도덕적이거나 종교적인 해석보다는, 자연 철학적 시각에서 우주와 인간, 생명과 죽음의 변화 과정을 설명한 이론이다.

또한 《주역》은 만물의 운명을 이해하고, 사람이 천지의 규칙을 받아들이면서도 올바른 삶을 살 수 있도록 돕는 책이다. 이를 통해 사람들은 더 나은 삶을 살 수 있고, 서로 사랑하며 조화를 이루는 사회를 만들어간다. 이처럼 《주역》은 자연의 법칙을 바탕으로 사람이 조화를 이루며 살아가는 방법을 제시하는 지침서 역할을 한다.

천지의 변화는 균형을 유지하며, 모든 만물을 세밀하게 이루어내지만,

어떤 것도 빠뜨리지 않는다. 낮과 밤이 바뀌는 원리를 이해하면 그 숨겨진 비밀을 알 수 있다. 그래서 음양은 신비롭지만, 구체적인 변화 방법이 없고, 역괘는 미묘하지만 고정된 형식이 없다. 이런 이유로 《주역》은 미래를 예측할 수 있는 기능을 가진다.

그래서 《주역 계사전》에서는 "변화의 이치를 알아채는 사람은 점을 치지 않는다善易者不筮"라고 했다. 결국, 《주역》은 이러한 이치를 바탕으로 사람들에게 예측 도구로 사용될 수 있다. 이를 통해 사람들은 스스로 삶의 길을 찾고, 올바른 방향으로 나아갈 수 있다. 이처럼 《주역》은 자연의 원리를 이해하고, 미래를 준비하는 지침서 역할을 한다.

그렇다면 《주역》이 미래를 예측할 수 있다고 여겨지는 이유는 무엇일까? 이 책이 자연과 인간 사회의 변화 원리를 담고 있기 때문이다. 《주역》은 음양의 조화와 상호작용, 그리고 이로 인해 발생하는 변화의 패턴을 바탕으로 한다. 이러한 원리들은 우주의 기본 법칙으로, 이 법칙을 이해하면 미래의 변화를 예측할 수 있다. 따라서 《주역》은 자연과 사회의 변화를 말하고, 그 흐름을 읽어 미래를 준비하는 데 도움을 주는 도구인 것이다. 그 구체적인 이유는 음양의 변화와 괘와 효의 상징성, 변화의 원리, 조화와 균형 등에서 찾을 수 있다.

첫째, 《주역》은 음양의 변화를 중심으로 세상의 모든 현상을 말한다. 사람들은 음과 양이 어떻게 조화를 이루고 변화를 일으키는지를 이해하면, 이러한 원리가 사람의 삶에도 적용된다고 보았다. 음양의 움직임을 관찰하고 해석함으로써 미래를 예측할 수 있다고 본 것이다. 음양의 상호작용을 통해 생기는 변화는 자연뿐 아니라 인간 사회와 삶의 흐름에도 적용되기 때문에, 이러한 변화를 분석하면 앞으로의 일을 미리 알 수 있다고 본 것이다.

둘째 《주역》은 64개의 괘卦와 그 안에 포함된 효爻를 통해 다양한 상황을 말한다. 사람들은 각 괘와 효는 특정한 상황이나 변화를 상징하며, 이를 통해 현재의 상황이 어떻게 변화할지를 예측할 수 있다고 여겼다. 각 괘와 효는 상황에 대한 상징적 의미를 지니고 있어, 이를 분석하면 현재 상태에서 발생할 미래의 변화를 파악할 수 있다고 생각한 것이다. 이러한 방식으로 《주역》은 복잡한 상황 속에서도 변화의 흐름을 읽고, 미래를 예측하는 도구로 활용되었다.

셋째, 《주역》은 세상 만물이 끊임없이 변화한다는 것을 기본 원리로 삼는다. 사람들은 이 변화의 원리를 이해하면, 특정한 상황에서 앞으로 어떤 일이 일어날지 예측할 수 있다고 믿었다. 이로 인해 《주역》은 모든 것이 계속 변화하고 있다는 사실을 바탕으로 미래의 흐름을 파악하려는 도구가 되었다.

마지막으로 《주역》은 조화와 균형이 유지될 때 길하고, 그렇지 않을 때 흉하다는 원칙을 따른다. 사람들은 이러한 원칙을 바탕으로 현재의 상황이 앞으로 어떻게 균형을 유지하거나 깨질지를 예측할 수 있다고 생각했다. 조화와 균형이 중요한 기준이 되어 이를 통해 미래의 방향을 파악하려 한 것이다.

결국, 《주역》이 미래를 예측할 수 있는 이유는 이 책이 자연의 이치와 인간 삶의 변화를 깊이 있게 말하고, 그 변화를 읽어내는 방법을 제시하기 때문이다. 이를 통해 옛 사람들은 《주역》을 미래의 길흉을 판단하는 도구로 사용했다. 《주역》은 자연과 사람의 변화를 이해함으로써 앞으로의 일을 예측하는 중요한 지침서 역할을 했다.

二十一. 《주역》과 성인의 4가지 도

《주역》에는 성인의 도 네 가지가 있다. 《계사전》에 따르면, 《주역》은 말言, 행동行, 도구器, 점괘占 네 가지 면에서 성인의 지혜를 담고 있다고 말한다. 각 도구는 상징적 의미를 가지고 있으며, 이를 통해 세상의 이치를 깨달을 수 있다.

一. 말하는 사람들言論者은 《주역》에 나오는 괘사卦辭를 중요하게 여긴다. 괘사는 괘卦를 설명하는 글로, 이들은 이 글을 통해 지혜를 얻고자 한다.

二. 행동하는 사람들行動者은 《주역》에 나오는 변화變化를 중요하게 생각한다. 이들은 변화의 원리와 흐름을 따라 행동의 지침으로 삼는다.

三. 도구를 만드는 사람들制器者은 괘상卦象을 중요하게 여긴다. 괘상은 괘의 모양으로, 이들은 이를 통해 세상의 이치를 도구나 구조물로 표현한다.

四. 점치는 사람들㊟卜筮者㊟은 점술을 중요하게 여긴다. 점술을 통해 미래를 예측하고, 운명을 해석한다.

《주역》에 포함된 이 네 가지 방식은 모두 성인의 도를 다루며, 각각의 방식으로 사람들이 세상과 소통하고, 지혜를 얻고, 삶을 이끌어가는 데 도움을 준다. 《주역》은 자연의 변화와 그에 따른 인간 사회를 해석하고 예측하는 수단으로 여겨졌으며, 특히 성인의 도는 깊은 연구와 사유를 통해 세상의 변화와 그 원리를 파악할 수 있다고 보았다.

二十二. 《주역》은 시간·공간·사람을 관통하는 우주 의식 작품

《주역》의 천지인 소통 구조

　《주역》은 하늘天, 땅地, 사람人을 서로 연결하는 구조를 통해 우주의 원리를 담아낸 책이다. 이는 하늘과 땅, 그리고 그 사이에서 살아가는 사람이 조화를 이루며 서로 영향을 주고받는다는 철학적 원리를 반영하고 있다. 이 구조는 우연히 발생한 것이 아니라, 고대인들의 깊은 사유와 의도에서 비롯된 것이다.

　《주역》의 이러한 천지인 소통 구조는 하늘과 땅의 자연 현상을 통해 사람의 삶을 이해하려는 시도다. 《주역》은 하늘의 변화가 땅에 영향을 미치고, 그로 인해 사람의 삶에까지 영향을 주는 순환의 원리를 강조한다. 이 구조는 사람이 자연과 조화를 이루며 살아가야 한다는 교훈을 제시한다. 또한 《주역》은 사람이 하늘과 땅의 질서를 배우고, 그것을 본받아 인간 사회의 질서를 세우려는 실천적 태도다. 《주역》은 사람이 하늘과 땅의 이치를 깨달아 자기 삶의 방향을 정하고, 그에 맞는 행동을 해야 한다고 가르친다.

　이러한 천지인 구조는 《여씨춘추呂氏春秋》에서도 잘 드러나는데, 이 역시 《주역》의 사상적 영향에서 비롯된 것이다. 《여씨춘추》는 철학서이자 백과사전적인 저작으로, 기원전 239년에 여불위呂不韋가 주도해 편찬한 책이다.

이 책은 단순히 철학적 사상만을 다루는 것이 아니라, 유가, 도가, 묵가 등 다양한 학파의 사상을 포함하고 있다. 정치, 윤리, 자연, 농업, 천문학 등 다양한 주제를 다루며, 당시 사회와 정치, 철학, 자연에 대한 폭넓은 내용을 담고 있다.

《여씨춘추》는 그 구조와 내용 면에서 《주역》의 영향을 받았다. 《주역》이 하늘天, 땅地, 사람人의 관계를 다루고, 우주의 원리를 설명하는 것처럼, 《여씨춘추》 역시 이와 같은 원리를 바탕으로 작성되었다. 두 책 모두 우주의 질서와 인간 사회의 조화를 강조하고, 사람이 자연과 우주의 법칙에 따라 살아가야 함을 가르치고 있다. 이러한 점에서 《여씨춘추》와 《주역》은 서로 연결된 철학적 토대를 공유하고 있다고 할 수 있다.

먼저, 《주역》은 하늘, 땅, 그리고 사람을 연결하는 정보를 담고 있다. 《주역》의 괘상卦象과 괘효사卦爻辭는 하늘과 땅의 자연 현상과 사람의 삶을 연결하며, 이를 통해 사람이 길흉을 예측하고 조화를 이루려는 의도를 담고 있다.

《주역》은 총 64개의 괘로 이루어져 있는데, 이 괘상들은 여덟 개의 기본 괘가 서로 겹쳐져 만들어졌다. 각 기본 괘는 하늘, 땅, 천둥, 바람, 물, 불, 산, 연못과 같은 자연 현상을 상징하며, 자연의 이치와 흐름을 반영하고 있다. 특히 괘상은 자연에서 영감을 받아 만들어졌고, 그 뒤를 이어 설명되는 괘효사는 사람의 일상과 밀접하게 연결되어 있다. 이를 통해 하늘과 땅의 자연 현상과 사람의 일이 서로 맞닿아 있음을 나타내며, 하늘과 땅, 사람이 서로 소통할 수 있다는 것을 보여준다.

또 《주역》의 구성에는 하늘, 땅, 사람을 소통하려는 의도가 담겨 있다. 《주역》은 64개의 괘로 구성되어 있으며, 상경上經과 하경下經으로 나뉜다. 상경에는 30괘, 하경에는 34괘가 포함되어 있다. 이처럼 균등하게 나누지 않은 이유는 단순한 균형보다는, 하늘, 땅, 사람의 조화를 강조하려는 편찬자의 철학적 사고를 반영한 것이다. 이 구성은 하늘과 땅, 그리고 사람이 서로 긴밀하게 연결되어 있음을 표현하고, 이들의 상호작용을 통해 조화를 이루는 원리를 설명하려는 의도를 담고 있다.

상경의 첫 번째 괘인 건乾과 두 번째 괘인 곤坤은 각각 하늘과 땅을 상징하며, 하늘의 이치天道와 땅의 이치地道를 말한다. 하경의 첫 괘인 함咸은 사람의 도리, 즉 사람이 지켜야 할 도덕적 책임의 시작을 나타낸다. 이러한 구성을 통해 상경의 괘는 하늘과 땅의 이치를 다루고, 하경의 괘는 사람의 역할을 강조한다. 이로써 하늘, 땅, 사람이 서로 연결되고, 조화롭게 상호작용하는 구조를 잘 보여주고 있다.

《역전》의 해석

《계사하전》을 보면 육효六爻의 기원을 설명하면서 《주역》이 가진 천지인 소통의 특성을 드러낸다. 《역전》은 《주역》이 하늘, 땅, 사람을 연결하는 특징을 가지고 있다고 해석한다. 《계사하전》에서 《주역》은 광범위하고 완벽한 책으로, 하늘의 이치, 땅의 이치, 사람의 이치를 모두 포함하고 있다. 이 원리들을 세 가지로 나누고, 다시 두 개씩 조합해 육효를 만들었다. 이 육효는 바로 이 세 가지 원리가 변화하는 과정인 것이다.

또한 《설괘전》에서는 "옛 성인들이 《주역》을 만든 이유는 사람의 본성과 운명을 이해하기 위해서다"라고 말한다. 성인들은 하늘의 이치로 음과 양을 세우고, 땅의 이치로 강함과 부드러움을 만들었으며, 사람의 이치로 인의仁義를 세웠다. 이렇게 하늘, 땅, 사람의 이치를 합쳐 육효六爻를 만들었고, 음양을 교대로 사용해 다양한 상황을 설명할 수 있는 육위六位를 구성했다. 그리고 이는 인간 삶의 여러 국면을 설명하는 도구로 쓰였다.

이처럼 《역전》은 《주역》이 하늘, 땅, 사람의 이치를 모두 포함하고 있음을 강조한다. 육효의 기원과 특성은 이 세 가지 원리, 즉 하늘의 이치, 땅의 이치, 사람의 이치에서 비롯되었다는 점을 강조하며, 이를 통해 천지인 소통의 구조를 말하고 있다.

《주역》과 《여씨춘추》

《주역》의 구조가 의도된 것인지, 아니면 우연히 그렇게 된 것인지에 대한 논쟁이 있을 수 있다. 후대의 해석이 원래 편찬자의 의도와 다를 수 있지만, 확실한 것은 이 구조가 우연이 아니라는 점이다. 편찬자는 분명히 전체적인 구상을 가지고 《주역》을 체계적으로 구성했음이 분명하다.

《주역》의 하늘, 땅, 사람을 연결하는 구조는 진나라 시대의 책인 《여씨춘추》에도 영향을 끼쳤다. 《여씨춘추》〈서의序意〉 편에서는 이 책의 목적과 의도를 "위로는 하늘을 보고, 아래로는 땅을 살피며, 중간으로는 사람을 살핀다"고 말하고 있다. 또한 "하늘은 순응을 말하고, 순응은 생명을 유지한다. 땅은 견고함을 말하고, 견고함은 안녕을 유지한다. 사람은 신뢰를 말하고, 신뢰는 따름을 유지한다"고 언급하며 하늘, 땅, 사람의 조화와 역할을 강조한다.

이처럼, 《여씨춘추》도 《주역》처럼 하늘, 땅, 사람의 본질을 명확히 정의하고, 이들을 연결하려는 목적을 가지고 책을 구성했다. 하지만 《여씨춘추》는 《주역》과는 다른 독특한 방식으로 이 개념을 구조화해 표현했다. 각각의 학문적 전통에 따라 다르게 접근했지만, 두 책 모두 우주의 원리와 인간의 조화를 탐구하려는 공통된 목적을 가지고 있다.

시공간 구조와 개념의 긴밀한 연결

《여씨춘추》는 상징적인 시간과 공간의 구조를 통해 하늘, 땅, 사람을 연결하는 원칙을 실천했다. 이 책은 크게 세 부분으로 나뉘는데, 십이기十二紀, 팔람八覽, 육론六論이 그것이다. 각각의 부분은 다양한 주제와 사상을 담고 있으며, 이를 통해 하늘과 땅, 그리고 인간의 조화를 이루는 원리를 말하고 있다. 이러한 구조는 하늘, 땅, 사람의 상호작용을 체계적으로 드러내는 중요한 틀로 작용한다.

십이기十二紀는 12개의 장으로 구성되어 있으며, 각각이 한 해의 12달 또는 4계절봄, 여름, 가을, 겨울에 해당하는 주제를 다룬다. 즉, 봄, 여름, 가을, 겨울의 순서로 배열되어 있어, 시간의 흐름과 계절의 변화를 반영한다. 이를 통해 자연의 주기와 시간의 연속성을 보여주며, 인간이 자연의 리듬에 맞춰 살아가는 원리를 상징적으로 표현하고 있다.

팔람八覽과 육론六論은 공간을 상징하는 부분이다. 팔람은 8개의 주제로 구성되어 있으며, 각각 다른 학문적 주제를 다룬다. 이 주제들은 다양한 학파의 사상과 지식을 포함하고 있다. 팔람은 동서남북과 그 사이의 네 방향을 포함한 천지의 8방위, 즉 우주의 전반적인 구조를 상징하며, 하늘과 땅, 인간의 상호작용 속에서 공간적 질서를 드러낸다. 이를 통해 우주의 조화와 균형을 탐구하고 있다.

육론六論은 6개의 논의로 구성되어 있으며, 정치, 사회, 경제, 철학 등 다양한 주제를 다룬다. 육론은 주로 사회적·윤리적 논의를 중심으로 인간 세계의 다양한 문제와 그 해결 방안을 탐구한다. 이를 통해 인간 사회의 올바른 질서와 도리를 찾고, 인간이 어떻게 하늘과 땅의 이치에 맞추어 조화를 이룰 수 있는지를 논의하는 중요한 부분을 형성한다.

결국, 《여씨춘추》는 이 세 부분이 결합되어 하나의 완전한 우주를 구성하는 구조를 이루고 있다. 십이기는 시간을, 팔람과 육론은 공간을 상징하며, 이 둘이 조화를 이루어 하늘, 땅, 사람의 소통이 이루어지는 원리를 나타낸다. 이를 통해 《여씨춘추》는 시간과 공간 속에서 인간이 자연과 우주와 어떻게 조화를 이루며 살아가야 하는지를 상징적으로 표현하고 있다.

　《주역》과 《여씨춘추》는 모두 4, 8, 6이라는 숫자 구조를 가지고 있으며, 이 숫자들을 통해 시간과 공간을 표현하려는 공통된 의도를 가지고 있다. 두 책은 이러한 숫자 구조를 사용해 우주와 세상의 원리를 말하고, 포괄적인 시공간 개념을 만들려 했다. 이를 통해 우주 전체를 이해하고자 하는 철학적 목적을 드러냈다.

二十三. 《주역》의 시간·공간·인간 개념

　시간과 공간은 사람의 생존과 발전에 필수적인 요소이며, 사람이 영원히 주목하는 대상이다. 이 둘은 사람의 사고에서 피할 수 없는 철학적 주제이기도 하다. 어떤 학문이든, 그 구조는 만들어질 때부터 시간과 공간의 얽힘 속에서 벗어날 수 없다. 이는 인문학, 자연과학 등 모든 학문에 해당된다.
　《주역》에서 시간은 끊임없이 흐르고 변하는 요소로, 괘와 효의 변화가 시간의 흐름을 반영한다. 《주역》은 변화를 예측하고 이해하는 데 도움을 주기 때문에, 시간 속에서 일어나는 사건들을 이해하려는 도구로 사용된다. 공간은 시간과 함께 《주역》에서 중요한 역할을 한다. 각 괘가 나타내는 상황은 특정한 시간과 공간 속에서 일어나며, 괘를 통해 어떤 시점에서 어떤 공간적 상황이 변화할지를 예측할 수 있다. 이처럼 《주역》은 시간과 공간을 동시적으로 다루며, 이 둘이 서로 연결되어 세상의 변화를 만들어낸다.
　시간과 공간은 우주 만물의 기본 요소로, 모든 사물은 시간과 공간 안에서 움직이고 변화한다. 시간과 공간은 따로 떼어놓을 수 없으며, 서로 밀접하게 연관되어 있다. 이를 통해 사람은 사물의 움직임과 변화를 이해할 수 있다.
　시간은 물체가 운동하거나 변화하는 동안의 측정 단위로, 두 가지로 나넌다. 시간 간격은 물체가 움직이는 동안의 시간 차이로, 시작점과 끝점이 있는 특정 시간 범위를 의미한다. 순간은 특정 시점에서 물체가 운동하는 순간을 말하며, 일반적으로 지구의 자전을 기준으로 시간의 특정 순간을 측정한다. 공간은 물질이 존재하는 자리로, 시간과 더불어 물체가 운동하는 배경이 된다. 모든 사물은 시간과 공간 안에서 운동하며 다양한 변화를 겪는다.

그러나 시간과 공간은 따로 분리될 수 없는 개념이다. 이를테면 특정 시간과 장소에서 발생한 현상이나 사건은 다른 시간과 장소에서는 다른 결과를 불러올 수 있다. 즉, 어떤 병이 특정 시간과 장소에서는 효과를 발휘할 수 있지만, 다른 시간과 장소에서는 효과가 없을 수도 있다는 것이다.

시간은 물질이 존재하는 객관적인 형태로, 과거, 현재, 미래라는 지속적인 흐름 속에서 물질의 변화와 운동을 나타낸다. 시간은 물질이 운동하면서 발생하는 지속성을 설명하는 도구다. 결국, 시간과 공간은 서로 긴밀히 연결되어 있으며, 물질의 운동과 변화는 이 시간과 공간의 상호작용 속에서 일어난다.

공간은 물질이 존재하는 객관적인 형태로, 길이, 너비, 높이의 세 차원으로 나타난다. 물리학자들은 공간이 매우 작은 단위로 계속해서 나아갈 때, 그 끝에 도달할 수 없다고 생각한다. 현재 과학 수준에서 공간을 차지하지 않는 쿼크Quark, 경입자와 더불어 물질을 이루는 가장 근본적인 입자 같은 입자는 상상하기 어려운 개념이다.

공간의 최소 단위나 경계를 찾는 것은, 마치 가장 작은 물질을 찾으려는 시도와 비슷하다. 그러나 이 최소 공간이나 최소 경계는 단순히 우리가 유한한 공간을 이해하려고 설정한 개념일 뿐이다. 다시 말해, 공간을 무한히 나누다 보면 더 이상 쪼갤 수 없는 지점에 도달할 것처럼 보이지만, 이는 현실적인 관찰에서는 직접적으로 도달할 수 없다.

공간 안에서 가장 작은 물질이나 경계를 찾는 시도는 결국 불가능할 수 있다. 왜냐하면 최소 공간이라는 개념 자체가 우리 사고의 산물이기 때문이다. 현실적으로 관찰할 수 있는 유한한 공간은 물리적 한계를 가지며, 이 한계 속에서 물질과 공간을 분석하려는 노력이 현재의 물리학에서 이루어지고 있지만, 최소 공간의 점유자를 찾는 것은 어려운 문제다. 결론적으로, 공간의 최소 단위를 찾고 이를 점유하는 물질을 발견하는 것은 현재로서는 이론적 사고에서 설정된 개념일 뿐, 실제로 확인할 수는 없다.

서양 철학자들은 공간 속에 다양한 요소들이 있다고 생각했으며, 이를 '물질'이라고 불렀다. 이들 요소로는 물, 불, 무한, 존재, 원자, 수, 에테르 등이 있다. 이들은 모두 서양 철학에서 물질을 설명하는 개념들이었다. 반면에 동양의 고대 철학에서는 물질의 개념이 서양과 다르게 정의되었다. 동양 철학자들은 우주를 설명할 때 기, 원기元氣, 역, 도, 태극太極 같은 개념을 사용했는데, 이는 서양에서 말하는 물질과 가장 유사한 의미를 가지고 있었다.

동양 철학에서 기氣는 매우 중요한 개념으로, 물질의 본질을 설명하는 핵심 요소다. 기는 그 크기가 한없이 커서 바깥에 한계가 없고, 그 작음은 한없이 작아서 내부에 끝이 없다는 뜻으로, 가장 작은 동시에 가장 큰 물질로 간주된다. 이는 서양의 물질 개념과 다르게 기가 공간과 시간, 물질을 아우르는 존재로 이해되었다.

동양 철학에서 기와 원기 같은 개념은 단순한 물질의 차원을 넘어서는 것으로, 서양의 물질 개념보다 훨씬 더 깊고 풍부한 철학적 의미를 담고 있었다. 이를 통해 고대 동양 철학자들은 물질을 우주와 자연의 변화를 설명하는 중요한 원리로 보았으며, 이러한 사상은 서양의 원자론이나 물질론과는 다른 독특한 철학적 세계관을 형성했다.

가령, 물건을 담는 용기는 물체의 체적을 포함하는 유한한 공간을 나타낸다. 즉, 물체와 그것을 담는 용기, 그리고 그 용기가 점유하고 있는 공간은 동일한 차원의 개념이다. 물체는 용기 속에 담겨 있고, 용기는 그 물체가 차지하고 있는 공간과 일치한다.

그런데 여기서 공간을 하나의 용기로 본다면, 그 공간은 이미 물질로 가득 차 있는 상태다. 동양인의 공간 개념에서 본다면, 공간은 물질을 담는 용기로 간주되고, 물질은 그 공간을 차지하는 최소한의 단위가 된다. 따라서 물질과 공간은 서로 분리되지 않으며, 전체 우주는 이 물질로 가득 찬 유한한 용기로 설명된다.

이처럼 동양 철학의 관점에서 물리적 공간과 철학적 공간은 본질적으로 같은 공간이다. 즉, 물리적 공간은 물질이 실제로 존재하고 움직이는 곳이며, 철학적 공간은 그 공간의 본질과 의미를 탐구하는 개념이다. 물질이 공간을 점유하지 않는다면, 우리는 공간의 객관적이고 광범위한 특성을 이해하기 어려울 것이다. 공간은 단순히 비어 있는 것이 아니라, 물질이 차지하는 영역으로서 그 특성이 정의된다.

사람들은 흔히 세계가 물질적일 뿐만 아니라 정신적이라고 말한다. 이는 두 가지 측면에서 설명될 수 있다. 첫 번째로 세계는 물질로 구성되어 있으며, 물질이 존재하는 공간을 점유한다는 의미다. 두 번째로 물질은 단순히 존재하는 것에 그치지 않고, 시간의 과정 속에서 운동하고 변화를 수행해야 한다는 의미다. 이 운동과 변화는 물질의 존재 방식이며, 물리적 공간에서 시간과 더불어 이루어진다.

정리하면, 시간과 공간은 물질이 존재하는 두 가지 기본적인 형태다. 공간은 물질이 어디에 존재하는지를 나타내는 광범위성을 의미하며, 물질의 배치와 배열을 말한다. 반면에 시간은 물질이 어떻게 운동하고 변화하는지, 즉 그 과정의 지속성과 순서성을 나타낸다. 이 두 가지 개념은 서로 의존적이며, 물질이 존재함에 있어 분리될 수 없는 요소들이다.

궁극적으로 공간은 물질이 차지하는 정적인 위치를 나타내고, 물질이 어떻게 배열되고 조합되는지를 말한다. 시간은 물질이 운동하고 변화하는 순서와 흐름을 나타내며, 사건들이 어떤 순서로 발생하는지를 측정한다. 이 두 가지는 독립적으로 존재할 수 없으며, 물질의 실재성을 설명하는 데 있어 서로 보완적인 역할을 한다.

아인슈타인은 시간과 공간이 직관적인 형태에 불과하며, 색깔이나 모양처럼 사람의 의식 속에서만 존재한다고 말했다. 그는 공간은 사물들의 순서와 배열을 통해 인식될 수 있으며, 시간은 사건들이 발생하는 순서를 통해서만 측정될 수 있다고 보았다. 즉, 시간과 공간은 독립적으로 존재하는 것이 아니라, 우리가 사물과 사건을 인식할 때 비로소 의미가 부여된다는 것이다.

현대 과학에서는 시간과 공간을 물질의 존재와 운동을 설명하는 기본 틀로 본다. 여기서 시간은 물질의 연속적인 운동을 나타내며, 사물의 변화와 발전을 반영하는 요소다. 시간은 나선형으로 상승하는 방식으로 사물의 발전을 주도한다. 공간은 물질이 어디에 위치하는지 나타내고, 그 좌표와 위치를 설명하는 요소다. 물질은 공간 속에서 배열되고, 그 배열은 공간의 본질적인 특성을 반영한다.

이처럼 시간과 공간은 서로 대립적인 특성을 가지지만, 동시에 하나의 전체를 형성한다. 시간은 흐르는 공간이고, 공간은 고정된 시간으로, 둘은 서로 교차해 물질이 존재하는 네트워크를 형성한다. 물질은 이 시간과 공간의 네트워크 속에서 매듭처럼 존재하며, 시간과 공간의 변화에 따라 운동하고 변화한다.

또한 시간과 공간의 특성은 물질의 대칭성과도 깊이 연관되어 있다. 공간의 대칭성과 시간의 대칭성은 물질의 배열과 운동에 따라 달라지며, 그 자체로 독립적인 것이 아니다. 따라서 시간과 공간은 물질의 근본적인 속성이며, 이는 현대 자연과학에서 증명된 결론이다.

시공간의 철학 및 과학

시간과 공간은 물질이 존재하고 운동하는 데 있어 기초다. 이는 철학과 자연과학의 핵심 개념으로, 특히 시공간 의학에서도 중요한 역할을 한다. 시간과 공간은 객관적인 실재로, 물질과 분리할 수 없으며, 물질이 없으면 시간과 공간도 존재할 수 없다. 시간은 물질의 운동을 측정하는 척도이고, 공간은 물질의 위치와 변위를 설명하는 가장 기본적인 운동 형태다. 따라서 시간과 공간은 물질의 운동과 밀접하게 연결된 필수 조건이며, 이 세 가지는 함께 보존된다.

서양 전통 철학에서는 시간과 공간을 서로 분리된 개념으로 보았으며, 각기 독립적으로 존재한다고 생각했다. 이는 시간과 공간이 물질과 무관하게 고정된 배경으로 존재한다고 보는 견해다. 물리학자 아인슈타인은 이러한 전통적 개념에 도전장을 던졌다. 그는 1905년에 특수 상대성 이론을 발표하며 시간과 공간, 물질과 운동이 하나의 통일된 개념임을 밝혔다. 주요 내용은 '시간과 공간은 상대적이다'라는 것으로, 아인슈타인은 시간 간격이 참조계參考坐標系, Reference Frame에 따라 다르다는 것을 실험을 통해 증명했다. 즉, 물체가 빨리 움직일수록 시간은 느리게 흐르고, 공간에서 두 점 사이의 거리가 줄어든다는 것이다.

그는 빛의 속도가 어떠한 참조계에서도 변하지 않으며, 모든 물질의 운동은 이 속도를 넘을 수 없다고 밝혔다. 또한 아인슈타인은 시간과 공간이 독립적으로 존재하지 않고, 서로 융합된 개념임을 주장했다. 시간과 공간은 참조계에 따라 상대적으로 변화하며, 절대적인 것이 아니라는 점을 명확히 했다. 이 이론은 전통적인 절대적 시간과 공간의 개념을 완전히 뒤집었고, 현대 물리학에 중요한 전환점을 제공했다.

현대 물리학, 특히 상대성 이론은 시간, 공간, 운동하는 물질이 불가분의 관계임을 완벽하게 입증했다. 그 결과, 이 세 가지는 서로 독립적으로 존재하지 않으며, 항상 함께 작용한다는 것이 밝혀졌다. 이로 인해 시간과 공간이 물질의 운동에 따라 변화한다는 것은 물리학의 핵심 원리가 되었다.

유물론은 시간과 공간의 객관성을 부정하며, 물질과 시공간을 별개의 것으로 본다. 또한 형이상학적 유물론은 물질 운동과 시간을 분리해 보는 경향이 있다. 그러나 이 두 가지 관점은 비과학적으로 간주되고 있다. 현대 과학에서는 시간과 공간이 물질 운동과 분리될 수 없음을 강하게 지지하고 있다.

시간과 공간의 의미

시간과 공간은 물리학에서 사물의 순서를 설명하는 개념이다. 시간과 공간의 물리적 특성은 물체의 운동과 관계를 통해 드러난다. 이처럼, 시간과 공간은 물리학에서 물질의 존재와 변화에 밀접하게 관련된 기본 개념이다. 그러나 시간과 공간의 의미는 분야나 상황에 따라 달라질 수 있다. 과학 기술이 덜 발달했던 고대에는 시간과 공간의 개념이 오늘날의 물리학과는 다르게 이해되었다.

고대 동양 철학자들은 육안으로 관찰할 수 없는 시간과 공간의 요소가 사람의 건강과 질병에 미치는 영향을 탐구했다. 이를 바탕으로 간지의학干支醫學이라는 시간과 공간을 고려한 진료 방식을 발명했다. 고대 의학에서 말하는 시간은 천체의 움직임을 기반으로 한다. 천체의 움직임, 계절 변화,

낮과 밤의 주기 등을 시간의 주요 요소로 여겼다. 여기서 시간은 빛과 관련된 개념으로, 자연 현상을 중심으로 이해되었다. 공간은 상하좌우 다섯 방위 동, 서, 남, 북, 중를 기반으로 하며, 지리, 지형, 기후 등의 요소를 포함하는 개념이다. 기氣, 즉 에너지가 흐르는 공간으로 이해되었고, 이는 자연의 영향을 받아 사람의 건강에 영향을 미친다고 보았다.

간지의학은 단순히 질병을 치료하는 것뿐만 아니라, 시간과 공간에 따른 예방적 접근도 중요시했다. 특정 시간대에 발생할 수 있는 질병을 미리 예측하고, 이를 예방하는 방법을 연구한 것이다. 이를테면, 계절에 맞는 음식을 섭취하거나 특정 기후 조건에 맞는 생활 습관을 권장했다. 오늘날 간지의학은 주로 한의학에 일부 남아 있으며, 시간과 계절의 변화에 따른 병리학적 변화와 예방의학에 대한 관심을 높이는 데 기여하고 있다. 특히 환자의 체질과 환경을 고려한 맞춤형 치료를 강조하는 측면에서 현대 의학에서도 간지의학의 철학적 요소를 일부 반영하고 있다.

고대 동양 철학에서는 시간과 공간의 결합을 천체와 지형에 기반한 우주 모델로 설명했다. 이는 고대의 자연 세계에 대한 인식과 연결되어 있으며, 사람의 건강과 자연의 관계를 이해하는 중요한 틀이 되었다.

二十四. 《주역》의 철학 정신

《주역》은 오랜 세월 동안 동양인들의 정신생활에 깊은 영향을 미쳤다. 오늘날에도 그 영향력은 여전히 강력하고, 동양을 넘어 전 세계로 확산되고 있다. 이는 《주역》이 가진 철학적 정신의 독특한 매력 덕분이다. 그렇다면, 《주역》의 철학적 매력은 무엇일까?

첫째, 변화의 원리다. 《주역》은 세상 만물이 끊임없이 변화한다고 가르치며, 그 변화 속에서 조화와 균형을 찾는 것이 중요하다고 강조한다. 이 점은 인간의 삶과 자연의 순환을 이해하는 데 큰 도움을 준다.

둘째, 상호작용과 조화의 중요성이다. 《주역》은 하늘, 땅, 인간이 서로 긴밀하게 연결되어 상호작용한다고 본다. 이를 통해 인간은 자연과 사회 속에서 조화를 이루며 살아가는 방법을 배울 수 있다.

셋째, 포괄적인 사고를 제공한다. 《주역》은 단순한 점서가 아니라, 우주의 질서와 인간의 삶에 대한 포괄적인 철학적 통찰을 담고 있다. 특정 상황에만 국한되지 않고, 넓은 시야에서 문제를 바라보게 한다.

이처럼 《주역》의 철학적 매력은 변화와 조화, 그리고 넓은 시각을 통해 인간과 자연의 상호작용을 깊이 있게 이해할 수 있다는 것이다. 이에 대해 조금 더 구체적으로 살펴보자.

3가지 역과 괘서의 차이

고대에는 세 가지 역易이 있었다. 64개의 괘卦는 《주역》에만 있는 것이 아니라, 그 이전부터 존재했다. 《주례》에는 "삼역三易이 법을 주관한다. 첫째는 《연산역》, 둘째는 《귀장역》, 셋째는 《주역》이다. 이들 모두 여덟 개의 기본 괘를 가지고 있으며, 64개의 조합이 있다"고 기록되어 있다. 공자도 "나는 은나라의 도를 배우기 위해 송나라로 갔지만 완전히 볼 수는 없었고, 건괘와 곤괘를 얻었다"고 말했다. 고대 학자 정현은 "하나라는 《연산역》, 은나라는 《귀장역》, 주나라는 《주역》이라고 불렀다"고 설명하면서, 공자가 언급한 건괘와 곤괘는 은나라의 《귀장역》을 의미한다고 했다. 이를 통해 하나라, 은나라, 주나라에는 각각의 '역'이 있었으며, 이들 모두 8괘와 64괘가 있었음을 알 수 있다. 이는 《주역》을 이해하는 데 중요한 대목이다.

64개의 괘卦는 고대부터 존재했지만, '삼역'은 그 배열 순서가 서로 달랐다. 《연산역》은 이름에서 알 수 있듯이, 간괘艮卦가 첫 번째였을 것으로 추정된다. 그러나 현재까지는 명확하지 않다. 《귀장역》에서는 건괘乾卦와 곤괘坤卦가 중요한 역할을 하고, 곤괘가 첫 번째, 건괘가 그다음에 위치했을 것이다. 《귀장역》에서 곤괘가 먼저 나오는 것은 유순함을 중시하고, 모계 중심의 가치관을 반영했을 가능성이 크다. 이는 천지의 조화를 강조하는 《주역》과는 다소 차이가 있다. 각 역에서 괘의 배열 순서는 다르다는 것은 그 해석과 가치관이 시대와 문화에 따라 변화했음을 보여준다.

주 문왕의 역할

《주역》의 독특함은 괘서卦序, 즉 괘의 배열 순서에서부터 시작된다. 주 문왕이 기존의 64괘를 자신의 사상에 따라 새롭게 배열했을 가능성이 높다. 그는 새로운 괘를 만들 필요는 없었고, 단지 그 순서를 재구성했을 것이다. 《주역》에서 건괘가 첫 번째, 곤괘가 두 번째에 위치하는 것도 이러한 이유 때문일 것이다. 이는 하늘과 땅의 이치에 맞추어 새로운 질서를 세우려는 그의 사상적 접근을 반영한다.

주 문왕이 괘서를 배열하고 괘사를 작성한 인물이라면, 그의 철학과 사상은 《주역》에 깊이 반영되었을 것이다. 이 점이 중요한 이유는 《주역》의 철학적 정신을 이해하는 데 핵심이기 때문이다. 《주역》은 오랜 세월 동안 여러 사람의 지혜가 축적되어 탄생한 책이지만, 주 문왕의 재배열은 《주역》의 발전사에서 큰 돌파구가 되었을 것이다. 이는 《주역》이 성숙해지는 과정에서 중요한 이정표로 여겨지며, 주 문왕의 사상이 그 철학적 기초를 다지는 데 크게 기여했으리라는 것을 보여준다.

《경전》과 《역전》의 상호작용

《역전》은 《경전古經, 고경》을 바탕으로 이루어졌고, 《경전》은 《역전》을 통해 널리 퍼졌다. 이 둘은 서로 긴밀하게 연결되어 상호 보완적인 역할을 했다. 이러한 원칙은 분명하지만, 오랜 시간 동안 논쟁의 여지가 있었다. 주희朱熹는 이 논쟁 속에서 《경전》과 《역전》을 두 부분으로 나누어 보았으며, 《경전》은 원문에 해당하고, 《역전》은 그 해석에 해당한다고 보았다. 이러한 접근은 《경전》과 《역전》의 관계를 이해하는 중요한 관점을 제공한다.

주희는 "8괘는 원래 점술을 위한 것이며, 복희가 괘를 처음 그릴 때는 숫자와 기호만 있었고, 많은 말이 없었다. 문왕이 괘를 재배치하고 효사를 작성했으며, 주공이 효사를 작성한 것도 점술을 위한 것이었다. 공자는 이를 의리로 해석했다"고 설명했다. 주희는 《주역》 경전을 철저히 점술책으로 보았으며, 철학적 의미는 없다고 주장했다. 그는 공자가 《십익》을 작성하면서 철학적 의미를 덧붙였다고 보았고, 《주역》의 철학적 해석이 공자 이후에 추가된 것이라고 해석했다.

  주희의 이러한 인식은 오랫동안 깊은 영향을 미쳤고, 오늘날까지도 많은 사람들에게 영향을 끼치고 있다. 현재 《십익》에 대한 평가는 높아졌지만, 《주역》 경전 부분에 대한 평가는 여전히 낮은 편이다. 이를테면 《주역》은 원래 점술책이었고, 그 괘사와 효사는 오늘날 점쟁이들이 하는 글자 풀이와 비슷하다는 견해가 있다. 따라서 《주역》 경전이 철학적이거나 사상적인 가치가 크지 않다는 주장이 여전히 존재한다.

二十五. 상수학과 의리학

상수학象數學과 의리학義理學은 《주역》의 해석 방식에서 큰 차이를 보이는 두 학파다. 상수학은 괘卦와 효爻를 상징象과 숫자數로 해석해 주로 미래 예측에 중점을 둔다. 상수학은 음양오행 이론을 바탕으로 자연과 인간의 운명을 숫자와 상징을 통해 예측하며, 호체, 효진, 납갑, 괘변 등 다양한 기법을 사용해 괘와 효의 변화를 해석한다. 이를 통해 미래의 사건이나 자연 현상을 예측하려는 시도가 특징이다.

반면에 의리학은 《주역》의 괘와 효를 도덕적·철학적 관점에서 해석하며, 인간이 따라야 할 윤리적 원리와 삶의 이치를 중시한다. 의리학은 공자가 《주역》을 주석한 《십익十翼》을 바탕으로 발전했으며, 주희와 같은 유학자들은 《주역》을 인간 삶의 도덕적·철학적 지침서로 해석했다. 의리학은 예측보다는 우주와 인간의 조화를 설명하며, 인간이 자연과 사회 속에서 어떻게 조화롭게 살아가야 하는지를 탐구한다.

상수학은 한나라 시기부터 점술적 해석으로 발전했으며, 의리학은 송나라 시대에 주희와 같은 학자들에 의해 철학적 의미를 부각시키는 방향으로 발전했다. 상수학은 《주역》을 통해 미래를 예측하고자 하며, 의리학은 인간의 도덕적 삶을 강조하는 데 중점을 둔다. 우리는 《주역》과 함께 역사적으로 내려온 상수파象數派와 의리파義理派의《주역》 해석을 엄격하게 구분해야 한다.

한나라 시대의 유가들은 음양과 오행 이론을 바탕으로 한 다양한 점술, 예언, 풍수, 천문학, 의학 등과 관련된 기술과 방법인 음양술수陰陽術數에 집중했다. 또한 날씨나 기후를 통해 지진, 홍수, 가뭄, 태풍 등 자연 재해와 그로 인한 비정상적인 현상을 예측하는 기상재이氣象災異를 중요시했고, 이러한 요소들을 좋아했다. 이에 따라 주역학자들은 이 같은 경향을 더욱 부추겨 상수象數 해석을 강화했다.

맹희孟喜, 양구하梁丘賀, 경방京房, 비직費直, 고상高相, 순상荀爽 등 한나라 시기의 저명한 역학자들은 괘와 효를 점치며《주역》의 점술적 해석을 발전시켰다. 이후 오나라의 우번虞翻, 육적陸績, 요신廖信 등이 이를 계승하고, 더욱 신비한 기법을 추가했다. 이로 인해 호체互體, 효진爻辰, 납갑納甲, 괘변卦變, 방통旁通, 승강升降, 반복反覆 등 다양한 해석 기법들이 혼재하게 됐다. 심지어 한나라의 경학經學 대가 정현鄭玄조차도 이 신비한 상수象數에 깊이 빠지며,《주역》의 상수 해석을 이어갔다.

여기서 호체互體는《주역》의 괘에서 가운데 두 효를 떼어내어 새로운 괘를 만드는 방법을 말한다. 이를 통해 원래의 괘에서 파생된 새로운 의미를 도출하게 되었다. 효진爻辰은《주역》의 효를 시간적 차원에서 해석하는 방법으로, 효의 변화를 시간의 흐름에 따라 해석해 미래의 사건을 예측하는 방식을 말한다. 납갑納甲은《주역》의 괘와 육십갑자六十甲子를 결합해 해석하는 방법으로, 각 괘에 특정한 천간과 지지를 대응시켜 운세를 예측한다.

괘변卦變은《주역》의 괘가 새로운 괘로 전환되는 과정을 해석하는 방법으로, 변괘를 통해 원래 괘의 의미를 보완하거나 새로운 의미를 찾아내는 것을 말한다. 방통旁通은《주역》의 괘와 효를 해석할 때 다른 괘와의 관계를 고려해 종합적으로 해석하는 방법으로, 여러 괘를 비교하고 통합해 의미를 도출하는 것을 말한다.

승강升降은 《주역》의 괘와 효가 상승하거나 하강하는 과정을 해석하는 방법으로, 효의 위치 변화에 따른 의미를 분석하는 것을 말한다. 반복反覆은 《주역》의 괘와 효를 반복적으로 해석해 그 의미를 강화하거나 재확인하는 방법으로, 반복되는 요소를 통해 중요한 메시지를 찾아내는 것을 말한다.

왕필의 의리파 주석

위나라 왕필王弼은 《주역》을 주석하면서 상수숫자와 상징적인 해석를 모두 배제하고, 오로지 의리도덕적 의미에만 집중함으로써 《주역》 해석에 새로운 전환점을 마련했다. 그러나 그는 훈고학, 장구학, 고증학과 같은 전통적인 학문적 방법에는 힘을 기울이지 않았고, 노장사상을 억지로 《주역》에 맞추려 했다. 따라서 왕필의 깊이 있는 의리 해석과 《주역》의 본래 모습은 상당히 다른 것이었다.

이러한 왕필의 《주역》 주석은 후대에 매우 깊은 영향을 미쳤다. 서진과 동진, 남조 시대에 노장사상을 중심으로 유가儒家와 불가佛家의 사상을 융합한 현학玄學이 성행하면서, 《주역》을 연구하는 학자들은 모두 왕필을 종주로 삼았다. 그 결과, 그의 주석은 《주역》 해석에 새로운 기준을 제시해 후대에 큰 영향을 끼쳤다.

당나라 초기 경학자 공영달孔穎達 등이 편찬한 《오경정의五經正義》에서 《주역정의周易正義》는 왕필의 주석을 채택해, 현학과 유학이 공존하는 흐름이 천여 년 동안 이어졌다. 그러나 《주역》의 상징과 숫자를 기반으로 한 상수 해석의 전통은 중단되지 않고 계속 유지되었다. 이는 《주역》의 철학적 해석과 점술적 해석이 동시에 발전했음을 보여준다.

동한 시대에 위백양魏伯陽이 지은 것으로 전해지는 《주역참동계周易參同契》부터 북송 시대 소옹邵雍이 지은, 《주역》의 원리를 통해 역사와 사회의 변화를 예측하는 《황극경세皇極經世》, 그리고 우주의 근원과 구조를 설명하는 도표인 〈선천도先天圖〉까지, 이 모든 것들은 도사들이 《주역》을 이용해 도교와 방술方術을 선전한 책들이었다. 이들은 《주역》의 원리와 수리적 기초를 바탕으로 도교의 이론을 강화하고 확장하려 했다.

방술方術은 중국의 고대 철학과 도교에서 사용되던 다양한 신비적이고 실천적인 기술과 방법으로, 주로 점술, 예언, 의술, 풍수, 연단술불로장생을 위한 약물 제조과 같은 초자연적 능력을 통해 자연 현상이나 인간의 운명, 질병 등을 다루는 기술을 말한다. 방술은 《주역》의 원리나 음양오행 사상, 천문학, 기상학 등을 바탕으로 한 실천적 방법론으로, 당시 도사들에 의해 널리 연구되었고, 도교와 관련된 다양한 의식과 실천에 사용되었다.

송나라의 역학자들은 《주역》을 해석하면서 《주역전》을 발전시키는 동시에 도가 사상을 따랐다. 대표적인 역학자로는 주돈이周敦頤와 주희朱熹가 있다. 주돈이는 우주의 근원과 운행 원리를 설명하는 철학적 도표인 태극도설太極圖說을 제시하고, 우주와 인간의 본질, 도덕적 수양, 사회 질서 등을 다룬 《통서通書》를 저술했다. 주희는 《주역본의周易本義》에서 《주역》의 괘와 효를 통해 우주의 이치와 인간의 도덕적 원리를 설명했다. 이들은 모두 도가의 자연 철학을 유가의 도덕 철학과 결합해 우주와 인간의 본질을 심화시키는 해석을 내놓았다.

정리하면, 상수학은 《주역》의 괘와 효의 상징적 이미지와 수리적 관계를 중시해 점술과 예언에 활용한다. 그 목적은 주로 미래를 예측하고 자연 현상과 인간사를 설명하는 데 주력한다. 반면에 의리학은 《주역》의 괘와 효를 통해 도덕적·철학적 의미를 해석해 인간과 사회의 올바른 이치를 찾는다. 의리학의 목적은 도덕적 교훈과 철학적 원리를 도출해 올바른 삶과 사회의 이치를 제시하는 것이다.

　상수학과 의리학은 《주역》의 괘와 효를 해석하는 두 가지 주요 학문으로, 《주역》을 이해하는 데 중요한 접근법을 제공한다. 이 두 학문은 각기 다른 방식으로 《주역》의 다양한 측면을 밝혀주며, 《주역》의 해석에 중요한 역할을 하고 있다. 한편, 최근 일부 역사학자와 고증학자들은 《주역》에 대한 새로운 탐구를 진행했다. 이들은 상수와 의리의 기존 틀을 깨고, 고증 훈고와 역사적 관점에서 《주역》을 연구해 일정한 성과를 거두었다.

　《주역》에는 고대의 중요한 기록들이 다양한 주제에 걸쳐 담겨 있다. 이 책에는 역사적 인물들의 활동에 대한 전설, 당시의 사회·경제 상황에 대한 생생한 묘사, 민족 간의 교류와 투쟁에 대한 이야기, 그리고 국가의 법과 문화 제도를 반영한 내용이 포함되어 있다. 어떤 사건들은 명확하게 기록되어 있지만, 어떤 부분들은 암시적인 언어로 표현되어 있다. 이렇게 다양한 주제는 산문 형식으로 서술되기도 하고, 시 형식으로 노래되기도 한다.

　《주역》은 전체 분량이 1만 자가 되지 않지만, 그 안에 담긴 내용은 매우 다양하고 풍부하다. 《주역》이 다루는 역사적 시기는 은나라부터 주나라에 이르며, 책의 구조 또한 엄격하고 독특해 불멸의 고서로 평가받고 있다. 《주역》은 일반적인 문헌 사료에는 없는 많은 역사 이야기와 고대 문화 제도를 포함하고 있다. 이러한 《주역》의 사료적 가치에 주목해 고대 동북아시아 역사에서 잃어버린 연결고리를 찾기를 기대한다.

二十六. 분서갱유에서 살아남은 《주역》

분서갱유焚書坑儒는 기원전 213년, 중국 진시황秦始皇이 시행한 분서焚書와 갱유坑儒의 사건을 말한다. 진시황은 통일 이후 중앙집권 체제를 강화하기 위해 기존의 제도와 사상을 억압하고 법가 사상을 중심으로 새로운 질서를 세우고자 했다. 이에 따라 유교 경전과 역사서를 비롯한 대부분의 학문 서적을 불태웠다. 이 조치는 학문적 다양성을 억제하고, 진나라의 통치 이념을 강화하기 위한 것이었다. 단, 농업, 의학, 점술 등 실용적인 서적은 제외되었다.

기원전 212년, 진시황은 자신에게 반대하거나 불만을 품은 학자, 특히 유학자들을 탄압했다. 이때 460여 명의 유학자들이 산 채로 구덩이에 묻혀 죽임을 당한 사건이 '갱유'다. 이는 진시황이 유교 사상과 학자들을 탄압함으로써 자신의 통치를 공고히 하려는 의도에서 비롯되었다.

분서갱유는 진나라가 강압적인 방식으로 통일을 유지하려 했음을 보여주는 대표적인 사례로, 후대에 진시황이 폭정으로 비판받는 계기가 된 중요한 역사적 사건이다. 이 과정에서 정치가이자 학자인 승상 이사李斯의 건의를 받아들여 역사서와 의약, 점복, 농업과 관련된 실용서적을 제외하고, 나머지 서적들은 소각되었다. 이때 《주역》 역시 점복과 관련된 경전으로서 보호되었다. 당시 《주역》은 정치적 결정을 내리는 중요한 수단 중 하나로, 진시황도 이를 존중했다. 《주역》은 고대 철학과 우주의 원리를 설명한 중요한 경전으로, 미래를 예측하는 도구로 여겨졌다.

이사는 진시황의 중앙집권 정책을 적극적으로 추진한 주요 인물로, 진나라의 통일과 법가 사상의 확립에 중요한 역할을 했다. 이사는 진시황의 명령을 받아 문자, 화폐, 도량형을 통일하는 정책을 주도했다. 이로 인해 중국 전역에서 한자 사용이 표준화되고, 화폐와 도량형도 통일되어 상업과 경제 활동이 원활하게 이루어질 수 있었다.

당시 분서갱유 사건에서 중요한 인물이 바로 이사다. 그는 유가 사상과 기타 고전 학문이 진시황의 통치에 위협이 될 수 있다고 주장하며, 학문과 사상을 제한하기 위해 분서 정책을 건의했다. 이로 인해 진나라 시기에는 학문과 사상의 탄압이 이루어졌으며, 이어서 학자들을 탄압하는 갱유 사건이 발생했다.

二十七. 《설문해자》와 《주역》

《설문해자》와 《주역》

　《설문해자》는 중국의 가장 오랜 자전字典으로, 후한의 경학자經學者로 알려진 허신許慎이 필생의 노력을 기울여 저술한 책으로 알려져 있다. 무려 1만여 자에 달하는 한자 하나하나에 대해 본래의 글자 모양과 뜻, 발음을 종합적으로 해설한 책이다. 처음 만들어질 때의 한자를 종합적으로 해설한 중국 최초의 자전字典으로, 한자의 글자의 모양字形을 연구하는 문자학文字學, 글자의 소리字音을 연구하는 성운학聲韻學, 글자의 뜻字義를 연구하는 훈고학訓詁學, 유가儒家의 경전經傳을 연구하는 경학經學 등 분야에서 모두 필독서로 꼽히고 있다.

　《설문해자》는 단순한 사전을 넘어, 한자의 기원과 역사, 그리고 고대 문화를 이해하는 데 중요한 자료로 여겨진다. 이 책은 한자가 어떻게 만들어졌는지, 그 모양과 뜻이 어떻게 형성되었는지를 상세하게 말한다. 이를 통해 우리는 단순히 글자의 의미만 아는 것이 아니라, 고대인들의 사고방식과 생활양식을 알 수 있다. 한자의 발전 과정을 따라가며 역사적인 변화와 문화적인 배경을 이해할 수 있기에, 《설문해자》는 한자 연구뿐만 아니라 중국 고대 문명과 문화 연구에 필수적인 책으로 손꼽힌다.

　《설문해자》의 해석은 대부분 확실한 근거를 가지고 있기 때문에 신뢰할 수가 있다. 비록 일부 해석이나 글자 형태의 분석이 고대 문자와 정확히 일치하지 않을 수는 있지만, 그 해석의 합리성과 논리성을 무시해서는 절대 안 된다. 《설문해자》는 고대 문화와 정신을 반영하는 중요한 자료이기 때문이다. 이를테면, '示'라는 글자에 대한 해석을 보면, 《설문해자》에서는 하늘이 상징을 드리워 길흉을 사람에게 알리는 것이라고 말하고 있다. 이 해석은 논란이 있지만, 《주역》에서도 하늘의 현상을 보고 사람에게 길흉을 알린다는 의미가 있다. '示'는 본래 '보여주다' 또는 '드러내다'라는 뜻으로 자주 사용된다. 이처럼 《설문해자》의 해석은 문헌적 근거가 있으며, 글자의 형상과 잘 맞아떨어진다. 이처럼 《설문해자》의 해석은 매우 신중하고 철저하다. 《설문해자》에서 해석된 대부분의 글자는 다양한 고대 문헌과 육예六藝를 근거로 삼고 있다. 따라서 《설문해자》의 해석은 신뢰할 수 있는 중요한 자료로 간주된다.

'육예六藝'는 유교에서 이상적인 인간, 즉 도덕적으로 훌륭하고 능력이 있는 사람을 키우기 위한 전인교육의 근간으로, 禮예절, 樂음악, 射활쏘기, 禦말다기, 書글쓰기, 數수학으로 구성되어 있다. 이러한 육예는 고대의 엘리트 교육 시스템으로서, 특히 관리와 지도자를 양성하는 데 중요한 역할을 했다. 이를 통해 사람들은 도덕적 품성과 다양한 능력을 함께 갖춘 전인적인 인재로 성장할 수 있었다.

《설문해자》의 해석은 고전뿐만 아니라 여러 문헌과 학자들의 말에 근거를 두고 있다. 《설문해자》는 고전을 인용해 문자의 의미를 증명하고, 문자를 통해 고전의 의미를 보존하려고 노력했다. 이를테면, 《설문해자》에서는 역경, 서경, 시경 등 다양한 고전을 67곳에서 인용하고 있다. 이를 통해 한자의 의미를 더욱 정확히 해석하고자 했는데, 고대 문헌과 한자 사이의 깊은 연관성을 보여준다. 이러한 접근은 고전의 지식과 문화를 후세에 전달하고 보존하는 데 큰 역할을 했다. 즉, 《설문해자》는 단순히 글자의 뜻을 설명하는 데 그치지 않고, 고대의 지혜와 사상을 한자를 통해 현대까지 이어지도록 노력한 중요한 작품이라고 할 수 있다.

이를테면, 《설문해자》의 '살부殺部'에서 '시弒'는 신하가 임금을 죽이는 것이라고 말한다. 이는 《주역》에서 '신하가 임금을 죽인다臣弒其君'라는 구절에서 나왔다. 또한 '목부目部'에서는 '상相'이 살펴보는 것을 의미하는데, 《주역》의 '지상에서 나무를 보는 것地上觀木'이라는 구절과 연결된다. 이러한 예시를 통해 《설문해자》는 고전 문헌과의 연관성을 통해 한자의 의미를 해석하고 있음을 알 수 있다. 글자의 형태와 뜻을 고전의 구절과 연결해 설명함으로써, 한자의 깊은 의미와 역사적 배경을 이해하는 데 도움을 주고 있다.

이처럼, 《설문해자》는 《주역》 등 고전 문헌을 근거로 해 한자의 해석을 제시한다. 이러한 문헌적 증거는 오늘날 《주역》을 연구하는 데 매우 중요한 자료가 되고 있다. 실제로, 고대의 오경五經, 즉 유교의 다섯 경전 원문은 진나라 때 일어난 분서갱유焚書坑儒 사건으로 인해 대부분 소멸되었다. 그러나 《설문해자》 덕분에 이러한 고전 문헌들의 내용과 의미가 보존되었다는 평가를 받고 있다. 허신이 쓴 《설문해자》가 없었다면, 우리는 고대 문헌의 본래 의미를 제대로 이해할 수 없었을 것이다.

이처럼 《설문해자》는 한자의 해석뿐만 아니라, 고대 문화와 정신을 보존하는 데에도 큰 역할을 했다. 이 책은 고전 문헌과 한자 사이에 연결고리를 제공하며, 현대 학자들이 고대의 지혜와 사상을 연구하고 이해하는 데 필수적인 자료로 평가받고 있다.

《설문해자》와 《주역》의 사상, 숫자의 구체적 의미

《주역》 철학에서 숫자는 매우 중요한 역할을 한다. 《계사전》에서는 하늘과 땅을 상징하는 숫자들을 설명하며, 하늘의 천수天數와 땅의 수地數가 각각 다섯 개씩 있다고 말한다. 이 하늘의 수와 땅의 수는 서로 조화를 이루어 우주의 변화와 신비로운 활동을 완성한다고 한다. 왕필의 주석에서도 숫자가 《주역》의 핵심 원리임을 강조한다. 그는 《주역》의 도道를 이해하려면 먼저 하늘과 땅의 숫자를 알아야 한다고 말한다. 즉, 숫자를 통해 우주의 이치와 변화의 원리를 깨달을 수 있다는 것이다.

숫자는 《주역》에서 하늘과 땅, 그리고 우주의 원리를 설명하는 중요한 도구로 사용된다. 하늘의 수와 땅의 수는가 조화를 이루어 우주의 변화를 이끌어내며, 이를 이해함으로써 인간은 우주의 이치를 깨달을 수 있다. 《주역》에서는 숫자가 우주와 인간의 원리, 그리고 자연의 이치를 설명하는 데 중요한 역할을 한다. 각 숫자는 고유한 상징과 의미를 가지고 있으며, 이를 통해 우주의 변화와 조화를 이해할 수 있다. 그렇다면 1부터 10까지의 숫자가 《주역》에서 어떤 의미를 가지는지 알아보자.

- 1은 시작과 태초를 상징한다. 모든 변화와 만물의 근원이 되는 숫자로, 우주의 탄생과 새로운 시작을 나타낸다. 이를테면, 우주가 처음 탄생할 때의 그 원초적인 상태를 의미한다.

- 2는 땅의 수로, 짝을 이루는 것을 의미한다. 음과 양, 남과 여처럼 서로 짝을 이뤄 조화를 이룬다. 이를테면 대자연에서 나타나는 쌍둥이 현상이나 짝을 이루는 모든 것들을 상징한다.

- 3은 하늘, 땅, 사람의 조화를 상징하는 숫자다. 이는 삼재三才라 해 천天, 지地, 인人의 조화를 이룬다. 이를테면 인간이 하늘과 땅 사이에서 살아가며 조화를 이루는 모습을 나타낸다.

- 4는 음陰의 수로, 네 가지 요소나 방위를 나타낸다. 동, 서, 남, 북의 네 방향이나 사계절을 상징한다. 이를테면, 사방으로 펼쳐진 세상의 구조나 네 가지 기본 원소를 의미한다.

- 5는 오행五行을 상징한다. 음양이 교차하며 조화를 이루는 수로, 목木, 화火, 토土, 금金, 수水의 다섯 요소로 구성된다. 이를테면, 자연의 모든 변화와 순환을 이끄는 다섯 가지 원리를 나타낸다.

- 6은 음의 수로 변화를 상징한다. 《주역》에서는 음이 여섯 단계에서 변한다고 한다. 이를테면, 음의 에너지가 축적되어 변화를 일으키는 과정을 의미한다.

- 7은 양陽의 완전한 수로, 중심에서 미세한 음이 시작되는 것을 나타낸다. 양의 완성 속 중심에서 미세한 음이 출발하는 것으로, 새로운 음의 기운이 생겨난다. 이를테면, 밝음의 극치에서 어둠이 시작되는 전환점을 상징한다.

- 8은 분리를 의미하며, 서로 등을 돌리는 형상을 상징한다. 두 개의 사四가 합쳐진 숫자로, 대립이나 분열을 나타낸다. 이를테면, 길이 갈라지는 갈림길이나 서로 반대되는 힘을 의미하다.

- 9는 양의 변화를 나타내며, 에너지가 극에 달하는 수다. 양의 기운이 최고조에 이르러 변화를 맞이한다. 이를테면, 태양이 가장 높이 떠오른 정오를 지나 서서히 저물어 가는 과정과 같다.

- 10은 완성을 상징하며, 모든 방향과 중심을 갖춘 완전한 상태를 나타낸다. 동, 서, 남, 북과 중앙을 모두 포함해 완전한 조화를 이룬다. 이를테면, 한 사이클이 끝나고 새로운 사이클이 시작되는 완전한 주기를 의미한다.

이렇게 각 숫자는 《주역》에서 철학적 체계를 이루며, 우주의 원리와 인간의 삶을 상징적으로 표현하는 데 중요한 도구로 사용된다. 숫자의 의미를 이해하면 《주역》의 깊은 철학과 우주의 이치를 더욱 쉽게 파악할 수 있다.

《설문해자》에서 숫자를 해석하는 방식은 주로 《주역》의 철학적 사상에 기반을 두고 있다. 이를테면, 숫자 삼三은 하늘, 땅, 사람의 조화를 의미한다. 이는 《주역》의 팔괘八卦가 세 개의 획으로 이루어진 이유와도 연결된다. 팔괘는 각각 세 개의 연속된 선이나 끊어진 선으로 구성되어 있는데, 이것은 하늘, 땅, 사람이 조화를 이루는 삼재三才를 상징한다.

또한 삼재인 하늘天, 땅地, 인간人은 두 가지로 나뉘어 여섯六이 된다. 여기서 두 가지로 나뉜다는 것은 각 요소가 음과 양으로 분리된다는 뜻이다. 그래서 하늘, 땅, 인간 각각이 음과 양으로 나뉘어 총 여섯이 되며, 이는 《주역》의 64괘가 여섯 개의 획으로 이루어진 이유이기도 하다. 즉, 여섯 개의 획으로 구성된 괘卦는 삼재의 음양 조합을 표현하며, 《주역》은 이를 통해 우주의 원리와 변화 과정을 나타낸다. 이러한 방식으로 《설문해자》는 숫자를 해석할 때 《주역》의 철학적 개념과 원리를 기반으로 말하고 있다.

1은 시작을 의미한다. 모든 것이 처음으로 생겨나는 태초를 나타낸다. 우주와 만물이 처음으로 존재하게 되는 그 순간을 상징한다. 4는 네 가지 형상을 상징한다. 이는 《주역》에서 말하는 태극이 두 가지 형상을 낳고, 두 가지 형상이 네 가지 형상을 낳는다는 만물 생성의 원리와 관련된다.

또한 7과 8은 음양의 변화를 상징한다. 음양은 서로 교차하며, 양은 7에서 9로 변한다. 이는 양의 에너지가 강해지고 상승하는 과정을 나타낸다. 음은 8에서 6으로 변한다. 이는 음의 에너지가 변화를 거쳐 새로운 상태로 이동하는 것을 의미한다.

음과 양은 이처럼 서로 교차하며 변화한다. 음이 극에 달하면 양으로 변하고, 양이 극에 달하면 다시 음으로 변한다. 이러한 변화는 끊임없이 우주와 만물이 살아 움직이는 원리를 나타낸다. 이러한 숫자의 해석 방식은 단순한 수학적 의미를 넘어서, 철학적이고 문화적인 의미를 반영하고 있다. 이는 당시 문화에서 사람들이 숫자의 깊은 의미를 이해하는 데 중요한 역할을 했다.

《설문해자》에서 숫자 해석은 단순히 숫자의 값을 설명하는 것이 아니라, 《주역》 철학을 바탕으로 깊은 의미를 담고 있다. 숫자들은 우주와 인간의 관계, 자연의 이치 등을 상징하며, 이를 통해 사람들은 세상의 원리와 자신의 위치를 이해하려 했다. 따라서 《설문해자》의 해석을 단순한 수치의 설명으로 보고 쉽게 부정해서는 안 된다. 이 해석은 숫자에 담긴 철학적 의미와 당시의 문화적 배경을 전달하려는 노력의 결과다. 이러한 해석 방식을 통해 우리는 고대인들의 사고방식과 철학을 더욱 깊이 있게 이해할 수 있다.

단어 해석

《설문해자》에서 일부 단어의 해석은 《주역》의 원리에 근거하고 있다. 이를테면, '회悔'는 《주역》 괘상의 윗부분을 가리키는 것으로 해석된다. 이는 괘의 상단 부분이 변화하거나 문제를 일으킬 때 느끼는 후회나 반성의 의미를 담고 있다. '효爻'는 《주역》의 여섯 효가 교차하는 모습을 상징한다고 말한다. 효는 괘를 구성하는 기본 단위로, 음과 양의 변화를 나타낸다. 이는 세상의 모든 변화와 움직임을 상징한다.

'서筮'는 《주역》의 괘를 점칠 때 사용하는 도구다. 대나무 막대기를 사용해 점을 치는 행위를 가리키며, 사람들은 이를 통해 미래를 예측하거나 조언을 구했다. '시蓍'는 수를 세는 데 쓰이는 식물로, 주로 점을 칠 때 사용되었다. 이를 시초蓍草라고 불렀으며, 《주역》 점괘를 구성하는 데 필수적인 도구였다.

또한 '정鼎'은 《주역》에서 세 발 달린 솥을 의미하며, 음식을 만드는 도구로서 중요한 상징적 의미를 가진다. 이는 국가의 안정, 가족의 조화, 사회의 번영 등을 나타낸다. '곤坤'은 땅을 의미하고, 《주역》에서 음의 근본을 나타내며, 포용력과 수용성, 생명의 근원을 상징한다. '지地'는 원기가 나뉘어 무거운 기운이 땅을 형성한 것을 나타낸다. 이는 천지 창조와 우주의 형성을 설명하며, 만물의 받침대로서의 땅의 역할을 강조한다.

이러한 단어들은 모두 《주역》적인 의미를 담고 있으며, 《주역》에서 그 근거와 증거를 찾을 수 있다. 《설문해자》의 해석은 당시 문헌의 실제 상황을 반영하고, 《주역》의 영향을 명확하게 보여준다. 또한 후대의 문헌 연구에서도 중요한 문화적 의미와 역사적 자료를 제공하고 있다.

천간과 지지

천간天幹과 지지地支는 고대에 날짜, 해, 시각을 기록하는 데 사용되었다. 시간이 흐르면서 본래의 의미는 희미해지고, 단순히 순서를 나타내는 숫자처럼 여겨졌다. 그러나 《주역》과 음양오행 사상의 영향을 받아, 진한秦漢 이후 간지幹支는 특정한 문화적 의미를 가지게 되었다.

천간은 갑甲, 을乙, 병丙, 정丁, 무戊, 기己, 경庚, 신辛, 임壬, 계癸의 열 가지로 이루어져 있고, 지지는 자子, 축丑, 인寅, 묘卯, 진辰, 사巳, 오午, 미未, 신申, 유酉, 술戌, 해亥의 열두 가지로 구성되어 있다. 사람들은 천간과 지지를 조합해 60갑자六十甲子를 만들었고, 이를 통해 연도와 날짜를 표시했다.

시간이 지나면서 천간과 지지는 본래의 상징적인 의미를 잃고, 단순한 순서 표시로 사용되었다. 그러나 《주역》과 음양오행 사상이 퍼지면서, 천간과 지지는 음양과 오행에 대응되어 우주의 이치와 자연의 변화를 설명하는 도구로 활용되었다. 이렇게 간지는 철학적 의미를 담아 인간의 운명과 자연 현상을 해석하는 중요한 역할을 하게 되었다.

이를테면, 십간十幹은 고대 동양에서 사용된 열 가지의 천간天幹으로, 각각이 다양한 요소와 연결되어 있다.

첫째, 십간은 오행五行인 금金, 목木, 수水, 화火, 토土와 연결된다. 갑甲과 을乙은 목木에 해당하고, 병丙과 정丁은 화火에 해당한다. 무戊와 기己는 토土에 해당하며, 경庚과 신辛은 금金에 속한다. 임壬과 계癸는 수水에 해당한다.

둘째, 방위方位와도 연결된다. 갑甲과 을乙은 동쪽을 나타내고, 병丙과 정丁은 남쪽을 가리킨다. 경庚과 신辛은 서쪽을 의미하며, 임壬과 계癸는 북쪽을 상징한다. 무戊와 기己는 중앙을 나타낸다.

셋째, 색상色相과도 연관되어 있다. 청색, 적색, 황색, 백색, 흑색의 다섯 가지 색과 연결된다.

넷째, 계절季節과도 연결되어 있다. 봄春, 여름夏, 장하長夏, 가을秋, 겨울冬의 다섯 계절을 나타낸다.

또한 도교 경전 중 하나인 《태을경太乙經》에서는 십간을 사람의 신체 부위에 배정하기도 했다. 갑甲은 머리를, 을乙은 목을, 병丙은 어깨를, 정丁은 심장을 상징했다. 무戊는 옆구리를, 기己는 배를, 경庚은 배꼽을, 신辛은 허벅지를 나타냈고, 임壬은 종아리를, 계癸는 발을 상징했다.

이러한 해석은 십간과 지지幹支에 신비로운 의미를 부여해 동양 문화에 큰 영향을 미쳤다. 이를 통해 간지는 단순한 시간 기록 수단을 넘어 인간과 자연, 우주의 깊은 연관성을 설명하는 중요한 도구로 자리매김하게 되었다.

《설문해자》와 간지의 문자 해석

《설문해자》에서는 천간天幹과 지지地支의 문자 해석이 원래의 의미와는 다소 다르지만, 체계적이고 일관성 있게 이루어져 있다. 이 해석은 당시의 철학적 사상과 문화적 배경을 반영해, 천간과 지지에 다양한 상징적 의미를 부여하고 있다.

십천간十天幹의 해석에서 십천간은 주로 방위, 인체 부위, 음양 변화, 사계절 만물의 생성 등으로 해석된다. 이를테면, 갑甲은 동쪽을 상징하며 사람의 머리를 나타낸다. 또한 양기陽氣가 발동하는 시기를 의미하고, 나무의 갑옷을 입은 모습을 형상화해 새로운 시작과 생명의 탄생을 나타낸다. 이는 양기가 시작되는 시점을 의미하며, 봄의 시작과도 연결된다. 나무가 새싹을 틔우는 모습처럼, 갑은 만물이 생동하기 시작하는 순간을 상징한다.

십이지지十二地支의 해석에서 십이지는 주로 달, 음양 소장消長, 만물의 번생 등으로 해석된다. 이를테면, 자子는 음력 11월을 의미한다. 이때는 양기가 서서히 움직이기 시작하는 시기이며, 비록 겨울이지만 땅속에서는 새로운 생명이 준비되고 있는 때로, 만물이 자라기 시작하는 것을 상징한다. 또한 자는 씨앗이 땅속에서 발아를 준비하는 시기를 나타내며, 양기가 조금씩 증가해 새로운 생명을 예고한다.

전체적으로 천간은 주로 하늘의 움직임과 시간의 흐름, 인체와 자연의 변화를 상징하고, 지지는 땅의 변화와 계절의 순환, 만물의 생장과 소멸을 나타낸다. 《설문해자》는 이러한 해석을 통해 간지를 단순한 시간 기록 수단이 아닌, 우주와 인간, 자연의 깊은 연관성을 설명하는 상징적 도구로 사용했다. 비록 이 해석은 문자들의 본래 의미와 완전히 일치하지는 않지만, 철학적 사상과 문화적 배경을 바탕으로 체계적이고 일관성 있게 구성되었다.

결론적으로, 《설문해자》에서의 간지 해석은 당시 사람들에게 우주의 원리와 자연의 이치를 이해하는 데 도움을 주었다. 천간과 지지를 통해 인간과 자연, 우주가 어떻게 연결되어 있는지를 말하고, 이를 바탕으로 삶의 지혜를 얻고자 했다. 이러한 해석은 동양 문화에 큰 영향을 미쳤으며, 오늘날까지도 철학, 역학, 한의학 등 다양한 분야에서 활용되고 있다.

《주역》에서는 건곤 소식법乾坤 消息法이 하늘과 땅의 이치에 따라 십이지十二支를 벗어나지 않는다고 말한다. 이것은 건乾과 곤坤의 변화와 순환이 열두 가지 지지의 원리를 따르고 있다는 의미다.

《주역》의 건괘乾卦에서는 '잠룡물용潛龍勿用'이라는 구절이 나오는데, 이는 '용이 숨어 있으니 아직 쓰지 말라'는 뜻이다. 이 구절에 대해 한나라의 학자 마융馬融은 "초구初九는 음력 11월 건자建子의 달을 의미한다"라고 해석했다. 이때 양기가 땅속에서 시작되지만 아직 드러나지 않아 숨겨져 있는 상태라는 것이다. 즉, 양기가 땅속에서 서서히 움직이기 시작하지만 아직 지상에 나타나지 않은 시기로, 이것을 용이 숨어 있는 모습에 비유한 것이다. 따라서 '잠룡물용'은 아직 때가 아니니 조급하게 행동하지 말라는 뜻을 담고 있다.

또한 《주역》의 복괘複卦에는 '칠일래복七日來復'이라는 구절이 나온다. 선대 유학자들은 이 구절을 '7개월 후에 돌아온다'는 의미로 해석했다. 이는 5월인 건오建午에 양기가 소멸하고, 11월인 건자建子에 이르러 다시 돌아온다는 뜻이다. 즉, 양기가 5월에 사라졌다가 11월에 다시 시작된다는 의미다.

이러한 해석은 음양의 주기적인 변화를 바탕으로 자연의 순환을 말한다. 양기가 소멸하고 다시 돌아오는 과정을 통해 자연이 어떻게 끊임없이 변화하고 순환하는지를 보여준다. 5월 건오는 양기가 가장 강한 시기지만 이때부터 서서히 소멸하기 시작한다. 11월 건자는 양기가 다시 시작되는 시기로, 새로운 생명이 움트는 때다. '칠일래복'이라는 표현은 실제로 7개월의 시간을 상징하며, 이는 자연에서의 계절 변화와 음양의 흐름을 나타낸다.

이러한 음양의 변화와 자연의 주기적인 생장은 만물의 발전과 변화의 기본 원칙을 반영하며, 《주역》에서 반복해서 강조하는 중요한 사상이다. 이를테면, 풍괘·상전風卦·象傳 괘사에서는 "해가 중천에 이르면 원이 되고, 달이 차면 이지러진다日中則昃, 月盈則食"는 구절로 시간과 음양의 변화에 따른 자연 현상을 말한다.

또한 《계사전상》에서는 "한 음과 한 양이 도다一陰一陽之謂道"라고 해, 음양의 균형이 우주와 자연의 기본 원리임을 강조하고 있다. 이러한 해석은 고대 학자들이 자연의 변화를 이해하고 설명하는 데 중요한 역할을 했으며, 《주역》에서 반복해서 강조되는 중요한 사상과 연결된다.

《설괘전》에서는 성인이 《주역》을 만들 때 하늘과 땅을 참고하고, 숫자를 사용해 음양의 변화를 관찰하며 괘卦를 세웠다고 말한다. 《설문해자》에서 천간과 지지는 그 의미가 본래의 형태와 맞지 않더라도 당시 문헌에 큰 영향을 미쳤다. 이러한 해석은 후대 동양문화의 발전에도 큰 영향을 끼쳤으며, 《설문해자》는 이 전통을 보존하고 전파하는 데 중요한 역할을 했다.

二十八. 《주역》이 문학과 예술에 미친 영향

위진남북조 시대는 문화적으로 매우 중요한 변화의 시기였다. 이 시기에는 다양한 학문이 번성했으며, 특히 철학과 사상에서 큰 발전이 일어났다. 《주역》은 이 시기에 중요한 역할을 했다. 한나라 때는 경전으로서 《주역》이 널리 읽히며 인기를 끌었지만, 위진 시대에는 현학玄學의 영향을 받아 철학적으로 더욱 발전하게 되었다.

현학은 노자老子와 장자莊子의 도가 사상을 바탕으로 유가와 도가를 융합한 철학적 경향을 말한다. 이 시기의 학자들은 《주역》을 단순한 점술서가 아닌, 우주와 인간의 본질을 설명하는 철학적 텍스트로 해석했다. 《주역》을 통해 자연의 이치와 인간의 도리를 깊이 이해하려 했고, 이를 기반으로 삶의 방향과 도덕적 원칙을 찾으려는 시도가 활발히 이루어졌다.

위진남북조 시기의 사상가들은 《주역》의 변화와 순환의 원리를 탐구하면서 새로운 사회적·철학적 질서를 모색했다. 이 과정에서 《주역》은 그 중요성을 재확인하게 되었고, 이후에도 지속적으로 철학적·학문적으로 영향을 끼쳤다.

현학화된 주역학파는 위진남북조 시대에 크게 성장했으며, 혼란스러운 사회 속에서도 《주역》은 점술서로 많은 사람들에게 널리 퍼졌다. 특히 동진 시대에는 현학뿐만 아니라 문화와 예술도 번성했는데, 이 과정에서 《주역》은 문학과 예술에도 큰 영향을 미쳤다. 이에 따라 《주역》의 철학적 해석과 상징적인 의미는 시와 그림 등 다양한 예술 작품에 반영되었고, 이를 통해 당시 사람들은 더 깊은 사유와 도덕적 방향성을 찾으려 했다.

이러한 변화를 살펴보는 것은 《주역》의 역사뿐만 아니라, 동진 시대 문화를 이해하는 데도 중요한 의미를 가진다. 《주역》이 단순한 철학서나 점술서로서의 역할을 넘어 사회적·문화적 흐름 속에서 중요한 위치를 차지했음을 보여주기 때문이다.

《주역》의 주요 전파 방식

《주역》이 널리 퍼진 중요한 요인 중 하나는 국가에서 운영하는 학교에서 교육을 하였기 때문이다. 특히 동진 시대에는 왕필의 《주역》 해석이 널리 전파되었다. 당나라 때 이연수李延壽가 북위, 동위, 서위, 북제, 북주 등 북방 등 여러 왕조를 다룬 《북사北史》에 따르면, "강의에서는 《주역》을 왕필의 주석에 따라 가르친다"고 기록되어 있다. 또한 수나라 시대의 유학자이자 경학자였던 육덕명陸德明이 "《주역》 강의에서는 오직 왕필의 주석을 따른다"고 기록한 것을 보면, 왕필의 해석이 학문과 교육에서 중요한 기준이 되었음을 확인할 수 있다. 이러한 기록들은 왕필의 주석이 주역학파에서 중요한 역할을 했고, 당대 교육과 학문에서 《주역》이 체계적으로 가르쳐졌음을 보여준다.

동진 초대 황제인 원제元帝는 국가 교육을 강화하기 위해 학교를 복구하면서 고위 관리의 자녀들이 국학에 입학하도록 명했다. 그는 특히 《주역》 교육에 힘을 쏟으며 "《주역》은 오직 왕필의 주석을 가르칠 박사만 두라"는 지시를 내렸다. 이를 반대하는 일부 교사들은 정현鄭玄의 주석을 가르치는 박사를 두자고 제안했지만, 왕돈王敦의 난으로 인해 실행되지 못했다. 결과적으로 동진뿐 아니라 양梁나라와 진나라 시대에도 정현과 왕필의 주석을 국학에서 함께 가르쳤는데, 이는 당시 교육과 학문에서 《주역》이 중요한 위치를 차지했는지를 보여준다.

왕필의 《주역》 주석이 국립 학교 교과 과정에 포함되면서부터 학생들은 《주역》을 공부하고 시험에서 평가를 받게 되었다. 《진서晉書》에 따르면, 동진이 설립된 지 3년 후, 황제인 원제는 각지에서 추천된 인재들에게 경전을 시험하도록 명령했다. 나중에 효도와 청렴함을 갖춘 사람을 추천받아 관직에 오르게 하는 효렴孝廉 제도를 통해 4년 후에도 경전을 시험했다고 기록되어 있다. 이러한 시험은 국립 학교뿐만 아니라 지방 학교에서도 이루어졌으며, 이들 학교에서는 《주역》과 같은 유학 경전을 주요 과목으로 가르쳤다. 이로 인해 《주역》이 널리 퍼지고, 학문적 기반이 확립되는 데 큰 기여를 했다.

《주역》은 유학자뿐 아니라 승려들 사이에도 널리 퍼졌다. 유명한 승려들은 유학과 불교를 깊이 공부했고, 《주역》과 노자 같은 철학서에도 능통했다. 이들은 어릴 때부터 육경六經 유교 경전과 삼장三藏 불교 경전을 익혀 유교와 불교의 가르침을 아우르는 학문적 깊이를 쌓았다. 《주역》의 이치는 그들에게 중요한 철학적 도구가 되었고, 이를 통해 불교 교리를 설명하거나 《주역》의 개념을 활용해 불교적 가르침을 해석하기도 했다. 이러한 방식으로 《주역》은 유교와 불교 사이의 교류를 촉진하는 중요한 매개체로 작용하며, 두 학문 모두에서 철학적 깊이를 더하는 데 기여했다.

육경六經은 유교에서 매우 중요한 여섯 가지 경전으로, 공자가 가르친 유학의 핵심 경서들이다. 《시경》, 《서경》, 《역경》, 《예기》, 《춘추》, 《악경樂經》이 그것이다. 이 중 《악경》은 원본이 소실되어 내용이 전해지지 않지만, 나머지 다섯 경전은 유교 사상과 교육에서 중요한 역할을 했다.

　삼장三藏은 불교 경전으로 불교 가르침을 세 가지 범주로 나눈 것이다. 삼장은《경장經藏》,《율장律藏》,《논장論藏》으로 구성된다.《경장》은 부처님의 설법을 기록한 경전으로,《불경佛經》이라고도 불리며, 부처의 가르침과 교리를 담고 있다. 불교의 핵심 가르침을 전하는 텍스트다.《율장》은 불교 승려들의 생활 규범과 계율을 설명한 경전으로, 승가僧伽 공동체에서 지켜야 할 규칙과 윤리적 생활 방식을 다룬다.《율장》은 불교 수행의 규범을 제공해 승려들이 계율을 지키며 바르게 생활하도록 안내한다.《논장》은《경장》과《율장》을 분석하고 해석한 논설서다. 불교 철학과 교리를 논리적으로 해석하고, 불교 사상의 심오한 의미를 설명하는 이론적인 부분을 다룬다. 이처럼 삼장은 불교 교리의 근본적인 내용을 담고 있으며, 불교 승려들은 이 세 가지를 통달해 불교의 가르침을 완전히 이해하고 실천하는 것을 목표로 삼았다.

　또한 청담淸談은 동진 시대의 상류층 명사들 사이에서《주역》을 전파하는 중요한 방법 중 하나였다. 청담은 고상하고 철학적인 주제에 대해 토론하는 것을 뜻하는데, 동진 시대의 명사들은《주역》을 중요한 대화 주제로 삼았다. 이들은《주역》을 필독서로 여기고, 이를 깊이 이해하는 것이 교양과 지식의 상징이었다.

　《진서》에 따르면, 명사들은 침대 머리맡에 항상《주역》을 두고, 몸이 좋지 않을 때마다 이를 읽는 습관이 있었다고 한다. 이러한 일화는《주역》이 단순한 점술서가 아니라, 당대의 엘리트들이 철학적 사유와 토론을 통해 자신을 수양하는 데 중요한 역할을 했음을 보여준다.《주역》은 당시 명사들 사이에서 필수적인 지식의 일부였으며, 철학적 논의의 중심이 되었다. 따라서 청담은《주역》을 고급스럽고 깊이 있는 대화의 소재로 활용하고, 당대 사회의 지식인들 사이에 널리 퍼뜨리는 중요한 역할을 했다.

청담淸談은 중국 위진남북조 시대에 상류층 지식인들 사이에서 유행했던 철학적이고 문학적인 담론이나 대화를 의미한다. 이들은 세속적인 일상사를 떠나 도가 사상이나 노장 철학, 현학 등 고상하고 추상적인 주제에 대해 논의했다. 청담은 당대의 지식인들에게 교양과 지적인 수준을 나타내는 중요한 활동으로 여겨졌으며, 종종 자연 속에서 이루어지거나 술자리에서 나누기도 했다. 청담은 후에 문학과 예술에도 영향을 미쳐 우아하고 고상한 문체와 주제를 강조하는 문예사조로 발전하기도 했다.

정리하면, 동진 시대에는 《주역》이 다양한 방식으로 널리 퍼지며 문학과 예술에 큰 영향을 미쳤다. 국립 학교와 지방 학교에서 《주역》을 중요한 교과목으로 가르쳤으며, 이를 통해 많은 학생들이 《주역》을 학습하게 되었다. 또한 개인 간의 전수나 불교와의 융합을 통해서도 《주역》의 영향력은 더욱 확대되었다.

더불어, 청담淸談을 통해 상류층 명사들 사이에서 《주역》이 중요한 논의 주제가 되었다. 이들은 《주역》을 깊이 이해하고 탐구하는 것을 교양의 상징으로 여겼으며, 철학적 토론과 사색의 중심에 《주역》이 있었다. 이러한 《주역》의 확산은 동진 시대의 문학과 예술 발전에 크게 기여했다.

동진 시대에 《주역》이 끼친 영향은 오늘날에도 연구할 만한 가치가 있는 중요한 주제다. 《주역》의 철학적 깊이는 지금도 여전히 학문적으로 중요한 위치를 차지하고 있다. 이를 통해 우리는 고대 중국 사상과 문화의 발전 과정을 더욱 깊이 이해할 수 있다.

二十九.《주역》과 글쓰기

《주역》과 문장학

《주역》에는 문장을 작성하는 데 있어서 중요한 법칙과 기법에 대한 깊은 통찰이 포함되어 있다. 이를 문학 방법론이라 부를 수 있다. 《주역》에서 제시하는 문장 작성의 법칙은 유물有物, 유서有序, 지원旨遠, 사문辭文, 선변善變이다. 각각의 법칙을 고대 문장가들의 해석과 함께 알아보자.

'유물有物'은 내용이 있어야 한다는 뜻이다. 이는 문장이 단순히 형식적인 아름다움에 그치지 않고, 구체적이고 실질적인 내용을 담아야 한다는 의미다. 문장은 단순히 말의 나열이 아니라, 독자에게 전달하고자 하는 명확한 주제와 의미를 반드시 포함해야 한다. 다시 말해, 문장은 읽는 이에게 구체적인 대상이나 사상을 통해 뚜렷한 메시지를 전달할 수 있어야 한다.

이 개념은 글에 실질적인 내용이 있어야 한다는 것을 의미한다. 한 대 이후 현인들의 훌륭한 말을 수록해 놓은《가언-상嘉言-尚》에서 "군자는 말에 실체가 있고, 행동에 일관성이 있어야 한다"고 한 것처럼, 여기서 '말에 실체가 있다'는 것은 글에 충실하고 진실한 내용을 담아야 한다는 뜻이다. 즉, 성실함을 구체적으로 표현한 것이다.

청대 학자 정정조鄭正照는 "글을 쓸 때 가장 중요한 것은 성실함을 바탕으로 해야 하며, 유물은 성실함을 의미한다"고 강조했다. 또한 방포方苞는《고

문의법古文義法》에서 의義는 《주역》에서 말하는 "말에 실체가 있다"는 것과 같다고 설명했다.

또 다른 청대 학자 장학성章學誠 역시 "글을 쓰는 데 있어 가장 중요한 것은 실체가 있는 것이다"라고 강조하며, 옛사람들은 항상 '진실한 감정'에서 우러나오는 내용을 바탕으로 글을 썼다고 설명했다. 따라서 '유물'은 내면의 '진실한 감정'을 담아 충실한 내용을 전달하는 것을 의미하는데, 이는 오늘날에도 글쓰기의 기본적인 원칙 중 하나로 꼽힌다.

'유서有序'는 순서가 있어야 한다는 뜻이다. 즉, 유서는 문장의 흐름과 논리가 명확해야 한다는 것을 뜻한다. 이는 글을 쓸 때 자연스럽고 체계적인 순서를 따라야 하며, 생각이나 사건의 전개가 논리적으로 이어져야 함을 강조한다. 논리적인 전개는 독자가 내용을 쉽게 이해하고, 글에 설득력을 더하게 만든다.

《간괘·육오艮卦·六五》에서는 "말에 순서가 있으면 후회가 없다艮其輔, 言有序, 悔亡"라고 말했다. 이는 글을 쓸 때 논리적이고 명확한 순서를 따라야 한다는 의미다. 다음에 소개할 청대 세 학자들의 해석을 살펴보면 이 원칙을 더욱 잘 이해할 수 있을 것이다.

방포는 글을 쓸 때 일정한 규칙과 법칙에 따라 순서를 세우는 것이 중요하다고 했다. 그는 글의 구조가 명확하게 구성될 때 독자에게 더 쉽게 전달된다고 보았다. 정정조는 "적절한 균형과 조화가 있는 문장이 유서"라고 말하며, 글이 명확하고 조화로울 때 정서적 안정을 가져오고 글의 수준이 높아진다고 설명했다. 그는 글쓰기가 성실함을 바탕으로 하고, 순서를 통해 내용을 명확히 전달해야 한다고 보았다.

옹방강翁方綱 역시 말에 순서가 있다는 것은 논리적 일관성을 의미하며, 이는 글쓰기에서 중요한 요소임을 강조했다. 오늘날에도 '유서'는 글쓰기의 기본 원칙 중 하나로, 내용이 명확하고 논리적인 흐름을 갖추도록 하는 것이 필수다.

'지원旨遠'과 '사문辭文'은 글의 뜻이 깊고 멀어야 하며, 문장이 아름다워야 한다는 의미다. 이는 《주역》의 경문에서 비롯된 문장 작성의 원칙을 나타낸다. 명대 학자인 모곤茅坤은 "《주역》의 목적은 멀고, 그 말은 아름답다"는 표현을 후대에게 글을 가르치는 중요한 지침으로 삼았다.

'지원旨遠'은 문장의 의미가 단순하지 않고 깊으며, 멀리까지 영향을 미쳐야 한다는 뜻이다. 이는 단순한 내용이나 표면적 의미를 넘어서, 독자에게 깊은 생각을 불러일으키고, 철학적 사유를 자극할 수 있는 글을 추구하는 것이다. 글은 독자에게 심오한 뜻을 전달하고, 장기적으로 깊은 인상을 남겨야 한다.

'사문辭文'은 문장이 간결하고 아름다워야 한다는 뜻이다. 좋은 문장은 불필요한 장황함을 피하고, 세련된 표현과 적절한 어휘를 사용해 독자의 주목을 끌어야 한다. 즉, 문체와 표현이 정교하면서도 과하지 않은 미적 감각을 중시한다. 글이 독자에게 감동을 주기 위해서는 표현의 아름다움과 문학적 정교함이 필수적이지만, 본질을 해치지 않도록 해야 한다.

즉, '지원'과 '사문'의 원칙은 글이 단순히 정보를 전달하는 것을 넘어, 깊이 있는 내용을 아름답고 세련되게 표현해야 한다는 것을 강조한다. 이러한 원칙을 따른 글은 독자에게 강한 감동과 영향력을 미칠 수 있다.

'선변善變'은 글을 쓸 때 변화를 잘 활용해야 한다는 뜻이다. 유연하게 문장의 형식과 표현을 상황에 맞춰 변화시킬 수 있어야 한다는 것이다. 이는 고정된 형식에서 벗어나 독창적인 방식으로 내용을 전달해야 한다는 뜻이다.

'선변'은 글쓰기에서 다양한 기법을 사용하고, 틀에 얽매이지 않으며 새로운 시도를 통해 독자의 관심을 끄는 능력이다. 《주역》에서 혁괘革卦는 변화의 중요성을 말한다. 이를테면, "신중하게 말을 다듬고 진실한 마음으로, 호랑이처럼 변하며, 그 무늬가 선명하게 빛난다. 표범처럼 변하며 그 무늬가 무성하게 자란다革言三就有孚, 大人虎變 其文炳也, 君子豹變 其文蔚也"와 같은 문구에서 우리는 글이 풍부한 변화를 통해 독자의 관심을 끌어야 한다는 지혜를 얻을 수 있다.

호랑이나 표범이 털갈이를 하면 그 무늬가 더욱 화려해지는 것처럼, 글쓰기 기법도 끊임없이 새롭게 해야 글에 매력을 더할 수 있다. 호랑이와 표범의 무늬가 변화함으로써 더욱 아름다워지듯, 글도 변화해야 한다. 한 책의 각 글, 한 글의 각 단락, 각 문장이 끊임없이 변화해야 한다. 이는 단순히 형식적인 것뿐 아니라, 정신, 기운, 음절, 그리고 글자와 문장에까지 변화를 가져와야 한다.

또한 청대 학자인 요내姚鼐는 "음양과 강유는 두 가지 근본이다. 창조자는 이것들을 섞어 기의 많고 적음을 조절해 무한한 다양성을 만들어 낸다. 만물은 이렇게 만들어진다"며, "글쓰기도 마찬가지로 끊임없는 변화와 창조를 통해 다양한 스타일과 형식이 생겨난다"고 말했다. 이는 글쓰기의 기법과 스타일이 세상의 복잡성과 다양성에 맞춰 변해야 한다는 점을 지적한 것이다.

즉, '선변'은 단순히 형식뿐만 아니라 글의 정신, 기운, 음절에 이르기까지 다양한 변화를 시도해 글의 독창성과 설득력을 높이는 것을 목표로 한다. 《주역》에서 강조하는 이러한 문장의 변화는 고정된 형식이나 개념을 넘어서 창의적 글쓰기와 문예 창작에 중요한 지침을 제공하고 있다.

진대의 왕약허王若虛는 "글에는 정해진 형식이 없지만, 큰 틀은 있어야 한다"고 말했다. 여기서 '유물', '유서', '사문'은 글의 기본 구조, 즉 큰 틀에 해당하며, '선변'은 형식에 얽매이지 않고 자유롭게 변화를 시도해야 한다는 의미다. 이는 글쓰기에서 기본 원칙은 지키되, 창의적인 변화를 허용함으로써 글의 독창성과 다양성을 추구할 수 있다는 것을 강조한 것이다. 글의 뼈대는 유지하되, 그 안에서 새로운 방식으로 글을 표현하는 것이 《주역》의 지혜에 따른 글쓰기의 본질이다. 《주역》은 이러한 큰 틀을 바탕으로 구체적인 글쓰기 기법에 대해 몇 가지 힌트를 제공한다.

입상진의, 의상결합

입상진의 立象盡意, 의상결합 意象結合은 구체적인 형상이나 사물을 통해 추상적인 사상이나 감정을 표현하는 방법을 말한다. 이는 표현하기 어려운 깊은 의미를 구체적인 상 象으로 나타내는 것을 말하는데, 고대의 의경 意境과 의상 意象 이론의 선구적인 역할을 한다. 의경과 의상은 고대 문학과 예술 이론에서 중요한 개념으로, 문학 작품에서 감정과 사상을 표현하는 방식이다. 이 두 이론은 주로 시나 그림에서 추상적인 사상이나 감정을 구체적인 이미지로 표현하는 방법이다.

의경은 문학에서 감정 意과 경치 境가 결합된 상태다. 이는 시나 예술작품에서 독자나 감상자가 특정한 분위기나 감정을 느낄 수 있도록 자연의 경치나 풍경을 통해 감정을 표현하는 방법을 가리킨다. 의경은 단순한 묘사를 넘어서, 감정과 자연의 조화로운 결합을 통해 더 깊은 의미와 정서를 전달한다. 이를테면, 시에서 가을의 쓸쓸한 풍경을 묘사함으로써 시인이 느끼는 고독감을 표현할 때, 그 풍경은 단순한 자연의 묘사가 아니라 시인의 내면 감정을 반영하는 역할을 한다.

의상은 감정 意과 형상 象의 결합이다. 이는 추상적인 사상이나 감정을 구체적인 사물이나 형상으로 표현하는 것을 말한다. 의상은 독자가 추상적인 의미를 더 쉽게 이해할 수 있도록 돕기 위해 구체적인 이미지를 사용해, 그 이미지가 감정이나 사상을 상징적으로 나타낸다. 이를테면, 한 마리의 새가 날아가는 장면을 통해 자유로움을 상징하거나, 낙엽을 통해 쇠락과 고독을 상징하는 방식이다. 여기서 새나 낙엽은 단순한 사물이 아니라, 그 자체로 감정과 사상을 담고 있는 형상象이 된다.

앞에서 설명한 것처럼, 의경은 감정과 풍경이 결합된 전체적인 분위기를 표현하는 데 중점을 둔다. 그리고 의상은 특정한 사물이나 형상을 통해 감정을 구체적으로 표현하는 기법이다.

창왕찰래, 현미천유

창왕찰래彰往察來, 현미천유顯微闡幽는 과거의 사실을 밝혀내고 미래를 관찰할 때, 쉽게 드러나지 않는 세밀하고 깊은 이치를 찾아내는 방법이다. 이는 보이는 것을 넘어 숨겨진 의미나 진리를 드러내는 중요한 글쓰기 기법이다.

이를테면 창왕찰래는 한 역사가가 과거의 사건을 연구하고 분석해 미래의 흐름을 예측하는 상황에 빗댈 수 있다. 즉, 어떤 나라의 경제 정책이 과거에 어떤 결과를 낳았는지를 연구해, 비슷한 정책이 다시 시행될 때 어떤 결과를 가져올지 예측하는 것과 같다. 이를 통해 과거창왕를 분석하고, 이를 바탕으로 미래찰래를 통찰하는 것이다.

현미천유는 과학자가 미세한 세포 구조를 연구하면서 그 안에 숨겨진 생명 현상의 이치를 밝혀내는 과정과 같다. 표면적으로 보이지 않는 세포의 작은 부분을 연구함으로써 생명체의 기본적인 원리를 이해하게 되는 경우다.

문학적으로 창왕찰래는 한 시인이 고대 전쟁의 비극적인 역사를 기록하면서, 이를 통해 사람의 본성에 대한 통찰을 얻고, 미래의 전쟁을 경계하는 시를 쓰는 방식이라면, 현미천유는 소설가가 인물들의 미세한 감정 변화현미를 통해 그들의 깊은 내면의 고뇌나 숨겨진 욕망천유을 드러내어, 독자에게 사람의 복잡한 심리를 보여주는 방식이다. 이 두 표현은 모두 깊이 있는 분석과 통찰을 강조하며, 표면에 드러나지 않는 진실을 파헤쳐 더 큰 의미를 발견하는 과정이다.

칭명취류, 인소견대

칭명취류稱名取類, 인소견대因小見大는 작은 일을 통해 큰 이치나 사건을 설명하는 방법이다. 사소한 사례를 들어 더 큰 원리나 의미를 설명하는 비유적인 표현법으로, 작은 것을 통해 큰 진리를 드러낸다.

이를테면, 칭명취류는 시에서 작은 꽃잎을 묘사함으로써 생명의 짧음을 표현하거나, 낙엽을 통해 인생의 무상함을 이야기하는 방식이다. 인소견대는 작은 사물을 통해 더 큰 진리나 철학적 의미를 전달하는 기법이다. 이를테면 작은 마을의 선거 부정 사건을 통해 국가의 정치적 부패를 진단하는 것이 대표적인 사례다.

언곡이중, 사사이은

언곡이중言曲而中, 사사이은事肆而隱은 언어는 비록 굽이치듯 표현되지만 핵심을 찌르고, 사건은 자유롭게 서술되면서도 깊은 의미를 은밀히 감추는 방법이다. 직설적이지 않으면서도 핵심을 찌르고, 겉으로 드러나지 않지만 깊은 의미를 담은 서술 방식이다. 이는 간접적이지만 매우 효과적인 표현 기법으로, 감춰진 이치를 파악할 수 있도록 유도한다.

언곡이중은 우회적이고 비유적인 표현을 사용하지만, 그 내용은 본질적이고 정확하게 진리를 전달한다. 이는 직접적으로 말하지 않아도, 말 속에 담긴 뜻이 독자나 청중에게 명확하게 전달된다는 것을 뜻한다. 이를테면, '칼날의 춤은 끝나지 않았지만, 사람들의 마음은 이미 차가워졌다'는 표현이 바로 그러하다.

사사이은은 겉으로는 사건이나 이야기가 자유롭고 활발하게 진행되지만, 그 안에 숨겨진 깊은 의미나 진리가 있다는 것을 의미한다. 즉, 이야기의 표면적인 전개는 단순하거나 분명해 보이지만, 그 이면에는 더 깊고 은밀한 의미가 숨겨져 있다는 것이다. 이를테면, '꽃은 바람에 흔들리지만, 뿌리는 그 자리에 굳건하다'는 표현이 그러하다. 겉으로는 꽃이 바람에 쉽게 흔들리는 모습만을 설명하는 것 같지만, 실제로는 사람의 외적 변화와 내적 굳건함을 비유적으로 표현한 것이다.

지금까지 《주역》에서 논의된 문장학에 대해 간략히 소개했다. 비록 《주역》이 저술된 시대는 오래되었지만, 그 속에 든 문장학 이론은 비교적 단순하면서도 주제, 자료, 구조, 언어, 기법, 문체 등 다양한 요소를 아우르고 있다. 그리고 이러한 이론들은 현대에도 여전히 깊은 영향을 미치고 있다. 따라서 《주역》은 문장학의 시초라고 불러도 무방하다. 우리는 《주역》과 같은 고전에서 문장학 이론을 계속 발굴하고, 그 핵심적인 가르침을 배워 현대 과학 정신을 결합한 새로운 문장학 체계를 구축하는 데 힘써야 한다. 이것이야 말로 온고이지신溫故而知新의 정수이기 때문이다.

三十. 《주역》과 유협 문학

《주역》과 도교 – 신도설교와 체용 사상

《주역》 관괘·《단전》觀卦·彖傳에서는 "하늘의 신비한 도神道를 관찰해 사계절이 어긋나지 않음을 알 수 있다. 성인은 이 신비한 도를 바탕으로 가르침을 세우고神道設敎, 모든 사람들이 이에 따르게 된다"고 말한다. 여기서 '신도설교神道設敎'라는 개념은 남북조 시대 때 유협劉勰이 지은 대표적 문학이론서인 《문심조룡文心雕龍》〈원도原道〉편의 중요한 철학적 기반이 된다. 유협은 '신도설교'를 통해 성인이 하늘의 이치를 바탕으로 교훈을 세운다는 《주역》의 가르침을 문학 사상으로 확장했다. 이는 자연과 인간의 조화로운 관계를 바탕으로 문학적 가르침을 전파하려는 철학적 기초로, 《주역》이 문학 이론에까지 영향을 미쳤음을 보여준다.

유협의 《문심조룡》은 중국 선진시대부터 육조시대까지의 중국 고대의 문학 현상을 시대순으로 관찰하고 연구해 이론으로 집대성시킨 문학 이론서다. 중국 고대 문학 이론의 기초를 다진 중요한 저서로, 문학의 본질, 창작 방법, 문체 분석 등을 다루고 있다. 책 제목을 풀어보면, 문학을 심오하게 이해하고 예술적으로 다듬는다는 의미가 담겨 있다.

유협은 이 책에서 문학의 이론적 기초와 문학 작품의 작법, 문체, 비평을 체계적으로 정리했다. 이러한 분석은 후대의 문학 연구와 창작에 큰 영향을 미쳤으며, 문학을 철학적이고 미학적인 관점에서 바라보도록 하는 중요한 틀을 제공했다. 그리고 《문심조룡》은 동양 문학 이론의 기반을 세우며, 문학 작품을 평가하고 창작하는 데 있어 중요한 가이드가 되었다.

신도설교 사상은 형이상학적인 도체道體와 형이하학적인 기용器用을 하나로 통합하는 개념이다. 즉, 하늘의 신비한 도道를 본체로 삼아, 이를 통해 사람들에게 교훈을 전하는 것을 의미한다. 이 사상은 체용불이體用不二, 즉 본체와 그 작용이 하나로 연결되어 다르지 않다는 개념을 잘 나타낸다.

유협은 이 신도설교 사상을 바탕으로 문학을 도의 본체를 반영하면서도 사회적 역할을 수행해야 한다고 보았다. 그가 문학 이론서인 《문심조룡》 〈원도原道〉 편에서 언급한 '도심을 근본으로 삼아 문장을 쓰고, 신비한 이치를 연구해 교화를 이끈다'는 내용이 바로 이 사상을 반영한 것이다. 이는 문학이 단순한 예술을 넘어 사회의 도덕적 가르침을 전달하는 역할을 해야 한다는 철학적 기반을 제공한다.

'신도神道'는 추상적인 본질을 뜻하며, 그 본질은 매우 깊고 신비해서 측량하기 어렵다고 한다. 이 '신도'의 섬세하고 정교한 의미는 오직 성인들만이 온전히 이해할 수 있다. 성인은 괘를 그려 상징을 만들고, 이를 문장으로 표현해 그 신비한 이치를 세상에 드러내고 가르침을 전한다. 이처럼 성인은 도의 본질을 전하는 중재자 역할을 한다. 유협은 《문심조룡》 '원도原道 편'에서 복희와 공자 같은 성인들을 도심과 문장, 신리와 교화를 연결하는 중재자로 보았다. 유협은 "도는 성인을 통해 문장이 되고, 성인은 문장을 통해 도를 드러낸다"고 해서 도, 성인, 문장이 하나로 연결한 삼위일체三位一體 사상을 제시했다.

《주역》에서 관觀의 사상은 매우 중요하게 다루어진다. 여기서 말하는 "성인은 신도로써 가르침을 세운다"는 방법도 바로 관의 개념에서 비롯된다. 성인은 하늘의 이치를 관찰하고, 깊이 이해하며, 동시에 사람들의 삶과 마음을 살펴 그들의 행동을 이끌어가는 역할을 한다.

유협은 《주역》의 이러한 사상을 이어받아, 성인은 "위로는 하늘의 상징을 보고, 아래로는 인간의 이치를 살피며 변화를 연구하고, 이를 통해 가르침을 펼친다"고 말했다. 이는 상관하찰 上觀下察, 즉 하늘과 인간을 모두 관찰해 도리를 가르친다는 개념으로, 문학의 기원과 역할을 논하는 데 중요한 개념으로 사용된다. 성인의 역할은 단순히 하늘과 인간의 관계를 해석하는 데 그치지 않고, 그 지혜를 바탕으로 사람들의 삶을 이끌어가는 데 있다.

유협은 체용 體用 사상을 통해 문학의 본질과 실용성을 결합하려고 했다. 그는 문학이 단순한 글을 쓰고 표현하는 것이 아니라, 도 道 와 연결된 깊은 의미를 담고 있다고 보았다. 문학의 기원을 자연의 이치인 신도에서 찾고, 그 신비한 도리를 문학의 존재 이유로 삼았다. 이러한 관점에서 유협은 문학이 단순히 형식적인 것이 아니라, 도와 연결된 깊이 있는 의미를 통해 사람들에게 가르침을 전해야 한다고 강조했다. 문학은 그 자체로 도덕적 가르침과 사회적 실용성을 함께 담아야 한다는 것이다.

유협은 문학을 도를 표현하고 실천하는 중요한 도구로 보았다. 그는 문학이 도와 일치할 때 비로소 진정한 가치를 발휘한다고 주장했다. 문학은 사람의 삶과 자연의 이치를 연결하고, 사회적 교화를 이루는 중요한 역할을 한다고 강조했다. 이를 통해 문학은 단순한 예술을 넘어, 도를 실천하고 사람들에게 가르침을 전달하는 매개체로서 자리 잡게 되었다.

신도설교의 철학적 의미는 신도가 단순한 신비적 개념이 아니라, 자연의 운행과 변화의 법칙을 나타낸다는 것이다. 여기서 신도는 하늘과 땅, 그리고 자연의 이치, 즉 천도와 지도를 의미한다. 《주역》에서는 "하나의 음과 하나의 양을 도"라고 해서 음양의 조화를 강조한다. 이 음양의 변화는 예측하기 어렵고 그 깊이 알 수 없기에 이를 신도라고 하는 것이다.

또한 이 신도는 자연 속에서 다양한 현상과 물질, 그리고 생명을 만들어내는 원동력으로 작용한다. 성인은 이러한 자연의 이치를 본받아 괘卦와 상象, 그리고 언어와 문장을 창조한다. 따라서 성인이 창조하는 문장은 자연의 이치에서 비롯된 것이며, 자연의 도神道가 인간 사회의 철학적이고 문학적인 토대가 된다는 의미를 갖는다.

유협은《주역》의 삼재三才 사상을 활용해 천문天文, 지문地文, 인문人文과 언문言文을 연결했다. 그는 문장이 하늘과 땅과 함께 존재한다고 보았으며, 이를 도의 표현이라고 했다. 즉, 하늘과 땅이 존재하면 자연스럽게 문장이 생겨나는 것이고, 이는 만물의 본질적인 속성이라는 것이다. 또한 사람 역시 삼재 중 하나로, 천지의 마음을 담고 있기 때문에 문장이 자연스럽게 생겨난다고 보았다. 이를 통해 유협은 문학과 자연, 인간이 서로 연결되어 있다는 사상을 강조하며, 문학이 단순한 창작을 넘어 천지의 이치를 담고 있다고 말했다.

유협은 문학의 기원을 천지의 생성과 연결해, 문장의 본질을 자연의 도道에서 찾았다. 여기서 태극은 신도神道를 의미하며, 이는 곧 도의 또 다른 이름이다. 유협은 이러한 철학적 기반을 통해 문학이 단순한 글쓰기가 아닌, 깊은 철학적 의미를 담고 있으며, 동시에 사회적 역할을 수행한다고 강조했다. 즉, 문학을 자연의 이치와 연결해, 인간과 사회에 도덕적 교훈을 전하고, 문명과 문화를 발전시키는 중요한 도구로 여긴 것이다.

유협은 문학이 사회에 미치는 영향을 중요하게 생각했다. 그는 문장이 도를 담고 있으며, 이 도가 문학의 본질이라고 보았다. 즉, 문학이 자연의 도를 따를 때, 사람들의 마음에 긍정적인 영향을 미치고, 사회를 올바르게 이끌 수 있다고 주장했다. 또한 그는 성인의 경전이 국가의 규범을 세우고, 사회의 질서를 유지하며, 나라를 발전시키는 데 중요한 역할을 한다고 높이 평가했다. 아울러 문학이 정치와 사회를 다스리고, 개인의 수양을 돕는 중요한 도구로서 기능한다고 보았다. 문학을 단순한 글쓰기 이상의 도덕적이고 사회적 책임을 담고 있다고 생각한 것이다.

정리하자면 유협은 《주역》의 신도설교 사상을 통해 문학이 어떻게 작용하고 사회에 어떤 역할을 하는지를 논했다. 그는 문학의 본질과 사회적 역할을 모두 중요하게 여기며, 문학이 도道를 표현하고 실천하는 도구로서 사회를 올바르게 이끄는 데 중요한 역할을 한다고 강조했다. 이를 통해 문학이 단순한 예술을 넘어 사회적 교화와 개인의 수양을 돕는 중요한 매개체임을 확립했다. 이러한 사상은 유협의 철학적 관점을 잘 보여준다.

《주역》사상 중 변역불변과 상변 관점

《주역》은 고대부터 변화의 책으로 알려졌지만, 변하는 것과 변하지 않는 것은 항상 함께 존재한다고 보았다. 철학자 왕부지王夫之는 "다름異도 끊임없이 변한다"고 하면서, 《주역》이 이러한 변화를 포함하고 있다고 설명했다. 즉, 《주역》이라는 이름 자체가 변화의 본질을 나타내며, 그 변화 속에서 일정한 이치를 찾는 것이 《주역》의 핵심인 것이다.

공영달은 《논역지삼명論易之三名》에서 정현의 말을 인용해 《주역》의 이름에는 세 가지 의미가 있다고 설명했다. 첫째는 간단함簡易, 둘째는 변역變易, 셋째는 불변不易이다. 여기서 변역은 변화를, 불변은 지속성을 의미한다. 이 둘을 합치면 대립과 통일의 관점, 즉 상변常變의 원리가 된다. 《주역》은 변화하는 것과 변하지 않는 것이 공존하며, 이를 통해 우주와 세상의 조화로운 이치를 설명하려 한다.

《주역》에서는 변화와 불변이 항상 함께 존재한다고 강조한다. 《계사하》에서는 "《주역》은 멀리 갈 수 없으며, 도라는 것은 자주 변동하며 머물지 않는다. 여섯 가지 허를 돌아다니며 위아래가 일정하지 않고, 강함과 부드러움이 서로 바뀌며, 고정된 법칙은 없고, 오직 변화에 따라 적응한다_{易之爲書也 不可遠 易之爲道也 屢遷 變動不居 周流六虛 上下無常 剛柔相易 不可爲典要 唯變所適}"고 말한다. 이는 세상의 이치가 변화를 통해 끊임없이 움직이며, 고정된 법칙보다는 상황에 따라 유연하게 대응하는 것이 중요하다는 철학을 담고 있다. 이처럼 변화와 불변의 조화는《주역》이 전하는 핵심 메시지 중 하나다.

그러나 사물에는 변화가 있으면 변하지 않는 부분도 함께 존재한다.《주역》은 이러한 변화의 과정 속에서도 영원히 변하지 않는 법칙을 보여준다. 그 안에서 우리는 변화에 맞춰 적응하는 규칙을 발견할 수 있다. 이처럼《주역》은 "변하는 것 속에 변하지 않는 것이 있고, 변하지 않는 것 속에 변화가 있다"는 사상은 천행의 이치, 즉 하늘의 운행 법칙을 설명한다.《주역》은 이러한 변화와 불변의 원리를 통해 우주의 질서와 조화를 이해하도록 돕는다.

- 삼일 전의 갑, 삼일 후의 갑, 끝나면 다시 시작하니, 이것이 천행이다(고괘·단전蠱卦·彖傳). 세상 만물은 주기적으로 반복되며, 시작과 끝이 없다는 의미다. – 하늘의 운행天行은 이러한 순환적인 자연의 법칙을 말한다.

- 그 도를 반복하며, 칠일 만에 돌아오니, 이것이 천행이다(부괘·단전復卦·彖傳). – 하늘의 운행은 주기적이며, 음양의 변화가 칠일 만에 다시 돌아오는 것을 의미한다. 변화는 있지만 이 또한 일정한 규칙 속에서 일어난다는 것을 강조한다.

- 군자는 소멸과 성장을 중시하니, 이것이 천행이다(박괘·단전剝卦·彖傳). – 하늘의 운행은 성쇠의 반복을 의미하며, 군자는 이러한 자연의 원리를 중시하고 받아들인다.

이처럼 사물의 움직임은 시작과 끝이 반복되는 순환 속에서 이루어진다. 즉, 사물은 변화하지만 본질은 변하지 않는다는 의미다. 복復괘에서는 이를 "평탄하지 않으면 기울고, 나아가지 않으면 되돌아온다"고 표현하며, 복은 사물이 어떻게 발전하든 결국 원래 위치로 돌아온다는 것을 상징한다. 이는 천도天道, 즉 하늘의 법칙이 변화와 불변이 동시에 작용하는 원리임을 보여준다. 복괘는 이렇게 변화 속에서도 변하지 않는 이치를 말한다.

고대 사람들은 세상 만물이 변화하지만, 천도天道의 법칙 자체는 변하지 않는다고 믿었다. 천도의 가장 대표적인 예로는 하늘은 높고 땅은 낮으며, 양은 존귀하고 음은 비천하다는 원칙이다. 《계사전》의 첫 문장에서도 "하늘은 높고 땅은 낮으며, 건곤乾坤이 정해졌다"라며, 모든 변화는 이러한 천도의 운행 규칙을 따라야 한다고 말한다. 이러한 천도의 법칙은 《주역》에서 중요한 원칙으로, 변화하는 세상 속에서 변치 않는 우주의 이치를 나타낸다.

《설괘전》에서는 "하늘의 도는 음과 양으로 나뉘고, 땅의 도는 유와 강으로 구분된다. 사람의 도는 인仁과 의義로 표현된다. 삼재三才, 즉 하늘, 땅, 사람을 포함하면서 이들을 둘로 나눠서 《주역》의 괘卦는 여섯 획으로 구성된다. 음과 양을 나누고, 유와 강을 번갈아 사용해 《주역》은 여섯 자리로 글을 이룬다"고 말한다. 이는 《주역》의 구조와 그 이치를 설명한 것이다.

《주역》의 괘는 여섯 개의 효로 이루어져 있으며, 이 효들은 하늘, 땅, 사람의 원리를 반영한다. 삼재의 도는 각각 음과 양, 강함과 부드러움, 인과 의로 나뉜다. 이러한 원리들이 조합되어 여섯 개의 획으로 이루어진 괘가 만들어진다. 이 여섯 획은 음양의 변화를 단계별로 나타낸다.

처음 두 자리는 땅의 음양, 중간 두 자리는 사람의 음양, 마지막 두 자리는 하늘의 음양을 상징한다. 각 자리는 상호 대립하면서도 통일된 천도의 원칙을 보여준다. 효의 변화는 도의 운행과 변화를 상징하며, 여섯 자리는 강함과 부드러움이 교차하며 끊임없이 움직이고 변화하는 것을 나타낸다. 이러한 음양과 강유의 조화와 교체는 《주역》의 기본 원리 중 하나다.

《주역》의 변역불변과 유협의 문학적 관점

　유협은《주역》에서 말하는 변하는 것과 변하지 않는 것의 원리를 바탕으로, 문장을 쓸 때의 마음가짐과 이치를 설명했다. 그는 이를 통해 자신의 저서인《문심조룡》에서 독창적인 문학적 관점을 제시했다. 유협의 관점은 문학이 끊임없이 변화하지만, 그 본질은 변하지 않는다는 사상에 근거하고 있다. 그는 문학이 변화 속에서도 본질을 유지하는 것처럼, 글쓰기도 유연성과 지속성을 동시에 담아야 한다고 강조했다.

　유협은《문심조룡》의 〈변소辨騷〉편에서 초사楚辭에 대해 언급하며, 비록 이 작품들이 경의經義와 융합되었지만, 그 자체로도 훌륭한 문장들을 만들어냈다고 평가했다. 여기서 경의는 고정된 상징을 지니며, 영원히 변치 않는 위대한 가르침을 담고 있다고 보았다. 유협은 이러한 경전을 기반으로 한 문학 작품이 깊은 철학적 의미를 담고 있으며, 문학은 경전의 가르침에 뿌리를 두어야 한다고 강조했다.

　종경宗經에서는 문장이 경전을 바탕으로 한 글이 갖춰야 할 여섯 가지 덕목을 말한다. 첫째, 감정이 깊고 진실해야 한다. 이는 문장의 정서가 진술하고, 독자의 마음에 진정성을 전달할 수 있다는 뜻이다. 둘째, 문체가 맑고 깨끗해야 한다. 글을 간결하고 명료하게 표현해야 불필요한 복잡함이 없다. 셋째, 사실이 정확하고 과장하지 않아야 한다. 과장된 표현을 피하고, 사실을 바탕으로 글을 써야 한다. 넷째, 도덕적 가치가 올바라야 한다. 문장은 반드시 도덕적 기준에 맞아야 하며, 사회적 교훈을 줄 수 있어야 한다. 다섯째, 체제가 간결하고 복잡하지 않아야 한다. 글의 구성이 단순하고 명료하며, 독자에게 쉽게 전달될 수 있어야 한다. 여섯째, 문장이 아름답지만 음란하지 않아야 한다. 문장은 미적 가치를 지니지만, 그 미가 과도하지 않고 품위를 유지해야 한다.

이를 통해 문장에 진실함, 정확함, 도덕적 가치 등을 담아내는 것이 종경의 핵심 목적이라고 할 수 있다. 그래서 그는 창작할 때 경전을 본받아 형식을 만들고, 아름다움을 고려해 말을 풍부하게 해야 한다고 주장했다. 종경은 경전을 학문적·도덕적 기준으로 삼고, 이를 통해 문장의 바른 방향과 가치를 제시하는 철학적 개념이다. 종경에서 경전은 단순한 글이 아니라, 변하지 않는 가르침과 도덕적 지침을 포함하는 중요한 문서로 여겨지며, 글을 쓸 때 경전의 원칙을 따라야 한다고 강조한다. 이 개념은 유교 문학과 철학에서 글쓰기나 학문 활동의 기준으로 자주 언급되었다.

유협이 제시한 이 여섯 가지 요소는 경전에서 끌어낸 문학 창작의 핵심 원칙이자 최고의 기준으로, 문학 작품을 창작할 때 중요한 가이드라인이 된다. 그는 글을 쓸 때 경전을 본보기로 삼아, 그 형식을 따르고 내용을 충실히 해야 한다고 강조했다. 또한 아름다움을 고려해 표현을 풍부하게 하고, 독자에게 깊이 있는 감동을 주는 문장을 만들어야 한다고 주장했다. 유협의 이 원칙은 단순히 문장을 잘 쓰는 방법이 아니라, 경전의 가르침을 바탕으로 도덕적 가치와 문학적 아름다움을 조화롭게 결합하는 창작의 이상을 보여준다. 이를 통해 문학이 단순한 글쓰기를 넘어 사회의 교훈과 지혜를 전달하는 중요한 역할을 해야 한다고 본 것이다.

유협은 문학에서 진선미眞善美라는 기준을 강조했다. 이는 문학 작품이 진실함, 선함, 아름다움을 갖추어야 한다는 것이다. 진眞은 감정이 깊고 사실이 진실함을 의미하며, 작품이 진솔한 감정과 사실성을 담아야 한다고 본다. 선善은 풍격이 맑고 의리가 곧음을 뜻하는데, 이는 문학이 도덕적으로 올바르고 선한 가치를 전달해야 한다는 것이다. 미美는 체제가 간결하고 문장이 아름답다는 뜻으로, 문학 작품이 구조적으로 간결하면서도 미적으로 뛰어나야 함을 강조한다. 이 세 가지를 통해 유협은 문학이 진실한 감정, 도덕적 가르침, 아름다운 표현을 모두 갖추어야 비로소 완전한 작품이 된다고 주장했다.

또한 유협은 성인의 문장은 아름답고, 그 안에 깊은 내용과 성과가 담겨 있다고 인정했다. 그는 성인의 문장을 창작의 본보기로 삼았지만, 동시에 문학의 발전과 작가의 예술적 창의성도 존중했다. 유협은 문학이 단순히 전통을 따르는 것이 아니라, 역사적 발전과 함께 변화하는 것이라고 보았다.

유협은 "시대가 변하면 문학의 표현도 달라진다"며, 문학이 시대의 감정을 반영한다고 강조했다. 흥망성쇠가 시대의 흐름에 따라 변화하듯, 문학 역시 그에 맞게 발전하고 변화해야 한다고 보았다. 그는 문학 창작에서 규칙을 지키는 것이 중요하지만, 상황에 따라 유연하게 변화하고 창의적인 방식을 추구해야 한다고 강조했다. 즉, 유협은 문학의 전통과 창조적 발전이 함께 어우러질 때, 문학이 시대와 함께 진화하고 그 본질을 유지한다고 주장한 것이다.

특히 유협의 문학적 변화에 대한 상변常變적 관점은 특히 《초사楚辭》에 대한 평가에서 두드러진다. 그는 《초사》를 《시경》 이후에 등장한 새로운 문학 양식으로 보고, 그 예술적 독창성과 화려한 문체를 높이 평가했다. 유협은 《초사》가 "《시경》의 전통을 따르면서도 독특한 문체를 창조했다"고 보며, 그 예술성이 아雅와 송頌을 능가한다고 칭찬했다. 이를 통해 그가 문학의 변화와 발전을 지지하고, 창의적인 문장 스타일을 긍정적으로 평가했다는 점이 드러난다. 이러한 평가에서 유협의 상변적 관점은 문학이 변화를 통해 발전하는 과정을 중요하게 여기고, 이를 통해 문학의 예술적 가치가 더해진다는 철학을 보여준다.

참고로 아와 송은 《시경》에 나오는 두 종류의 시다. 아는 궁정이나 제사 등의 공식적인 자리에서 불리던 시를 말한다. 《시경》에서는 소아小雅와 대아大雅로 나뉘며, 소아는 비교적 짧고 소박한 내용의 시, 대아는 더욱 장엄하고 길이가 긴 시로 이루어져 있다. 송은 주로 제사 때 하늘이나 조상에게 바치는 찬미의 노래다. 제사를 위한 의식적인 노래로, 경건하고 격조 높은 내용이 특징이다. 즉, 아는 궁정에서 불린 시, 송은 찬미와 제사를 위한 노래다.

그러나 유협은 문학의 변화와 발전을 강조하면서도 무조건적인 변화는 반대했다. 그는 문학이 발전하기 위해서는 반드시 고전적인 경전을 바탕으로 해야 한다고 보았다. 즉, 경전을 본받아 규칙을 세우고, 성인의 가르침을 따르며 고전의 본질을 지키는 것이 중요하다는 것이다. 궁극적으로 문장은 창의성과 기발함을 추구할 수 있지만, 전통적인 규칙과 균형을 잃어서는 안 된다는 것이 유협의 입장이다. 이에 따라 그는 초사의 장점과 단점을 구분하며, 화려함과 기발함을 잃지 않되 균형과 실체를 유지해야 한다고 주장했다. 이는 유협이 문학에서 변화와 전통의 조화를 중요시했음을 보여준다.

문체의 상과 기법의 유연성

"문체의 형식은 상常이 있고, 문체의 수는 무방無方하다"는 말은, 상은 고정된 전통적 규칙을, 무방은 정해진 형식이 없다는 것을 뜻한다. 이 말은 문체와 글쓰기 기법에서 전통적인 틀이 중요하지만, 그 안에서 유연성과 창의성을 발휘할 여지가 있다는 것을 의미한다. 상변 관계는 문체의 기본 틀을 유지하면서도 변화와 자유로운 기법을 허용해 글쓰기의 다양성을 추구하는 원칙을 나타낸다.

문체는 형성된 후에는 독립성과 안정성을 갖추게 된다. 이를테면, 같은 문체를 사용하더라도 글의 목적에 따라 각기 다른 특징을 지니게 된다. 장문長文은 우아하고 격조 있게 써야 하며, 서신書信은 논리적 구조를 갖추어야 한다. 명구銘句는 사실에 기반해야 하고, 시부詩賦는 아름다움을 추구해야 한다. 참고로, 시부에서 시는 주로 운문 형식으로 운율을 중시한 글이고, 부는 산문과 운문 사이의 형식으로 사물을 설명하거나 찬미하는 글이다. 시부는 이러한 미학적 표현과 운율을 중요시하는 문학적 형식이다.

유협은 그의 저서《문심조룡》에서 스무 편의 글을 통해 각각의 문체가 요구하는 바를 분석했다. 그는 "시는 사람의 감정을 담는다"라고 해 시는 감정 표현에 중점을 두며, "부는 사물을 표현하고 감정을 드러낸다"며 부는 사물의 묘사와 감정을 함께 다룬다고 설명했다. 이처럼 유협은 각 문체의 본질적인 목적과 역할을 명확히 정의했다. 또한 그는 "체를 따라 형식을 이룬다"고 해 창작 과정에서 변화가 있더라도 문체가 지니는 기본적인 요구는 변하지 않는다고 강조했다. 즉, 문체의 본질적 요구는 변화와 발전 속에서도 유지되어야 한다며, 창의성과 전통적인 형식의 균형을 중시했다.

문체는 일정한 형식과 규칙을 따르지만, 창작 기법과 창작 활동은 매우 유연하고 변화할 수가 있다. 예술 창작은 고정된 틀에 갇히지 않으며, 각자의 재능과 개성에 따라 다르게 나타날 수 있다. 이와 관련된 말로 "사물에는 일정한 모습이 있지만, 생각에는 정해진 규칙이 없다"는 표현이 있다. 이는 문학적 창작이 단순한 형식적 규칙을 넘어서 독창성을 발휘할 수 있음을 의미한다.

유협은 예술가의 자유로운 상상력과 창의적 사고를 지지했으며, 창작은 정해진 틀에 얽매이지 않아야 한다고 주장했다. 그는 "문장의 생각은 그 신이 멀리 있다"라며, 창작 활동이 매우 복잡하고 다양한 가능성을 내포하고 있음을 인정했다.

그가 쓴《문심조룡》〈신사(神思)〉편에는 다음과 같은 구절이 있다.

"문장은 섬세한 생각을 담고 있을 때 더 깊은 뜻을 지니게 된다. 그러나 말로 모든 것을 표현할 수 없듯이, 글로도 그 모든 것을 완벽히 담아내기는 어렵다. 그래서 문장은 아주 정밀하게 다듬어져야 그 안의 묘미가 드러나고, 변화무쌍해야 그 깊이를 느낄 수 있다. 특히 복잡하고 미묘한 것들, 즉 예지鬱滯와 윤편潤偏과 같은 생각들은 그 오묘함 때문에 말로도, 글로도 온전히 설명할 수 없다는 점에서 더욱 정밀한 표현이 필요하다."

여기서 '예지'와 '윤편'은 유협이 《문심조룡》에서 언급하는 문학적 개념이다. '예지'는 문자 그대로 응체 또는 막힘을 의미하며, 창작자가 문장이나 생각을 표현할 때 발생하는 일종의 정체 상태를 나타낸다. 즉, 창작 과정에서 표현이 매끄럽게 풀리지 않아 글의 흐름이 막히는 것을 뜻한다. '윤편'은 윤택함과 편향됨을 뜻하는데, 문장에서 일부 표현이 지나치게 화려하거나 강조되면서 전체적인 균형이 깨지는 상태를 가리킨다. 즉, 특정 부분이 과도하게 장식되거나 문체가 지나치게 치우치는 현상을 일컫는다. 이 두 개념은 문학적 창작에서 조화를 이루는 것이 얼마나 중요한지를 설명하며, 글이 막히거나 균형을 잃는 상황에서 어떻게 해야 하는지를 고민하게 만든다.

유협은 문체와 문장 기법이 상호작용하며 변화하는 관계에 있다고 보았다. 그는 문체는 고유의 특성과 규칙이 있어 과거의 작품을 연구함으로써 그 규칙을 이해해야 한다고 설명했다. 하지만 창작 기법에 있어서는 고정된 법칙이 없기 때문에, 창의적이고 과감한 혁신이 필요하다고 강조했다.

유협이 말하는 통변通變은 이러한 변화의 핵심이다. 통변이란 고전적 규범과 새로운 창의성을 조화롭게 융합하는 것을 의미한다. 고전을 본받아 문체의 기본적인 틀을 유지하면서도, 창작 과정에서는 자유로운 사고와 다양한 기법을 사용해 새로운 표현을 시도해야 한다는 것이다. 결국, 통변은 전통과 혁신 사이의 균형을 의미하며, 이는 문학적 창작에서 중요한 원칙으로 자리 잡았다.

"통변의 기술은 과거의 고사에 의지하면서도 새로운 표현을 찾아내는 데 있다. 둘 중 하나라도 부족하면 완벽하지 않다"는 말은 문학적 창작에서 중요한 균형을 말한다. 이 말은 전통적인 규칙이나 고전을 존중하면서도, 그에 머무르지 않고 새로운 창의성을 통해 발전해야 한다는 뜻이다. 과거의 것만 따르면 창의력이 결여되고, 새로운 표현만 추구하면 전통을 잃게 된다는 것이다. 따라서 이 둘을 모두 갖추어야 완전한 문학적 작품이 탄생할 수 있다.

유협은 문체의 고정된 법칙과 기법의 변화를 완전히 구분하지 않았다. 그는 문체 내에도 변화가 존재하며, 기법의 변화 속에도 고정된 법칙이 있다고 보았다. 그는 저서 《문심조룡》〈문체론〉 편에서 다양한 문체의 대표적인 작품들을 분석하면서 시대에 따라 문체가 어떻게 변화해 왔는지를 연구하고, 문체의 변하지 않는 기본 법칙을 요약했다. 또한 〈창작론〉 편에서는 문장에 담긴 감정과 표현을 연구했다. 이를 통해 그는 창작 과정에서 기법이 일정하지 않더라도 그 안에 숨은 이치를 발견하고, 후대에 창작의 방향을 제시하려 했다.

문체와 창작의 관계에서 중요한 것은, 비록 변화가 존재하더라도 그 이면에는 일관된 원칙이 있으며, 이를 바탕으로 문학적 창의성과 전통을 모두 살릴 수 있는 균형을 찾는 것이다. 유협은 문학 창작에서 구체적인 규칙과 방법을 제시하면서, 효과적인 글쓰기를 위해 몇 가지 중요한 원칙을 강조했다.

먼저, 초안 작성 전에 세 가지 기준을 세워야 한다고 주장했다. 이는 글의 주제, 감정, 문체에 대한 명확한 계획을 세우는 것을 의미한다. 이러한 계획이 있어야만 글이 잘 짜여진 구조와 일관된 흐름을 가질 수 있다. 또한 문체의 형세를 만들기 위해서는 감정에 맞게 문체를 정하고, 그에 따라 글의 흐름과 구성을 완성해야 한다고 강조했다. 감정이 문체의 형성을 주도하고, 그 문체가 글 전체의 형세를 이끌어야 한다는 것이다. 마지막으로, 과장법을 사용할 때는 절도를 지키고, 장식적 표현을 하더라도 사실을 왜곡하지 않아야 한다고 말했다. 이는 독자를 사로잡는 강렬한 표현을 하되,

진실성은 잃지 않는 균형 잡힌 글쓰기를 강조한 것이다. 이러한 원칙들은 창의적이면서도 정교한 글쓰기를 하는 데 중요한 가이드라인을 제시한다.

고사故事나 전고典故, 역사나 문학 작품, 경전 등에서 유래된 특정 상황이나 사건, 인물, 또는 표현 방식을 인용할 때, 유협은 사건을 간결하게 하고, 그 이치를 바탕으로 삼아야 한다고 강조했다. 이는 단순히 과거의 이야기나 전통적인 예를 인용하는 데 그치지 않고, 그 안에 담긴 깊은 교훈과 의미를 문장에 녹여내야 한다는 뜻이다. 유협은 문학 창작의 규칙이 변하지 않는 원칙에 기반해야 한다고 주장하며, "문장의 기술에는 방법이 있지만, 생각에는 고정된 규칙이 없으며, 이치는 항상 존재한다"고 말했다. 그는 문체와 기법 모두 역사적 발전 속에서 고정된 특성과 변화의 규칙을 형성한다고 보았다. 이는 문학이 고정된 전통을 따르면서도, 변화 속에서 새로운 창의성을 추구해야 한다는 그의 생각을 반영한 것이다.

三十一. 《주역》 철학의 지혜

철학이란 무엇일까? 고전적인 정의는 다양하다. 철학은 먼저 지혜 그 자체로 이해되기도 하고, 지혜를 사랑하는 행위로 이해되기도 한다. 또한 철학은 인간이 지식을 어떻게 인식하는지 탐구하는 인식론이며, 올바른 사고와 탐구 방법을 연구하는 방법론이기도 하다.

철학의 궁극적인 목적은 세계에 대한 근본적인 이해를 추구하는 것이다. 이를 위해 철학은 반성적 비판을 통해 기존의 지식과 개념을 검토하고, 새로운 통찰을 얻으려는 노력을 포함한다. 또한 철학은 과학적인 방법론을 기초로 세상을 탐구하기도 한다. 동양사상에서는 철학을 세계를 이해하는 기본적인 틀인 세계관과 그 이해를 위한 도구인 방법론으로 간주한다.

철학이 지혜와 지혜를 사랑하는 것이라면, 《주역》은 바로 그 지혜를 담고 있는 책이다. 그렇다면 지혜란 무엇일까? 철학은 지혜를 추구하는 과정이며, 그 핵심적인 방법은 질문을 던지는 것이다. 그렇다면 《주역》도 질문을 던질까? 실제로 《주역》은 여러 질문을 통해 세상의 움직임과 변화를 탐구한다. 이를테면, '무엇이 움직이는가?' '왜 움직일 수 있는가?' '태극은 어떻게 움직이는가?' '음양은 어떻게 작용하는가?' '사물의 내부와 외부는 어떻게 서로 영향을 주고받는가?'와 같은 질문들은 사물과 세계의 원리를 단계적으로 깊이 있게 파고드는 과정을 보여준다. 만약 질문이 지혜를 표현하는 최종 방법이라면, 《주역》은 분명 그러한 지혜의 요소를 갖추고 있다고 할 수 있다.

하지만 《주역》의 지혜는 단순히 질문으로 끝나지 않는다. 오랜 세월 동안 사람들을 매료시킨 깊은 의미와 요소들이 존재한다.

첫째, 그중 하나가 하도河圖라는 개념이다. 하도의 생수生數와 성수成數는 사물의 외부 움직임 및 내부와 외부의 관계를 설명하는 방식이다. 이 도식은 두 가지 의미를 담고 있는데, 생수는 사물이 생겨나는 원리, 즉 생명력과 변화의 원천을 나타내고, 성수는 사물이 완성되는 원리, 즉 그 과정의 결과를 뜻한다. 이를 통해 《주역》은 사물의 변화를 더 깊이 이해할 수 있게 한다.

여기서 생수는 '태어나는 수'라는 뜻으로, 우주의 생성과 발전을 의미한다. 생수는 만물이 어떻게 생성되는지를 상징하며, 1, 2, 3, 4, 5라는 다섯 가지 수로 표현된다. 이 수들은 우주가 성장하고 발전하는 순서를 나타내어 생명이 시작되고 확장되는 과정을 보여준다. 성수는 '완성된 수'를 뜻하며, 우주가 형성되어 안정된 상태를 상징한다. 성수는 사물과 현상이 완성되거나 균형을 이루는 것을 의미하고, 6, 7, 8, 9, 10이라는 다섯 가지 수로 나타난다. 이 수들은 우주가 안정되고, 완성되는 과정을 상징한다. 즉, 생수와 성수는 서로 상호작용하며 우주의 생성과 완성을 말한다. 생수는 사물의 시작과 발전을 나타내고, 성수는 그 과정의 완성과 성숙을 표현한다. 하도는 이 두 개념을 통해 우주의 동적 변화와 균형을 상징적으로 보여주는 도식이다.

둘째, 하도河圖와 낙서洛書의 숫자는 서로 바뀌더라도 그 상징적 의미나 본질적인 변화에는 큰 차이가 없다. 이는 두 도식에 담긴 숫자들이 각각 서로 밀접하게 연관되어 있기 때문이다. 하도와 낙서에 나타난 숫자들은 우주와 자연의 원리를 설명하는 상징으로, 그 수가 서로 교환되거나 순서가 달라지더라도 기본적인 의미가 크게 달라지지는 않는다.

하도는 주로 우주가 생성되고 발전하는 과정을, 낙서는 우주가 완성되고 안정되는 과정을 상징한다. 두 도식은 서로 다른 면을 강조하지만, 모두 우주의 조화로운 원리를 설명하는 공통적인 목표를 가진다. 따라서 하도와 낙서의 숫자가 바뀐다 하더라도 그 근본적인 상징성은 유지된다. 이는 하도와 낙서가 우주와 자연의 질서, 균형, 그리고 상호작용을 설명하는 도구이기 때문이다. 우주의 원리는 본질적으로 변하지 않으며, 하도와 낙서에 나타난 숫자들은 이러한 원리를 상징적으로 보여줄 뿐이다. 숫자가 교환되거나 순서가 달라져도 그 상징은 우주의 조화로운 원리를 계속 설명할 수 있다. 결국, 하도와 낙서는 각각 다른 방식으로 같은 우주적 진리를 표현한다는 점에서, 그 수가 바뀌어도 전체적인 의미에는 큰 변화가 없다.

셋째, 선천8괘와 낙서의 숫자는 양陽의 관점에서 볼 때 완벽한 조합을 이루며, 괘卦와 수數가 서로 교환될 수 있다. 이는 두 가지 도식이 자연의 원리를 정확하게 설명하면서도 서로 밀접하게 연결되어 있음을 뜻한다.

양은 우주의 활발한 에너지, 생명력, 생성적 힘을 상징한다. 선천8괘는 이 양의 에너지를 바탕으로 우주의 기본 구조와 변화를 설명하며, 낙서의 숫자는 그러한 변화를 구체적으로 수로 표현한다. 선천8괘와 낙서가 양의 관점에서 완벽하게 조화를 이루는 이유는, 이 두 도식이 서로 다른 측면에서 동일한 우주적 원리를 말하고 있기 때문이다. 따라서 선천8괘의 괘구조와 낙서의 수숫자가 서로 교환될 수 있다는 것은, 둘이 본질적으로 동일한 원리를 반영하고 있기 때문이다.

괘는 음양의 상호작용을 통해 우주의 변화를 나타내고, 수는 그러한 변화를 단계별로 숫자로 나타낸다. 괘와 수는 음양의 상호작용을 설명하는 데 있어 일치하는 구조를 가지고 있기 때문에, 그 둘을 바꿔도 우주의 원리를 설명하는 의미에는 변화가 없다. 오히려 괘와 수가 서로 보완적인 역할을 하며, 더 넓은 범위에서 우주의 질서와 조화를 설명하는 완벽한 체계를 형성한다.

이를테면, 선천8괘에서 괘가 우주의 기본 틀과 음양의 상호작용을 말한다면, 낙서의 숫자는 그 음양의 상호작용이 구체적으로 어떻게 변화하고 발전하는지를 나타낸다. 이 두 요소가 양의 관점에서 완벽하게 결합된다는 것은, 선천8괘의 괘와 낙서의 숫자가 각각 우주의 생성과 변화를 설명하는 도구로서 서로 대체 가능하다는 뜻이다. 이를 통해 자연의 원리는 다양한 방식으로 해석되면서도, 그 근본적인 의미는 변하지 않고 오히려 더 큰 조화와 완벽성을 이루게 된다.

넷째, 하도와 낙서를 이용해 8괘를 추론하는 과정은 매우 자연스럽고 독창적이다. 이는 단순한 수학적 배열을 넘어, 자연의 변화와 우주의 원리를 설명하는 복잡한 체계를 형성한다는 점에서 흥미롭다. 하도와 낙서에 담긴 숫자와 상징은 우주의 생성, 변화, 균형을 설명하기 위해 고안된 도식이고, 8괘 역시 음양의 상호작용을 통해 자연의 변화를 설명하는 구조이므로 이 둘은 서로 긴밀하게 연결되어 있다.

하도의 숫자는 사물이 생성되고 발전하는 과정을 상징하고, 낙서의 숫자는 사물이 완성되고 균형을 이루는 과정을 나타낸다. 이 숫자들은 자연스럽게 연결되어 8괘의 음양 조합과 그 구조를 설명하는데, 이를 통해 우주와 자연의 원리를 논리적으로 해석할 수 있다. 예를 들어, 하도의 숫자 배열은 사물의 생성과 발전을 말하고, 낙서의 숫자 배열은 자연의 균형과 완성을 설명함으로써, 8괘의 구조를 추론하고 이해하는 과정은 매우 논리적이며 체계적이다.

이 과정이 독창적인 이유는, 단순한 숫자 배열을 통해 복잡한 자연의 원리와 인간의 삶에 대한 깊은 철학적 통찰을 이끌어낼 수 있기 때문이다. 하도와 낙서의 숫자들은 그저 수치에 머무는 것이 아니라, 우주의 움직임과 자연의 변화를 설명하는 중요한 상징적 도구로서 작용한다. 이것들이 8괘의 상징과 연결되면서 더 큰 의미의 체계가 만들어진다.

하도와 낙서의 숫자들은 각각 음양의 조화를 설명하는 기본 틀로서 작동하고, 8괘는 이러한 음양의 상호작용을 구체적으로 보여준다. 이처럼 하도와 낙서를 통해 8괘를 추론하는 과정은 단순히 이론적인 구조가 아니라, 우주의 원리를 실제로 반영하고 있다는 점에서 매우 자연스럽고 조화롭게 느껴진다. 즉, 이 과정은 단순한 숫자 배열로부터 우주의 생성과 변화, 그리고 자연의 법칙을 추론하는 독창적인 방법을 보여주며, 하도와 낙서가 8괘의 구조와 완벽하게 결합되어 우주의 원리를 설명하는 중요한 역할을 한다. 그리고 이 과정은 논리적이면서도 직관적인 사고방식을 반영해 우주와 자연에 대한 깊은 이해를 가능하게 한다.

다섯째, 후천8괘는 자연과 사물의 주기적인 발전을 매우 잘 설명하는 체계다. 후천8괘는 8괘의 변형된 형태로, 자연과 우주에서 일어나는 모든 변화와 주기적인 패턴을 상징적으로 담고 있다. 이는 자연과 인간 삶의 모든 현상이 일정한 주기에 따라 변화하고 발전한다는 원리를 바탕으로 한다.

자연에서는 사계절의 변화가 반복되고, 밤과 낮이 교차하며, 인간의 삶에서도 출생, 성장, 쇠퇴, 죽음이라는 주기적인 흐름이 존재한다. 이러한 모든 과정은 시작과 끝, 생성과 소멸의 순환으로 이루어져 있다. 후천8괘는 바로 이러한 자연의 순환과 변화를 설명하는 데 적합한 도구로, 주기적인 변화가 어떻게 일어나고 발전하는지를 명확하게 보여준다.

후천8괘에서 8괘는 음양의 상호작용을 통해 사물의 변화를 설명하는데, 음은 어둠이나 소멸을, 양은 빛과 생성의 힘을 상징한다. 음과 양의 끊임없는 상호작용은 사물의 시작과 끝, 그리고 다시 시작되는 새로운 주기를 나타낸다. 이를 통해 자연 속에서 일어나는 다양한 변화를 이해할 수 있다.

후천8괘는 자연 현상뿐만 아니라 인간 삶의 주기적인 변화를 설명하는 데도 유용하다. 이를테면, 사람의 삶은 출생, 성장, 성숙, 쇠퇴, 죽음으로 이어지는 순환을 반복하며, 이러한 과정은 후천8괘를 통해 음양의 원리로 해석할 수 있다. 음양의 조화와 변화를 통해 사람의 삶 역시 자연의 일부로서 주기적인 리듬을 가지고 있다는 사실을 이해할 수 있다.

즉, 후천8괘는 자연과 우주, 그리고 인간 삶에서 일어나는 주기적인 변화와 발전을 매우 체계적이고 논리적으로 설명하는 도구다. 음양의 상호작용을 통해 모든 사물의 시작과 끝, 생성과 소멸의 과정을 설명하며, 이를 통해 자연과 삶의 순환적 흐름을 이해하는 데 중요한 역할을 한다. 이처럼 후천8괘는 주기적인 패턴을 깊이 있게 분석하고 설명하는 독창적이고 강력한 체계다.

여섯째, 하도, 낙서, 8괘는 사물의 내적 에너지와 외적 상호작용, 그리고 그 둘의 조화를 설명하는 매우 효과적인 도식들이다. 이 세 가지 도식은 사물이 내부와 외부에서 어떻게 변화하고 상호작용하는지를 명확하게 설명하는 도구로, 우주와 자연의 원리를 이해하는 데 중요한 기초로 사용된다.

하도는 사물의 내부적인 에너지와 변화에 초점을 맞춘다. 하도에 나타난 수들은 사물이 생성되고 발전하는 과정에서 일어나는 내부적인 힘, 즉 사물의 본질적인 발전 과정을 나타낸다. 하도의 수는 사물이 어떻게 태어나고, 내부적으로 어떤 변화를 겪으며, 어떻게 성장하는지를 설명하는데, 이를 통해 사물의 내적인 흐름을 이해할 수 있다. 이 내부 에너지가 어떻게 작용하는지를 설명하는 데 있어 하도는 매우 중요한 역할을 한다.

반면에 낙서는 외부적인 상호작용을 말한다. 사물이 외부 세계와 어떻게 관계를 맺고 영향을 주고받는지, 외부 환경과의 상호작용을 통해 균형과 조화를 이루는 방식을 나타낸다. 낙서에 담긴 수는 사물이 외부 환경과 상호작용하면서 외부적 요소들이 사물에 어떻게 영향을 미치는지, 또 사물이 어떻게 그 환경에 적응하고 조화를 이루는지를 말한다. 즉, 낙서는 외부 세계에서의 움직임과 상호작용을 설명하는 도구로, 사물의 외적 균형을 파악하는 데 중요한 역할을 한다.

 8괘는 사물의 내외적 움직임이 어떻게 조화를 이루는지를 말한다. 음양의 상호작용을 통해 사물의 내부적 변화와 외부적 상호작용이 어떻게 연결되는지를 설명하고, 이를 통해 사물의 전체적인 움직임과 변화를 보여준다. 8괘는 음과 양의 조화와 균형을 통해 사물의 시작과 끝, 생성과 소멸을 나타내는 동시에, 사물이 내부적으로 어떻게 변화하고 외부 환경과 어떻게 상호작용하는지를 보여준다. 이를 통해 8괘는 자연의 주기적 변화와 발전 과정을 체계적으로 설명한다.

 하도는 사물의 내부적 변화를, 낙서는 외부적 상호작용을, 8괘는 이 둘의 조화를 말한다. 이 세 도식은 서로 연결되어 있으며, 각각의 도식은 우주와 자연의 원리를 다른 측면에서 설명하는 역할을 한다. 하도가 사물의 내부적 힘과 생성 과정을 말하고, 낙서가 외부적 상호작용과 균형을 나타내며, 8괘는 그 내외적 조화와 상호작용을 다루는 것이다.

 결국, 하도, 낙서, 8괘의 도식은 사물의 내외적인 움직임과 상호작용을 통합적으로 설명하는 매우 논리적이고 체계적인 도구들이다. 이 세 도식을 통해 사물의 생성과 발전, 외부 환경과의 상호작용, 그리고 그 조화를 종합적으로 이해할 수 있으며, 이는 우주와 자연의 원리를 깊이 있게 파악하는 데 큰 도움이 된다.

 일곱째, 하도, 낙서, 8괘 같은 도식들은 사물의 변화 상태를 묘사하는 데 매우 효과적이다. 이 도식들은 사물이 어떻게 변화하고 발전하는지를 명확히 설명하는 데 탁월하다. 이들은 사물의 변화를 체계적이고 상징적으로 나타내기 때문에, 자연과 우주의 원리뿐만 아니라 사물의 발전과 변화 과정을 이해하는 데에도 중요한 역할을 한다.

하도, 낙서, 8괘 같은 도식들은 사물의 변화를 시각적이고, 상징적으로 표현하는 데 매우 유용하다. 이를테면, 하도는 사물이 내부에서 어떻게 변화하는지, 낙서는 외부 환경과의 상호작용을, 8괘는 그 모든 변화의 조화를 말한다. 이 도식들은 사물의 내외적 변화와 주기적인 발전을 설명하는 체계로, 자연과 우주에서 사물의 변화 과정을 더 깊이 이해하는 데 큰 도움을 준다. 즉, 이러한 도식들은 사물의 변화를 눈에 보이듯이 쉽게 설명할 수 있는 시스템을 제공하며, 이를 통해 우리는 사물이 어떻게 생성되고, 변화하며, 주기적으로 발전하는지를 더 깊이 이해할 수 있고, 자연과 우주의 변화 과정에 대한 더 깊은 통찰을 얻게 된다.

여덟째, 하도, 낙서, 8괘 같은 간단한 도식을 사용해 사물의 변화를 예측할 수 있다. 이것들은 사물의 변화를 이해할 때뿐 아니라 미래의 변화를 예측하는 데에도 매우 유용하다. 이 도식들은 우주와 자연의 변화를 체계적으로 설명하기에 사물의 주기적 패턴과 상호작용을 분석하면 앞으로 어떤 변화가 일어날지 예측할 수 있다.

하도는 우주와 자연의 생성 및 발전 원리를 설명하는 도구다. 하도의 숫자 배열은 사물의 시작과 발전 과정을 나타내므로, 이를 통해 사물의 초기 상태나 변화 방향을 파악할 수 있다. 하도의 숫자를 이해하면 사물이 어떻게 발전하고 변화할지 예측할 수 있으며, 특히 사물의 내부적 에너지와 변화를 분석하는 데 효과적이다.

낙서는 사물의 외부적 상호작용과 균형을 말한다. 낙서에 담긴 숫자 배열은 사물이 외부 요인과 어떻게 상호작용하는지를 보여주기 때문에, 이러한 상호작용을 바탕으로 미래의 외부적 변화를 추측할 수 있다. 예를 들어, 사물이 외부 환경에 적응하거나 외부 영향을 받을 때 어떤 변화가 일어날지를 낙서를 통해 예측할 수 있다.

8괘는 음양의 상호작용을 기반으로 사물의 변화와 주기적인 발전을 말한다. 각 괘는 특정한 자연 현상이나 상태를 상징하며, 이 괘들을 분석하면 사물의 상태 변화가 주기적으로 어떻게 일어날지 예측할 수 있다. 8괘의 도식은 자연 현상뿐만 아니라 사회적 변화도 일정한 주기성을 가진다고 보며, 그 주기를 이해하면 향후 변화를 예측하는 데 매우 효과적이다.

8괘와 같은 도식은 자연 현상이나 사회적 변화가 일정한 주기를 가지고 발생한다고 본다. 이 주기성을 이해하면 미래에 어떤 변화가 일어날지 예측할 수 있다. 하도와 낙서는 사물의 내외적인 상호작용을 말한다. 사물의 내부 에너지와 외부 환경이 어떻게 조화를 이루는지를 파악하면, 이러한 상호작용이 앞으로 어떤 결과를 가져올지 예측할 수 있다.

음양의 균형과 변화는 사물의 상태를 결정하는 중요한 요소다. 음양의 변화 패턴을 분석하면 사물이 어떻게 변하고, 그 변화가 앞으로 어떤 상태로 이어질지를 예상할 수 있다. 즉, 이 같은 도식은 사물의 현재 상태를 분석할 때뿐 아니라, 그 변화 과정을 기반으로 미래를 예측할 때에도 도구로 사용될 수 있다. 이 도식들은 사물의 변화를 체계적으로 분석하고, 주기적 패턴을 파악해 향후 발생할 변화를 예측하는 데 유용하다.

이 모든 점은 《주역》의 깊은 지혜를 보여주고 있다. 이 도식의 의미를 깊이 이해하면 그 속에서 더 많은 진리를 발견할 수 있다.

三十二. 《주역》 연구

《주역》은 자연운동 결과의 객관적 분석 및 요약

인류가 오랫동안 관심을 가져온 질문 중 하나는 '사물은 어디에서 왔으며, 어디로 가는가?'이다. 이는 결국 사물이 어떻게 변화하고 발전하는지에 대한 근본적인 궁금증이다. 이러한 질문 속에서 우리는 더 구체적인 의문을 제기하게 된다. '무엇이 사물을 움직이게 하는가?', '사물은 왜 움직일 수 있는가?', '사물이 어떻게 움직이는가?'라는 세 가지 핵심 질문이 그것이다. 이 질문들은 사물의 운동과 변화에 대한 탐구를 의미하며, 이는 철학과 과학을 비롯한 여러 학문에서 매우 중요한 주제다.

필자는 그간 《주역》을 반복해서 연구한 결과, 《주역》이 바로 이러한 세 가지 질문을 중심으로 구성되어 있음을 발견했다. 하도와 낙서, 선천8괘와 64괘의 배열 등 《주역》의 주요 개념들이 모두 사물의 운동과 변화를 설명하는 데 중점을 두고 있기 때문이다. 《주역》은 물질과 우주의 운동을 탐구하는 깊이 있는 책으로, 사물의 변화와 발전을 이해하는 데 중요한 역할을 한다. 이를 통해 우리는 사물의 움직임과 그 이유, 그리고 그 방식에 대해 더 깊은 통찰을 얻을 수 있다.

별이 하늘에서 끊임없이 돌고, 계절이 바뀌며, 봄에 싹을 틔운 식물이 자라다가 가을에 시드는 것, 그리고 사람이 태어나서 성장하고, 나이를 먹고,

병들어 결국 죽는 것까지 모두가 자연 현상이다. 이런 현상들은 우리가 일상적으로 경험하는 것이지만, 그저 겉모습만 보고 있을 때가 많다. 이 모든 자연 현상들에는 하나의 공통된 원리가 있는데, 그것은 바로 '움직임'이다.

우리가 보고 경험하는 모든 것들은 끊임없이 변화하고 움직인다. 이 움직임은 단순히 물리적인 변화만을 의미하지 않는다. 식물의 성장과 시듦, 사람의 생로병사, 날씨와 계절의 변화는 모두 시간과 에너지의 흐름 속에서 이루어지는 자연의 법칙이다. 이러한 사실들을 바탕으로 미지의 것들을 추측해보면, 우주와 만물은 끊임없이 움직임 속에 존재한다고 말할 수 있다. 우주의 별과 행성들은 멈추지 않고 돌고, 생명체들은 태어나고 죽는 과정을 반복하며, 자연의 모든 것들은 흐름과 변화 속에 있다. 따라서 움직임은 우주와 자연의 근본 원리이며, 만물의 존재를 유지시키는 힘이다.

우리 인간도 약 30~40조 개의 세포로 이루어져 있다. 각 세포는 눈에 보이지 않을 정도로 미세한 떨림과 움직임을 통해 생명을 유지하고 있다. 세포 내의 화학 반응, 에너지의 생성과 소비, 물질의 이동은 모두 끊임없는 움직임의 결과다. 이러한 세포들의 미세한 움직임이 모여 우리는 생명을 유지하고, 우리의 몸 전체는 활동하고 변화한다. 세포 하나하나가 계속해서 움직이고 작동함으로써, 인간은 호흡하고, 생각하고, 움직일 수 있다. 이처럼 우리 몸은 겉으로는 고요해 보이지만, 실제로는 수많은 세포들이 끊임없이 움직이며 생명을 유지하는 중요한 역할을 하고 있다.

최근 이스라엘 와이즈만연구소 Weizmann Institute of Science가 〈네이처 메디슨 Nature Medicine〉에 발표한 연구 결과에 따르면, 우리 몸은 매일 약 3,300억 개의 세포를 교체하는데, 이는 1초당 380만 개의 세포가 새롭게 만들어지는 속도라고 한다. 세포의 수명은 다양하다. 장 상피세포는 3~5일, 적혈구는 120일, 백혈구는 0.9일 정도로 차이가 크다. 전체 세포가 교체되는 회전주기는 약 80일, 질량 기준으로는 1년 반이다. 세포의 교체 속도는 신체의 에너지 소비와 관련된다. 이 교체 과정은 인체 정체성에 대한 철학적인 질문을 던진다. 마치 그리스 신화 '테세우스Theseus의 배' 이야기처럼, 세포가 모두 교체된 몸이 여전히 같은 몸인지 생각하게 한다.

《주역》에서는 모든 사물과 현상이 변화의 법칙에 따라 움직인다고 가르친다. 이 변화는 단순한 소멸이 아닌 새로운 생명의 탄생으로 이어진다. 세포가 교체되는 과정은 바로 이러한 창조와 파괴의 반복적인 주기를 반영하고 있다. 《주역》의 생성-발전-쇠퇴-소멸의 주기는 세포의 탄생과 죽음, 그리고 그 반복을 통해 우리 몸이 끊임없이 갱신되고 있다는 사실을 알려준다. 인간의 몸 역시 자연의 법칙에 따라 끊임없이 변화하고 있는 것이다.

옛 현인들은 우리가 흔히 쓰는 운동과 변화라는 용어를 사용하지 않고, '역易'이라는 한 글자로 자연과 만물의 변화를 설명했다. '역'이란 사물의 겉모습에서 드러나는 변화라 할 수 있다. 그렇다면 그 변화 뒤에는 어떤 원리가 작용하고 있을까? 즉, 역을 움직이는 근본적인 힘은 무엇일까? 그 답은 바로 태극太極이다. 태극은 만물의 변화를 이끄는 주체로서, 옛 현인들은 '무엇이 움직이는가?'라는 질문에 태극으로 답했다. 태극은 만물의 변화와 운동을 이끄는 핵심 원리로 당시 연구 대상이기도 했다.

태극이 모든 운동의 중심에 있다면, 자연스럽게 태극이 어떻게 움직일 수 있는지에 대한 궁금증이 생긴다. 태극을 움직이는 힘은 무엇일까? 이 질문에 대한 답이 바로 도다. 도는 태극이 움직이도록 하는 근본적인 원리로, 자연의 법칙이자 만물의 운동과 변화의 본질을 나타낸다. 즉, 태극은 자체적으로 움직이는 것이 아니라, 도의 작용에 의해 움직인다. '무엇이 태극을 움직이는가?'라는 질문은 바로 도의 본질을 탐구하는 것이다. 옛 현인들은 도를 연구하며, 자연의 변화와 만물의 운동이 도에 의해 이루어진다고 보았다.

태극이 도에 의해 움직이면, 그 결과로 두 가지 상반된 기운, 즉 음과 양이 발생한다. 태극이 움직임에 따라 음과 양이라는 상반된 에너지가 형성 되는데, 이 두 기운이 서로 상호작용하면서 만물의 변화와 운동을 만들어 낸다. 이때 음양은 단순히 서로 대립하는 개념이 아니라, 상호 보완적인 관계다.

따라서 음과 양의 균형과 조화는 세상의 모든 운동과 변화를 설명하는 중요한 원리가 된다. 태극의 움직임을 통해 음양이 형성되고, 이 음양의 상호작용이 자연의 변화를 이끄는 근본적인 원리로 작용하는 것이다. 따라서 태극이 어떻게 움직이는지를 이해하려면 도의 작용을 먼저 알고, 그 움직임이 음과 양의 상호작용으로 이어진다는 것을 이해해야 한다. 이것이 바로 옛 현인들이 자연과 우주의 운동과 변화를 설명하는 방식이며, 태극과 도, 음양의 관계를 통해 세상의 모든 변화를 탐구한 이유다.

태극과 도, 그리고 음양의 개념을 현대 과학으로 해석하면, 이는 우주와 자연의 근본적인 원리와 에너지의 상호작용을 설명하는 방식과 유사하다. 현대 과학의 우주론으로 보면, 태극은 우주의 기원을 상징하는 개념이다. 현대 과학에서 빅뱅 이론은 우주의 시작을 설명하며, 모든 물질과 에너지는 하나의 점에서 시작된 후 폭발적으로 확장되었다고 본다. 태극도 이러한 우주의 근본 상태를 의미하며, 우주가 어떻게 시작되고 확장되었는지를 설명하는 본질적 원리로 이해될 수 있다.

도는 현대 과학에서 자연의 법칙, 특히 물리 법칙에 해당한다. 도는 태극을 움직이는 힘으로, 물질과 에너지가 어떻게 상호작용하고, 우주가 어떻게 움직이는지를 설명하는 근본적인 원리다. 물리학에서는 중력, 전자기력, 강한 상호작용, 약한 상호작용과 같은 기본 힘들이 우주를 움직이는 역할을 한다. 이 힘들은 자연의 모든 운동과 변화를 이끄는 핵심적인 법칙들로, 도의 역할과 매우 유사하다.

음양은 현대 과학에서 에너지의 상반된 성질이나 물리적 대칭성으로 해석할 수 있다. 이를테면, 물리학에서 양전자양성와 전자음성의 상호작용이나 전기적 양극과 음극의 상호작용처럼, 음양은 서로 상반되지만 상호 보완적인 에너지의 관계를 나타낸다. 이는 현대 물리학에서 관찰되는 대칭성이나 상반된 힘들의 조화와도 연결된다.

또한 음양의 균형은 엔트로피 같은 개념과도 관련이 있다. 엔트로피는 시스템이 질서에서 무질서로 변화하는 경향을 설명하는 개념으로, 음양의 상호작용을 통해 변화와 균형을 설명하는 방식과 매우 유사하다. 음양의 조화가 깨지면 변화가 일어나고, 다시 균형을 이루면 안정된 상태로 돌아오는 것은 열역학 제2법칙과 유사한 방식으로 설명할 수 있다.

양자역학에서도 상반된 상태나 불확정성의 원리와 같은 개념들이 음양의 상호작용과 닮아 있다. 양자역학에서는 입자가 동시에 두 가지 상태에 있을 수 있으며, 관측에 따라 그 상태가 결정되기도 한다. 이처럼 음과 양의 상호작용은 과학적으로도 대칭성과 상호작용의 본질을 설명하는 중요한 원리로 해석될 수 있다.

음양과 태극의 움직임

음과 양은 태극의 움직임으로 생겨난 두 가지 에너지다. 이 두 기운의 움직임과 상호작용은 여러 철학 체계에서 깊이 연구되어 왔다. 특히 하도, 낙서, 선천8괘, 후천8괘, 괘서에서는 음과 양이 어떻게 움직이고 서로 상호작용하는지를 말하고 있다. 이 체계들은 음양의 움직임을 바탕으로 자연의 변화와 만물의 생성을 설명하며, 음양의 조화와 균형이 세상 모든 변화의 근본 원리라는 것을 보여준다.

모든 사물은 내부와 외부로 나눌 수 있으며, 그 안에서 움직임과 정지가 함께 일어난다. 이를테면, 사람은 겉으로는 가만히 있을 수 있지만, 내부에서는 혈액이 흐르고 세포가 움직이는 등 끊임없이 변화가 일어나고 있다. 사물의 운동 방식은 이런 식으로 매우 다양하지만, 사람은 인식 능력에 한계가 있어 모든 사물의 운동 방식을 완벽히 이해할 수 없다.

하지만 우리가 공통적으로 관찰할 수 있는 것이 있다. 모든 사물의 운동 속에는 상대적인 정지와 절대적인 운동이 함께 존재한다는 점이다. 즉, 어떤 사물이 정지한 것처럼 보일지라도, 그 내부에서는 항상 변화와 움직임이 일어나고 있으며, 이는 절대적인 운동이라고 할 수 있다. 반대로, 외부적으로는 변화가 없는 것처럼 보여도, 그것은 상대적인 정지일 뿐이다.

이런 원리를 설명하기 위해 하도와 8괘 같은 도구가 사용된다. 하도는 사물의 내부적 에너지 흐름과 변화를 상징하고, 8괘는 음과 양, 즉 상반된 두 에너지가 어떻게 상호작용하면서 사물의 변화를 이끌어내는지를 말한다. 하도와 8괘는 사물의 운동과 정지를 단순화해 표현한 것으로, 이 두 도식은 음양의 원리를 이용해 사물의 내부와 외부의 상호작용을 묘사한다. 우리는 음과 양이 서로 대립하면서도 보완적인 관계에 있으며, 이 둘이 어떻게 조화를 이루어 사물이 운동하고 변화하는지를 하도와 8괘를 통해 쉽게 이해할 수 있다. 그리고 이를 통해 우리는 사물의 내적 에너지와 외부적 변화를 더 명확히 이해하게 된다.

《주역》은 상수를 다루는 학문으로, 이것은 《주역》의 중요한 특징 중 하나다. 상수는 두 가지 개념인 상象과 수數를 의미한다. 여기서 상은 사물의 형태나 모습을 뜻하고, 수는 그 사물이 가지고 있는 기운을 의미한다. 쉽게 말해, 상은 우리가 눈으로 볼 수 있는 사물의 외형이며, 수는 그 사물이 가진 보이지 않는 에너지다. 상은 사물 자체를 나타내며, 나 자신이나 사물의 본모습을 가리킨다. 반면에 수는 사물의 외부에 있는 기를 상징하는데, 기운은 보이지 않지만 사물에 영향을 미친다.

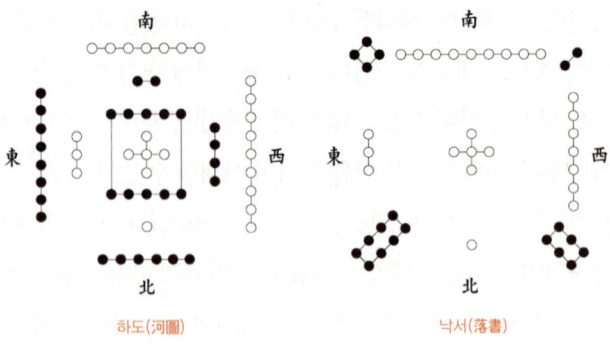

하도(河圖)　　　　　　　낙서(落書)

그렇다면 사물의 외부는 어떻게 움직일까? 하도와 낙서는 고대에 사물의 움직임과 변화를 연구하기 위한 도구로 사용되었다. 사람들은 이 두 가지를 통해 사물의 운동 방식을 이해하려고 했다. 하도는 사물의 내부에서 일어나는 운동에, 낙서는 사물의 외부에서 일어나는 운동에 초점을 맞추어 연구되었다. 이를 통해 사물의 내부와 외부의 움직임을 각각 분석하고 설명하려고 했던 것이다.

하도는 사물의 외부, 즉 우리가 눈으로 볼 수 있는 세계에서 일어나는 상대적 정지와 운동에 대해 연구하는 것을 목표로 한다. 상대적 정지란 사물들이 서로 상호작용하면서도 일정한 균형 상태를 유지하는 것을 의미한다. 이는 겉으로 보기에는 변하지 않는 것처럼 보이지만, 사실은 정해진 패턴에 따라 움직임이 반복되는 것이다. 예를 들어, 사계절의 변화, 해와 달의 주기적 움직임, 별자리의 위치 변화 등이 이러한 현상에 속한다. 이처럼 하도는 자연의 주기적 변화와 패턴을 통해 사물들이 어떻게 균형을 이루며 움직이는지를 말한다.

낙서는 사물 내부에서 일어나는 절대적인 운동을 탐구한다. 이는 외부에서 보이는 변화와 달리, 사물의 본질적인 변화와 움직임에 초점을 맞추고 있다. 사물의 외부에서는 상대적인 정지와 운동이 보일지라도, 그 내부에서는 끊임없이 근본적인 변화가 일어나고 있다는 것을 강조한다. 이를테면, 사람의 겉모습은 변하지 않는 것처럼 보여도, 내부에서는 세포들이 끊임없이 교체되고, 신진대사가 계속되는 것처럼 말이다.

낙서는 사물의 내부적 원리와 근본적인 움직임을 탐구한다. 이는 단순히 외부에서 관찰할 수 있는 변화가 아닌, 사물의 내적인 에너지 흐름과 변화의 근원을 연구한다. 이 연구는 사물의 본질적인 운동을 이해하려는 시도로, 외부에서 보이는 것보다 더 깊은 수준에서 사물이 어떻게 변화하고 발전하는지를 설명하는 역할을 한다.

선천8괘와 후천8괘는 《주역》에서 사물의 내부 움직임을 연구하는 중요한 도구다. 이 두 가지는 각각 사물 내부에서 일어나는 두 가지 운동을 설명하는데, 선천8괘는 상대적인 정지와 균형을, 후천8괘는 절대적인 운동과 변화를 나타낸다. 이를 통해 사물의 내부 변화와 움직임을 깊이 있게 이해할 수 있다.

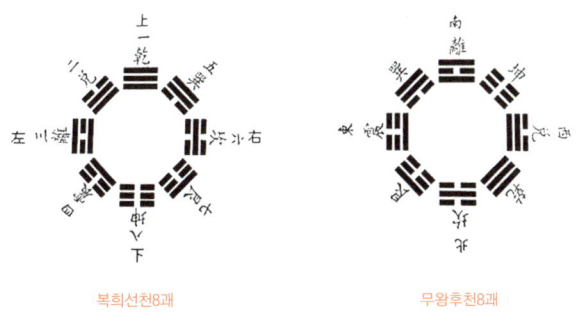

복희선천8괘   무왕후천8괘

먼저 선천8괘先天八卦는 사물이 내부적으로 일정한 질서와 균형을 유지하는 상대적 정지 상태를 말한다. 이는 사물 내부에서 일어나는 변화들이 일정한 규칙을 따르며 안정된 상태를 유지하는 것을 의미한다. 예를 들어, 사람의 몸이 자연스럽게 균형을 유지하거나, 자연계의 순환 과정처럼 내부적으로 조화와 균형을 이루며 움직이는 상태를 말한다. 따라서 선천8괘는 사물의 기본적인 구조와 성질에 초점을 맞추며, 사물 내부에서 일어나는 작은 변화들이 어떻게 균형을 유지하는지를 설명하는 데 중점을 둔다.

반면에 후천8괘 後天八卦 는 사물 내부에서 끊임없이 일어나는 절대적 운동을 설명하는 중요한 개념이다. 이는 사물의 본질적인 변화와 발전을 나타내며, 사물 내부에서 일어나는 지속적인 변화를 통해 사물의 성장과 진화를 이해하는 데 중점을 둔다. 후천8괘는 사물이 고정된 상태에 머무르지 않고, 끊임없이 움직이고 변화하며 새롭게 발전한다는 것을 강조한다.

이 절대적 운동은 사물이 외부에서 어떻게 보이든, 그 내부에서는 계속해서 변화하고 있음을 의미한다. 예를 들어, 식물이 성장하고 사람이 배우고 발전하는 과정은 외부적으로는 일정한 상태처럼 보일 수 있지만, 그 내부에서는 끊임없이 세포가 분열하고 성장하며 새로운 지식을 습득하는 변화가 일어나고 있다. 이러한 움직임은 눈에 보이지 않더라도, 사물의 성장과 발전을 이끄는 근본적인 원동력이다.

후천8괘는 이러한 내부 변화가 사물의 본질을 형성하고, 그 본질이 외부로 어떻게 나타나는지를 연구한다. 즉, 후천8괘는 사물의 내부에서 일어나는 끝없는 운동과 그 운동이 사물의 성격과 외부적 표현에 어떤 영향을 미치는지를 말한다. 이 운동은 단순한 반복이 아니라, 사물이 점차적으로 진화하고 새로운 단계로 나아가는 과정을 포함한다.

따라서 후천8괘는 사물이 계속해서 변화하고 발전하는 과정을 중점적으로 다루며, 이를 통해 사물의 내부와 외부가 어떻게 연결되어 있는지, 그리고 변화와 발전이 사물의 본질을 어떻게 형성하는지를 이해하게 한다. 이 개념은 우리가 보는 사물의 외부적인 모습뿐만 아니라, 그 속에서 일어나는 보이지 않는 움직임과 내적 변화를 함께 고려하는 데 중요한 도구가 된다.

간단히 말하면, 선천8괘는 사물 내부에서 상대적 정지 상태를, 후천8괘는 사물 내부에서의 절대적 운동 상태를 설명하는 서로 다른 관점을 제시하며, 이를 통해 사물이 어떻게 변화하고 움직이는지에 대한 깊은 통찰을 제공한다.

　사물이 변화하고 발전하는 이유는 그 내부와 외부에서 일어나는 여러 가지 운동 방식이 함께 작용하기 때문이다. 이 운동은 단순하지 않고, 사물의 내부와 외부에서 발생하는 상대적인 정지와 절대적인 운동이 동시에 영향을 미쳐 사물의 변화가 이루어진다. 즉, 사물은 안정된 상태를 유지하면서도, 내부에서는 끊임없는 변화가 일어나며, 이 두 가지가 함께 작용해 사물이 성장하고 발전한다.

　하도, 낙서, 선천8괘, 후천8괘는 각각 사물의 다른 네 가지 운동 방식을 설명하는 도구다. 이 도구들은 사물이 어떻게 움직이고 변화하는지를 다양한 측면에서 보여준다. 이 네 가지 운동 방식이 동시에 사물에 작용하면, 사물은 복잡한 운동 과정을 겪게 된다. 이 과정에서 어떤 변화가 일어나고, 최종적으로 어떤 결과로 이어질지를 연구하는 것이 바로 괘서의 역할이다. 즉, 괘서는 이 네 가지 운동 방식이 사물에 어떻게 작용하고 상호작용해 변화와 발전을 이루는지를 연구하는 도구다. 이를 통해 우리는 사물의 운동 과정과 변화의 원리를 이해하고 예측할 수 있다.

　사물의 운동은 크게 상대적 정지와 절대적 운동이라는 두 가지 개념으로 나눌 수 있다. 상대적 정지 운동은 겉으로는 멈춘 것처럼 보이지만, 그 안에서는 작은 변화가 일어나는 상태를 말하며, 이를 정중동靜中動이라고 한다. 하도와 선천8괘는 이러한 정중동, 즉 안정된 상태 속에서 미세한 변화가 일어나는 과정을 연구한다. 반면에 절대적 운동은 지속적인 움직임이 있지만, 그 속에서 일정한 안정성을 유지하는 것을 의미하며, 이를 동중정動中靜이라고 한다. 낙서와 후천8괘는 이런 동중정, 즉 지속적인 움직임 속에서도 균형과 안정성을 유지하는 과정을 연구한다.

또한 사물 내부와 외부의 상호 운동은 변화하는 도중에도 새로운 변화가 계속 일어나는 상태를 가리키며, 이를 동중변動中變이라고 한다. 괘서는 이러한 동중변, 즉 끊임없는 변화 속에서 일어나는 다양한 변화를 연구하는 도구다. 이는 사물이 변화하면서도 계속해서 다른 변화가 일어나는 복잡한 과정을 설명하는 데 중점을 둔다.

　분합分合의 관점에서 보면, 사도四圖, 즉 하도, 낙서, 선천8괘, 후천8괘는 운동 방식의 분리를 연구하고, 괘서는 여러 운동 방식을 결합하는 과정을 연구한다. 그리고 하도는 물질이 어떻게 결합하고 화합하는지를 다루고, 선천8괘는 물질이 어떻게 나뉘고 분열하는지를 말한다.

　정리하면, 하도와 선천8괘는 정중동, 즉 정지된 상태에서 일어나는 운동을 연구하고, 낙서와 후천8괘는 동중정, 즉 움직임 속에서 안정성을 다룬다. 괘서는 이와 함께 사물의 다양한 변화와 발전 과정을 설명하는 중요한 역할을 한다.

　사물의 변화와 발전을 연구할 때 가장 어려운 부분은 사물이 움직이는 동안 일어나는 변화를 이해하는 것이다. 괘서는 이러한 움직임 속에서의 변화動中變와 다양한 운동 방식이 결합되어 나타나는 결과를 연구한다. 이 때문에 괘서는 오랫동안 제대로 이해하기 어려운 주제였다. 괘서를 올바르게 이해하려면, 먼저 하도, 낙서, 선천8괘, 후천8괘 같은 기초 개념들을 알아야 한다. 이러한 개념들을 종합적으로 활용하면 괘서의 의미를 해석할 수 있다.

《주역》의 연구 범위와 우주 법칙

　《주역》의 연구 범위는 매우 넓고 깊다. 《계사전》에서는 《주역》이 하늘과 땅, 우주의 모든 변화와 이치를 포함하고 있다고 말했다. 이는 우리가 아는 것뿐만 아니라 아직 알지 못한 것들까지도 모두 포함하고 있다는 뜻이다.

이를테면, 과학은 오늘날 놀라울 정도로 발전해 천체물리학, 화학, 생물학 등 다양한 학문이 생겨났지만, 어떤 학문도 자신이 우주 안의 모든 현상과 법칙을 다룬다고 주장하지 않는다. 예를 들어, 천체물리학은 우주와 별의 운동을 연구할 뿐, 우주에서 일어나는 모든 현상까지 포함하지는 않는다. 다른 학문들 역시 특정 분야에 국한되어 있으며, 그 연구 범위는 한정적이다.

그러나 《주역》은 우주와 자연, 인간, 그리고 모든 사물의 변화와 이치를 연구 대상으로 삼고 있으며, 자연 법칙과 인간과 사회의 변화까지도 다루고 있다. 따라서 《주역》의 연구 범위는 과학적 학문과 비교할 수 없을 정도로 광범위하고 깊이 있는 철학적 체계를 이루고 있다. 《주역》은 우주와 자연의 이치는 물론 인간과 사회의 법칙까지 다룬다는 점에서 그 범위가 매우 넓다. 《주역》은 천지인, 즉 하늘과 땅과 인간을 모두 포함해 우주가 어떻게 움직이는지, 인간의 삶과 사회가 어떻게 변화하고 발전하는지까지 말한다. 따라서 《주역》은 별의 움직임, 사계절의 변화, 날씨의 흐름처럼 자연 세계에서 발생하는 모든 현상들을 다루고, 인간과 사회의 이치는 사람들이 어떻게 살아가고 상호작용하는지, 그리고 사회가 변화하는 원리까지 포괄한다.

그렇게 본다면 우리가 이미 알고 있는 모든 사물 중 《주역》이 아닌 것은 없다. 우주의 운동, 별들의 변화부터 시작해 사람의 생로병사와 같은 인간의 삶, 그리고 산과 강, 초목의 성장과 쇠퇴와 같은 자연 현상도 포함된다. 뿐만 아니라, 사회가 번영하고 쇠퇴하는 과정이나, 현대 과학에서 연구하는 기본 입자의 운동과 변화처럼 작은 단위의 현상들까지도 《주역》의 범주에 들어간다. 즉, 우리가 상상할 수 있는 우주의 모든 움직임과 자연의 변화, 인간과 사회의 변화 등 모든 것이《주역》의 연구 대상이다.

하도, 낙서, 선천8괘, 후천8괘는 비록 간단한 기호와 숫자로 이루어져 있지만, 이들은《주역》의 연구 범위를 구성하는 핵심 요소다. 이 도구들은 단순한 상징이 아니라, 우주의 이치와 만물의 변화를 설명하는 중요한 원리들을 담고 있다.《계사전》에서《주역》의 연구 범위를 정의하는 구절 중 필자에게 큰 영감을 준 대목은 "《주역》은 천지와 같으니, 천지의 도를 모두 포함할 수 있다 易與天地準 故能彌綸天地之道"라는 부분이다. 이 말은《주역》이 단순히 특정 영역만을 연구하는 것이 아니라, 하늘과 땅의 이치, 즉 우주와 자연의 모든 원리를 담고 있다는 뜻이다.

《주역》을 통해 우리는 위로는 하늘을 보고, 아래로는 땅을 살펴 세상의 모든 변화를 이해할 수 있다. 이를 통해 어둠과 밝음이 왜 일어나는지, 시작과 끝이 어떻게 연결되는지를 알게 되고, 나아가 생명과 죽음의 이치도 이해하게 된다. 이는 우리가 일상에서 경험하는 변화와 순환의 원리를 설명하는 중요한 개념이다.

또한 기운이 모여서 사물이 되고, 혼이 떠돌아 새로운 변화를 일으킨다는 원리를 깨달으면, 귀신과 같은 영적인 존재의 상태나 감정까지도 이해할 수 있게 된다.《주역》은 단순히 물리적 현상뿐만 아니라, 보이지 않는 기운과 영적 세계까지도 연구하는 깊은 학문으로, 이를 통해 우리는 세상의 모든 현상과 변화를 종합적으로 이해할 수 있다.

한 사람이《주역》을 공부하고 이를 실제 생활에 활용하면서 하늘과 땅의 모든 이치를 포함할 수 있다는 것은 매우 매력적이고 의미 깊은 일이다. 이는 단순히 자연의 변화나 우주의 원리를 이해하는 데 그치지 않고, 인간의 삶과 사회, 그리고 세상의 모든 법칙까지도 깊이 파악할 수 있는 기회를 제공한다.

우리는《주역》을 통해 자연의 흐름을 이해하고, 삶의 변화와 인간의 운명, 사회적 흐름을 통찰하게 된다. 이것은 우리에게 단순한 지식 습득을 넘어, 삶의 지혜와 세상을 바라보는 안목을 넓혀주고, 어떻게 살아가야 할지 방향성을 제시해 준다. 결국, 《주역》은 우주와 인간, 자연과 사회의 모든 변화를 통합적으로 이해하게 해주며, 이를 통해 자신과 세상의 관계를 더 깊이 이해하고 조화로운 삶을 살아갈 수 있는 지혜를 제공해 준다.

三十三. 《주역》의 특징과 연구 방법

《주역》의 여러 특징들은 우주와 자연, 인간 사회의 변화를 포괄적이고 체계적으로 이해하는 데 중요한 역할을 한다. 《주역》의 특징과 연구 방법에는 여러 가지가 있다.

첫째, 무한성이다. 《주역》은 우주와 자연의 변화를 다루며, 그 범위가 무한히 확장될 수 있다.

둘째, 외재성과 표상성이다. 외재성은 《주역》이 자연과 인간 사회의 외부 세계를 반영하는 특징을 뜻한다. 표상성은 이를 상징적인 기호로 표현해, 이해하기 쉽게 설명하는 방법을 의미한다.

셋째, 내부 변화성이다. 《주역》은 사물의 내부에서도 끊임없는 변화가 일어난다고 가르친다. 이는 사물의 본질적인 변화와 발전 과정을 이해하는 데 중점을 둔다.

넷째, 연속성이다. 연속성은 사물의 변화가 끊임없이 이어지는 과정을 의미한다. 변화는 멈추지 않고 계속 이어지며, 이 과정은 서로 연결되어 있다.

다섯째, 단계성이다. 변화는 한 번에 일어나는 것이 아니라 단계적으로 진행된다. 《주역》은 이러한 변화를 단계적으로 설명하며, 한 단계씩 발전해 나가는 과정을 탐구한다.

여섯째, 주기성이다. 주기성은 사물의 변화가 일정한 주기를 가지고 반복된다는 것을 뜻한다. 이는 자연과 사회의 변화를 주기적으로 설명하는 데 중요한 개념이다.

일곱째, 영원성이다. 《주역》은 변화가 끊임없이 일어나면서도, 그 본질은 영원히 지속된다고 말한다. 모든 것은 끊임없이 변하지만, 그 변화 자체는 영원하다.

여덟째, 철학과 과학의 통합성이다. 《주역》은 철학적 원리와 과학적 이치를 모두 다룬다. 사물의 변화를 철학적으로 탐구하면서도, 그 안에 내재된 과학적 법칙을 함께 말한다.

《주역》의 무한성

《주역》은 그 적용 범위가 정말로 무한하다고 할 수 있다. 이를 여러 측면에서 설명하면 다음과 같다.

첫째, 시간의 관점에서 《주역》은 과거, 현재, 미래라는 시간의 경계를 넘어서 존재한다. 즉, 시작과 끝이 없고, 모든 시대와 시점에 걸쳐 적용될 수 있다. 이는 과거의 사건을 해석하고, 현재의 상황을 분석하며, 미래를 예측하는 데도 활용 가능하다는 의미다.

둘째, 공간의 관점에서는 외부와 내부, 즉 장소나 영역의 구분이 없다. 《주역》은 우주의 어느 곳에서든 적용될 수 있으며, 자연계와 인간 사회의 내부적·외부적 모든 공간에서 활용될 수 있다. 이는 물리적 공간에 국한되지 않고, 우리의 정신적 세계에도 영향을 미친다.

셋째, 질량에 있어서는 크기나 규모의 차이가 중요하지 않다. 아주 큰 우주의 원리부터 작은 미세한 현상까지 《주역》의 원리는 모든 것에 적용된다. 이는 물리적 크기나 무게에 관계없이 모든 사물에 적용 가능한 원리를 가지고 있음을 뜻한다.

  넷째, 수량으로는 많거나 적은 양에 구애받지 않는다. 숫자가 많든 적든 상관없이, 《주역》의 원칙은 그대로 적용된다. 이는 작은 요소들에도 큰 원리들이 동일하게 적용된다는 뜻으로, 다양한 상황에 대처할 수 있게 해준다.

  다섯째, 형태는 특정한 모양이나 규격이 없기 때문에, 어떠한 상황이나 환경에서도 적용될 수 있다. 이는 어떤 고정된 틀에 얽매이지 않고, 변화하는 상황에 따라 유연하게 대응할 수 있음을 의미한다.

  마지막으로, 종류에 있어서는 모든 종류의 사물과 현상을 아우른다. 자연 현상, 인간 사회, 정신적 문제 등 어떤 종류의 문제든 《주역》의 원리는 적용될 수 있으며, 그 적용 범위는 끝이 없다.

  이처럼 《주역》은 시간, 공간, 질량, 수량, 형태, 종류에 상관없이 모든 것을 포괄하고, 제한 없이 적용된다. 결국 《주역》은 우주의 모든 법칙과 사물에 적용되는 보편적인 원리를 가지고 있다는 점에서 무한한 가능성을 가진다고 할 수 있다.

《주역》의 외재성과 표상성

  《주역》의 외재성과 표상성은 외부 세계에서 일어나는 변화를 통해 사람들이 그 속에 숨겨진 원리를 인식하거나 감지할 수 있도록 돕는 개념을 말한다. 쉽게 말해, 외부라는 개념은 사물의 겉으로 드러나는 변화를 의미한다. 《주역》은 이러한 외적인 변화를 통해 사물의 이치를 깨닫는 방법을 제시한다.

  이를테면, 나무 전체를 관찰할 때, 우리는 나무가 자라고, 꽃이 피고, 열매를 맺고, 마지막으로 죽는 과정을 눈으로 볼 수 있다. 이것이 바로 외부에서 일어나는 변화다. 그러나 나무 내부에서 일어나는 세포의 변화나 그 안에서 이루어지는 보이지 않는 과정은 내부에 해당한다. 흥미로운 점은, 만약 세포 하나를 연구하게 된다면, 그 세포의 겉면이 외부가 되고, 세포 내부가 내부가 된다. 이처럼 외부와 내부는 연구하는 대상에 따라 상대적으로 결정된다.

이러한 사물의 변화와 발전을 사람들은 감지해야 하지만, 인간의 인식 능력에는 분명한 한계가 있다. 그 때문에 모든 사물의 변화를 완벽하게 파악할 수는 없다. 하지만 우리는 이미 알고 있는 정보를 바탕으로 모르는 부분을 추론할 수 있고, 다양한 개별 사례를 통해 공통적인 패턴이나 법칙을 찾아낼 수 있다. 이러한 방식으로 우리는 사물의 겉모습을 보고 그것의 본질을 이해하며, 이를 통해 사물의 변화와 발전의 원리를 발견해 나간다.

이러한 부분에서 볼 때《주역》은 중요한 역할을 한다. 즉,《주역》은 외부에서 관찰할 수 있는 변화를 통해 우리에게 사물의 근본적인 원리를 깨닫게 해주고, 그 변화의 본질적인 의미를 이해할 수 있게 해준다.《주역》은 이렇게 사물의 겉으로 드러나는 변화를 바탕으로 본질을 파악하고, 이를 통해 우주와 자연, 인간 사회의 이치를 깨닫는 과정을 설명하는 학문이다.

《주역》의 내부 변화성

사물의 외부에서 보이는 변화는 사실 내부에서 일어나는 변화에 의해 발생한다. 이는 철학에서 자주 논의되는 기본적인 원리로, 외부에서 나타나는 결과는 내부의 변화가 있어야만 가능하다는 개념이다. 즉, 외부 요인은 내부 변화를 통해 작용하며, 우리가 눈으로 확인할 수 있는 외부의 변화는 사실 내부에서 일어난 변화의 결과물이다.

이를테면, 나무가 자라고 꽃이 피는 것과 같은 외부적 변화는, 사실 나무 내부에서 일어나는 세포의 성장이나 영양분의 이동 같은 내부적인 활동 때문에 발생한다. 이러한 내부 변화가 없다면, 우리가 눈으로 볼 수 있는 나무의 성장이나 꽃이 피는 현상도 일어나지 않을 것이다. 즉, 내부의 변화가 먼저 일어나야 외부의 변화가 뒤따라 나타나는 것이다.

이 원리는 인간의 감정과 행동 변화에도 적용된다. 사람이 겉으로 드러내는 행동 변화나 기분 변화는 단순히 외부 요인 때문이 아니다. 그 사람 내면의 감정 변화나 생각의 전환 때문이다. 예를 들어, 아무리 외부에서 좋은 일이 생겨도, 내면에서 그것을 받아들이는 변화가 없다면 그 사람은 아무런 감정적 변화도 느끼지 못할 것이다. 결국, 사람의 겉모습이나 행동이 변화하는 이유는 내부에서 일어나는 감정적·정신적 변화가 그 원인이다. 따라서 우리가 관찰할 수 있는 외부의 변화는 단지 결과적인 현상일 뿐, 진짜 원인은 항상 내부의 변화에서 비롯된다.

이것은 《주역》에서 매우 중요한 원리다. 외부 현상을 진정으로 이해하려면 그 이면에 숨어 있는 내부의 변화를 먼저 이해해야 한다. 외부의 변화는 단지 표면적인 것이며, 이를 제대로 파악하기 위해서는 내부의 원인을 깊이 들여다봐야 한다. 결국, 《주역》에서 강조하는 바는 겉으로 드러나는 변화나 결과에만 주목할 것이 아니라, 그 변화가 일어나게 된 내부적인 원인과 과정을 철저히 이해하는 것이 중요하다는 것이다. 이를 통해 우리는 사물의 변화와 발전의 근본 원리를 파악할 수 있고, 이러한 통찰은 자연의 이치와 인간 사회의 원리를 올바르게 이해하는 핵심이 된다.

《주역》의 연속성

　《주역》에서 말하는 말하는 사물의 물질 운동은 사물이 끊임없이 변화하고 움직이는 과정을 뜻한다. 이 변화는 단순히 일시적으로 일어나는 것이 아니라, 사물이 자라고, 변화하며, 결국 쇠퇴하거나 죽는 자연스러운 과정으로, 지속적으로 이어진다는 점이 핵심이다. 이 과정은 사물의 근본적인 원리를 보여주고, 변화는 항상 연속적으로 일어나며, 절대 중단되지 않는다는 사실을 알려준다.
　이를테면, 나무가 자라서 열매를 맺고, 마지막에 말라 죽는 과정을 생각해보자. 이것은 단일한 사건이 아니라, 수많은 변화가 차례대로 연결되어 일어난다. 나무는 하루아침에 자라거나 죽지 않는다. 나무의 성장에서 어제 일어난 변화가 축적되어 오늘의 모습을 만들고, 오늘의 변화는 내일의 성장으로 이어진다. 즉, 작은 변화조차도 그 전에 일어난 변화에 의존해 일어나고, 다음 변화는 현재의 변화에 바탕을 두고 발생하는 것이다. 따라서 변화는 단번에 끝나는 것이 아니라, 연속적으로 이어지고 발전하는 과정이다.
　이 변화는 시간과 공간의 제약을 받지 않으며, 어떠한 외부 요인이 있더라도 이 흐름은 멈추지 않는다. 이를 잘 설명하는 것이 고대 그리스 철학자 헤라클리토스의 '같은 강물을 두 번 밟을 수 없다'는 비유다. 강물은 계속해서 흐르기 때문에, 우리가 한 번 밟았던 강물은 이미 지나가고, 그 자리에 새로운 물이 흘러온다. 이는 모든 변화가 시간의 흐름에 따라 끊임없이 일어나고, 변화의 과정이 결코 중단되지 않는다는 것을 상징적으로 보여준다.
　《주역》이 강조하는 핵심은, 변화가 일시적으로 멈추거나 끊어지지 않고, 항상 지속적으로 이어진다는 점이다. 시간과 공간이 달라져도 변화의 본질적인 흐름은 계속되며, 그 안에서 사물의 성장, 변화, 쇠퇴, 죽음이 자연스럽게 연속적인 과정으로 이어진다. 이러한 원리를 이해하는 것이 《주역》에서 매우 중요하게 다루는 사물의 변화 법칙이다. 따라서 변화란 한 순간에 끝나는 사건이 아니라, 이전에 일어난 변화가 현재와 미래에 영향을 미치는 끊임없는 흐름이다.

사물의 변화와 발전을 제대로 이해하려면, 그 변화가 어떻게 연속적으로 이어지는지를 파악하는 것이 중요하다. 이를 통해 우리는 보이는 외부의 현상이 사실은 시간의 흐름과 함께 지속적으로 일어나는 자연스러운 운동임을 깨닫게 된다. 《주역》은 이러한 연속적인 변화를 이해하는 데 필수적인 원리를 제시하며, 사물의 본질적인 변화와 발전의 과정을 설명하는 학문이다.

《주역》의 단계성

《주역》의 단계성은 사물이 변화하는 과정 속에서, 특정한 시점이나 상황을 기준으로 다른 시점과 구분되는 특징적인 상태를 나타낸다. 《주역》 자체는 변화의 흐름을 단계로 명확하게 나누지 않지만, 우리가 사물을 연구하고 변화를 이해하기 위해서는 그 과정을 단계별로 분석하는 것이 필요하다. 이를테면, 우주의 변화를 하나의 주기로 본다면, 우리는 이를 여러 단계로 구분해 이해할 수 있다.

먼저, 태극은 우주의 근본 상태를 의미하며, 여기서 음과 양의 두 가지 기운兩儀이 나뉜다. 그다음에 사상四象, 즉 태양, 소양, 태음, 소음으로 나뉘며, 이것이 다시 8괘로 세분된다. 최종적으로 이는 무극無極이라는 상태로 변화가 이어지며, 이러한 흐름은 우주의 연속적인 변화를 단계별로 설명하는 방법이다. 이처럼 우주의 변화도 다양한 단계로 나눠 설명할 수 있으며, 그 과정에서 각 단계는 고유한 특징을 지닌다.

또한 특정 사물의 변화도 단계적으로 이해할 수 있다. 이를테면, 나무의 생명 주기를 살펴보면, 성장하는 단계, 가장 활발한 왕성의 단계, 그리고 점차 쇠퇴하는 단계로 구분할 수 있다. 나무가 성장할 때는 뿌리와 가지가 자라고, 왕성할 때는 꽃이 피고 열매를 맺으며, 쇠퇴할 때는 잎이 떨어지고 말라간다. 이런 각 단계마다 나무는 특정한 변화를 겪고, 우리는 이러한 변화를 보고 구체적으로 분석할 수가 있다.

《주역》에서 중요한 것은, 변화가 항상 연속적으로 이어지지만, 그 각 단계마다 특정한 특징이 존재한다는 것이다. 단계를 나누어 분석함으로써, 우리는 사물이 시간의 흐름 속에서 어떻게 발전하고 쇠퇴하는지 더 명확하게 이해할 수 있다. 이는 단순히 사물의 외부 변화를 관찰하는 것을 넘어, 내부의 원리와 과정을 함께 살펴보는 데 중요한 역할을 한다.

이처럼 《주역》의 단계성은, 우리가 사물이나 현상을 연구할 때 그 변화의 과정을 단계별로 나누어 살펴보는 것이 필요하다는 것을 강조한다. 이를 통해 우리는 사물의 전체적인 변화를 더 깊이 이해할 수 있으며, 각 단계에서 나타나는 고유한 특징을 발견함으로써 사물의 본질과 발전 과정을 더욱 체계적으로 파악할 수 있게 된다.

《주역》의 주기성

《주역》은 주기성에 대해 명확히 언급하지 않았지만, 사물을 이해하고 분석할 때 우리는 주기적인 흐름을 고려하는 것이 매우 중요하다. 주기성이란 변화가 반복적으로 일어나는 흐름을 말하며, 이를 통해 우리는 사물의 본질을 더 깊이 파악할 수 있다. 이 개념은 자연의 변화뿐만 아니라 인간의 삶과 우주의 원리를 이해하는 데에도 중요한 역할을 한다.

이를테면, 우주는 본래 시작과 끝이 없다고 말하지만, 인간의 인식은 이해를 돕기 위해 하나의 시작점을 설정한다. 빅뱅Big Bang 이론에서는 우주가 무한히 작은 점에서 폭발하면서 시작되었다고 보고, 이를 우주의 시작점으로 간주한다. 이처럼 주기적인 시작과 끝을 통해 우주의 변화를 설명하는 것이다.

《주역》에서 말하는 태극太極도 비슷한 개념을 가지고 있다. 태극은 우주의 모든 것이 시작되는 상태로, 모든 변화가 끝나는 상태이기도 하다. 하지만 그 끝은 단순한 종결이 아니라 새로운 주기의 시작을 의미한다. 우주의 변화는 순환적으로 이루어지며, 한 주기가 끝나면 새로운 주기가 시작되는 식으로 끝없는 발전과 변화가 이어진다. 이처럼 주기적인 순환을 통해 우주는 계속해서 변화하고 확장해 나간다.

이 주기성은 우리 삶에서도 찾아볼 수 있다. 인간의 생명 역시 하나의 주기로 볼 수 있다. 사람은 태어나서 성장하고, 가장 활발한 시기를 거친 후, 점차 늙고 죽는다. 겉으로는 죽음이 끝처럼 보이지만, 죽음 또한 다음 주기의 시작을 의미한다. 이는 자연의 법칙과 연결되며, 생명이 다시 새롭게 시작되는 과정으로 이어진다. 이를테면, 나무도 처음에는 자라서 꽃을 피우고 열매를 맺고, 그 후에 잎이 떨어지고 시들어 죽는 과정을 겪지만, 남겨진 씨앗이 다시 자라 새로운 나무가 된다. 이는 자연의 주기적 순환을 보여주는 좋은 예시다.

이처럼 주기적인 변화 과정을 통해 우리는 사물의 변화와 발전을 더 깊이 이해할 수 있다. 《주역》이 가르치는 핵심 중 하나는, 모든 것은 끊임없이 연속적으로 변화하며, 끝처럼 보이는 순간도 사실은 새로운 주기의 시작이라는 것이다. 이러한 주기적인 흐름은 시간과 공간에 구애받지 않고 계속해서 이어지며, 우리는 이 주기성을 통해 사물의 근본적인 원리를 더 잘 이해할 수 있다.

결국 《주역》은 변화의 흐름을 단순히 단절된 사건들로 보지 않고, 연속적이고 주기적인 과정으로 이해한다. 이 과정은 우리에게 사물의 본질적 원리를 깨닫는 데 큰 도움을 준다. 우주의 변화, 인간의 삶, 그리고 자연 현상 모두 주기적인 흐름 안에서 서로 연결되고, 끝없이 순환하며 발전한다는 것을 이해하는 것이 《주역》의 중요한 메시지 중 하나다.

《주역》의 영원성

우리는 주기적인 연구를 통해 사물이 어떻게 움직이고 변화하는지, 그리고 그 속에서 어떤 원리나 법칙이 작용하는지를 더 깊이 이해할 수 있다. 특히 연속성과 영원성이라는 두 가지 개념을 통해 사물의 운동을 바라보면, 우리는 표면적인 변화와 그 근본적인 본질을 구분할 수 있다.

연속성은 사물이 변화하는 과정에서 겉으로 드러나는 외적인 모습이다. 즉, 사물이 시간의 흐름에 따라 나타나는 눈에 보이는 변화를 의미한다. 반면에 영원성은 사물의 근본적인 본질로, 외부적으로는 변화가 있어도 그 본질적인 운동과 변화는 멈추지 않고 지속된다는 의미를 담고 있다.

사물은 끊임없이 변화하고 움직이지만, 그 운동은 절대로 멈추지 않는다. 이를테면, 나무를 예로 들어 보면, 씨앗에서 자라 꽃을 피우고, 결국 시들어 죽는 과정은 연속적인 변화의 흐름이다. 이 과정에서 나무의 외형적인 변화는 끝이 날 수 있지만, 그 물질은 다른 형태로 계속해서 변화하고 움직인다. 즉, 나무가 죽더라도, 그 물질은 새로운 순환 속에서 다른 형태로 존재하고, 변화를 지속하게 된다. 이러한 운동이 바로 영원한 운동이며, 사물은 완전히 사라지는 것이 아니라, 끊임없이 다른 형태로 변화하면서 존재를 유지하는 것이다.

이것은 《주역》에서 강조하는 영원성의 개념을 잘 보여준다. 《주역》에 따르면, 사물의 운동은 끝이 없으며, 계속해서 이어진다. 즉, 모든 사물은 탄생과 죽음, 성장과 쇠퇴라는 변화의 과정을 거치지만, 그 물질은 영원히 변화를 거듭하며 계속해서 존재하는 것이다. 이는 사물이 한 순간 사라지거나 끝나는 것이 아니라, 그 근본적인 운동이 끊임없이 연속적으로 이어진다는 것을 의미한다.

이러한 주기적인 연구는 사물의 겉으로 드러나는 변화뿐 아니라, 그 본질적인 운동과 변화가 어떻게 영원히 지속되는지를 이해하는 데 매우 중요한 역할을 한다. 사물은 끝없이 변화하며, 그 본질적인 운동은 결코 멈추지 않는다. 이것이 바로 《주역》이 전하는 핵심 메시지 중 하나로, 모든 사물은 끊임없이 변화하면서도, 그 본질은 영원히 연속적인 흐름을 유지한다는 것이다.

《주역》 철학과 과학의 통합성

《주역》은 단순한 철학적 사유를 넘어, 자연의 법칙을 탐구하고 설명하는 과학적인 특성도 지니고 있다. 이 책은 세계와 우주, 그리고 인간의 삶에 대해 깊이 탐구하는 도구로 사용될 수 있다. 많은 학자들이 《주역》의 이점을 연구해 왔지만, 기대만큼 성공적인 성과를 얻지 못한 이유 중 하나는 하도와 낙서라는 핵심 개념의 본질을 제대로 이해하지 못했기 때문이다.

《주역》은 먼저 세계와 사물을 이해하는 철학적 도구로서 중요한 역할을 한다. 하늘과 땅, 인간과 자연, 그리고 우주의 모든 변화를 설명하려는 노력이 《주역》의 괘와 효를 통해 이루어진다. 이 괘와 효는 각각 자연 현상이나 인간의 삶에서 일어나는 변화의 상징적 표현이며, 이를 통해 우리는 우주의 이치와 세상의 움직임을 더 깊이 이해할 수 있다. 따라서 《주역》은 철학적 연구 범위에 속하며, 이를 공부함으로써 우리는 세상이 어떻게 작동하는지를 더 깊이 있게 이해할 수 있다.

하지만 《주역》에는 단순한 철학적 사고를 넘어서 과학적인 요소도 포함되어 있다. 《주역》의 기호와 숫자는 단순한 상징이 아니며, 이는 자연의 법칙을 반영하는 중요한 도구로서 기능한다. 이를테면, 8괘는 자연의 다양한 상태를 나타내며, 각 괘는 우주의 운동과 변화를 표현한다. 이 괘와 효를 통해 우리는 자연의 패턴과 주기를 파악할 수 있으며, 이 점에서 《주역》은 자연의 법칙을 설명하는 과학적 도구로서의 역할을 한다. 즉, 《주역》은 철학적 사고와 과학적 분석을 결합해 자연의 법칙을 이해하는 중요한 수단이 된다.

하도와 낙서는 《주역》의 철학적·과학적 성격을 이해하는 데 매우 중요한 개념이다. 하도는 우주의 질서를 나타내는 상징적 그림으로, 자연의 조화와 균형을 말한다. 낙서는 우주의 법칙을 수로 표현한 숫자 체계로, 자연의 변화와 운동을 분석하고 설명하는 데 사용된다. 이 두 가지 개념은 《주역》을 통해 자연의 질서와 패턴을 설명하는 데 필수적이다. 하도와 낙서를 제대로 이해하지 못한다면, 《주역》의 본질을 온전히 파악하기가 어렵다. 하도와 낙서는 자연 법칙을 설명하는 열쇠로, 이를 해석함으로써 우리는 자연의 질서와 우주의 변화를 더 잘 이해할 수 있다.

결과적으로, 《주역》은 철학적 사고와 과학적 법칙을 모두 아우르는 중요한 도구다. 철학적으로는 세계와 인간의 삶을 이해하는 데 도움을 주고, 과학적으로는 자연의 법칙과 우주의 변화를 설명하는 데 유용하다. 하지만 《주역》의 진정한 깊이를 완전히 이해하기 위해서는, 하도와 낙서를 포함한 상징과 숫자 체계를 정확히 연구하고 해석해야 한다. 이를 통해 우리는

《주역》의 철학성과 과학성을 더욱 깊이 이해할 수 있다.

  이를 과학적으로 해석하면, 《주역》이 설명하는 변화와 운동은 물질의 보존 법칙과 에너지 변환의 개념과도 밀접하게 연결된다. 모든 물질과 에너지는 형태를 바꾸며 계속해서 변형되지만, 완전히 사라지거나 새로 생기는 것이 아니다. 물질의 보존과 에너지의 변환이 일어나는 과정에서 계속해서 변화하는 원리는 《주역》의 사상과 일치하며, 이는 사물이 끊임없이 변화하고 순환하는 원리를 설명하는 데 중요한 역할을 한다.

三十四. 《주역》의 특징과 과학적 해석

만유인력과 척력

《주역》에서 음과 양의 상호작용은 우주와 자연의 기본 원리다. 뉴튼의 만유인력은 서로 끌어당기는 힘이다. 이를 음양에 비유하면, 음과 양이 서로 보완적 관계에 있으면서 상호작용을 통해 조화를 이루는 것과 비슷하다. 만유인력은 모든 물체가 서로 끌어당기는 힘으로 질서를 유지하려는 방향성을 가진다. 이 과정에서 음은 수용적이고, 내향적이며 응집하는 성질을 가지므로 만유인력에서 끌림의 성질을 음에 비유할 수 있다. 즉, 만유인력은 음양의 조화 속에서 음의 성질을 띤다고 할 수 있다. 물체들이 서로 끌어당기는 힘은 우주적 균형을 유지하기 위한 작용으로, 음의 수용적, 끌림의 특성을 반영한다.

반면에 척력斥力, 즉 서로 밀어내는 힘은 음양의 관점에서 보면 양의 성질을 가진다. 양은 확장적이고 외향적인 힘으로, 서로 밀어내는 에너지를 표현할 수 있다. 양의 성질은 적극적이고 발전적인 성격을 띠며, 물체들이 서로 떨어지려는 경향으로, 즉 척력은 양의 확장적 성질과 유사하다. 우주론에서 암흑 에너지로 인해 우주가 가속 팽창하는 현상은 일종의 척력으로, 음의 끌림에 균형을 맞추기 위해 우주가 양적인 팽창 에너지를 발산하는 것이라고 볼 수 있다.

《주역》에서는 음과 양이 서로 대립하면서도 보완적인 관계를 이루고 있다. 마찬가지로 만유인력과 척력은 서로 상반되지만, 우주의 균형을 유지하기 위한 힘으로 작용한다. 음양이 서로 조화를 이루며 우주의 질서를 형성하는 것처럼, 만유인력과 척력도 우주에서 질서를 유지하는 데 중요한 역할을 한다. 음은 만유인력으로서 서로 끌어당기는 힘을, 양은 척력으로서 서로 밀어내는 힘을 상징할 수 있다. 이러한 상호작용이 우주 전체의 균형을 유지하고, 변화와 조화를 이루어 내는 원리로 작용한다고 해석할 수 있다.

척력斥力, Repulsive Force은 물리학에서 두 물체가 서로를 밀어내는 힘이다. 척력은 서로 반발하는 성질을 가지며, 이 힘은 다양한 물리적 상황에서 나타난다. 척력은 물리학의 여러 분야에서 중요한 역할을 하지만, 특히 전자기력과 핵력에서 흔히 다뤄진다. 여기서 척력이 발생하는 원리와 사례들을 자세히 알아보자.

전자기 척력Electromagnetic Repulsive Force은 가장 일반적인 척력의 예다. 전하를 띤 입자들 사이에서 발생하며, 같은 극성같은 부호의 전하끼리는 서로 밀어내고, 반대 극성다른 부호의 전하끼리는 서로 끌어당기는 현상이다. 이를테면, 양전하끼리 또는 음전하끼리는 서로 밀어내는 척력이 있다. 이 현상은 쿨롱의 법칙Coulomb's law으로 설명할 수 있다.

핵 척력Nuclear Repulsive Force은 원자핵 안에서 양성자는 모두 양전하를 띠는데, 이들 사이에는 전자기적 척력같은 전하끼리의 반발이 작용한다. 하지만 원자핵이 붕괴하지 않고 안정적으로 존재할 수 있는 이유는 양성자와 중성자 사이에 작용하는 강한 핵력Strong Nuclear Force이 척력보다 훨씬 더 강하게 작용하기 때문이다. 그러나 특정 조건 하에서는 척력이 여전히 중요한 역할을 한다. 특히 원자핵의 불안정성이나 핵 붕괴 과정에서 척력이 중요한 작용을 한다. 무거운 원자핵이 분열할 때, 양성자들 사이의 척력이 분열을 촉진한다.

우주론적 척력Cosmological Repulsive Force은 주로 암흑 에너지와 관련이 있다. 암흑 에너지는 우주가 가속 팽창하는 데 기여하는 힘으로 작용하는데, 이 현상은 척력으로 설명할 수 있다. 암흑 에너지는 우주 전체에 고르게 분포된 에너지로, 공간 자체를 팽창시키는 원인이다. 우주 팽창과 척력은 우주가 팽창하면서 물질이 점점 더 멀어지는데, 이는 일종의 척력으로 해석될 수 있다. 이 척력은 만유인력과 반대되는 성질을 가지며, 현재로서는 암흑 에너지의 존재로 설명되고 있다.

파울리 배타 원리로 인한 척력Pauli Exclusion Principle은 양자역학에서 동일한 양자 상태를 가진 페르미온예: 전자이 같은 공간을 차지할 수 없음을 설명하는데, 이 원리로 인해 전자들 간에 척력 같은 효과가 나타날 수 있다. 이는 전자들 사이에 전자기적 척력 외에도 양자역학적 반발이 발생하는 이유 중 하나다.

접촉력과 일상생활에서 우리가 물체를 만지거나 밀었을 때 물체가 저항하는 힘도 일종의 척력으로 볼 수 있다. 이를테면, 두 물체가 서로 닿으면 원자 간의 전자기적 척력으로 인해 물체들이 밀려나거나 튕겨져 나가는 현상이 발생한다. 우리가 벽을 밀면 벽이 저항하는 힘도 원자 간의 전자기 척력에서 비롯된 것이다.

척력은 여러 기술에서 유용하게 활용된다. 이를테면, 자기부상 열차Maglev Train는 자기장을 이용한 척력으로 열차가 레일 위에 떠서 움직인다. 이는 전자기적 척력을 활용한 대표적인 기술이다. 원자력 에너지 또한 원자핵 분열 시 핵자들이 서로 분리되는 과정에서 척력이 중요한 역할을 한다.

척력은 물리학에서 매우 다양한 상황에서 나타나며, 같은 전하끼리의 반발력, 우주 팽창에서의 암흑 에너지, 그리고 일상생활의 접촉력까지 여러 형태로 존재한다. 이는 음양의 원리에서 양陽의 성질, 즉 확장적이고 밀어내는 성질을 나타내며, 만유인력과는 상반되는 힘으로 우주와 자연의 균형을 이루는 데 중요한 역할을 한다.

질량 보존의 법칙

질량 보존의 법칙은 과학에서 물질이 화학적·물리적 변화를 겪을 때도 총질량이 변하지 않는다는 원칙이다. 즉, 물질의 형태나 상태는 바뀔 수 있지만, 그 자체가 사라지거나 새로 생기지 않는다는 것이다. 이를테면, 나무가 자라서 죽고 썩는다 하더라도, 그 물질은 완전히 사라지는 것이 아니다. 나무가 썩으면 그 물질은 흙, 공기, 물 같은 다른 형태로 변화하며, 그 과정에서 질량은 보존된다.

이와 같은 원리는 《주역》의 영원성 개념과 밀접하게 연결된다. 《주역》에서는 사물의 변화가 끝나지 않고 끊임없이 이어진다고 본다. 나무가 죽어도 그 물질은 계속해서 다른 형태로 존재하고, 이는 사물이 사라지거나 끝나는 것이 아니라, 다른 방식으로 계속 이어진다는 것을 의미한다.

질량 보존의 법칙은 《주역》이 설명하는 사물의 영원한 변화와 연속성을 과학적으로 설명하는 중요한 개념이다. 사물의 겉모습은 변화하고 사라지는 것처럼 보여도, 그 본질은 계속 존재하며 다른 형태로 이어진다는 점에서, 과학의 법칙과 《주역》의 철학적 개념은 일맥상통한다고 할 수 있다.

에너지 보존의 법칙

에너지 보존의 법칙은 에너지가 한 형태에서 다른 형태로 변환될 수는 있지만, 그 총량은 변하지 않는다는 과학적 원리다. 즉, 에너지는 형태를 바꾸더라도 사라지거나 새로 생기지 않으며, 항상 동일한 양으로 유지된다는 것이다. 이를테면, 나무가 자랄 때는 태양 에너지를 흡수해 그 에너지를 화학 에너지로 변환한다. 나무는 광합성을 통해 태양 에너지를 저장하고, 이 화학 에너지를 성장하는 데 사용한다. 나무가 성장하고 나중에 죽어 썩는 과정에서 저장된 화학 에너지는 다시 열 에너지나 다른 형태의 에너지로 변환된다. 이 과정에서 에너지는 소멸되지 않고, 계속해서 형태를 바꿔가며 존재하게 된다.

이 원리는 《주역》에서 말하는 연속성과 매우 유사하다. 《주역》은 사물의 변화와 운동이 끊임없이 이어진다고 말한다. 마찬가지로, 에너지도 한 형태에서 다른 형태로 변환되며 끊임없이 존재하고 변화한다. 에너지는 사라지지 않고, 계속 다른 형태로 변환되면서도 그 근본적인 속성은 유지된다. 이는 에너지의 흐름이 영원히 계속된다는 《주역》의 개념과 연결된다.

에너지 보존의 법칙은 《주역》에서 말하는 연속성을 과학적으로 설명하는 중요한 개념이다. 에너지는 형태만 바꿀 뿐, 그 자체는 사라지지 않고 끊임없이 존재한다. 이처럼 에너지 보존의 법칙은 사물의 변화도 단절되지 않고 계속 이어지며, 그 본질적인 속성은 변하지 않는다는 점에서 《주역》이 강조하는 연속적인 변화의 원리와 일치한다. 결론적으로, 에너지 보존의 법칙은 《주역》에서 말하는 사물의 연속성과 영원한 변화를 과학적인 관점에서 설명해 준다.

열역학 제2법칙과 엔트로피

열역학 제2법칙은 엔트로피가 증가하는 현상을 설명하는 법칙이다. 엔트로피란 무질서도를 나타내는 척도로, 자연계에서는 항상 증가하는 경향이 있다. 이것은 자연스럽게 모든 시스템이 점점 더 무질서한 상태로 변하고, 에너지가 점차 고르게 분포되는 방향으로 나아간다는 것을 의미한다. 즉, 사물은 끊임없이 변화하며, 그 변화는 질서에서 무질서로, 또는 복잡한 상태에서 단순한 상태로 나아가는 자연스러운 흐름을 따른다.

이를테면, 고온에서 저온으로 열이 이동하고, 에너지가 점점 더 균등하게 퍼지는 과정이 바로 엔트로피 증가의 예다. 이 과정에서 에너지는 결코 사라지지 않지만, 더 이상 효율적으로 사용될 수 없는 상태로 변한다. 이러한 변화는 자연계에서 멈추지 않고 계속해서 일어난다.

이러한 원리는 《주역》에서 설명하는 연속적인 변화와도 밀접하게 관련된다. 《주역》은 사물과 우주의 운동과 변화가 끊임없이 일어난다고 설명하며, 모든 것이 시간의 흐름에 따라 변화하고 발전한다고 가르친다. 사물은 한 상태에 멈추지 않고, 지속적인 변화를 통해 새로운 상태로 나아가며, 이는 자연의 본질적인 법칙이라는 것이다.

엔트로피의 증가 역시 변화의 연속성을 강조한다. 자연계에서 모든 시스템은 끊임없이 변화하며, 이러한 변화는 항상 어떤 흐름을 따른다. 열역학 제2법칙에 따르면, 에너지는 분포가 고르게 되고, 이는 결국 자연의 질서와 조화를 이루게 된다. 이는 《주역》의 개념과도 일맥상통하는 부분으로, 우주와 자연의 모든 사물이 끊임없이 변화하면서도 그 자체로 조화를 이루며 발전해 나간다는 철학적 관점과도 맞닿아 있다.

결국, 엔트로피 증가는 자연스러운 변화의 방향성을 보여주며, 이는 《주역》에서 말하는 변화와 운동의 지속성이나 발전과도 같은 맥락에서 이해될 수 있다. 물질과 에너지가 멈추지 않고 변화하는 과정은, 《주역》의 세계관에서도 끊임없는 발전과 변화의 흐름으로 설명된다.

주기적 변화와 생명

생물학적으로 모든 생명체는 주기적인 변화를 겪는다. 이 주기는 생장,

성장, 쇠퇴, 그리고 죽음으로 이어진다. 이를테면, 사람이나 나무 같은 생명체는 태어나 자라고, 시간이 지나면서 점차 쇠퇴하다가 결국 죽음에 이른다. 하지만 죽음으로 끝나는 것이 아니라, 그 물질은 다른 생명체의 일부가 되거나, 자연으로 돌아가 다시 순환에 참여하게 된다. 이러한 순환 과정은 생명체가 한 번의 생애로 끝나는 것이 아니라, 계속해서 다른 생명과 물질로 변화하고 재생되는 것을 의미한다.

이 개념은 《주역》에서 설명하는 생과 사의 주기성과도 깊이 연결된다. 《주역》은 모든 사물이 변화의 흐름 속에 있으며, 그 변화가 단절되지 않고 계속해서 이어진다고 가르친다. 생명체도 이와 마찬가지로 탄생과 성장, 쇠퇴와 죽음의 주기를 겪으며, 죽음 이후에도 그 물질과 에너지는 다른 형태로 변환되어 계속 존재하게 된다. 이는 생명의 순환이 끊임없는 주기적 변화의 한 부분이며, 생명과 물질이 끊임없이 변화하며 이어진다는 《주역》의 철학과 일치한다.

생명체의 주기적 변화는 생물학적 원리뿐만 아니라, 철학적 관점에서도 매우 중요한 의미를 가진다. 생명은 끝이 있는 것처럼 보이지만, 그 본질적인 변화는 영원히 지속되며, 물질과 에너지는 순환한다. 이 점에서 《주역》의 주기성은 자연과 생명의 근본적인 법칙을 설명하는 중요한 원리가 된다. 사물은 끊임없이 변화하고, 그 변화는 영원히 이어진다는 《주역》의 철학은 생명체의 주기적 변화와 물질의 순환을 이해하는 데 큰 통찰을 제공한다.

빅뱅 이론

빅뱅 Big Bang 이론은 우주의 시작을 설명하는 대표적인 과학 이론으로, 《주역》에서 말하는 주기성 개념과 유사한 측면이 있다. 빅뱅 이론에 따르면, 우주는 약 138억 년 전 하나의 작은 점특이점에서 대폭발빅뱅을 통해 시작되었고, 그 이후로 계속해서 팽창하고 있다. 과학자들은 우주는 지금도 팽창 중이며, 이렇게 팽창하다가 언젠가는 다시 수축하거나 폭발할 가능성도 있다고 말한다. 즉, 우주는 생성과 소멸을 반복할 수 있으며, 주기적으로 변화할 가능성이 있다.

이러한 우주의 주기적 변화는 《주역》에서 설명하는 우주의 순환과 비슷한 개념이다. 《주역》에서는 사물과 우주가 계속해서 변화하며, 탄생과 소멸이 주기적으로 반복된다고 본다. 이는 우주의 시작과 끝이 계속 이어지며 새로운 순환이 발생하는 주기적 우주관과 연결된다. 우주가 팽창과 수축을 반복하면서 새로운 사이클을 형성할 수 있다는 과학적 가설은 《주역》의 철학적 원리와 유사한 생각을 담고 있다.

또한 과학적인 관점에서도 물질과 에너지는 절대 사라지지 않고 계속 변형되어 존재한다는 에너지 보존의 법칙이 있다. 우주의 에너지와 물질은 끊임없이 변화하지만, 그 본질은 사라지지 않고 다른 형태로 전환될 뿐이다. 예를 들어, 별이 폭발해 소멸하더라도 그 에너지와 물질은 우주의 다른 형태로 흡수되거나 재구성된다. 이 과정에서 에너지는 계속해서 순환하고, 끝없이 변화하며 새로운 생명이나 물질을 만들어낸다. 이러한 개념은 《주역》에서 말하는 연속성과 영원성의 원리를 과학적으로 설명한 것이다.

《주역》은 모든 사물과 우주가 끊임없이 변화하며, 생성과 소멸이 주기적으로 반복된다는 철학을 담고 있다. 빅뱅 이론과 같은 과학적 이론은 우주의 주기적 변화와 연속적인 흐름을 설명하는데, 이는 《주역》의 영속적인 순환 개념과도 일맥상통한다. 우주와 자연에서 일어나는 변화들은 영원히 계속되며, 그 본질은 사라지지 않고 새로운 형태로 이어진다는 것이 바로 《주역》의 핵심 중 하나이다.

사람의 몸은 유기물질 전기체

태양에서 발생하는 흑점 폭발이나 태양풍은 지구의 자기장에 강한 영향을 미친다. 이 현상은 지구에 있는 전기 시스템과 위성 통신에 영향을 줄 뿐만 아니라, 인간의 몸에도 간접적으로 영향을 줄 수 있다. 그 이유는 사람의 몸이 유기물질로 이루어져 있으면서도, 전기적 활동이 활발하게 일어나는 전기체이기 때문이다.

유기물질은 탄소를 포함한 화합물들로, 우리 몸을 구성하는 단백질, 지방, 탄수화물 등과 같은 필수적인 성분들이다. 이 물질들은 신체가 구조를 이루고, 생명 활동을 유지하는 데 중요한 역할을 한다. 하지만 단순히 유기물질로만 이루어진 것이 아니라, 우리의 몸은 전기적 활동을 통해 신체의 기능을 조절하고 유지한다는 점에서 전기체로도 볼 수 있다.

특히 신경계와 근육에서 전기적 신호는 필수적이다. 신경 세포(뉴런)는 전기적 신호를 통해 전위차를 전달하고, 이 신호는 근육 수축, 심장 박동, 감각 인지 등과 같은 중요한 기능을 조절한다. 뇌는 뉴런과 시냅스를 통해 전기적 신호와 화학적 신호를 전달해 생각, 움직임, 감정을 제어하고, 심장은 전기 신호를 생성해 규칙적으로 박동한다.

태양풍은 지구의 자기장을 변형시킬 수 있으며, 이러한 자기장의 변화는 지구상의 전기적 시스템에 영향을 미친다. 마찬가지로, 인간의 몸도 전기적 시스템으로 작동하기 때문에, 지구 자기장의 변화는 사람의 전기적 활동에 영향을 줄 수 있다. 예를 들어, 강력한 태양풍이 발생하면, 일부 사람들에게 두통이나 불면증, 심박수 변동 등이 일어난다. 이는 신체 내부의 전기적 흐름이 미세하게 교란되기 때문이다.

또한 전해질과 이온의 흐름도 전기적 신호 전달에 중요한 역할을 한다. 뇌의 신경 전달이나 심장의 규칙적인 박동은 이 전기적 신호가 올바르게 흐를 때 가능하다. 태양에서 발생하는 강력한 자기 폭풍은 이러한 전기적 흐름에 영향을 미쳐 신경계나 심장 기능에 영향을 줄 수 있다.

이러한 현상은 《주역》에서 설명하는 자연의 주기적인 변화나 연속성 개념과도 연결된다. 《주역》은 자연과 우주의 변화가 끊임없이 이어지며, 그 변화가 인간과 자연 모두에게 영향을 미친다고 본다. 태양에서 발생하는 흑점 폭발과 태양풍은 우주의 주기적 변화의 일부로, 이 변화는 지구와 인간에게도 영향을 미친다. 《주역》에서 음양의 상호작용과 우주의 순환적 변화 개념은 태양 활동이 지구 생명체에 영향을 미치는 자연 현상을 이해하는 데 중요한 틀을 제공한다.

결론적으로, 태양의 흑점 폭발과 태양풍은 단순한 우주적 현상이 아니라, 인간의 전기적 활동에도 영향을 미칠 수 있다. 이는 자연과 인간이 서로 연결되어 있다는 《주역》의 원리와도 일치한다. 우주의 변화는 인간과 자연에 영향을 미치는 주기적인 상호작용의 일환으로 볼 수 있다.

三十五. 효사의 해석 방법

《주역》의 당위설

《주역》의 당위설當位說은 《주역》에서 사용하는 효爻의 성질과 그 위치가 서로 맞는지를 판단하는 중요한 이론이다. 효는 자연의 변화나 사람의 행동을 나타내는 상징적 기호로 사용되며, 이 효가 놓인 자리에 따라 그 의미가 달라진다. 효위설爻位說은 효가 어떤 자리에 위치하느냐에 따라 그 의미와 해석을 결정하는 방법을 뜻한다.

효는 크게 강한 효와 약한 효로 구분되며, 이는 자연의 음陰과 양陽의 성질을 반영한다. 예를 들어, 강한 성질을 가진 양효는 강한 자리에 있을 때, 즉 양의 자리에 놓일 때 올바르게 배치된 상태로 해석된다. 반대로, 약한 성질을 가진 음효가 음의 자리에 놓일 때도 자연의 이치에 맞는 배치로 본다. 이런 경우에는 사물이나 사람의 상태가 조화로운 상태로 해석된다.

그러나 강한 성질의 효가 약한 자리에 있거나, 약한 성질의 효가 강한 자리에 놓이면, 이 상황은 자연의 이치와 어긋난 상태로 해석된다. 이는 사물의 상태나 사람의 행동이 부조화를 이루거나 문제가 있을 가능성을 의미한다. 즉, 효의 성질과 그 위치가 맞지 않는 상태는 자연의 조화와 질서에 반하는 것으로, 이를 통해 우리는 사람의 행동이나 상황이 올바르지 않음을 판단할 수 있다.

이러한 이론은 사물이나 사람의 행동이 자연의 원리와 조화롭게 이루어지는지를 평가하는 데 중요한 역할을 한다. 당위설은 단순히 효의 배치를 넘어, 자연의 변화, 인간의 삶에서 올바른 상태와 불균형 상태를 가려내는 기준이 된다. 이를 통해《주역》은 자연의 이치와 사람의 행동이 어떻게 조화를 이루고 있는지를 분석하고 평가하는 철학적 도구로 사용된다.

건·단乾·彖에 "자연의 법칙에 따라 하늘의 길이 만물의 성질과 운명을 바로잡는다乾道變化 各正性命"라는 구절이 나온다. 여기서 건괘乾卦는 육효로 이루어져 있으며, 자연의 질서와 사람의 질서가 어떻게 조화를 이루는지를 말하고 있다. 건괘가 상징하는 하늘의 이치는 끊임없이 변하지만, 그 속에서도 질서를 유지하며, 그 질서는 사물과 사람에게 각각의 제자리를 찾게 해준다. 이는 자연의 법칙이 사람의 삶에도 영향을 미치며, 자연과 인간이 하나의 조화로운 체계 속에서 존재한다는《주역》의 중요한 사상을 담고 있다.

《주역》에서는 효의 위치와 성질을 해석하는 다양한 방법이 있다. 바로 당위설當位說이다. 이는 다음과 같이 효의 성질과 그 위치가 맞는지를 판단한다.

정위설正位說 : 효의 성질과 위치가 적절하게 맞는지를 본다. 성질에 맞는 자리에 효가 있으면 조화로운 상태로 해석된다.

불정위설不正位說 : 효의 성질이 자리에 맞지 않을 때, 즉 부조화 상태를 말한다.

중위설中位說 : 효가 중립적이거나 적절한 자리에 있는지를 평가하는 방법이다. 특히 3효와 5효가 중요한 자리로 간주된다.

응위설應位說 : 효가 다른 효와 어떻게 관계를 맺는지를 본다. 서로 대응하거나 상호작용하는 방식이 조화로운지 살펴본다.

승순설承順說 : 효들이 서로 지배하거나 따르는 관계를 분석하는 방법으로, 상효위에 있는 효와 하효아래에 있는 효가 어떻게 상호작용하는지를 본다.

기우설寄寓說 : 효가 기울어져 있거나 균형을 잃은 상태를 말한다. 이는 효가 그 자리에 맞지 않는 상태를 나타낸다.

승위설乘位說 : 아래의 효가 바로 위의 효에 영향을 미치거나 타고 넘는 것을 의미한다. 즉, 하효下爻가 상효上爻와 관계를 맺으며 그 효의 성질에 영향을 줄 때 사용하는 개념이다. 보통 하효가 상효를 타고 넘거나, 상효에 기대어 상승하려는 관계를 나타낸다.

함위설陷位說 : 효가 함정에 빠지거나 부적절한 자리에 있을 때를 의미한다. 보통 3효와 6효는 《주역》에서 그 자리가 함정에 빠지기 쉬운 자리로 여겨지며, 불안정한 상태를 나타낼 수 있다. 특히 3효는 괘의 마지막에 가까워지는 과정에서 갈등이나 문제를 겪는 상황으로 해석될 수 있다.

처위설處位說 : 각 효가 자신의 위치에서 적절한 행동을 취하는지 여부를 말한다. 각 효가 자신의 본분에 맞는 역할을 수행하는지를 중점적으로 해석한다.

하위설上下位說 : 효가 위치한 상괘와 하괘의 상호작용을 말한다.

> 상괘는 사회적 지위나 지도자, 하괘는 대중이나 개인을 상징하며,
> 상하의 관계가 조화로울 때 긍정적인 해석이 가능하다.

이와 같이 다양한 해석 방법들은 《주역》에서 자연과 사람의 상태를 더 깊이 이해하기 위한 도구로 사용된다. 효의 성질과 위치가 어떻게 조화를 이루는지에 따라 사람의 행동이나 사물의 상태를 분석하고, 그 결과를 해석하는 것이 《주역》의 핵심이다.

《주역》의 효는 양효강한 성질와 음효약한 성질로 나뉘며, 각 효는 특정한 위치에 자리한다. 이때, 효가 적절한 위치에 있는지를 보아, 그 상태가 좋은지 나쁜지길흉를 판단한다. 《주역》의 괘는 보통 6개의 효로 구성되며, 이 효들은 각각 초첫째, 이둘째, 삼셋째, 사넷째, 오다섯째, 상여섯째이라는 위치에 자리한다. 초初, 삼三, 오五는 일반적으로 양의 자리陽位로, 강한 성질양효이 잘 맞는다. 이二, 사四, 상上은 음의 자리陰位로, 약한 성질음효이 잘 맞는다.

이때 상태를 당위當位와 실위失位라 부른다. 당위는 양효가 양위에 있거나 음효가 음위에 있으면, 위치와 성질이 잘 맞는 상태로 좋은 결과를 가져온다. 반면 실위는 양효가 음위에 있거나 음효가 양위에 있으면, 위치와 성질이 어긋나 나쁜 결과를 의미한다.

이를테면 돈·단遯·彖에서는 '돈이 형통하다'는 말은, 양효가 오위다섯 번째 자리라는 제자리에 잘 자리 잡았기 때문에, 강한 성질을 가진 양효가 자연스럽게 음효와 조화롭게 응답하고 있다는 뜻이다. 이 상태는 좋은 상황으로 해석된다. 반면에 서합·단噬嗑·彖에서는 음효가 오위에 자리하고 있어 당위가 아니지만, 상황에 따라 그 위치가 긍정적인 영향을 미칠 수 있다고 해석한다. 즉, 자리가 맞지 않더라도 그 상황에선 문제가 되지 않는 예외적인 경우를 설명하는 것이다.

그리고 귀매·단歸妹·彖에서는 괘의 네 번째 효가 당위에 있지 않아 부정적

인 결과를 가져올 가능성이 있다고 해석한다. 즉, 효의 성질과 위치가 맞지 않아 좋지 않은 상황을 나타내는 것이다. 이러한 해석은 효의 위치와 성질이 자연의 원리와 조화를 이루는지에 따라 좋은 결과 또는 나쁜 결과로 이어진다는 것을 보여준다.

소상小象도 당위설을 자주 사용해 효사를 해석한다. 이를테면, 리·육삼·소상離·六三·小象에서는 효가 위치에 맞지 않아 나쁜 결과를 나타낸다. 즉, 효의 성질과 위치가 조화롭지 않기 때문에 불리한 상황으로 해석된다. 반면에, 리·구오·소상離·九五·小象에서는 효가 위치에 잘 맞아 길한 상황을 뜻한다. 이는 효가 제자리에 있을 때 조화롭고 긍정적인 결과를 나타낸다는 의미다. 또한 비·육삼·소상否·六三·小象에서도 효가 당위에 있지 않아 불리한 상황임을 말한다. 효의 성질과 위치가 맞지 않아 문제가 생길 수 있는 상태로 해석된다. 이처럼 소상小象에서는 효의 위치와 성질이 맞지 않으면 부정적인 결과를, 맞으면 긍정적인 결과를 나타낸다고 해석하며, 이는 당위설에 근거해 해석하는 중요한 방법이다.

특히 왕필王弼의 당위설에 대한 해석에서 주목할 부분은, 그가 《주역》의 초위첫 번째 자리와 상위마지막 자리에 있는 효爻에 대해서는 당위에 맞는지 여부를 특별히 따지지 않았다는 점이다. 《주역》의 당위설은 기본적으로 효가 적절한 자리에 위치했는지, 즉 성질음양과 위치가 조화롭게 맞아 떨어지는지를 평가하는 중요한 기준이다. 이를테면, 강한 성질양효은 양의 자리1, 3, 5에, 부드러운 성질음효은 음의 자리2, 4, 6에 있을 때 조화롭다고 본다. 이를 통해 효의 위치와 성질을 분석해, 그 상황이 올바르거나 조화로운지를 판단하는 것이 당위설의 핵심이다.

그러나 왕필은 초위첫 번째 자리와 상위마지막 자리에 있는 효에 대해서는 굳이 당위에 맞는지 논하지 않았다. 쉽게 말해, 첫 자리와 마지막 자리에 있는 효는 그 위치가 꼭 성질에 맞게 배치되지 않아도 중요하게 고려하지 않았다는 것이다. 왕필의 해석에 따르면, 이 두 자리는 특수한 의미를 지닌다.

초위는 처음의 자리로, 아직 변화가 시작되기 전 단계이기 때문에, 성질과 위치가 꼭 완전히 일치할 필요가 없다고 보았다. 즉, 초위는 아직 잠재적인 가능성을 지닌 자리로, 그 자체로 조화로움을 따지기보다는 시작점으로서의 특성을 중시한 것이다.

상위는 마무리 단계에 해당하며, 사물이나 상황이 이미 완결되거나 종결에 이르렀을 때를 의미한다. 이 자리도 이미 결과가 정해졌기 때문에, 그 자리에서 당위성을 따질 필요가 없다고 해석한 것이다. 왕필은 이 자리가 상황의 끝을 나타내는 만큼, 특별히 조화를 따지지 않는다는 입장을 취했다.

결과적으로, 왕필은 초위와 상위가 그 자체로 특수한 의미를 가지고 있기 때문에, 그 위치에 효의 성질이 꼭 맞아야 할 필요는 없다고 보았다. 이는 《주역》 해석에서 특정 자리의 효가 항상 정확하게 맞아야 한다는 원칙을 벗어나, 상황에 따라 유연하게 해석할 수 있음을 보여준다.

왕필은 《주역약례周易略例》에서 "《상전》에서 초위첫 번째 자리와 상위마지막 자리가 당위인지 여부를 논한 효가 없다"고 말한다. 이는 《주역》에서 초위와 상위에 있는 효는 그 자리가 음양의 정위에 맞는지 판단할 필요가 없다는 그의 관점을 반영한다. 또한 그는 《계사전》에서도 "삼오셋째와 다섯째 자리와 이사둘째와 넷째 자리가 어떤 역할을 하며, 어떻게 다른 위치에 놓이는지 논할 때, 초위와 상위는 특별히 언급하지 않았다"고 지적한다. 이 역시 초위와 상위가 정위를 따지지 않는 특별한 자리라는 점을 시사한다.

왕필은 건괘乾卦의 상구마지막 자리에 대해서도 "《문언전》에서 제자리로 돌아가면 잘못이 없다歸位無尤"라고 해석하며, 이는 상위의 효가 제자리에 있어도 음양의 조화를 따질 필요가 없다는 뜻으로 본다. 반면에 수괘需卦의 상육마지막 자리에서는 "비록 당위가 아니지만"이라는 해석을 제시하며, 상위가 당위인지 여부를 따지지 않고도 상황에 따라 적절할 수 있음을 강조한다.

여기서 중요한 점은, 만약 상위가 음의 자리음위라면 수괘의 상육이 당위가 아니라고 할 수 없고, 만약 상위가 양의 자리양위라면 건괘의 상구가 '귀위무위'라고 해석될 수 없다는 것이다. 따라서 왕필은 음양의 위치가 초위와 상위에서는 특별히 정해진 원칙이 없다고 해석한다.

그는 《주역》에서 초위와 상위가 일의 시작과 끝을 나타내므로, 음양의 정위가 없다고 강조한다. 이를테면, 건괘의 초위는 잠潛이라 하여 잠재적인 상태를 의미하고, 오위다섯 번째 자리를 넘으면 무위無尤, 잘못이 없다라 한다. 왕필은 위치에 있으면서도 잠이라고 하며, 상위에 있으면서 무위라고 한 것은 없다고 말한다. 이는 초위와 상위가 특정한 음양의 위치를 논하지 않으며, 음양의 정위에서 벗어난 자리라는 것을 의미한다.

결론적으로, 왕필은 《주역》의 모든 괘를 살펴보면, 초위와 상위는 음양의 정위를 따지지 않는 특별한 자리임을 분명하게 말하고 있다. 이는 초위와 상위가 단순히 음양의 정위에 따라 해석되지 않으며, 일의 시작과 끝을 나타내는 특수한 자리로 본다는 것을 의미한다.

필자 역시 왕필의 의견에 동의한다. 《단전彖傳》과 《소상전小象傳》에는 초위의 효가 당위인지 여부를 언급한 말이 없다. 상위의 효가 당위인지 여부를 논한 것은 단지 수·상육·소상需·上六·小象의 "비록 당위가 아니지만 크게 실수하지 않았다"라는 한 구절만이 상위에 대한 당위성을 언급하고 있다.

《단전》과 《소상전》에서 초효와 상효의 해석 방법은, 《계사전》에서 총괄한 "초효는 알기 어렵고, 상효는 알기 쉽다"라는 원칙을 따른다. 초효는 일이 시작되는 자리라 복잡하고 이해하기 어려운 반면에 상효는 끝을 나타내기 때문에 이해하기 쉽다는 의미를 강조하는 것이지, 당위인지 여부를 분석하는 것이 아니라는 점이다.

여기서 중요한 점은, 이러한 해석 방법은 초효와 상효가 당위에 맞는지 여부를 분석하는 것이 아니라, 상황의 이해 정도에 초점을 맞추고 있다는 것이다. 즉, 초효는 일이 시작되는 자리이기 때문에 여러 가능성이 열려 있어 복잡하지만, 상효는 일이 종결되는 자리이므로 상대적으로 명확하고 이해하기 쉽다는 것을 말한다.

《문언전》에서 건괘의 상구上九를 해석한 '귀위무위歸位無尤'는, 왕조 정치의 관점에서 해석된 것이다. 건괘의 구오九五는 높은 지위至尊를 상징하는 자리이므로, 상구上九는 항룡亢龍으로, 지나치게 높은 상태, 즉 극에 달한 상태를 의미한다. 여기서 무위無尤란, 비록 천자라 하더라도 그 자리에 머물러서는 안 된다는 의미로, 지나치게 높은 상태를 경계하라는 뜻이다.

그러나 당위설의 관점에서 보면, 《문언전》은 《단전》과 《소상전》 이후에 성립된 것으로, 효위설을 어느 정도 수용했지만 초효와 상효의 당위 여부에 대해 깊이 이해하지 못한 부분이 있다. 특히 건괘의 상구를 잘못 해석해, 양효陽爻가 음위陰位에 있는 것으로 판단하고 이를 무위無尤라고 본 것이다. 즉, 《문언전》의 해석은 상구가 음의 자리에 양효가 있는 상태로 해석했지만, 이 판단은 초효와 상효가 반드시 당위의 기준에 맞지 않아도 된다는 원칙을 제대로 이해하지 못한 것으로 볼 수 있다. 양효가 음위에 있어도 그 상태를 단순히 부정적으로 보지 않고, 상구의 자리 자체를 상황적으로 이해해야 한다는 관점이 빠져 있었다는 해석이 가능하다.

《주역》의 중위설

《주역》의 중위설中位說은 고대의 상중上中 관념에서 비롯됐다. 중위설이란 《주역》에서 효가 가운데 자리中位에 있는지, 즉 적절한 위치에 자리 잡았는지를 판단하는 기준이다. 여기서 중은 적절함, 균형, 조화를 의미하는 데, 이는 사물이나 사람의 행동이 지나치거나 모자라지 않고 중용의 덕을 지키는 것을 중요하게 여겼다. 이러한 관념이 《주역》에도 반영되어 효가 가운데 자리에 있으면 적절한 위치에 있다고 해석되었는데, 이를 '중위설'이라 한다.

이 관념은 《주역》에서 이二위와 오五위가 각각 하경괘下經卦와 상경괘上經卦의 중간 위치에 있기 때문에 특별히 중요한 의미를 가진다. 《주역》에서 중위中位는 효가 중간 자리에 있다는 것인데, 이 자리는 조화롭고 적절한 상태를 나타내며, 괘의 핵심적인 의미를 결정하는 중요한 요소로 본다.

이 자리에 있는 효의 강함과 부드러움에 따라 그 괘의 의미는 결정된다. 이를테면, 이·단履·彖에는 "강중정, 이제위이불구剛中正, 履帝位而不疚"라는 구절이 나오는데, 이는 양효가 중간 자리에 바르게 자리 잡아 조화를 이루었음을 나타낸다. 이 경우, 강한 성질이 바르게 자리했기 때문에 문제가 없는 상태를 의미한다. 즉, 강한 성질이 중간에 자리 잡아 조화를 이루면 바른 상태를 나타낸다는 것이다.

관·단觀·彖에서는 "중정이관천하中正以觀天下"라는 구절이 등장한다. 이는 중정한 태도를 유지함으로써 천하의 민정을 바르게 관찰할 수 있음을 뜻하며, 중간 자리에 있는 것이 얼마나 중요한지를 강조한다. 분석 통계에 따르면, 《단전》에는 중위에 대한 해석이 41차례나 등장한다. 이는 《주역》에서 중위가 매우 중요한 위치임을 알 수 있다. 중위에 있는 효가 그 괘의 의미를 결정하는 데 큰 영향을 미치기 때문에, 《주역》에서는 중위설을 매우 중요하게 다룬다.

《소상전》에서도 중위설을 자주 사용해 《주역》을 해석한다. 곤·육오·소상坤·六五·小象에서는 "황상원길, 문재중야黃裳元吉, 文在中也"라는 구절이 나오는데, 이는 중간에 있는 효가 큰 길함을 상징한다고 해석된다. 비·구오·소상比·九五·小象에서는 "현비지길, 위정중야顯比之吉, 位正中也"라고 해서 중위에 있는 효가 바르고 길함을 나타낸다고 강조한다.

특히 주목할 것은, 《단전》과 《소상전》에서 중위의 의미를 논할 때 여전히 그 위치가 당위當位인지 여부를 분석한다는 점이다. 만약 구이九二와 육오六五가 당위에 있지 않으면, 강중剛中이나 유중柔中 혹은 중中과 같은 표현만 사용한다. 즉, 양효가 중간 자리에 있거나 음효가 중간에 자리하고 있긴 하지만, 그 자리가 정확히 맞지 않으면 이를 당위라고 언급하지 않고, 단순히 중간에 있다는 정도로만 해석하는 것이다.

이 말은, 효가 중위에 있는 것만으로는 그 자리가 당위에 부합하는지 알 수 없으며, 정확한 위치에 맞아야 비로소 당위성을 가질 수 있다는 뜻이다. 중간에 위치한 효가 적절한 자리에 있지 않다면, 그 당위성을 언급하지 않고, 단지 중간에 있음을 강조하는데 그친다. 이를테면, 려·단旅·彖에서는 "유득중호외, 이순호강柔得中乎外, 而順乎剛"이라는 구절이 나온다. 이는 육오가 정위正位에 있지 않기 때문에 그 자리를 단순히 유득중柔得中, 즉 부드럽게 중간에 있는 상태로만 말한다. 다시 말해, 육오가 중간에 위치하긴 했지만 정확히 적절한 자리는 아니라는 뜻이다.

또 다른 예로, 해·단解·彖에서는 "기래복길, 내득중야其來復吉, 乃得中也"라고 말한다. 이 구절에서 하경괘의 두 번째 효가 정위에 있지 않음을 의미하기 때문에 단순히 중간에 있는 상태만을 설명할 뿐이다. 이 역시 효가 중간 자리에 있기는 하지만, 그 자리가 당위에 맞지 않다는 뜻이다. 또 수·구이·소상需·九二·小象에서는 "수어사, 연재중야需於沙, 衍在中也"라는 표현이 나오는데, 이는 구이가 중간에 있지만 정위에 있지 않음을 나타낸다. 즉, 구이는 중간 자리에 있지만, 그 자리가 적절하지 않다는 의미다.

만약 이위二位와 오위五位에 음효나 양효가 있을 때, 특정 효가 언급되지 않으면, 《단전彖傳》에서는 그저 유중柔中이나 강중剛中이라고만 표현한다. 이를테면, 감·단坎·彖에서는 "내이강중야乃以剛中也"라는 구절이 나오는데, 이 역시 그저 강한 성질이 중간 자리에 있다고 설명할 뿐, 당위성에 대해 언급하지 않는다.

대과·단大過·彖에서는 "강과이중剛過而中"이라는 표현을 사용하여 강한 성질이 중간에 위치하고 있음을 나타낸다. 이는 강한 성질이 과하게 강하지만 여전히 중간 자리에 있다는 의미다. 곤·단困·彖에서도 비슷하게 "이강중야以剛中也"라는 표현을 사용하여, 강한 성질이 중간 자리에 위치함을 말하고 있다.

태·단兌·彖에서는 "강중이유외剛中而柔外"라는 구절이 나와, 강한 성질이 중간에 자리하고 부드러운 성질이 바깥에 있음을 말한다. 즉, 괘 안쪽에는 강한 성질이 있고, 바깥쪽에는 부드러운 성질이 있음을 의미한다.

중부·단中孚·彖에서는 "유재내이강득중柔在內而剛得中"이라는 표현이 등장하는데, 이는 안쪽에 부드러운 성질이 있고, 바깥쪽에 강한 성질이 중간 자리에 위치해 있다는 의미다. 즉, 내면의 부드러운 성질과 외부의 강한 성질이 적절한 조화를 이루고 있음을 나타낸다.

또한 소과·단小過·彖에서는 "유득중, 시이소사길야柔得中, 是以小事吉也"라는 구절이 나오는데, 육이는 제자리에 잘 있고, 육오는 제자리에 맞지 않다는 것을 말한다. 육이는 부드러운 성질이 중간 자리에 잘 자리 잡아 있어 작은 일에는 길함이 있지만, 육오는 그 자리가 정확히 맞지 않다는 뜻이다.

이처럼 이위와 오위에 있는 효가 특별히 지칭되지 않으면, 《단전》에서는 단순히 강한 성질이 중간에 있는지 또는 부드러운 성질이 중간에 있는지에 대해서만 말한다. 이때 구체적인 효는 따로 언급하지 않고, 그저 강중剛中이나 유중柔中이라고 표현하는 데 그친다. 즉, 효의 자리가 당위성에 맞지 않거나 특별히 중요한 해석이 필요하지 않으면, 《단전》에서는 효의 성질이 중간 자리에 있다는 사실만 강조하고, 구체적인 효의 역할이나 의미에 대해서는 깊이 설명하지 않는다.

육이와 구오는 《주역》에서 정중正中, 정위正位, 또는 정당正當으로 불리며,

가장 적절하고 바른 자리에 있다고 여겨진다. 이 두 자리의 효가 정확하게 그 자리에 있을 때, 이를 중정中正이라고 부른다. 중정이란, 효가 중간 자리에 바르게 자리 잡아 조화롭고 적절한 상태를 의미한다.

이를테면 수괘需卦의 《단전》에서는 "위호천위, 이정중야位乎天位, 以正中也"라는 구절이 나온다. 이는 구오九五가 하늘의 자리천위에 있으면서 정중正中에 자리하고 있음을 나타내며, 이 자리가 적절한 상태임을 말한다. 이괘履卦의 《단전》에서는 "강중정, 이제위이불구剛中正, 履帝位而不"라고 해, 구오가 그 자리에 적합하게 자리 잡고 있음을 나타낸다. 이 표현은 강한 성질이 중간에 바르게 자리 잡아 문제가 없는 상태를 뜻한다.

또한 리괘離卦의 《단전》에서는 "유려호중정柔麗乎中正"이라는 구절이 등장하는데, 이는 육이六二가 부드럽고 아름답게 중정正中에 자리하고 있음을 말한다. 이처럼 육이와 구오는 중간 자리에 바르게 자리 잡은 상태를 나타내며, 그 자리가 적절하고 조화를 이루는 상태일 때 중정이라고 부른다.

또한 익괘益卦의 《단전》에서는 "이유유왕, 중정유경利有攸往, 中正有慶"이라는 구절이 등장한다. 이는 육이六二와 구오九五가 모두 정위正位에 자리잡고 있음을 나타낸다. 즉, 두 자리가 모두 바르고 적절하게 위치해 있으며, 이로 인해 길함慶이 따르게 된다는 뜻이다. 이 구절은 육이와 구오가 각각 자신의 정당한 자리正位에 있으므로, 그 상황이 조화롭고 바른 상태임을 강조하고 있다. 이는 《주역》에서 두 자리의 효가 바르게 위치해 있을 때, 조화와 긍정적인 결과가 나올 수 있음을 상징적으로 나타내는 중요한 예다.

비록 중정의 위치에 있더라도 《소상전》에서는 정正이라는 말을 사용하지 않고, 단순히 중中만 언급하는 경우도 있다. 이런 경우는 《소상전》에서 세 군데에서 나타난다.

리·육이·소상離·六二·小象에서는 "황리, 원길, 득중도야黃離, 元吉, 得中道也"라고 나와 있다. 여기서는 정正이라는 말을 하지 않고, 단순히 중도中道를 얻었다고만 표현한다. 겸·육이·소상謙·六二·小象에서는 "명겸, 정길, 중심득야鳴謙, 貞吉, 中心得也"라며, 여기서도 정이라는 말을 하지 않고, 겸손함 속에서 중도를 얻었다고 말한다. 감·구오·소상坎·九五·小象에서는 "감불영, 중미대야坎不盈, 中未大也"라는 구절이 등장한다. 여기서도 정이라고 표현하지 않고, 단지 중간에 위치하지만 충분하지 않다고 말한다.

이처럼, 중정中正에 위치해 있지만, 정正이라는 말을 쓰지 않고 단순히 중中이라고만 표현하는 경우는, 그 상황에서 완전한 바름을 의미하지 않거나, 중간 위치에 있음을 강조하기 위해서다.

또한 주목할 만한 두 군데가 있다. 하나는 대유·상大有·象이다. 대유괘大有卦에서 나오는 "대유, 유득존위대중, 이상하응지, 왈 대유大有, 柔得尊位大中, 而上下應之, 曰 大有"라는 구절은 육오가 정위에 있음을 나타내는 것이 아니라, 단지 유효柔爻가 상경괘上經卦의 중위에 위치하고 있음을 의미한다. 여기서 정위란 바른 자리에 있다는 뜻인데, 여기서는 육오가 정위에 있음을 나타내지 않고, 단지 중간 위치에 있다는 의미다. 만약 이 구절이 육오가 정위에 있음을 나타내는 것이라면, 《단전》에서는 더 구체적으로 정위에 대한 설명을 추가했을 것이다.

이를테면 동인·단同人·彖에서는 "동인, 유득위득중이응호건, 왈 동인同人, 柔得位得中而應乎乾, 曰 同人"이라며, 육이가 정위에 있음을 명확히 말한다. 또한 점·단漸·彖에서는 "진득위, 왕유공야, 진이정, 가이정방야, 기위, 강득중야進得位, 往有功也, 進以正, 可以正邦也, 其位, 剛得中也"라며, 구오가 정위에 있는 상태를 구체적으로 말한다. 이처럼 대유에서는 육오가 정위에 있지 않고, 단순히 중간 자리에 있다는 의미로만 해석되는데, 동인이나 점괘에서는 정위에 있다고 분명하게 설명한다.

또 하나 주목할 만한 예는 미제·구이·소상未濟·九二·小象이다. 여기서 구이九二에 대한 구절 "구이정길, 중이행정야九二貞吉, 中以行正也"는 구이가 중위에 있으므로 길하다고 해석된다. 그러나 필자는 구이와 육오가 당위當位에 있지 않다고 본다. 이는 《단전》과 《소상전》에서도 공통적으로 나타나는 예다.

따라서 "중이행정야中以行正也"는 "이중행야以中行也"로 해석해야 한다. 여기서 정正이라는 글자는 원래 미제괘 구이 효사에서 쓰인 정貞이라는 글자의 영향으로 잘못 추가된 것일 수 있다. 일반적으로 《소상전》에서는 정貞을 정正으로 해석하는 경우가 있다. 즉, 여기서는 구이가 단순히 중간 자리에 있음을 강조할 뿐, 정위正位에 있지 않음을 의미하며, 그 바름正이라는 표현은 효사의 영향으로 덧붙여졌을 가능성이 크다.

이 밖에도 《문언전》의 중위설에 대해 덧붙이자면, 문언·건文言·乾에서는 다음과 같이 말한다. 구이九二는 "용이 들판에 나타나고, 대인을 만나면 이롭다"고 언급하는데, 이것이 무엇을 의미하는지에 대해 공자는 "용의 덕이 정중正中에 있기 때문이다龍德而正中者也"라고 말한다. 즉, 구이가 정중正中에 위치함으로써 덕을 실현할 수 있다는 것이다. 정중은 바른 자리에 자리잡아 조화로운 상태를 뜻하며, 그 덕이 발휘된다는 의미다.

또한 문언·곤文言·坤에서는 "군자는 황중에 있어 이치를 통달하며, 바른 자리에 있어 그 본질을 잘 드러낸다. 이 아름다움이 사방에 퍼지고, 모든 일에 성공한다.君子黃中通理, 正位居體, 美在其中, 而暢於四支, 發於事業, 美之至也"라고 말한다. 이 구절에서 황중黃中은 군자가 중용을 실천하며, 바른 자리에 있음으로써 그 본질적인 덕과 아름다움이 드러나는 것을 말한다. 이러한 조화로운 상태는 사방으로 퍼져나가, 모든 일이 성공적으로 이루어지는 근본 원리로 해석된다.

이 두 구절은 정중과 정위의 중요성을 강조하며, 중간 자리에 바르게 자리 잡고 있을 때 덕과 조화가 실현됨을 설명하는 대표적인 예다.

三十六. 《주역》의 괘를 해석하는 방법

춘추시대의 역사 기록서 《좌전》을 보면 옛 사람들은 점을 칠 때 단순히 점괘 자체만을 결과로 받아들이지 않았음을 알 수 있다. 점괘는 일종의 상징적 메시지로, 그 자체가 긍정적이거나 부정적인 결과를 암시할 수 있다. 그러나 중요한 것은 그 점괘를 어떻게 해석하고 상황에 적용하느냐다.

점괘가 나타내는 의미는 그 자체로 확정적이지 않으며, 상황적 요소나 상징적 의미를 함께 고려해 해석하는 과정이 더 중요했다. 이를테면, 긍정적인 점괘라 하더라도 그 의미를 잘못 이해하거나 상황에 맞지 않게 적용하면 결과가 나빠질 수 있었으며, 반대로 부정적인 점괘라도 올바르게 해석하고 적절히 대처하면 좋은 결과를 얻을 수 있었다. 즉, 점의 결과보다 그 의미를 해석하고 대응하는 과정이 더 중요한 역할을 했다.

남쾌의 반란과 점괘 해석

남쾌南蒯는 중국 역사에서 등장하는 인물로, 반란을 계획한 사건으로 잘 알려져 있다. 남쾌의 반란과 점괘 해석 이야기는 《주역》 해석에서 상징과 상황의 중요성을 보여주는 사례다.

　남쾌는 반란을 계획하면서 점을 치고 중지곤重之坤 괘라는 점괘와 변괘인 비괘比卦를 얻었다. 그리고 육오에 나온 "황상원길黃裳元吉"이라는 구절을 대길, 즉 매우 좋은 결과를 예고한다고 해석했다. 남쾌는 이 점괘를 근거로 반란이 성공할 것이라고 믿었다.

　그러나 혜백惠伯이라는 인물은 남쾌와는 다른 해석을 했다. 혜백은 이 점괘가 좋은 목적을 위한 경우에만 긍정적인 결과를 가져온다고 보았으며, 반란 같은 부정한 일에는 적용되지 않는다고 했다. 특히 '황상黃裳'은 충성과 올바른 도리를 나타내지만, 남쾌의 반란은 그 조건을 충족시키지 못하기 때문에 성공할 수 없다는 것이었다.

　혜백은 점괘 자체를 맹목적으로 믿는 것이 아니라, 그 의미를 신중하게 해석하고 상황에 맞게 판단해야 한다고 충고했다. 혜백은 점괘의 상징적 의미를 더 깊이 설명했다. '황黃'은 중용과 덕을 의미하며, '상裳'은 충실함과 도덕적 올바름을 상징한다며, 남쾌에게 충성과 올바른 행동을 해야만 점괘가 대길로 이어질 수 있다고 경고했다. 결국 점괘가 대길이라 하더라도, 남쾌의 계획이 도덕적 기준을 만족하지 못한다면 좋은 결과가 나오지 않을 것이라는 해석이었다.

　이 사건은 점괘가 단순한 운명이 아니라, 그 안에 담긴 상징적 의미와 상황적 판단이 중요하다는 것을 알려준다. 혜백의 해석은 단순히 점괘에서 좋은 징조가 나왔다고 무조건 성공을 기대할 수 없으며, 도덕적 올바름과 상황의 적합성을 고려해야 한다는《주역》해석의 중요한 원칙을 보여준다. 남쾌는 점괘의 긍정적인 부분만을 보고 성급하게 성공을 확신했지만, 혜백은 그 점괘가 올바른 상황에서만 적용될 수 있는 것임을 지적하면서 실패를 예언했던 것이다.

당공 부인의 결혼 이야기

제나라 당공莊公의 부인과 최무자의 결혼 과정 이야기는 점괘 해석이 어떻게 개인의 결정을 이끄는지 잘 보여준다.

어느 날 당공이 죽자, 동곽언은 최무자와 함께 당공의 부인을 조문하러 갔다. 그때 최무자는 당공의 부인을 보고 그녀의 아름다움에 반해, 과부가 된 그녀와 결혼하고자 했다. 그러나 동곽언은 신분상 결혼이 불가능하다고 반대했다. 당공의 부인이 지위가 높았기 때문에, 신하인 최무자와 결혼하는 것은 사회 규범에 어긋난다고 여겼던 것이다.

하지만 최무자는 이를 무시하고 점을 쳐서 결혼 가능성을 묻기로 했다. 최무자가 점을 쳤을 때 나온 괘는 곤괘坤卦였고, 그 변괘는 대과大過였다. 당시의 많은 사관들은 이 괘를 길조吉兆로 해석했다. 즉, 이 결혼이 성공적일 것이라고 본 것이다.

그러나 이때 문자아文子亞라는 인물은 이 점괘를 다르게 해석했다. 그는 고사를 인용하며, '바람이 떨어지면 아내를 맞이할 수 없다'는 뜻으로 이 결혼이 불길하다고 경고했다. 그럼에도 불구하고 최무자는 점괘의 흉함이 과부였던 그녀의 전 남편에게 해당되는 것이라고 해석했다. 즉, 이 흉한 점괘는 이미 죽은 전 남편에게 적용되는 것이지, 자신에게는 문제가 없다고 판단한 것이다. 그는 점괘의 결과를 자신의 이익에 맞게 해석해, 결국 반대에도 불구하고 과부였던 당공의 부인과 결혼을 강행했다.

이는 점괘 해석이 정해진 결과를 단순히 받아들이는 것이 아니라, 해석하는 사람의 의도와 상황적 해석에 따라 어떻게 달라질 수 있는지를 보여준다. 최무자는 자신의 욕망을 충족시키기 위해 점괘를 긍정적으로 해석했으며, 반대의 의견을 무시했다. 이는 고대 중국에서 점괘가 사회적·윤리적 규범과 충돌할 때 어떻게 해석되었는지를 잘 보여주는 사례다.

기효람과 《주역》 점괘 해석

　기효람祁鎬鑛은 명나라 말기와 청나라 초기의 학자이자 관리로, 《사고전서四庫全書》 편찬에 참여한 중요한 인물 중 한 명이다. 젊은 시절, 기효람은 지방 시험향시을 앞두고 스승이 점을 쳐주었는데, 그때 택수곤澤水困 괘의 육삼六三이 나왔다. 이 효는 "단단한 돌에 걸려 넘어져 가시나무에 쓰러졌다. 집에 들어가더라도 아내를 만날 수 없으니 흉하다.困於石, 據於蒺藜, 入於其宮, 不見其妻, 凶"이라는 구절로 흉한 점괘를 예고하고 있었다.

　스승은 이 점괘를 보고 흉하다고 해석했지만, 기효람은 이를 다르게 받아들였다. 기효람은 나는 아직 결혼하지 않았으니 "아내를 볼 수 없다"는 것은 나의 독신 상태를 말하는 것 같다며, 아마도 이번 시험에서 장원1등을 할 것이고, 곤우석困於石이라는 문구는 2등이 석石 자를 가진 이름일 것이라고 해석했다.

　실제로 시험 결과가 발표되었을 때, 기효람은 1등을 차지했고, 2등은 이름에 석石 자가 들어간 사람이었다. 더욱 놀라운 것은 3등이 미米씨였는데, 미米 자가 자작나무 가시 모양과 비슷하게 생겼기 때문에 이를 "기우질이據於蒺藜"로 해석하게 되었다.

　기효람은 이처럼 자신의 결혼 여부에 따라 점괘를 해석했다. 그는 결혼하지 않았기 때문에 흉함이 자신에게 적용되지 않을 것이라고 판단했고, 결과적으로 자신이 시험에서 성공할 것이라고 해석했다. 이 일화는 옛 사람들이 《주역》 괘를 어떻게 해석했는지, 그리고 해석 과정에서 개인의 상황과 맥락을 어떻게 반영했는지를 보여준다. 기효람은 점괘를 단순히 흉한 결과로 받아들이지 않고, 자신의 상황에 맞추어 긍정적으로 해석했다.

　이러한 해석의 유연성은 점괘의 의미가 고정된 결과가 아니라, 해석하는 사람의 상황과 경험에 따라 다르게 적용될 수 있음을 시사한다. 점괘는 미래에 일어날 가능성을 보여주지만, 그 의미는 맥락과 상황에 따라 달라진다. 즉, 과거에 주어진 예측이 현재와 동일하게 적용되지 않는 것처럼, 미래에 대한 예측도 상황에 따라 다르게 해석될 수 있다. 이처럼 점괘 해석은 고정된 해답을 제공하는 것이 아니라, 개인의 상황에 맞게 해석하고 조정하는 능력이 중요한 것이다.

미래가 과거에 영향을 미친다

'그때 이렇게 했으면 좋았을 텐데'라고 후회한 경험이 많을 것이다. 과거의 행동이 미래에 영향을 미친다는 '순인과성 Prograde Motion'이라는 개념은 현대 과학에서 일반적이다. 그런데 최근 일부 물리학자와 철학자들 사이에서는 미래의 행동이 과거의 결과에 영향을 미칠 수 있다는 '역인과성 Retrograde Motion'이라는 개념이 주목받고 있다.

케임브리지 대학의 휴 프라이스 교수와 산호세 주립대의 케네스 워튼 교수 등의 과학자들은 양자역학 연구를 통해 역인과성을 연구하고 있다. 이는 미래의 사건이 과거에 영향을 미칠 수 있다는 개념이다. 과거의 행동이 미래에 영향을 미친다는 순인과성이 지금까지는 일반적인 사고방식이었지만, 양자 얽힘 Quantum Entanglement 같은 현상으로 이러한 인과성은 뒤집힐 수도 있다.

'역인과성'이란 시간의 흐름을 역행하는 신호나 물체를 의미하는 것이 아니라, 미래의 상태와 과거의 사건이 상관관계를 가질 수 있다는 개념이다. 양자 얽힘 현상에서 두 입자가 멀리 떨어져 있어도 한 입자의 상태가 결정되면 다른 입자의 상태가 즉각적으로 결정되는 것이 대표적인 예다. 이는 양자 입자가 미래의 측정에 의해 과거의 상태가 영향받을 수 있음을 시사한다.

존 벨이 실시한 양자 물리학 실험에서는 먼 거리에서 상호작용하는 입자들이 비국소성Non-Locality을 보였다. 이에 대해 벨은 먼 거리에 있는 두 입자가 서로 영향을 주기 위해서는 물리적 매개체가 필요하다고 주장했다. 하지만 역인과성 이론은 이러한 입자들이 미래의 측정에 의해 과거에서 이미 영향을 받았다는 설명을 제시함으로써, 특수 상대성 이론의 제한을 넘어서지 않으면서 이 현상을 설명할 수 있다고 본다.

최근 과학자들은 이중 슬릿 실험을 통해 입자가 미래의 측정 방식에 따라 과거의 상태를 달리할 수 있다는 증거를 찾아냈다. 입자가 슬릿을 통과한 후 어떻게 측정되느냐에 따라 그 이전 경로가 결정되는 것처럼 보이는데, 이는 양자 입자가 미래의 사건을 인식할 수 있는 것처럼 행동의 역행 가능성을 제기한다.

웨스턴대학교 로트만철학연구소Western University Rotman Institute of Philosophy의 박사 후 연구원인 에밀리 아드람Emily Adlam은 "양자역학을 시간 대칭적으로 이해하기 위해서는 역행성과 같은 어떤 소급적 인과관계가 필요하다"며, "같은 발원지에서 입자를 받은 두 사람이 수 광년 떨어져 있음에도 불구하고 상관관계를 발견했다"는 사고실험을 소개했다. 아드람에 따르면, 역인과율 연구자들은 이 입자들이 과거에서 비롯된 상관관계를 보여준다고 주장한다. 즉, 두 사람이 각각 입자에 대해 측정하는 것이 과거 입자의 특성에 영향을 미칠 수 있다는 것이다.

역행성 개념은 양자역학과 고전 물리학의 모순을 해결하는 데 중요한 도구가 될 수 있다. 특히 만물이론ToE, Theory of Everything, 즉 우주를 설명하는 통합 이론의 연구에 있어 이 이론이 새로운 가능성을 제공할 수 있다. 시간 대칭적 우주관*을 적용하면 양자 얽힘이나 다른 양자 현상을 자연스럽게 설명할 수 있다.

* 시간이 한 방향으로만 흐르지 않는다는 개념

산호세 주립대의 케네스 워튼 교수는 "역인과율은 양자 얽힘에 대해 양자역학보다 더 자연스럽게 설명할 수 있다"며, "역행성 이론은 만물이론ToE에서 중요하게 여기는 중력이 양자 수준에서 어떻게 작용하는지를 설명할 수 있을 것"이라고 밝혔다. '만물이론' 또는 '모든 것의 이론'은 자연계에 존재하는 4개의 힘, 즉 전자기력, 약력, 강력, 중력을 통일적으로 기술하는 일종의 통일장 이론의 시도다. 역인과율에 대해 물리학자나 철학자 등 전문가들 사이에는 의견이 분분하다. 워튼 교수는 '과학자가 실용적인 이유로 쓴 법칙'과 '자연현상으로 발생하는 것'을 구분하는 데는 신중을 기하는 것이 필요하다고 말했다.

또한 프라이스 교수는 "역인과율이 양자역학과 고전물리학 사이의 모순을 해결하는 데 도움이 될 수 있다"며 역행성을 통해 미래의 상태와 과거 사건의 상관관계를 설명할 수 있다고 주장했다. 게다가 역행성의 개념은 파동함수wave function와 파동함수의 붕괴wave function collapse를 이해하는 새로운 방법을 제공함으로써 기존의 양자역학과 고전 물리학을 통합할 수 있는 새로운 수단을 제공할 수 있다고 말했다. 워튼 교수는 "우리의 목표는 역인과율에 대한 보다 일반적인 모델을 고안하는 것"이라며, "성공 여부는 아직 알 수 없지만, 많은 물리학자가 이를 새로운 대안으로 받아들이고 있다는 점이 고무적이라 연구를 계속 진행할 것"이라고 말했다.

참고로 '미래가 과거에 영향을 미친다'는 가설은 미국 프린스턴대학 존 휠러John Wheeler 교수가 처음으로 제안했다. 그는 아인슈타인의 일반상대성 이론을 반석 위에 올려놓은 학자로, '블랙홀'이란 용어를 만들고 대중화한 사람이다. 영화 '인터스텔라'를 기획한 물리학자 킵 손Kip Thorne이나 이탈리아의 루피니Remo Ruffini가 그의 제자다.

그런 휠러 교수가 1978년 아주 색다른 제안을 했다. 이중슬릿 실험에서 입자와 파동은 슬릿을 통과한 뒤에 체크하는 것이기 때문에 슬릿 통과에는 영향을 주지 않을 것 같은데, 어느 슬릿에서 왔는가를 지나고 난 뒤에라도 확인하면 입자이고, 그렇지 않으면 파동으로 나타난다는 것이다. 슬릿을 지나고 난 뒤에 체크하기 때문에 전자는 슬릿을 지날 때는 이를 몰라야 하는데 마치 안 것처럼 행동한다는 것이다. 우리 상식으로는 논리에 맞지 않지 않지만. 결국 양자 세계에서는 미래에 일어난 일이 과거에 영향을 준다는 이야기가 된다. 이와 같은 역인과성은 여전히 논란의 대상이지만, 이 이론이 현실로 증명된다면 물리학에 획기적인 전환점이 될 것으로 기대된다.

三十七.《주역》과 미래 예측

《주역》의 수리적 예측

《주역》의 수리적 예측은 '수왕지래數往知來'라는 말에서 출발한다. 이 말은 직역하면 '숫자가 지나간 것을 보면, 앞으로 올 것을 알 수 있다'는 의미로, 과거의 데이터를 통해 미래를 예측하는 원리를 말한다. 《주역》에서의 수리적 예측은 이 개념을 바탕으로 과거의 사건들을 분석하고, 그 사건들 사이에서 반복되는 규칙성을 찾아 미래를 예측하는 방법론이다.

먼저, 《주역》에서는 세상의 모든 사물과 사건이 끊임없이 변화한다고 본다. 하지만 이 변화에는 일정한 패턴이 존재한다고 믿었고, 과거에 발생한 일들이 특정 규칙을 따라 반복된다고 생각했다. 이러한 반복되는 패턴을 찾아내기 위해 숫자를 활용했는데, 여기서 수리數理란 곧 이 패턴을 수학적으로 분석하는 것을 의미한다.

이를테면, 《주역》에서 점괘를 통해 얻은 결과들은 사건이 일어나기 전의 조짐이나 조건들을 나타낸다. 《주역》의 점괘는 64개의 괘로 이루어져 있으며, 이 각각의 괘는 특정한 사건이나 상황을 상징한다. 과거의 사건들을 점괘로 기록하고, 그것들이 실제로 어떻게 실현되었는지 추적함으로써 《주역》의 점괘는 일종의 통계적 데이터베이스가 된다. 이를 통해 비슷한 사건이 다시 발생할 가능성을 예측하는 것이 가능하다.

이와 같은 방식으로 《주역》에서 말하는 '수왕지래'는 과거의 사건들數往을 면밀히 분석하고, 그 분석을 바탕으로 미래에 일어날 일知來을 예측하는 과정을 말한다. 이를 좀 더 구체적으로 설명하면, 과거에 일어났던 일들이 기록된 데이터를 통해 그 사건들이 어떻게 발생하고 전개되었는지 통계적으로 분석하고, 그 결과를 바탕으로 미래에 발생할 수 있는 사건의 경향성을 알아내는 것이다.

이러한 수리적 예측 방식을 고대 중국에서는 매우 중요하게 여겼다. 《주례》의 〈춘관종백春官宗伯〉 편과 같은 문헌에서는 점괘를 기록하고 분석하는 작업이 필수적이라고 명시하고 있다. 특히 연말에 점괘의 기록을 통계적으로 분석하여 얼마나 정확하게 미래를 예측했는지를 확인하는 것이 중요한 작업으로 여겨졌다. 이를 통해 사물과 사건의 반복되는 패턴, 즉 법칙성을 파악하고, 그 법칙성을 바탕으로 미래를 예측할 수 있다고 본 것이다.

이러한 방식은 현대의 통계학적 분석과도 비슷하다. 《주역》에서는 과거의 사건들을 가능한 한 정확하게 기록하고, 그 데이터를 통해 규칙성을 발견하여 미래의 사건을 예측하려고 했다. 즉, 과거의 데이터를 잘 분석하면, 그 속에서 드러나는 패턴을 통해 미래에 일어날 일도 어느 정도 예측할 수 있다는 것이 《주역》의 핵심 철학 중 하나다. 결국, 《주역》의 수리적 예측은 과거의 경험을 토대로 한 데이터 분석과 그로부터 얻어진 규칙성을 통해 미래의 변화를 예측하는 방식으로, 《주역》이 단순한 철학적 사유나 점괘를 넘어 매우 논리적이고 체계적인 사고방식이라는 것을 보여준다.

《계사전상》에서 언급한 내용은 《주역》의 점괘가 단순히 과거의 사건만을 다루는 것이 아니라, 과거와 미래를 연결하는 도구로 사용된다는 점을 강조한다. 이 점괘는 과거의 사건을 바탕으로 미래를 예측하고, 우리가 앞날을 내다보는 지혜를 제공하는 중요한 역할을 한다. 《주역》은 이러한 예측을 통해 사람들에게 실용적이고 철학적인 통찰을 제공하고자 했던 책이다.

"괘지덕방이지卦之德方以知"라는 표현에서 괘는《주역》에서 사용하는 64가지의 점괘를 의미하며, 이는 각각 특정한 상황이나 사건을 상징한다. 덕德은 괘가 지닌 고유한 속성, 즉 괘 자체의 본질적 성격이나 규칙을 뜻한다. 여기서 방方은 사각형처럼 규칙적이고 고정된 성격을 상징하는데, 이는《주역》의 괘가 일정한 원칙과 질서에 따라 구성되었다는 점을 나타낸다.

이처럼《주역》의 괘는 임의적이지 않으며, 체계적이고 규칙적인 원칙에 따라 배열되고 구성되었다. 이는 네 면이 모두 똑같이 안정된 사각형처럼,《주역》의 괘도 일정한 질서와 규칙을 따르고 있다는 뜻이다. 이러한 방정함은 괘가 어떤 상황에서도 흔들리지 않고 그 원칙에 따라 해석될 수 있다는 점을 시사한다.

이지以知는 '이를 통해 지혜를 얻는다'는 의미로, 괘의 규칙성과 덕을 통해 세상의 이치를 깨닫고, 지혜를 얻을 수 있음을 말한다. 즉, "괘지덕방이지"는《주역》의 괘가 규칙적이고 체계적인 방식으로 구성되어 있으며, 이로 인해 우리는 세상의 원리와 미래를 예측할 수 있는 지혜를 얻을 수 있다는 뜻이다. "지이장왕知以藏往"에서 지知는 앎 또는 지혜를 뜻하고, 장藏은 저장하거나 보관한다는 의미다. 왕往은 과거를 뜻하는 말로, 이 문장은 '지혜를 통해 과거의 사건들을 기록하고 보관한다'는 의미를 담고 있다.

여기서 핵심은《주역》이 과거의 사건들을 체계적으로 기록하고 보관해, 후대에 전할 수 있도록 한다는 점이다.《주역》은 그저 일시적인 예언서가 아니라, 과거의 사건을 상세히 기록해 이를 바탕으로 미래를 예측할 수 있는 도구로 활용되었다. "지이장왕"은《주역》이 단순한 과거의 기록이 아닌, 그 기록을 통해 미래를 내다볼 수 있는 지혜를 축적하고 있다는 의미로 해석할 수 있다. 이렇게《주역》은 과거의 경험과 사건을 꼼꼼히 기록하고, 이를 통해 축적된 지식을 후대에 전파하는 중요한 역할을 했다.《주역》은 과거의 경험을 정리하고 체계화함으로써 사람들에게 지혜를 제공하고, 그 지혜를 통해 미래를 더 잘 준비할 수 있도록 하는 책이다.

"괘지덕방이지"와 "지이장왕" 이 두 표현을 종합하면, 《주역》의 괘는 일정한 원칙을 따르고 있으며, 그 규칙성을 통해 사람들은 지혜를 얻게 된다는 뜻이다. 또한 그 지혜는 과거의 사건을 기록하고 보관하여 후대에 전달됨으로써, 후대 사람들도 활용할 수 있게 된다는 뜻이다.

《주역》은 과거의 사건과 경험을 단순히 저장하는 것이 아니라, 이를 체계적으로 분석하고 정리하여 미래를 예측하는 데 활용되는 지혜의 도구다. 이러한 《주역》의 본질적인 역할은 바로 '과거와 미래를 연결하는 가교' 역할이다. 과거의 사건에서 얻은 경험과 지혜를 바탕으로 미래를 내다보고, 이를 통해 미래를 준비하게 한다는 것이 《주역》의 중요한 가르침이다. 결국, 《주역》은 단순한 점서가 아니라, 체계적이고 논리적으로 과거의 사건을 기록하고 그 속에서 얻은 지혜를 통해 미래를 예측하는 철학적·수리적 도구다. 과거의 지혜가 《주역》에 담겨 있으며, 이를 통해 사람들은 미래의 길을 더 현명하게 걸어갈 수 있다.

반면에 《주역》에서 언급되는 "시지덕원이신著之德圓而神"과 "신이지래神以知來"는 《주역》을 통해 미래를 예측하는 신비로운 능력에 대한 설명을 담고 있다. "시지덕원이신"에서 시著는 《주역》에서 점을 칠 때 사용하던 도구인 시초著草, 점을 치는 풀를 가리킨다. 이 시초의 덕德은 '둥글고 원만하다'는 뜻을 가진다. 여기서 원圓은 둥글고 조화로운 상태를 나타내며, 이는 시초가 지닌 성질이 자연의 법칙에 따라 조화롭게 이루어졌음을 상징한다. 또한 이러한 둥글고 조화로운 덕이 신비한 통찰력으로 이어진다는 의미도 포함한다.

신神은 신비로움이나 영적인 능력을 뜻하며, 여기서는 시초의 덕이 지닌 신비로운 특성, 즉 시초를 통해 얻을 수 있는 영적인 통찰력이나 직관적 지혜를 말한다. 이 구절은 《주역》을 통해 점을 치는 과정이 단순한 논리나 이성에 의존하는 것이 아니라, 자연의 조화와 신비로운 통찰을 통해 이루어진다는 점을 강조하고 있다. 따라서 "시지덕원이신"은 시초의 덕이 둥글고 조화로워, 그 안에 신비로운 통찰력, 즉 깊은 영적 지혜가 담겨 있다는 뜻이다. 이러한 시초의 덕을 통해 사람들은 점을 치고, 그 점괘로부터 신비로운 예측을 얻을 수 있게 된다.

"신이지래"는 '신비로운 통찰력을 통해 미래를 알 수 있다'는 뜻이다. 여기서 신神은 신비롭고 영적인 힘이나 직관을 의미하며, 지래知來는 '앞으로 올 일을 안다'는 뜻이다. 즉, "신이지래"는 점괘나 영적인 통찰을 통해 앞으로 일어날 일을 미리 예측할 수 있다는 의미다.

《주역》은 단순한 논리적 분석만으로 미래를 예측하는 것이 아니라, 자연과 조화를 이루고 신비로운 통찰력을 통해 앞으로의 사건을 예견하는 과정을 중시한다. 이 과정은 동시성이나 신비한 연관성을 바탕으로 미래를 내다보는 능력을 뜻하며, 이는 《주역》의 중요한 원리 중 하나다.

《주역》은 과거와 미래를 연결한다. 《주역》에서 "신이지래 지이장왕神以知來 知以藏往"은 매우 중요한 구절이다. "신이지래"는 신비로운 통찰력을 통해 미래를 예측한다는 의미이며, "지이장왕"은 지혜를 통해 과거의 사건을 저장하고 기록한다는 뜻이다. 이 구절은 《주역》의 본질을 설명하는데, 《주역》은 단순히 과거의 사건을 기록하고 보관하는 데 그치는 것이 아니라, 그 기록을 바탕으로 미래의 사건까지 예측할 수 있다는 것이다.

이러한 《주역》은 과거와 미래를 동시에 다루는 책이다. 과거의 사건과 경험을 체계적으로 기록하여 후대에 전하는 동시에, 신비한 통찰력을 통해 앞으로 일어날 일을 예견할 수 있는 도구로도 쓰인다. 이는 《주역》이 미래를 예측할 수 있는 깊은 지혜와 통찰을 담고 있음을 뜻한다.

"신이지래 지이장왕"이라는 구절은 《주역》에서 과거와 미래의 관계를 매우 상징적으로 설명하는 표현이다. 신비로운 통찰력을 통해 미래를 예측하고, 과거의 지혜를 보존하고 기록함으로써 《주역》은 단순한 예언서가 아닌, 지혜의 보고寶庫로 기능한다는 것이다. 이러한 점에서 《주역》은 시간을 초월해 과거와 미래를 연결하며, 그 안에서 사람들은 지혜를 얻고 미래를 준비할 수 있게 된다. 따라서 《주역》은 과거의 경험을 저장하고 기록하면서 동시에 미래의 사건을 예측하는, 매우 다층적인 지혜의 체계를 제공하는 책이다.

미래는 단순히 아직 오지 않은 시간이 아니라, 우리가 매일 선택과 행동을 통해 만들어가는 과정이다. 미래는 운명에 의해 고정된 것이 아니라, 우리가 어떻게 살아가느냐에 따라 달라질 수 있다. 이 말은 곧, 우리의 삶은 우리 자신이 책임지고 만들어가는 것이며, 우리의 의지와 결단이 미래를 결정짓는 중요한 요소라는 뜻이다.

과거 또한 단순히 지나간 시간이 아니다. 과거는 소중한 경험과 교훈으로 가득한, 우리 마음속의 보물 같은 것이다. 과거의 경험은 단지 기억 속에 묻어두는 것이 아니라, 그 안에서 지혜를 얻고, 현재와 미래를 더 나은 방향으로 이끌 수 있는 중요한 자산이다. 우리가 과거를 돌아보고, 그 속에서 배운 것들을 소중하게 간직하면, 더 성숙하고 현명한 삶을 살 수 있다.

오늘, 현재의 순간은 단순히 흘러가는 시간이 아니다. 매 순간은 우리의 삶에서 의미 있는 기회로, 깨달음을 얻을 수 있는 중요한 시간이다. 지금 이 순간에 집중하고, 현재를 소중히 여기는 마음이 중요하다. 우리는 현재에 충실할 때, 비로소 과거의 경험을 바탕으로 더 나은 미래를 만들어갈 수 있다.

《주역》에서 말하는 인생의 이치 중 하나는 "가면 돌아오고, 평지가 있으면 언덕이 있다無往不復, 無平不陂"는 구절이다. 이 말은 인생의 길이 항상 순탄하지는 않으며, 모든 것이 변하고 순환한다는 깊은 철학적 의미를 담고 있다.

"무왕불복無往不復"은 '가는 것이 있으면 반드시 돌아오는 것이 있다'는 뜻으로, 인생에서 우리가 아무리 멀리 떠나더라도 결국에는 되돌아오는 순간이 있다는 것을 의미한다. 이는 모든 상황이 영원히 지속되지 않으며, 변화와 순환 속에서 우리는 언젠가 다시 원점으로 돌아오게 된다는 《주역》의 순환적 세계관을 반영한다.

"무평불파無平不陂"는 '평탄한 길이 있으면 반드시 언덕이 있다'는 뜻이다. 이는 인생이 계속해서 평탄하기만 할 수는 없으며, 순조로운 시기 뒤에는 반드시 어려움이 찾아온다는 의미를 담고 있다. 즉, 인생은 기복이 있는 것이 자연스러운 것이며, 영원한 평안이나 지속적인 어려움은 존재하지 않는다는 것이다.

이는 인생의 본질이 변화와 순환에 있음을 강조한다. 《주역》에서는 이러한 변화를 부정적으로 보지 않고, 오히려 자연스러운 흐름으로 받아들인다. 인생에는 기복이 있기 마련이며, 우리는 이 변화를 받아들이고 그것에 맞춰 조화롭게 살아가는 것이 중요하다는 가르침을 주고 있다. 결국, 인생은 끊임없는 변화의 여정이며, 우리는 그 변화에 적응하고 때로는 흘러가는 대로 살아가는 지혜가 필요하다. 이 과정에서 우리는 성장하고 더 큰 깨달음을 얻을 수 있다.

특히 "지이장왕知以藏往"은 단순히 과거의 지식을 기록하고 간직하는 것을 넘어, 그 지식을 마음속에 깊이 새기고 삶에 적용하는 것을 의미한다. 과거의 경험을 통해 배운 지혜를 소중히 여기는 것은 중요하지만, 궁극적인 깨달음은 그 지혜를 자유롭게 사용하되, 집착하지 않는 것이다. 이는 모든 것을 알고 있지만, 마치 아무것도 모르는 것처럼 겸손한 마음을 유지하는 경지다. 이 상태는 마음이 깨끗하고 어떤 것에도 얽매이지 않는 상태로, 성인의 경지라 할 수 있다.

이와 같은 깨달음은 삶의 방식에도 적용된다. 물체를 무리하게 밀 때는 많은 힘이 들지만, 방법을 바꾸면 적은 힘으로도 쉽게 움직일 수 있다. 이는 인생에서 무리한 노력과 집착이 반드시 성공으로 이어지지 않음을 보여준다. 오히려 자연스러운 흐름에 따라 문제를 해결하는 것이 더 지혜롭고 효과적이라는 이치를 말해준다.

즉, 삶에서 중요한 것은 지나치게 억지로 무언가를 이루려 하기보다, 자연의 이치를 따르고, 흐름에 맞춰 살아가는 것이다. 이를 통해 우리는 과거의 지혜를 활용하면서도 집착하지 않고, 현재의 순간을 충실히 살며, 미래에 대한 불안을 덜어낼 수 있다. 결국, 이러한 태도는 더 지혜롭고 균형 잡힌 삶으로 우리를 이끌어준다.

모기령毛奇齡은 청나라 시기에 활약한 대표적인 학자로, 《주역》에 대한 깊은 연구를 통해 그 예언적 힘을 강조했다. 특히 그는 동한東漢 시대의 사건을 들어 《주역》이 지닌 과거와 미래를 예언하는 능력을 극찬했다. 《춘추점서서春秋占筮書》에서 그는 이 점험占驗, 점괘의 실현을 설명하며, 《주역》의 강력한 예지력을 다시금 조명했다.

모기령이 언급한 동한 영건 3년128년의 사건은 대장군 양상이 딸을 후궁으로 들이기 전에 점을 친 이야기를 다룬다. 이때 곤坤괘가 나오고, 변괘로 비比괘가 나왔다. 당시의 해석자는 이 점괘를 단순히 '원길元吉'과 '정중正中'이라는 긍정적인 의미로 해석했지만, 이후 일어난 사건들은 이 점괘가 매우 정밀하게 예언했음을 보여주었다.

양상의 딸은 후궁이 된 후 황태후의 자리에 올랐다. 그러나 황태후의 아들이 아닌, 다른 후궁의 아들인 충제가 황제의 자리에 오르고, 충제의 요절 후에도 황위는 계속 혼란을 겪었다. 결국 권력 남용과 환관의 난으로 환제가 즉위하게 되었다. 이 일련의 사건들이 곤괘와 비괘의 예언 속에 모두 담겨 있었다고 모기령은 분석했다.

곤괘의 5번째 효인 "현비 왕용삼구 실전금九五 顯比 王用三驅 失前禽"은 왕비황후의 등장을 상징하고, 세 명의 황제가 일어나지만, 그들이 결국 자손을 남기지 못하고 혼란이 계속될 것이라는 예언적 해석을 제공한다. 또한 《상전》의 "사역취순舍逆取順"은 황제와 권력자가 환관에 의존하고, 충신을 배척하는 상황을 나타낸다고 설명했다.

모기령은 당시 해석자들이 이 점괘를 단순하게 해석했을 뿐, 그 깊은 예언적 의미를 제대로 이해하지 못했다고 비판했다. 그는 《주역》의 수왕數往을 통해 과거의 사건은 정확히 예언했다고 인정했으나, 미래를 예측하는 지래知來가 충분히 해석되지 않았다고 평가했다.

흥미로운 점은 모기령이 자신이 살던 청나라 시대에 이러한 해석을 통해 과거와 현재를 연결하려 했다는 것이다. 그는 명나라가 멸망하고 청나라가 들어선 시대적 배경 속에서, 《주역》의 지혜가 과거에도 실현되었고, 앞으로도 그 예언적 능력을 믿게 되는 배경을 제공했다. 이러한 신념은 그가 고전 문헌을 해석하며, 미래를 보는 눈을 더 확고히 하는 데 기여했다. 모기령의 연구는 《주역》이 단순한 철학서가 아닌, 과거와 미래를 연결하며 시대를 초월한 지혜를 담고 있음을 보여주었다.

《주역》의 상징은 단순한 기호나 정적인 이미지가 아니라, 심오한 철학적·우주적 원리를 담고 있는 관념적 형태로서, 처음에는 그 상징들이 고정된 의미를 가진 형식적 기호로 보일 수 있다. 그렇기 때문에 마치 '죽은 상징'처럼 단순하고 변화하지 않는 것으로 여겨질 수 있다. 이는 상징 자체가 외관적으로는 명확한 의미나 구체적인 해석을 드러내지 않기 때문이다.

하지만 《주역》의 상징은 그 자체로 고정된 해석에 머무르지 않고, 끊임없이 변화하는 유기적인 존재다. 또한 시대적·상황적 맥락에 따라 새로운 해석을 낳으며, 정적인 기호가 아닌, 역동적인 힘과 과정을 내포하는 생명력 있는 상징으로 작용한다. 상징은 다양한 관점에서 해석될 수 있고, 그 해석은 시간에 따라 확장되고 발전될 수 있기 때문이다.

이를테면, 《주역》의 64괘는 각각 자연 현상이나 인간의 상황을 상징하지만, 이 상징들은 단순한 해석을 넘어 시대와 상황에 따라 변화하고, 새로운 의미를 부여받는다. 상황이 변할 때마다 상징이 담는 의미는 유동적으로 변화하며, 이로 인해 《주역》의 상징은 고정된 해석에서 벗어나 끊임없이 재해석될 수 있는 살아있는 도구로 기능하게 된다. 《주역》의 상징은 표면적으로는 고정된 형태를 취하고 있지만, 그 이면에는 끊임없는 변화와 상호작용의 원리가 숨겨져 있다. 어떻게 해석하느냐에 따라 다양한 가능성을 열어주며, 상징은 변화하는 현실에 따라 유연하게 대응할 수 있다.

이처럼 《주역》의 상징은 단순한 기호 이상의 의미를 담고 있다. 상징이 가진 관념적 성격은 그것을 합리적이고 논리적인 내용으로 발전시킬 수 있는 가능성을 열어준다. 즉, 《주역》의 상징은 특정 상황이나 대상을 직접적으로 설명하기보다는, 이를 통해 더 깊은 철학적 또는 논리적 의미를 추출해내는 도구로서 작용한다. 이러한 의미는 비유적이거나 상징적 기호를 넘어 그 자체로 합리적인 내용을 이끌어내는 중요한 역할을 한다.

이러한 합리적 내용은 다시 구체적인 상징으로 환원될 수 있다. 즉, 처음에는 정적이고 고정된 의미로 보였던 상징이 새로운 해석을 통해 동적인 의미를 띠게 되고, 시대적 배경이나 상황에 맞춰 재해석될 수 있다는 것이다. 이를 통해 상징은 죽은 기호에서 살아 있는 의미로 변모한다.

그러나 이 과정에서 해석에 따른 갈등이나 견해 차이가 발생할 수 있다. 상징은 그 자체로 유연하고 다층적인 의미를 포함하고 있기 때문에, 각 해석자가 처한 상황이나 관점에 따라 다르게 해석될 수 있다. 해석자들 사이에서 의견이 불일치할 수 있는 것은 자연스러운 현상이다. 이는 상징의 다차원적 특성을 반영하며, 상징이 살아있는 해석의 대상이 되기 때문에 다양한 해석이 가능하다는 것은 상징성의 본질적 특징이 된다.

결론적으로 《주역》의 상징은 단순한 기호 이상의 의미를 담고 있으며, 해석을 통해 더 깊은 합리적 내용을 도출할 수 있다. 비록 해석의 과정에서 차이가 발생할 수 있지만, 이는 상징의 다층적 의미를 반영한 자연스러운 현상이다. 이러한 과정을 통해 죽은 상징이 동적이고 살아있는 상징으로 변모할 수 있다.

어느 날 여성들의 모임에 참석한 적이 있었다. 그중 한 분이 결혼 생활에 대한 불만을 털어놓았다. 그녀는 남편이 변했다고, 이제야 진짜 모습을 알게 되었다고 했다. 아이만 아니라면 이미 이혼했을 거라고도 했다. 그녀는 어떻게 해야 할지 물었고, 필자는 부부 관계가 얼마나 나쁜지 물었다. 그녀는 주로 사소한 가정 문제나 취미, 관심사가 맞지 않는다고 했다. 반대로 남편도 아내에게 속았다고 말한 적이 있다고 했다. 이 부부의 상황은 《주역》의 간艮괘와 비슷했다.

간은 산을 상징하며, 산은 멈춤과 안정의 의미를 갖는다. 간괘의 괘사와 효사에 나오는 '간기배艮其背'는 산의 앞면은 보이지만 뒷면은 보이지 않는다는 뜻이다. 이는 사람의 겉모습은 쉽게 알 수 있지만, 내면의 깊은 마음은 알기 어렵다는 것을 상징한다. 특히 사랑에 빠진 사람들은 상대방의 좋은 면만 보는 경향이 있다.

사랑은 흔히 이상적이고 낭만적인 감정으로 여겨지지만, 결혼 생활이 반드시 현실적이고 합리적인 것은 아니다. 결혼은 사랑을 바탕으로 시작되지만, 시간이 지나면서 사랑의 열정은 식고, 서로의 진정한 모습을 보게 된다. 이때는 상대방이 변한 것이 아니라, 그동안 보지 못했던 단점이나 내면을 보기 시작한 것이다.

'간기배'는 바로 이런 상황을 보여준다. 필자는 그가 입고 있던 자켓을 가리키며 "이 자켓이 어때 보이냐?"고 물었고, 상대는 "세련되어 보인다"고 답했다. 이어 필자는 자켓을 벗게 한 후 뒤집어 보여주며 "지금도 멋있어 보이냐?"고 물었다. 상대는 "아니다"라고 답했다. 바느질한 속이 드러난 자켓은 더 이상 멋지지 않았기 때문이다. 이에 필자는 "옷이 변한 것이 아니라, 처음에는 속을 보지 못했을 뿐"이라고 말했다.

결혼이 사랑의 무덤이냐는 질문은 언제나 논쟁거리다. 고대 중국의《한서》와《예악지禮樂志》에서는 "부부의 도리는 취약하다"고 했고, 당나라 시인 백거이白居易는 "좋은 것은 오래가지 않는다. 무지개는 쉽게 사라지고 유리도 부서지기 쉽다"고 말했다. 열정적인 사랑은 때로 어려움과 두려움을 동반하며, 오래 지속되기 어렵다. 반면에 긍정적인 사랑은 인내와 노력이 필요하다. 이는 사람의 생애에서 가장 중요한 부분일 수 있다.

사랑과 결혼은 사람의 생물학적 욕구와 깊이 연관되어 있으며, 그 과정에서의 감정 변화는 진화의 결과라고 볼 수 있다. 열정적인 사랑은 본래 강렬한 감정으로 시작되며, 생물학적으로 짝짓기를 촉진하기 위해 진화한 것이다. 강한 성적 매력과 빠른 만족감을 추구하는 이 감정은 도파민, 옥시토신, 테스토스테론 등의 호르몬에 의해 짧고 강렬하게 나타난다. 하지만 시간이 지나면 자연스럽게 감정의 강도는 줄어든다.

긍정적인 사랑은 장기적인 관계와 안정적인 결혼 생활을 기반으로 한다. 이는 사람이 생존과 번식을 위해 짝과 오랜 기간 협력해야 하는 본성에서 비롯된 것이다. 이 사랑은 옥시토신과 같은 호르몬이 깊은 신뢰와 안정감을 형성하는 데 기여하며, 부모로서의 역할을 수행하는 데도 큰 도움이 된다. 더 나아가, 자녀를 함께 양육하고 가정을 유지하는 중요한 역할을 한다.

《주역》과 컴퓨팅

'지혜로서 과거를 저장한다'는 "지이장왕"은 과거의 경험과 지혜를 저장하고, 그걸 바탕으로 미래를 예측하는 과정을 말한다. 쉽게 말하자면, 과거에 있었던 사건들에서 배운 교훈을 마치 데이터처럼 저장해 두고, 그 데이터를 기반으로 미래에 어떤 일이 일어날지를 예상하는 것이다. 이 과정은 요즘의 컴퓨터처럼 생각할 수 있는데,《주역》은 마치 '지혜의 데이터베이스'처럼 작동한다고 보면 된다. 과거의 데이터를 체계적으로 정리하고 보관해서 후대에 전하며, 이 지혜를 통해 미래를 예측할 수 있게 하는 것이다.

《계사전상》에 나온 '장왕藏往'은 바로 그 과거에 저장된 사건과 경험을 뜻한다.《주역》에서 괘를 뽑은 후에 나오는 결과는 항상 과거의 지혜와 경험에 근거한 해석을 통해 나온다. 이 과정은 마치 우리가 컴퓨터에서 과거의 데이터를 불러와 처리하는 것처럼 이해하면 된다.

《주역》의 괘는 단순한 그림이나 상징이 아니라, 숫자로 이루어진 정보이다.《주역》에서 사용하는 숫자는 6, 7, 8, 9인데, 이 네 가지 숫자로 여섯 자리 수를 만들어서 점괘를 표현한다. 각각의 숫자는 음과 양을 나타내는데, 6과 8은 음효, 7과 9는 양효를 의미한다. 이렇게 해서 여섯 자리 숫자로 이루어진 점괘가 완성되는데, 이 점괘는 총 64개의 괘와 384개의 효로 이루어진다.

여섯 자리 숫자의 조합으로 가능한 경우의 수는 4,096가지나 된다. 이렇게 보면《주역》의 64괘는 숫자 조합만으로도 매우 다양한 상징과 의미를 담고 있다. 표면적으로는 64개의 괘와 384개의 효로 보이지만, 그 조합 안에 있는 상징과 해석은 무한한 가능성을 담고 있다. 즉,《주역》은 그저 제한된 상징만을 사용하는 것이 아니라, 수많은 경우의 수와 방대한 해석을 제공할 수 있는 도구인 것이다.

그렇다면《주역》에서는 왜 6, 7, 8, 9라는 숫자를 사용했을까?《주역》은 음과 양을 발전 단계로 나눠서 본다. 이를 각각 소음少陰, 소양少陽, 노음老陰, 노양老陽이라고 부르는데, 이 단계들은 각각 6, 7, 8, 9로 나타난다. 6과 9는 음과 양이 성숙해져 변화를 일으키려는 상태를 나타내고, 7과 8은 덜 성숙한 상태, 즉 아직 변화가 일어나기 전인 과도기적 상태를 뜻한다.

《주역》에서 괘를 만드는 방식은 오늘날의 데이터 처리 방식과 비슷하다. 여섯 자리 숫자로 구성된 점괘는 과거에 저장된 지혜와 경험이 담긴《주역》의 데이터베이스에서 해석되고, 그 해석을 통해 미래를 예측할 수 있다. 《주역》은 단순히 철학적 사유에만 그치는 것이 아니라, 수리적이고 체계적인 방식으로 과거와 미래를 연결하는 도구라는 점에서 매우 특별한 역할을 한다.

《주역》의 점괘가 어떻게 과거와 미래를 연결하느냐 하면, 각각의 숫자는 음과 양의 상태를 나타내며, 이 상태에 따라 점괘가 형성된다. 이 점괘는 다시 과거의 경험이 축적된 데이터와 비교되고, 그 비교를 통해 현재의 상황을 분석해 미래를 예측한다. 이 과정에서 중요한 것은 음과 양의 변화와 균형을 이해하는 것인데, 《주역》은 이 변화를 정밀하게 계산해낸다.

결론적으로 《주역》은 단순한 상징이나 철학적 텍스트가 아니라, 수리적 원리와 정보를 기반으로 과거와 미래를 연결하는 도구다. 이 과정에서 우리는 《주역》을 통해 미래를 예측하고, 과거의 경험을 바탕으로 더 나은 결정을 내릴 수 있게 된다.

《주역》의 역수와 미래 예측

《주역》에서 말하는 역수逆數는 과거와 미래를 어떻게 이해하고 예측하는지를 설명하는 중요한 개념이다. 《설괘전》에는 "가는 것을 헤아림은 순리를 따르고, 오는 것을 앎은 거스르는 것이기 때문에 역은 역수라 한다數往者順 知來者逆 是故 易逆數也"라는 구절이 있다. 이는 '과거를 이해하는 것은 자연스럽게 흐름을 따라가는 것이다. 이미 일어난 일이기 때문에 분석하기 쉽다. 반면에 미래를 예측하는 것은 복잡하고 어렵다. 아직 일어나지 않은 일을 알려면, 과거의 경험을 바탕으로 거꾸로 계산해야 한다. 따라서 미래를 예측하는 역逆은 과거의 데이터를 거꾸로 되짚어서 계산하는 방식이기 때문에, 복잡하고 신중한 분석이 필요하다'는 의미다.

이는 《주역》과 점괘에 대한 이해를 깊게 해주는 말로, 과거와 미래를 바라보는 방식을 말한다. 괘의 목적은 과거를 저장하는 것이고, 점괘의 목적은 미래를 아는 것이다. 과거의 일은 이미 일어난 것이므로 우리가 알고 있는 정보를 바탕으로 분석하면 쉽다. 이를 순順이라고 표현하는 이유는, 이미 흘러간 사건들이기 때문에 자연스럽게 그 흐름을 따라갈 수 있기 때문이다. 즉, 과거를 분석하는 일은 이미 알려진 정보를 다루는 것으로, 이 과정은 어렵지 않다.

반면에 미래를 아는 것은 어렵다. 미래는 아직 일어나지 않았기 때문에, 예측하거나 분석하는 과정이 매우 복잡하고 어렵다. 단순히 현재의 흐름만으로는 알 수 없기 때문이다. 그래서 《주역》에서는 미래를 예측하는 것을 역逆이라고 표현한다. 여기서 '역'이라는 말은 거꾸로 계산한다는 뜻을 가진다. 즉, 미래를 예측하려면 과거의 경험과 지혜를 바탕으로 거꾸로 미래를 계산해야 한다는 것을 의미한다. 《주역》에서는 이러한 미래 예측의 과정을 역수逆數라고 부른다.

역수는 두 가지 의미를 담고 있다. 첫째는 과거를 돌아보는 것, 즉 이미 일어난 일을 분석하는 것을 말하고, 둘째는 미래를 예측하는 것, 즉 아직 일어나지 않은 일을 예측하는 과정을 의미한다. 이 두 가지는 각각 반대 방향을 나타내지만, 실제로는 서로 깊이 연결되어 있다.

과거를 돌아보는 것은 우리가 이미 알고 있는 정보를 바탕으로 사건을 분석하고 이해하는 과정이다. 과거의 사건은 이미 일어난 것이기 때문에, 자연스럽게 그 흐름을 따르는 것이 상대적으로 쉽다. 이 과정을 《주역》에서는 순順이라고 한다. 순리대로, 자연스럽게 과거의 사건들을 따라가면서 분석하는 것이기 때문에 이 작업은 명확하고 이해하기 쉬운 편이다.

반면에 미래를 예측하는 것은 훨씬 더 복잡하고 어려운 작업이다. 미래는 아직 일어나지 않았기 때문에, 단순히 흐름을 따라가기만 해서는 알 수 없다. 이때 과거의 경험과 기록을 바탕으로, 거꾸로 계산하여 미래를 예측하는 과정이 필요하다. 이 과정을 《주역》에서는 역逆이라고 부르며, 과거의 사건을 분석하는 순順과는 반대되는 개념이다.

하지만 과거와 미래는 서로 연결된 과정이다. 과거의 경험이 없이는 미래를 예측할 수 없다. 우리는 과거를 잘 이해하고 분석할수록, 미래에 어떤 일이 일어날지를 더 잘 예측할 수 있다. 그래서 역수는 단순히 과거의 기록을 보관하는 것이 아니라, 그 기록을 바탕으로 미래를 예측하는 도구로 사용된다. 《주역》에서 말하는 역수는 단순한 기록의 의미를 넘어 미래를 내다보고 대비할 수 있는 통찰의 도구로 작동한다.

《주역》의 백캐스팅과 포캐스팅

필자가 20여년 간 수행해온 미래 기술 예측에는 포캐스팅forecasting과 백캐스팅backcasting이라는 두 가지 대표적인 접근 방식이 있다. 이 두 방식은 각각 서로 다른 관점에서 미래를 예측하지만, 서로 보완적인 관계에 있다. 또한 하이브리드 관점은 이 두 가지 방식을 결합해 더 효과적이고 실용적인 미래 예측을 가능하게 한다.

포캐스팅은 현재의 상황과 과거의 데이터를 바탕으로 미래를 예측하는 방식이다. 이 방식은 과거의 통계나 패턴을 분석하여, 현재부터 미래로 이어지는 자연스러운 흐름을 예측하는 데 중점을 둔다. 포캐스팅의 장점은 단기적 예측에 강점이 있고, 데이터 기반의 과학적인 방법으로 미래를 예측할 수 있다는 점이다. 하지만 갑작스러운 변화나 새로운 변수에 대한 대응이 어렵다는 단점이 있다. 미래가 과거의 흐름과 일치하지 않을 경우, 그 예측의 정확도가 낮아질 수 있다.

반면에 백캐스팅은 먼저 미래의 목표를 설정한 후, 그 목표에 도달하기 위해 현재부터 무엇을 해야 하는지 계획하는 방식이다. 즉, 미래의 이상적인 상태를 먼저 설정하고, 그 목표를 달성하기 위한 방법을 거꾸로 계산하는 것이다. 백캐스팅은 장기적인 비전을 설정하고, 혁신적인 변화를 추구할 때 유리하다. 기존의 데이터를 기반으로 하지 않고, 새로운 가능성과 창의적 해법을 찾는 데 강점을 가진다. 그러나 백캐스팅은 현재의 현실적 상황을 무시할 경우 실현 가능성이 떨어질 수 있다.

하이브리드 관점은 포캐스팅과 백캐스팅을 결합한 접근법이다. 이 방식은 현재의 데이터와 과거의 추세를 반영하면서도, 미래의 목표를 설정하고 그 목표를 실현할 수 있는 전략을 세우는 것이다. 이를 통해 단기적 예측의 정확성과 장기적 목표의 창의성을 동시에 추구할 수 있다. 하이브리드 관점은 단기적 추세에 따른 변화 관리와 장기적 비전 실현을 모두 가능하게 해주며, 급격한 변화나 혁신이 필요한 경우에도 대응할 수 있는 유연성을 제공한다.

《주역》의 미래 예측 방식은 포캐스팅과 백캐스팅, 두 가지 접근 방식을 모두 포괄하는 하이브리드적 관점을 가지고 있다. 《주역》은 과거의 지혜를 바탕으로 현재의 상황을 분석하고, 이를 통해 미래를 예측하는 동시에, 미래의 목표를 설정하고 그 목표에 도달하기 위한 방법을 현재에 적용하는 과정을 포함한다.

먼저, 포캐스팅은 현재와 과거의 데이터를 바탕으로 미래를 예측하는 방식이다. 《주역》도 이와 비슷하게 과거의 경험과 지혜를 바탕으로 현재의 상황을 점괘로 해석하고, 그 결과를 통해 미래의 가능성을 예측한다. 《주역》의 64괘와 384효는 오랜 시간 동안 축적된 경험과 사건을 상징적으로 표현한 것이다. 이를 통해 《주역》은 과거와 현재의 패턴을 분석해 미래를 예측하는 포캐스팅적 접근을 활용한다.

이를테면, 《주역》에서 과거의 사건들을 바탕으로 특정 상황에서 어떤 결과가 일어났는지를 분석하고, 현재 유사한 상황이 발생하면 그와 비슷한 결과가 나타날 것으로 예측하는 것이다. 이는 마치 과거의 데이터를 바탕으로 미래를 추론하는 포캐스팅 방식과 유사하다. 포캐스팅적 《주역》의 특징은 이미 일어난 일들에 기반해 미래의 가능성을 추정한다는 점에 있다.

반면에 백캐스팅은 미래의 목표를 먼저 설정한 다음, 그 목표에 도달하기 위해 현재부터 어떤 변화와 조치를 해야 할지를 계획하는 방식이다. 《주역》의 역수逆數 개념이 바로 이 백캐스팅 방식과 일치한다. 《주역》에서는 미래에 도달할 결과를 상정하고, 그 결과에 도달하기 위해 현재 무엇을 해야 할지 알려준다. 이를테면, 점괘에서 긍정적인 결과를 얻기 위해서는 어떤 행동을 피해야 하고, 어떤 결정을 내려야 하는지를 제시한다. 이는 목표로 삼은 미래를 먼저 설정하고, 그 목표를 달성하기 위해 현재의 선택을 조정하는 백캐스팅적 과정이다.

《주역》의 역수는 단순히 과거를 분석하는 것을 넘어, 미래를 거꾸로 계산해 현재의 행동을 결정하는 것이다. 이는 백캐스팅에서 말하는 '미래를 먼저 상정하고 그 미래로부터 현재를 계획하는' 방식과 동일하다. 《주역》은 단순히 과거의 데이터를 해석하는 데 그치지 않고, 그 데이터를 바탕으로 미래의 이상적 상태를 설정하고, 그 상태에 도달하기 위한 현재의 행동을 구체적으로 제시한다.

이처럼 《주역》은 포캐스팅과 백캐스팅을 결합한 하이브리드적 접근 방식을 취한다. 《주역》의 점괘는 과거와 현재의 데이터 포캐스팅적 요소를 바탕으로 해석되지만, 그 해석은 미래의 이상적 상태를 상정하고 그 목표에 맞게 현재의 행동을 조정하는 백캐스팅적 요소 과정으로 이어진다.

이를테면, 《주역》에서 나온 괘가 특정한 미래의 가능성을 시사할 때, 그 가능성을 실현하기 위한 조언이나 행동 지침이 주어지는데, 이는 단순히 예측을 넘어 미래의 목표에 도달하기 위한 구체적인 실천 방안을 제공한다. 이를 통해 《주역》은 미래를 예측하는 동시에, 미래에 맞는 행동을 현재에 적용할 수 있도록 도와준다.

이처럼 《주역》은 단순한 미래 예측 도구가 아니라, 과거의 지혜를 바탕으로 현재를 해석하며, 미래의 이상적 상태에 도달하기 위한 구체적인 실천 방안까지 제공하는 고유한 미래 예측의 도구다. 이를 통해 《주역》은 과거와 현재와 미래를 연결하고, 실질적인 행동 지침을 제공하는 통찰력 있는 도구로서의 기능을 한다.

三十八. 《주역》의 64괘와 빅데이터

《주역》의 64괘와 빅데이터는 모두 복잡한 현상을 분석하고 예측하는 도구로서, 서로 밀접한 유사성을 가지고 있다. 그것을 설명하면 다음과 같다.

첫째, 패턴 인식이라는 측면에서 두 체계는 공통점을 보인다. 《주역》의 64괘는 우주와 사람의 변화와 흐름을 상징적으로 나타내며, 각 괘는 특정한 변화의 패턴을 말한다. 이를 통해, 특정 상황에서 일어나는 변화를 이해하고 예측할 수 있다. 이와 마찬가지로, 빅데이터는 대규모 데이터를 분석해 숨겨진 패턴을 발견하고, 그 패턴을 기반으로 데이터를 해석하고 미래를 예측하는 데 중점을 둔다.

둘째, 두 시스템은 데이터 기반 의사 결정을 돕는 역할을 한다. 《주역》에서 64괘는 주어진 상황에 맞는 최선의 행동 방향을 제시하고, 그 결과를 바탕으로 의사 결정을 내리는 데 사용된다. 이와 마찬가지로, 빅데이터는 대량의 데이터를 분석해 미래 트렌드를 예측하고, 이를 바탕으로 의사 결정을 내리도록 도와준다.

셋째, 변화의 이해와 예측 측면에서 두 시스템은 유사하다. 《주역》의 64괘는 시간의 흐름에 따라 변화하는 자연과 사람의 상황을 상징적으로 표현하며, 그 변화를 이해하고 예측하는 도구로 사용된다. 빅데이터 역시 대량의 데이터를 분석해 변화의 패턴을 파악하고, 그 패턴을 통해 미래를 예측하는 데 활용된다.

결론적으로, 《주역》의 64괘와 빅데이터는 모두 복잡한 현상을 패턴화하고 분석하며, 그 결과를 바탕으로 예측과 의사 결정을 돕는 역할을 한다는 공통점을 가지고 있다.

한편 최근 들어 64괘와 384효는 컴퓨팅 빅데이터와 연관시켜 패턴 인식, 예측, 의사 결정의 측면에 대한 다양한 연구가 이루어지고 있다. 컴퓨팅 기술을 이용해 64괘와 384효의 비대칭성과 변화하는 특성을 빅데이터 기술로 분석해 각 괘와 효 사이의 확률과 패턴을 연구하고, 이를 자연 현상과 연계해 분석하는 방식으로 《주역》의 내용을 정량적으로 분석하고 있는 것이다. 이는 빅데이터가 복잡한 시스템의 결과를 예측하는 것과 비슷하게, 《주역》의 괘를 통해 변화와 예측을 탐구하는 연구라 할 수 있다.

최근에 《주역》의 64괘와 384효의 변화가 현대 과학, 특히 빅데이터 분석과 인공지능 기술로 재해석되고 있다. 중국 지질과학대학교 정보공학연구팀은 빅데이터 분석을 활용해 대연지수大衍之數로 알려진 전통적인 산가지 점법Yarrow-stalk Method 蓍草占의 변화를 정량적으로 규명하는 데 성공했다.

이 연구팀은 고대 중국의 철학서이자 예언서로 알려진 《주역》의 64괘와 효爻의 변화 규칙을 빅데이터와 인공지능 기술을 이용해 10억 개 이상의 괘를 생성해 《주역》의 변화를 통계적으로 분석하고, 그 패턴을 밝혀냈다. 이 연구는 《주역》의 변화를 단순히 직관적인 예언이 아닌, 과학적 규칙성을 가진 기호 체계로 재해석하려는 시도에서 출발했다. 연구 결과, 주역의 핵심 원리인 음양陰陽의 균형이 완벽하지 않으며, 특정한 비대칭성이 존재함이 밝혀졌다.

이는 《주역》이 단순한 철학적 개념이 아니라, 일정한 수학적 법칙과 통계적 패턴을 따르는 체계임을 의미한다. 연구 결과 논문명 : Big Data Analyzing the Asymmetry of 64 Hexagrams Based on the Yarrow-stalk Method 는 논문 사전 공개 사이트인 https://www.preprints.org에 2023년 8월 3일 공개됐다.

이 연구팀은 산가지 점법을 통해 1억 개의 점괘를 생성하고, 그 변화를 분석했다. 산가지 점법은 50개의 산가지를 활용하여 6개의 효를 결정하는 과정을 통해 점괘를 생성하는 방식이다. 연구 결과, 《주역》의 64괘가 서로 변화하는 확률이 균일하지 않으며, 특정한 괘는 다른 괘로 변할 가능성이 더 높다는 점이 밝혀졌다. 특히 노양老陽, 9이 노음老陰, 6보다 3배 더 자주 발생한다는 점이 주목할 만한 결과다. 이는 주역에서 흔히 이야기되는 '음양의 조화'가 실제 점괘 생성 과정에서는 완벽한 균형이 아니라, 불균형적인 상태를 띠고 있음을 보여준다.

연구진은 이를 음양 비대칭성 Yin-Yang Asymmetry이라 명명하며, 《주역》의 변화가 일정한 규칙을 따라 이루어짐을 증명했다. 산가지 점법과 동전 점법 Coin Toss Method의 차이도 명확해졌다. 동전 점법에서는 6, 7, 8, 9가 동일한 확률로 발생하지만, 산가지 점법에서는 노양9의 확률이 노음6보다 높아진다. 이는 산가지 점법이 자연의 흐름과 더 밀접하게 연결되어 있으며, 자연의 변화가 완벽하게 대칭적이지 않다는 사실을 반영한다.

연구팀은 64괘의 변환 관계를 64×64 행렬로 시각화하고, 그 결과를 공간적으로 분석한 결과, 삼각형 프랙탈 Triangular Fractal 구조를 형성한다는 사실도 발견했다. 이는 주역이 단순한 무작위 점술이 아니라, 일정한 수학적 구조를 가진 체계적 시스템이라는 점을 시사한다.

또 하나의 흥미로운 발견은 변화를 이끄는 주된 힘이 '음陰'이라는 점이다. 연구 결과, 노음老陰, 6이 등장할 때 새로운 변화를 촉진하는 경향이 강했다. 이는 자연 현상뿐만 아니라, 사회적 변화 또한 주로 '위기'나 '부정적 요소'로 인해 촉진된다는 점과 일맥상통한다.

《주역》은 변화의 철학이다. 그러나 이번 연구는 그 변화의 동력이 음(陰)에서 주로 비롯된다는 점을 과학적으로 입증했다. 이는 단순한 철학적 개념을 넘어, 사회 변화의 메커니즘을 설명하는 이론적 틀로 확장될 수 있다. 가령, 경제 위기, 정치적 격변, 기후 변화 등의 주요한 변곡점들이 단순한 '자연적 진행'이 아니라, 음적 요인(부정적 사건)의 누적으로 인해 촉진된다는 해석이 가능하다.

이번 연구는 《주역》의 철학적 의미를 넘어서 과학적 분석이 가능한 시스템으로 확장하는 중요한 시도다. 연구팀은 AI 및 머신러닝을 활용하여 《주역》의 점괘 예측 모델을 개발하는 연구도 병행하고 있다. 《주역》이 단순한 점술이 아니라, 예측과 분석이 가능한 데이터 모델이라는 점을 입증하려는 것이다.

연구팀은 향후 연구 방향으로 주역의 다른 점법(예: 동전 점법)과 비교 연구, AI를 활용한《주역》예측 시스템 개발, 양자역학 및 카오스 이론과의 연관성 연구 등을 제시했다. 연구 책임자인 신치 정(Xinqi Zheng) 교수는 주역이 고대 철학에 머무르지 않고, 현대 과학의 도구로서 미래 예측 모델로 활용될 수 있음을 강조했다. 이로써《주역》은 과거의 점술이 아닌, 수리적 사고를 기반으로 한 변화 예측 도구로 재조명되고 있다. 《주역》은 더 이상 과거의 유물이 아니다.

AI와 빅데이터가 《주역》의 원리를 해석하는 시대, 우리는 이제 주역을 과거의 점술이 아닌, 미래를 예측하는 수리적 모델로 받아들여야 할 시점에 와 있다. 이 연구는 기존의 철학적·신비적 해석을 넘어, 주역의 현대적 활용 가능성을 제시하는 중요한 전환점으로 평가받고 있다.

미래 예측 시스템

주역점은 무엇일까? 주역점은 미래를 예측하는 상징적 시스템으로, 그 작동 방식은 일종의 벡터 함수로 비유될 수 있다. 이 벡터 함수는 현재 상태에서 미래로 나아가는 방향성을 나타내며, 주역점은 그 방향을 미리 예측하는 도구로 작용한다. 이를 통해 《주역》은 단순한 철학적 도구가 아닌, 과학적 분석의 성격을 띤다고 볼 수 있다.

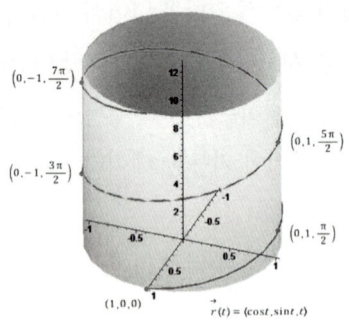

벡터함수의 그래프 _ 출처: Calculus 6E - James Stewart

특히 《주역》은 변화의 패턴과 법칙을 다루기 때문에, 이를 수학적이고 과학적으로 해석할 수 있는 잠재력이 크다. 빅데이터나 통계학 같은 현대 과학적 방법론을 적용하면, 《주역》에서 나타나는 다양한 변화의 패턴을 더 정확하게 분석할 수 있다. 즉, 과학적 사고와의 결합은 《주역》의 본질을 깊이 이해하고 예측 능력을 극대화하는 데 중요한 역할을 할 수 있다.

따라서 인문학적 해석만으로는 《주역》의 과학적 본질을 완전히 파악하기 어려울 수 있으며, 오히려 과학적 사고와 수학적 이해가 뒷받침될 때 《주역》의 깊은 원리를 이해하고 활용하는 데 더 적합하다고 볼 수 있다. 《주역》의 원리를 탐구할 때, 변화의 법칙을 수학적 모델로 표현하고 정량적으로 분석하면 더 깊은 경지에 이를 수 있는 것이다. 이와 같은 접근은

《주역》의 전통적 의미를 현대 과학의 영역으로 끌어와, 미래 예측과 변화의 법칙을 더 명확히 이해할 수 있게 한다.

현재 전 세계 과학자들은 컴퓨터 알고리즘을 사용해 《주역》의 384효를 해석하는 도구를 개발하고 있다. 이러한 알고리즘은 《주역》의 각 효의 의미를 체계적이고 일관되게 해석할 수 있게 하는데, 빅데이터가 대규모 데이터에서 패턴을 찾아내는 방식과 매우 유사하다. 이를 통해 《주역》의 복잡한 상징 체계가 더욱 과학적으로 해석되고 있다.

유럽에서는 지식 그래프를 사용해 《주역》의 상징 체계를 의미론적 기로 연결하고 있다. 이를 통해 《주역》의 괘, 효, 상징들이 어떻게 상호작용하는지를 분석하고, 이러한 상호작용을 현대의 예측 시스템에 적용하는 연구가 진행되고 있다. 이는 빅데이터가 상호 연관된 데이터를 분석하는 방식과 매우 유사하다.

필자도 디지털 인문학과 고대 문헌 연구를 결합해 《주역》의 내용을 디지털화하고 컴퓨터 분석을 지원하는 에이전트를 구축하고 있다. 빅데이터 방법을 사용해 《주역》과 같은 전통적인 문화적 콘텐츠를 분석하고, 이를 현대의 데이터 분석과 연결시키고자 한다.

《주역》과 이순신 장군

매일 아침 이순신 장군은 《주역》 척자점擲字占을 통해 괘를 뽑았다. 《난중일기》를 보면 《주역》으로 괘를 뽑은 기록이 총 17번 나온다. 그중 소강절의 척자점윷을 던져 괘를 뽑는 방법이 14번, 주역점이 1번, 일반 점술사에 의한 점이 2번이었다. 다음은 《난중일기》의 일부다.

1594년 9월 28일. 흐렸다. 새벽에 촛불을 밝히고 홀로 앉아 왜적을 토벌할 일에 대한 길흉을 점쳤다. 첫 번째 괘에서는 '활이 화살을 얻은 것과 같다如弓得箭'였다. 다시 뽑아 봤더니, '산이 움직이지 않는 것과 같다如山不動'였다. 바람이 순하지 않았다. 흉도胸島 안 바다에 진을 치고 잤다.

1596년 1월 10일. 맑았으나 서풍이 크게 불었다. 이른 아침에 적이 다시 나올지 어떨지 괘를 뽑았다. '수레에 바퀴가 없는 것과 같다如車無輪'가 나왔다. 다시 뽑아 봤더니, '임금을 만난 것과 같다如見君王'는 괘가 나왔다. 모두 길한 괘라고 기뻐했다.

《난중일기》 속 이 두 사례는 이순신 장군이 전투를 앞두고 적의 동향을 파악하고, 전투 준비를 하는 데 점괘를 사용한 기록이다. 특히 1594년 9월 28일의 점은 도원수 권율과 도체찰사 윤두수의 주도 아래 육군과 수군이 합동으로 펼칠 장문포 전투 전날의 점괘로, 이순신 장군이 전투 상황을 예측하고, 전투 계획을 세우기 위한 것이었다.

물론 이것은 이순신 장군이 모든 전투에서 《주역》괘를 뽑아서 승리했다는 구체적인 역사적 기록이나 증거로는 부족하다. 하지만 의사 결정에 중요한 역할을 한 것만큼은 분명하다. 이를 통해 이순신 장군이 전투에서 백전백승을 거두었다는 사실은 《주역》을 단순한 운명 예측 도구가 아니라 과학적이고 전략적 사고의 도구로 사용한 사례로 해석할 수 있다.

이를 과학적으로 해석하면, 《주역》의 상징 체계와 변화 패턴이 군사적 전략 수립에 어떻게 응용되었는지를 설명할 수 있다. 패턴 인식과 전략적 의사 결정 측면에서 《주역》의 64괘와 384효는 각각 다양한 상황을 상징하며, 그 변화는 다양한 시나리오에 대응하는 것으로 해석한다. 따라서 이순신 장군은 《주역》을 단순한 예언 도구로 사용한 것이 아니라, 패턴 인식과 상황 분석에 대한 깊은 통찰을 얻기 위한 도구로 활용한 것으로 볼 수 있다.

과학적으로 보면, 《주역》의 각 괘는 다양한 전술적 변화를 상징하며, 이를 활용하면 다양한 상황의 흐름을 파악할 수 있다. 이순신 장군이 《주역》을 활용해 전투의 흐름과 전황을 예측한 것은 일종의 빅데이터 분석과 유사하다. 주어진 상황 변수를 바탕으로 미래의 변화를 계산하고, 이를 통해 최적의 결정을 내리는 것은 전략적 의사 결정 시스템으로 이해될 수 있다.

확률과 의사 결정 모델 측면으로 보면, 《주역》은 변화하는 자연과 사람의 상호작용을 확률적으로 해석할 수 있는 모델이다. 《주역》의 변화 규칙을 통해 전투 상황을 예측하고 그에 따라 의사 결정을 내린 것은, 과학적 관점에서 보면 확률적 사건 분석에 해당한다. 이순신 장군은 《주역》의 괘를 통해 가장 유리한 변화를 파악하고, 이를 토대로 전투 계획을 세웠을 가능성이 있다.

《주역》은 특히 데이터 기반의 전술적 예측이 가능하다. 과거 군사 지도자들은 상황 변화와 상호작용을 분석해 전술을 짜는 데 능했으며, 이는 오늘날의 데이터 분석과 유사하다. 이순진 장군이 《주역》 척자점을 사용했다는 것은, 전투 중 시시각각 변화하는 상황에 대한 데이터 《주역》의 괘와 효를 분석하고, 그 데이터를 바탕으로 예측 가능한 시나리오를 설정한 후, 적절한 행동을 선택한 것으로 해석할 수 있다.

이순신 장군의 백전백승은 단순히 《주역》의 신비한 힘에 의한 것이 아니라, 《주역》을 과학적·전략적 도구로 활용한 사례로 볼 수 있다. 《주역》의 패턴 분석, 확률적 접근, 그리고 변화에 대한 통찰을 통해 장군은 전투 상황을 예측하고 적절한 전술을 선택함으로써 승리를 거둔 것으로 해석할 수 있다.

임진왜란이 한창이던 1597년 9월 16일. 조선의 삼도 수군통제사였던 이순신 장군은 단 12척의 배로 133척의 일본 수군에 맞서 기적 같은 승리를 거뒀다. 이 전쟁이 바로 그 유명한 '명량대첩'이다. 이순신 장군의 명량해전에서 울돌목의 해류 패턴을 발견하고, 이를 전략적으로 활용한 방식은 《주역》의 지혜와도 깊이 연결된다. 《주역》은 변화의 원리를 파악하고, 그에 맞춰 대응하는 지혜를 강조하는데, 이는 이순신 장군의 전술 및 빅데이터 분석과도 맞닿아 있다.

이순신 장군이 명량해전에서 보여준 전술은 바로 이 변화의 흐름을 파악하고, 이에 적응하는 지혜를 실천한 예다. 울돌목의 해류 변화는 《주역》에서 말하는 세상 만물의 변화를 상징하는 중요한 요소다. 이순신 장군은 해류의 변화에 따라 적의 움직임을 예측하고, 그 흐름을 거스르지 않으며, 자연의 흐름에 따라 전술을 수립했다. 이는 《주역》의 순응과 변화에 따른 대응 원리다.

《주역》에서 괘와 효의 변화를 통해 미래를 예측하고 그 변화에 맞춰 준비하는 방식은, 데이터 분석에서 패턴을 발견하고 그에 맞춰 문제 해결 전략을 세우는 것과 닮아 있다. 이순신 장군은 울돌목의 물살이 바뀌는 패턴을 마치 《주역》의 괘처럼 분석하고, 그 흐름에 맞춰 전투를 지휘했다.

《주역》의 패턴 분석과 대응은 단순히 과거의 데이터를 활용하는 것이 아니라, 변화를 예측하고 적절한 타이밍에 대응하는 데 중점을 둔다. 이는 이순신 장군이 적의 우세를 극복하기 위해 해류의 특성을 이용하고, 타이밍을 정확히 맞추어 전략을 실행한 것과 일맥상통한다.

이순신 장군이 울돌목의 해류 패턴을 분석하고 이를 명량해전에서 전략적으로 활용한 방식은, 《주역》의 지혜와 깊이 연관된다. 《주역》은 변화를 예측하고 그에 맞춰 대응하는 지혜를 가르치는데, 이는 빅데이터 분석에서 패턴을 통해 문제 해결을 도모하는 과정과 매우 유사하다. 이것이야말로 이순신 장군이 대승을 거둘 수 있었던 핵심 요인이 아닐 수 없다.

三十九. 데이터 과학과 문제 해결 능력

    데이터 과학자는 대량의 데이터를 수집·분석하고, 이를 통해 의미 있는 해법을 도출해 문제 해결과 의사 결정에 기여한다. 최근 데이터 과학자는 다양한 분야에서 활동하며, 핵심 역할을 수행하고 있다. 그렇다면 그들은 어떤 방식으로 일할까? 그 과정은 다음과 같다.

    먼저 데이터 과학자는 데이터를 수집하고, 필요한 정보를 얻기 위해 데이터 정제 및 변환 과정을 거친다. 이를 위해 다양한 데이터베이스와 소스에서 데이터를 추출하고, 분석에 적합한 형식으로 정리한다. 그런 다음 데이터를 분석해 의미 있는 패턴을 발견한다. 이를 위해 통계적 기법과 머신러닝 모델을 활용해 데이터를 분석하고, 이를 기반으로 미래를 예측하거나 문제를 해결하는 모델을 개발한다.

    이때 분석 결과는 이해하기 쉬운 방식으로 시각화되어야 한다. 그래서 데이터 과학자는 데이터 시각화 도구를 사용해 복잡한 데이터를 시각적으로 표현하여 의사 결정자가 더 나은 결정을 내릴 수 있도록 돕는다. 그리고 데이터 과학자는 기업이나 기관에서 마주하는 복잡한 문제를 해결하는 역할도 하는데, 이를 위해 마케팅 전략 최적화, 제품 추천 시스템 구축, 비용 절감 방안 분석 등 다양한 분야에서 데이터 기반 솔루션을 제시한다.

또한 데이터 과학자는 머신러닝 모델을 구축하고, 이를 통해 자동화된 분석과 예측을 가능하게 한다. 예측 모델을 개발해 기업의 매출 예측, 고객 이탈 방지, 질병 예측 등 다양한 응용 분야에 기여한다. 이러한 데이터 분석을 통해 기업의 데이터 전략도 제안한다. 이를 통해 기업이 데이터를 효과적으로 사용하고, 경쟁력을 유지할 수 있도록 데이터 중심의 의사 결정 과정도 제안한다.

요약하면, 데이터 과학자는 데이터 분석과 모델링 문제 해결, 미래 예측을 통해 기업과 조직이 데이터 기반 의사 결정을 내리고, 더 나은 성과를 달성할 수 있도록 돕는 중요한 역할을 수행한다. 하지만 개인의 역량에 따라 데이터 과학자의 성과와 역할은 달라질 수 있다. 데이터 과학은 매우 복잡하고 다양한 기술을 요구하기 때문에, 개인의 전문성, 경험, 창의력에 따라 문제 해결 능력과 데이터 해석 능력이 크게 달라진다. 데이터 과학자는 프로그래밍 능력예: Python, R 등, 통계 지식, 머신러닝과 같은 기술을 필요로 한다. 하지만 각 개인의 기술적 역량에 따라 데이터 분석의 정확성과 효율성이 크게 달라질 수 있다.

그렇다면 데이터 과학자에게는 어떤 능력이 요구될까?

첫째, 문제 해결 능력이다. 데이터 과학자는 데이터를 분석해 실질적인 문제를 해결해야 한다. 이때는 창의적 사고와 논리적 사고가 중요한데, 개인의 경험이나 탐구력이 이에 큰 영향을 미친다. 많은 경험을 쌓은 데이터 과학자일수록 문제를 더 신속하고 효과적으로 해결할 수 있다.

둘째, 데이터 과학자는 분석 결과를 명확하게 전달하는 능력도 필요하다. 이 과정에서 커뮤니케이션 능력이 중요한데, 각 개인의 역량에 따라 결과를 더 이해하기 쉬운 방식으로 표현할 수 있다.

셋째, 도메인 지식이 요구된다. 데이터 과학이 적용되는 분야에 대한 도메인 지식은 분석의 깊이를 좌우한다. 특정 산업에 대한 이해가 높은 데이터 과학자일수록 해당 산업에 맞는 맞춤형 분석을 제공할 수가 있다.

결론적으로 데이터 과학자의 개인 역량은 기술력, 창의력, 소프트 스킬 등 다양한데, 이로 인해 각 개인의 성과나 기여도가 달라질 수 있다. 따라서 컴퓨팅 능력이 중요한 것이 아니라, 다양한 분야를 계속해서 학습하고 경험을 쌓는 것이 이러한 차이를 극복하는 중요한 방법이다.

《주역》의 해석 역시 데이터 과학과 마찬가지로 해석자의 역량에 따라 그 결과가 크게 달라질 수 있다. 《주역》의 점괘는 상징적인 형태로 주어지는데, 이를 해석하는 과정은 해석자의 전문성, 경험, 창의력에 크게 의존한다.

그렇다면 《주역》 해석자에게는 어떤 능력이 요구될까?

첫째, 《주역》의 점괘는 매우 상징적이고 다층적인 의미를 담고 있기 때문에 해석자의 전문 지식과 경험이 중요한 역할을 한다. 경험이 많은 해석자일수록 과거의 사례와 비교하거나, 문맥에 맞는 해석을 도출하는 데 더 능숙하다. 이는 데이터 과학자가 풍부한 경험을 바탕으로 더 복잡한 문제를 해결하는 것과 같은 원리다.

둘째, 《주역》 해석에서는 해석자의 창의적인 사고와 논리적 접근이 중요하다. 상징을 해석하는 방식은 고정되어 있지 않으며, 해석자의 창의성에 따라 다양한 의미가 도출될 수 있다. 이는 데이터 과학에서 창의적인 사고를 통해 문제를 해결하거나 새로운 모델을 개발하는 과정과 유사하다.

셋째, 《주역》 해석에서도 도메인 지식과 상황에 대한 이해는 필수적이다. 특정 상황에 맞는 맞춤형 해석이 필요할 때, 해석자가 해당 분야에 대한 깊은 지식을 가지고 있을수록 더 정확하고 적절한 해석을 할 수 있다. 이는 데이터 과학에서 특정 산업에 대한 이해가 분석의 질을 높이는 것과 마찬가지다.

넷째, 《주역》 해석 결과를 명확하게 전달하는 능력 또한 중요하다. 해석자는 복잡한 상징과 예측을 상황에 맞게 쉽게 말하고, 구체적인 조언을 제공할 수 있어야 한다. 이는 데이터 과학자가 복잡한 분석 결과를 시각화하고 명확하게 전달하는 능력과 동일하게 중요한 요소다.

　결국, 《주역》 해석도 해석자의 전문성, 경험, 창의성, 그리고 해당 분야에 대한 지식(도메인 지식)에 따라 달라지며, 그에 따라 더 정확하고 유용한 예측과 문제 해결이 가능해진다. 특히 《주역》을 제대로 공부하려면, 적어도 기초적인 철학적 개념을 이해해야 한다. 다음에서 다루는 기본 철학을 알아야만 《주역》을 깊이 있게 배울 수 있다. 다음 내용 중 일부는 겹치는 부분이 있을 수 있음을 미리 알려둔다.

四十. 《주역》 공부

체와 용

과학은 주로 수학적 논리로 이론을 입증하고, 실험을 통해 그 이론을 검증하는 학문이다. 하지만 일본의 물리학자인 유가와 히데키는 1949년에 실험 없이도 동양 철학의 체體와 용用 개념을 기반으로 수의 논리를 사용해 중간자 Meson 개념을 밝혀내 노벨 물리학상을 받았다. 이는 체와 용이라는 동양 철학의 개념이 과학적으로도 인정받을 수 있음을 의미한다.

유가와 히데키는 중간자라는 입자를 제안했는데, 이 입자는 양성자와 중성자 사이에서 강한 핵력 Nuclear Force 을 전달하는 역할을 한다. 그의 이론은 처음에는 실험 없이 이론적 논리로만 제안되었으나, 나중에 실험을 통해 실제로 입증되었다. 이 사례는 체와 용의 철학적 개념이 과학적 발견과 연결될 수 있음을 보여준다.

주역, 사주, 풍수 등과 같은 동양의 전통적인 역술易術은 자연의 이치와 우주의 변화를 바탕으로 사람의 운명과 미래를 예측하려는 방법이다. 이 과정에서 명命을 이해하기 위해 체와 용, 그리고 신이라는 개념을 설정한다. 체용이 없다면 역술은 시작될 수 없으며, 이는 역술의 기본 구조다.

특히 체와 용으로 설정된 신을 용신用神이라고 하는데, 이는 사주팔자와 같은 명리학에서 매우 중요한 역할을 한다. 용신은 사주에서 균형과 조화를 맞추기 위해 가장 필요한 요소를 의미한다. 그러나 명리학에서는 용신의 개념이 종종 잘못 해석되거나 와전되는 경우가 많다.

체용의 중요성은 아무리 강조해도 부족하지 않다. 하지만 오늘날 많은 역술가들이 체용을 명확하게 설명하지 못하는 경우가 많다. 사실, 체용은 과학자들조차 이해하고 응용할 수 있는 개념이기 때문에 어려운 개념은 아니다. 단지 기초 지식이 부족해서 제대로 설명할 수 없을 뿐이다. 체와 용은 역술의 기본 원리이며, 이를 잘 이해하는 것이 중요하다.

북송 시대 유학자인 정이천程伊川은 《역전서易傳序》에서 "지극히 은미한 것은 이理고, 지극히 드러난 것은 상象이다. 체體와 용用은 근원이 하나이며, 드러남과 은미함에는 간격이 없다"라고 썼다. 이 말은 체와 용이 서로 떨어져 있지 않고 하나로 연결되어 있다는 뜻이다. 이理는 눈에 보이지 않는 근본적인 원리를 의미하고, 상象은 눈에 보이는 현상을 가리킨다. 결국, 체와 용은 서로 구분할 수 없는 하나의 개념으로, 근본적인 원리와 그 드러난 현상이 연결되어 있다는 뜻을 담고 있다.

체는 눈에 보이는 것, 용은 눈에 보이지 않는 것이지만, 결국 둘은 하나로 연결되어 있다. 체는 시간, 용은 공간에 비유되는데, 이 둘은 함께 어우러져 시공합일時空合一을 이룬다. 또한 체는 본체, 용은 작용으로서 결국 하나로 통합된다. 체는 근원, 용은 현상이지만, 이 역시 결국 하나로 연결된 것이다. 체와 용의 관계는 음양 관계처럼 서로 다른 두 요소지만 하나이면서 둘이고, 둘이면서 하나다. 즉, 체와 용은 하나의 본체에 두 가지 면이 있음을 의미한다. 이를테면, 얼굴은 하나지만, 그 얼굴은 화난 얼굴, 기쁜 얼굴, 아름다운 얼굴 등 여러 가지 표정을 가질 수 있다. 이 표정들은 모두 다르지만, 하나의 얼굴에서 나타난다. 여기서 얼굴 자체는 '체'이고, 화남, 기쁨, 아름다움 같은 감정의 변화는 '용'이다.

역학적으로는 '葡' 글자에 막대기체와 그림자용가 표시된다. 하나의 막대기는 체를 의미하고, 이 막대기에 비치는 그림자는 용을 나타낸다. 막대기는 변하지 않는 본체인 반면에 그림자는 시간에 따라 변하는 모습이다. 예를 들어, 하나의 막대기가 있으면 그 막대기에서 생기는 그림자는 길고 짧거나, 동서남북으로 방향을 달리할 수 있다. 즉, 하나의 막대기가 체로서 운명의 근본이 되고, 그 막대기에서 생기는 다양한 그림자가 용으로서 점을 의미하게 된다.

체는 하나지만, 용은 다양하다. 이를테면, 바다는 하나지만, 파도는 여러 가지 형태로 일어난다. 눈은 하나지만, 사람마다 시력은 다를 수 있다. 귀는 하나지만, 듣는 소리는 여러 가지다. 천지는 하나지만, 그 안의 우주는 다양하다. 도는 하나지만, 그것을 풀이하는 역은 여러 방식이 있다. 마찬가지로, 역학의 원리는 하나지만, 이를 활용하는 역술 방식은 여러 가지다. 글의 주장은 하나이지만, 독자들의 이해는 각기 다르게 나타난다. 이 모든 이유는 우주가 시간과 공간이 합쳐진 하나면서도, 그 안에서 다양한 현상이 나타나기 때문이다.

체용은 관점이다. 체의 기준에 따라 다양한 관점이 생겨난다. 체용은 우리가 시간과 공간을 하나로 바라보게 해준다. 이를 통해 우리는 하나의 우주를 시간, 공간, 그리고 시간과 공간이 합쳐진 시공으로 관찰할 수 있다. 또한 체용은 하나의 역학 원리를 기반으로 하여, 다양한 방식으로 이를 응용한 역술의 관점을 제공해 준다.

변화와 소통하며 날마다 새로워진다

《주역》은 변화를 다루는 책이다. 이 책은 사람들이 자연, 사회, 인생이 어떻게 변하는지, 왜 변하는지 변화의 방향을 탐구하게 해준다. 변화와 끊임없는 생명력을 강조하는 사상을 담고 있다. '변통일신變通日新'과 '생생불식 生生不息' 변화와 생명력의 지속적인 흐름과 발전을 상징하고 끝없는 성장과 순환을 강조하는 《주역》의 중요한 정신을 설명하는 핵심 개념이다.

'변통일신變通日新'은 변화하고 소통하며, 날마다 새로워지는 것을 의미한다. 《주역》은 우주의 모든 현상이 끊임없이 변하며, 이 변화 속에서 소통과 조화가 이루어진다고 본다. 이는 세상이 고정되지 않고 항상 변한다는 사실을 받아들이고, 그 변화에 맞추어 유연하게 대처해야 한다는 뜻을 담고 있다.

'일신日新'은 날마다 새로워지는 변화를 의미하며, 이는 개인과 사회가 끊임없이 자신을 갱신하고 발전시켜야 한다는 점을 강조한다. 변통일신의 정신은 현대 사회에서 개인과 조직이 변화에 유연하게 대응하고, 지속적인 자기 혁신을 통해 발전해야 한다는 메시지를 전한다.

'생생불식生生不息'은 끊임없이 생명이 이어지고 멈추지 않는다는 뜻을 담고 있다. 모든 생명체는 끊임없이 태어나고 번성하며, 그 생명의 흐름은 멈추지 않고 계속해서 이어진다. 이는 우주와 자연의 지속적인 생명력을 나타내며, 우주와 자연 속의 생명이 끊임없이 순환하고 발전한다는 자연의 원리를 설명하는 개념이다.

'생생불식'은 단순히 생명체의 생존을 말하는 것만이 아니라, 생명력과 성장이 끊임없이 이어진다는 자연의 법칙을 강조한다. 생명은 한 번 시작되면 그 흐름이 계속되며, 자연은 그 생명을 계속 키우고 순환시킨다. 이러한 생명의 끊임없는 순환과 번성은 우주와 자연이 가진 강력한 생명력과 영속성을 보여준다. 또한 '생생불식'은 개인적인 성장과 끊임없는 자기 발전을 의미하기도 한다. 인간도 자연의 일부로서 멈추지 않고 자신의 능력을 발전시키고, 더 나은 방향으로 나아가야 한다는 것을 강조하는 개념이다.

'변통일신'과 '생생불식'은 현대 사회에서도 유효한 가르침을 제공한다. 개인과 사회는 끊임없이 성장하고 발전해야 하며, 동시에 자연과의 조화를 이루는 삶을 추구해야 한다는 메시지를 전하고 있다. 즉, 변화에 유연하게 대처하고, 지속 가능한 성장을 통해 균형 잡힌 삶을 살아가는 것이 중요하다는 의미를 담고 있다.

날마다 새로워지고, 날마다 새롭게 해야 한다는 '일신우일신 日新又日新'은 끊임없이 새로운 사물, 새로운 생명, 새로운 모습, 새로운 과학 기술이 계속해서 나타나는 것을 의미한다. 이를 위해서는 끊임없는 혁신과 창조가 필요하다. 창조가 없다면 새로운 것이 나올 수 없기 때문이다.

덕을 이루려면, 내부적으로는 스스로 발전하고, 외부적으로는 다른 사람에게 베푸는 것이 중요하다. 내부적으로 자신을 발전시킨다는 것은 자신의 문화, 도덕, 정신, 과학 기술 수준을 끊임없이 향상시키는 것을 뜻하며, 이렇게 해야 큰 성취를 이룰 수 있다.

외부적으로는 다른 사람에게 베풀어야 자신도 얻을 수 있다. 이는 곧 혁신을 통해 날마다 새로워지고, 내부와 외부 모두에서 성취를 이루어야 큰 성공을 거둘 수 있다는 의미다. 스스로 발전하면서도 주변에 기여하는 것이 성공의 열쇠라는 것이다.

《주역》은 오늘날 우리에게 변화와 혁신을 받아들이는 것이 중요하다고 가르친다. 끊임없이 변하는 세상 속에서 유연하게 적응하며, 스스로를 발전시켜 나가야 한다는 점도 상기시킨다. 또한 지속 가능한 삶을 추구해야 함을 강조하는데, 이는 환경을 보존하고 자연과 조화를 이루는 삶을 통해 더 나은 미래를 만들어야 한다는 의미를 담고 있다.

《주역》은 우리가 자연의 원리와 흐름을 존중하고, 지속 가능한 발전을 통해 개인과 사회의 성장을 이뤄야 한다는 점을 알려준다. 이러한 가르침은 현대 사회에서도 여전히 유효하며, 미래를 준비하고 발전하는 데 필요한 지혜를 제공해준다. 변화에 능동적으로 대응하고, 자연과의 조화 속에서 더 나은 세상을 만들어가는 것이 《주역》이 우리에게 주는 중요한 메시지다.

극단과 대립 속에서도 조화와 균형은 이뤄진다

'물극필반物極必反'과 '상반상성相反相成'은 상호작용과 변화의 원리를 강조하며, 극단과 대립 속에서도 조화와 균형이 이뤄진다는 철학적 이치를 담고 있다. '물극필반'은 '사물이 극단에 도달하면 반드시 변한다'는 뜻이다. 이 말은 사물이 너무 지나치면 반대 방향으로 바뀌기 마련이라는 의미를 담고 있다. 《주역》의 건乾괘 6효上九의 효사에 나오는 "항룡유회亢龍有悔"는 '높이 나는 용은 후회가 있다'는 말로, 높이 나는 것은 앞으로 나아가기만 하고 물러나는 법을 모르는 상태를 뜻한다. 또한 존재하기만 하고 소멸을 알지 못하며, 얻기만 하고 잃음을 모르는 상황을 의미한다.

이 말은 끊임없이 전진하고 멈추지 않으면 반드시 패배가 따르고, 자신을 경계하지 않고 존재하기만 하면 결국 멸망하며, 탐욕스럽게 얻기만 하려 하면 큰 손실을 초래하게 된다는 뜻이다. 즉, 우리는 시대의 흐름에 맞춰 앞으로 나아가되, 극단에 이르렀을 때 변화할 줄 알아야 한다는 것이다. 만약 변화하지 못하고 극단에 도달한 후에도 유연하게 대처하지 못하면, 결국 퇴보, 멸망, 상실로 이어지게 된다.

'물극필반'의 원리는 자연, 사회, 개인의 삶에 모두 적용된다. 이 원리는 변화를 받아들이고, 한계를 인식하며, 균형을 유지하는 것이 중요하다는 것을 알려준다. 자연에서는 모든 것이 순환한다. 겨울이 지나면 봄이 오고, 밤이 지나면 낮이 오듯, 자연은 극단적인 상황에서 반대로 전환되어 균형과 조화를 이루게 된다.

사회에서도 제도나 정책이 극단에 이르면, 반드시 변화가 필요하다. 이는 지속 가능한 발전을 위해 필수적이다. 개인의 삶에서도 극단적인 행동이나 사고방식은 반드시 변화가 필요하다. 이는 균형 잡힌 성장과 발전을 위해 중요한 요소다. 한쪽으로 치우친 삶은 결국 변화를 통해 조화로운 삶으로 나아가야 한다는 것을 의미한다.

'상반상성相反相成'은 '서로 반대되는 것들이 동시에 보완하여 조화를 이루는 관계'를 뜻한다. 이는 음양의 원리에서 출발하는데, 모든 사물과 현상이 대립하면서도 서로를 필요로 한다는 것을 의미한다. 음과 양은 서로 반대되는 성질을 가지지만, 각각이 단독으로는 완전하지 않으며, 반드시 서로를 통해야만 균형을 이루고 존재할 수 있다.

이를테면, 빛은 어둠이 있어야 더 분명히 존재를 인식할 수 있고, 고요함은 움직임이 있어야 그 의미를 가진다. 추위가 있어야 더위의 의미가 더욱 명확해지며, 이 상반된 것들이 함께 있을 때 전체적인 균형을 이룬다. 이처럼 상반된 요소들이 서로를 보완하며, 하나의 전체로서 완전한 조화를 이룬다는 것이 상반상성의 핵심이다.

음양의 조화는 그 자체로 대립적 요소들이 서로 보완하여 균형을 만들어내는 과정이다. 음이 너무 강하거나 양이 너무 강하면 불균형이 생기고, 이 둘이 서로의 힘을 조절하고 보완할 때에만 조화로운 상태가 지속된다.

이 원리는 자연과 인간의 삶에도 동일하게 적용된다. 예를 들어, 사회에서는 갈등과 협력이 공존할 때 발전이 이루어진다. 개인의 삶도 고난과 성공이 함께할 때 성숙과 발전이 이루어진다. 자연도 밤과 낮, 계절의 변화가 순환하면서 지구의 균형을 이루는 것처럼, 상반상성은 모든 관계와 현상에서 조화와 균형의 원리를 말한다.

이처럼 '상반상성'은 모든 사물이 상반된 성질을 가지고 있음에도 불구하고, 이 대립적인 요소들이 상호작용하여 조화와 균형을 만들어낸다는 깊은 철학적 의미를 담고 있다. 이는 개인과 사회, 자연과 인간 등 모든 존재와 관계에서 예외 없이 적용되며, 우리가 삶과 세계를 이해하는 데 있어 중요한 원리가 된다.

자신의 한계를 아는 것도 군자의 도리다

'음양불측지위신陰陽不測之謂神'은 음양의 변화를 예측할 수 없다는 뜻이다. 이는 우주와 자연의 변화가 신비롭고 이해하기 어려운 영역임을 가리킨다. 음양은 고정된 것이 아니라, 끊임없이 변화하고 흐름에 따라 움직이기 때문에 우리는 미래의 변화가 음인지 양인지 예측할 수 없다. 이 예측 불가능성이 바로 신神이라는 개념으로 표현된다.

이 개념은 다소 추상적이지만, 고대 사람들은 이를 점占과 연결해 생각했다. 점을 칠 때, 그 결과가 음인지 양인지, 또는 젊음인지 늙음인지 미리 알 수 없다고 믿었다. 이처럼 미래의 사건이나 운명을 점을 통해 알아내고자 했지만, 그 결과는 우연적이고 절대적인 규칙이 없다고 보았다. 즉, 점의 결과가 필연적이거나 정확하게 예측할 수 있는 것이 아니라, 우연에 따른 것이라고 본 것이다. 이러한 예측할 수 없는 결과를 '신'의 작용으로 설명하게 되었다. 따라서 신은 인간의 이성으로는 알 수 없는 영역을 나타내며, 우주와 자연의 신비로운 힘을 상징한다.

이 개념은 음양의 변화를 예측할 수 없기 때문에 그 결과가 무엇이든 신비로운 힘에 의해 결정된다고 생각한 데서 비롯되었다. '음양불측'은 이처럼 미리 알 수 없는 미래와 예측 불가능한 변화를 신의 작용으로 이해하려는 가장 원초적인 설명이다. 이는 우주와 자연이 이치를 완벽히 예측할 수 없는 신비로움과 복잡함을 담고 있다는 생각으로, 고대의 철학적 사고에서 매우 중요한 개념으로 자리 잡고 있다.

따라서 '음양불측지위신'은 우주와 자연의 변화가 완전히 예측 불가능하며, 그 속에서 일어나는 일들은 신비로운 힘에 의해 움직인다는 것을 의미한다. 이 개념은 우리가 알 수 없는 미래의 변화와 신비로움을 인정하는 것으로, 모든 변화가 예상대로 되지 않는 이유를 설명하는 데 사용된다.

그렇다면 왜 음양의 변화를 예측할 수 없을까? 그 이유는 음과 양이 서로 상반된 성질을 가지고 있지만, 그 변화가 일정하지 않고 다양한 요인에 의해 달라지기 때문이다. 양이 음으로, 음이 양으로 변하는 과정에서 사물의 성질, 변화하는 상황, 시간 등에 따라 그 변화의 양상은 서로 다르게 나타난다. 같은 사물이라도 다른 시간이나 공간, 혹은 다른 상황에서 완전히 다른 방식으로 변화할 수 있다. 또한 여러 가지 외부의 영향이나 방해 요소들이 변화에 작용하면서 예측하기 어려운 결과를 만들어 낸다.

이를 주식 시장에 비유해보자. 주가가 최고점에 도달하면 이론적으로 양이 극한에 도달했으니 음으로 변해야 한다고 예측할 수 있다. 이때 음으로 변한다는 것은 주가가 하락한다는 의미다. 그러나 언제 그 변화가 일어날지, 어떤 방식으로 음으로 변할지는 정확히 예측할 수가 없다. 그래서 주가가 매우 높은 상태임을 알지만, 투자자들은 주가가 더 오를 것이라고 기대하며 투자를 이어나간다. 그러나 큰 이익을 기대하는 순간, 갑자기 주가가 폭락할 수도 있다. 이처럼 주가가 높을수록 위험은 커지지만, 그 변화의 타이밍을 알 수 없는 것이 '음양불측지위신陰陽不測之謂神'의 원리다.

음양의 변화를 예측할 수 없는 이유는, 그 변화가 단순한 법칙에 의해 일어나지 않기 때문이다. 음과 양의 변화 과정은 언제나 여러 요소들이 복잡하게 얽혀 있어 그 결과를 예측하기가 어렵다. 자연 현상, 사회적 변화, 개인의 삶도 마찬가지다. 극단에 도달한 상황에서 양이 음으로 변하거나 음이 양으로 변하는 것은 필연적이지만, 그 정확한 시점이나 방식은 우리가 미리 알기 힘들다.

이처럼 '음양불측지위신'은 음양의 변화가 예측 불가능한 이유를 말한다. 우주와 자연에서 일어나는 예측할 수 없는 변화를 신비롭고 이해하기 어려운 영역으로 이해하는 개념인 것이다. 이는 우리가 모든 것을 합리적으로 예측할 수 없고, 변화가 항상 예상대로 진행되지 않는 이유를 말한다. 그리고 변화의 불확실성을 인정하고, 유연하게 대처해야 하는 삶의 지혜를 전해준다.

양이 음으로 변하고, 음이 양으로 변하는 것은 자연의 기본적인 원리다. 그러나 이 변화는 모든 상황에서 항상 일어나는 것이 아니라, 특정한 조건과 적절한 시기에만 일어난다. 우리가 변화가 올 것이라고 확신할 때는 변하지 않거나, 반대로 변화가 없을 것이라 예상할 때 갑작스럽게 변화가 일어날 수 있다. 이러한 특성 때문에 음양의 변화는 이론적으로는 단순해 보이지만, 실제로는 매우 복잡하고 예측하기 어려운 것이다.

하지만 지식과 경험이 충분하다면 변화의 시기와 조건을 정확히 파악할 수 있다. 예를 들어, 날씨 변화나 주식 시장의 흐름을 잘 이해하면 일정한 패턴을 통해 어느 정도 예측할 수 있다. 하지만 지식이 완벽하지 않거나, 복잡한 인과관계를 모두 파악하지 못하는 경우, 잘못된 판단을 내릴 수도 있다. 이는 음양의 변화 역시, 우리가 이미 알고 있는 과학적 지식을 통해 일부는 예측할 수 있지만, 우리가 아직 모르는 영역에서는 정확한 예측이 어렵다는 것을 의미한다.

이러한 불확정성 때문에, 우리의 판단은 확률적인 성격을 띠게 된다. 때로는 변화를 맞추는 경우도 있지만, 때로는 틀릴 수도 있다. 음양의 변화는 정확하게 예측할 수 있는 절대적인 법칙이 아니라, 다양한 요소와 변수를 고려해야 하는 복잡한 원리이다. 조건과 상황, 그리고 지식의 범위에 따라 정확히 판단을 내릴 수 있을 때도 있지만, 그렇지 않을 때는 예측이 불가능하거나 잘못된 결론에 이를 수 있다.

이처럼 음양의 변화는 우리가 어느 정도 예측 가능한 부분도 있지만, 지식의 한계와 복잡한 변동성으로 인해 완전하게 예측하기가 어렵다. 이로 인해 우리의 판단은 확률적으로 이루어지며, 때로는 맞고 때로는 틀릴 수밖에 없다.

지금은 인간의 지식이 한계가 있어 모든 것을 정확히 판단할 수는 없다. 그렇다면 인류가 미래에 과학과 지식을 더 많이 발전시킨다면, 우주와 인생의 모든 비밀을 완전히 이해할 수 있을까? 혹은 인간은 영원히 모든 것을 알지 못하는 것일까? 과학자와 철학자들은 이 질문에 대해 다양한 견해를 가지고 있다.

일부 과학자는 인류의 지식이 발전함에 따라, 우주의 모든 비밀이 결국 드러날 것이라고 주장한다. 이들은 인간 문명이 충분히 발전하면, 지금은 우리가 모르거나 이해하지 못하는 것들이 시간이 지나면 과학적 연구를 통해 모두 밝혀질 것이라고 본다. 이를테면, 인류는 과거에는 불가능하다고 여겨졌던 많은 문제를 과학의 발전을 통해 해결해왔다. 그러므로 미래에도 지금 우리가 모르는 많은 것들이 점차 밝혀질 것이라고 생각한다.

반면에, 철학자나 사상가들 중 일부는 인간의 지식에는 분명한 한계가 있다고 주장한다. 그들은 인간이 우주의 모든 것을 완벽히 이해하는 것은 불가능하며, 일부는 영원히 이해할 수 없는 신비로 남을 것이라고 믿는다. 이 관점에서는 우주와 자연, 그리고 인생의 복잡한 본질을 모두 알 수 없다는 사실을 받아들이는 것이 더 깊은 지혜라고 여긴다.

이에 대해 공자는 《논어》〈위정〉편에서 "아는 것을 안다 하고, 모르는 것을 모른다 하는 것이 지혜다 知之爲知之 不知爲不知 是知也"라고 말했다. 이 말은 자신이 알고 있는 것과 모르는 것을 구분하고, 모르는 것을 솔직히 인정하는 것이 진정한 지혜라는 뜻이다. 공자는 인간이 우주와 인생의 모든 것을 알 수는 없고, 어떤 것은 이해할 수 있지만, 어떤 것은 절대로 알 수 없는 부분도 있음을 인정해야 한다고 가르쳤다. 이 관점에서는 자신의 한계를 인식하고, 자신이 모르는 부분을 솔직히 인정하는 것이 오히려 군자의 도, 즉 더 높은 차원의 지혜라고 말했다.

공자의 가르침은 인간이 아무리 지식이 풍부하더라도, 모든 것을 알 수는 없다는 한계를 인식하고, 겸손한 자세를 가지는 것이 중요하다고 강조한다. 이는 현대 과학에서도 여전히 유효한 교훈으로, 우리가 아직 모르는 영역을 탐구하고 배우는 자세를 유지하는 것이 인간의 지식 발전에 필수적이라는 메시지를 담고 있다. 즉, 자신의 한계를 아는 것도 군자의 도라는 것이 더 높은 차원의 설명이다.

'음양불측지위신'은 우주의 변화가 사람이 이해할 수 있는 부분과 이해할 수 없는 부분이 있음을 나타낸다. 이 개념은 미래를 예측하려 할 때, 그 결과가 맞을 수도 있고, 틀릴 수도 있다는 사실을 강조한다. 즉, 우주의 변화는 우리가 완벽하게 예측할 수 없는 신비로운 영역이 있다는 의미다.

이 개념은 현대 과학의 불확정성 원리Uncertainty Principle와 밀접하게 연결된다. 독일의 물리학자인 하이젠베르크Heisenberg가 제안한 불확정성 원리는 양자역학에서도 중요한 개념이다. 이 원리는 입자의 위치와 운동량을 동시에 정확히 측정하는 것이 불가능하다는 것이다. 즉, 입자의 위치를 정확하게 알면 운동량을 정확하게 알 수 없고, 반대로 운동량을 알면 위치를 정확히 측정할 수 없다는 것이다. 이는 자연의 근본적인 불확정성을 나타내며, 입자의 상태를 완벽하게 예측할 수 없는 한계를 말한다. 이 원리는 현대 과학에서 중요한 역할을 하며, 고전 물리학과는 다른 양자역학적 세계관을 제시하고 있다.

이 원리가 '음양불측지위신'과 어떻게 연결되는지 살펴보자. 우주의 변화는 양자역학의 입자 운동과 비슷하게 우연적이고, 확률적으로 일어날 수 있다. 이를테면, 입자가 특정 위치에 있을 것이라고 예측했지만, 실제로는 그렇지 않을 수도 있다. 이는 관측자가 실험에 참여함으로써 결과에 영향을 미치기 때문에, 그 결과는 예측 불가능한 영역에 있게 된다.

이와 마찬가지로, 음양의 변화도 사람이 예측할 수 없는 방식으로 일어날 수 있다. 음양은 끊임없이 변화하지만, 정확한 시점이나 방향은 알 수 없다. 우리가 미래를 예측할 수 있다고 해도, 그것이 항상 정확하지는 않다. '음양불측지위신'은 우주의 변화가 신비롭고 예측할 수 없는 영역을 가지고 있음을 강조하며, 우연성과 불확실성을 포함한 변화가 어떻게 일어나는지를 말한다.

'음양불측지위신'은 우주와 자연의 변화가 사람의 지식으로 완벽하게 예측할 수 없는 부분이 있음을 가리키며, 이는 불확정성 원리처럼 우연적이고 확률적으로 발생하는 자연의 법칙과 상호보완적인 개념이다. 미래를 예측하는 것은 과학적이거나 철학적인 논리에 기반할 수 있지만, 여전히 완전한 예측은 불가능하며, 이는 우리가 알 수 없는 영역이 있다는 사실을 상기시켜 준다.

또한 우주에는 필연적인 것이 있어서 예측할 수 있는 부분이 있지만, 동시에 우연적인 것이 있어서 예측할 수 없는 부분도 있다. 필연적인 것은 우리가 과학적 지식이나 경험을 통해 알 수 있는 것을 의미하며, 우리가 충분히 이해하고 예측할 수 있는 부분이다. 그러나 우연적인 것은 예측할 수 없는 영역에 속하며, 이는 사람의 지식이나 경험으로는 알 수 없는 부분이다.

그렇다면 '음양불측지위신'에서 신神은 무엇일까? 우리가 예측할 수 없는, 신비로운 변화를 뜻한다. 이를테면, 우리가 양이 천천히 음으로 변할 것이라고 생각했지만, 갑자기 그 변화가 일어났다면, 이것이 신神이다.

여기서 신은 물질과 대조되는 정신의 개념을 담고 있다. 물질은 눈으로 보고, 손으로 만질 수 있지만, 정신은 사고와 의식 활동처럼 직접적으로 알 수 없는 영역에 속한다. 이 때문에 정신은 불측不測, 즉 예측할 수 없고 측정할 수 없는 영역에 속한다.

정신의 변화는 끊임없이 일어나는데, 그것은 음인지 양인지 미리 정해지지 않고, 언제든 바뀔 수 있다. 이렇게 음인지 양인지 사전에 확정되지 않는 상태가 신이다. 이는 우주와 자연 속에서 일어나는 예측할 수 없는 변화를 상징한다. 결국, 신은 우리가 완전히 이해하거나 예측할 수 없는 신비로운 힘을 나타내며, 음양의 변화를 미리 알 수 없다는 점을 설명하는 개념이다.

우주의 순환에 따라 인간은 성장한다

'부유지위대업富有之謂大業 일신지위성덕日新之謂盛德'은 '풍부하게 많이 가지는 것을 대업大業이라고 하고, 날마다 새로워지는 것을 성덕盛德이라고 한다'라는 의미다. 즉, 물질적 풍요는 큰 업적을 이루는 데 필요한 바탕이며, 지속적인 자기 개선이 덕성을 완성하는 길이라는 뜻이다.

장자는 "부유함이란 크고 끝이 없으며, 날마다 새로워진다는 것은 오래되었어도 궁색해 보이지 않는 상태를 말한다富有者大而無外 日新者久而不窮"고 했다. 이는 단순히 물질적인 부유나 겉으로 드러나는 새로움을 의미하는 것이 아니다. 참된 부유함은 내면의 깊이와 끊임없는 성장을 통해 나타나는 것이며, 외형적인 것에 그치지 않는 지속적인 발전을 말한다.

여기서 '커서 끝이 없다'는 것은 물질적인 부유함이나 재산을 뜻하는 것이 아니다. 이 표현은 무한한 정신적 풍요와 내면의 깊이를 의미한다. 물질적인 소유는 한계가 있지만, 정신적 부유함은 끝이 없고, 한없이 확장될 수 있다. 크고 겉이 없다는 것은 정신적 풍요로움이 어떤 한계에도 갇히지 않고, 끊임없이 넓어질 수 있는 상태를 뜻한다. 이는 우리의 마음과 정신이 끝없이 넓어지고 깊어질 수 있는 가능성을 상징한다.

여기서 본질적인 부유함은 단순한 물질적 소유를 넘어서 도덕적, 철학적, 정신적 부유함을 말한다. 이는 지식, 지혜, 덕과 같은 내면의 가치들로, 외적으로 드러나는 재산이 아니라 내면의 깊이와 넓이에서 나오는 것이다. 이런 정신적 풍요는 시간이 지나도 쇠퇴하거나 궁핍해지지 않으며, 지속적으로 성장하고 발전할 수 있는 참된 부유함이다. 즉, 물질적인 부유함은 제한될 수 있지만, 정신적 부유함은 무한히 커질 수 있는 것으로, 이는 한계를 넘는 진정한 부유함을 말한다.

'날로 새롭다'는 단순히 일시적인 변화가 아니라, 지속적이고 깊이 있는 변화와 혁신을 의미한다. 이 새로움은 시간이 지나도 흔들리지 않는 본질에서 비롯된다. 즉, 외적인 변화에 쉽게 영향을 받지 않고, 내면의 본질을 지키면서도 새로운 것을 창조해 나가는 과정을 뜻한다. 이 개념은 매일 자기 자신을 새롭게 하고, 끊임없이 성장하고 발전하는 것을 강조한다. 자신의 본질을 유지하는 동시에 외부의 변화를 받아들이고, 이를 통해 지속적인 성장을 이루는 것이다. 중요한 것은 변화 그 자체가 아니라, 자신의 내면적 가치를 유지하면서도 발전하는 과정에 있다.

이러한 개념은 《대학大學》에서 강조하는 '일신우일신日新又日新', 즉 날마다 새로워지고, 또다시 새로워져야 한다는 사상과 같은 맥락이다. 이 말은 단순히 겉모습만 새로워지는 것이 아니라, 내면의 깊이를 유지하면서도 끊임없이 새로움을 추구하는 것이 중요하다는 뜻이다. 시간의 흐름 속에서도 자신의 본질을 잃지 않으면서 끊임없이 성장하고 발전하는 것이 진정한 새로움이라는 의미다.

결국, '날로 새롭다'는 것은 시간에 따라 자연스럽게 변화하는 것이 아닌, 스스로의 의지로 지속적인 자기 혁신을 이루어가야 한다는 것을 뜻한다. 이는 내면의 가치를 지키면서도 외부 세계와의 조화를 통해 끊임없이 발전해 나가는 과정을 말하며, 새로움을 꾸준히 창조해 나가는 태도를 강조한다.

옛 사람들은 순환의 의미를 표면적으로만 이해한 경우가 많았다. 변화와 반복은 알았지만, 그 안에 깊은 철학적 의미를 충분히 파악하지 못한 측면이 있었다. 그러나 오늘날 우리는 '일음일양지위도一陰一陽之謂道', 즉 음과 양이 서로를 낳고, 교차하며 이어지는 과정이 바로 우주의 순환 원리임을 더 깊이 이해하게 되었다. 양이 음을 낳고, 음이 다시 양을 낳는다는 이 순환은 단순한 반복이 아니라, 우주와 자연이 끊임없이 변화하면서 조화를 이루는 과정인 것이다.

이제 중요한 질문은 '이 순환 속에 발전이 존재하는가?'이다. 순환이 단순한 반복에 불과하다면, 발전이란 것이 없을 수 있지만, 순환이 매번 새로운 변화를 담고 있다면, 그 안에 발전이 있을 수 있다. 이는《주역》연구자들이 오랜 시간 동안 탐구해 온 중요한 주제다. 그들은 순환이 단순한 반복이 아니라, 매번 다른 경험과 변화를 담고 있는 발전적인 과정이라고 주장하기도 한다.

《주역》에서 말하는 순환은 단순히 똑같은 패턴이 반복되는 것이 아니라, 그 안에서 새로운 요소들이 추가되고, 조화와 균형을 이루면서 더 나은 상태로 나아가는 발전의 과정을 의미한다. 이는 순환이 반복이면서도 새로운 국면을 열어가는 발전적인 변화를 포함하고 있음을 보여준다. 따라서 주역 연구자들은 순환이 단순히 반복되는 것이 아니라, 그 안에서 끊임없는 변화와 발전이 이루어지고 있다는 점에 주목하며, 이 주제에 대해 깊이 있는 연구를 진행하고 있다.

수천 년 전의《주역》에서 순환을 언급할 때는 발전이라는 개념이 포함되지 않았을 가능성이 매우 높다. 당시 인류는 문화와 지식 수준이 지금처럼 발달하지 않았고, 자연의 주기적인 변화, 특히 계절의 순환을 단순한 반복으로 인식했을 것이다. 사람들은 매년 봄, 여름, 가을, 겨울이 돌아오는 것을 보면서 이를 변화가 아닌 되풀이되는 패턴으로 생각했을 가능성이 높다. 따라서《주역》의 순환 개념도 단순히 반복적 주기로 받아들였을 것이다.

그러나 시간이 지나면서 인류의 지식과 문명이 발전하고,《십익》이 만들어진 시점에, 사람들은 순환 속에서도 발전이 존재한다는 인식을 하게 되었다. 이 시기에는 단순히 자연의 반복만을 보는 것이 아니라, 인간 사회와 개인의 변화가 단순한 순환이 아닌 더 높은 단계로 나아가는 발전의 과정임을 인식하기 시작했다.

국가, 사회, 사람의 변화는 더 이상 단순한 순환적 반복이 아니었다. 《주역》의 철학자들은 이러한 변화 속에서 발전을 보기 시작했다. 순환이 매번 같은 곳을 되풀이하는 것이 아니라, 각 순환이 끝날 때마다 새로운 변화를 만들어내고, 새로운 순환이 시작된다는 것을 깨달았다. 이는 단순히 과거의 반복이 아니라, 매번 새로운 단계로 발전하는 과정이었다.

특히 인류의 역사에서 이러한 순환과 발전은 더욱 명확하게 드러난다. 비록 하늘의 항성은 변하지 않고 고정된 상태를 유지하지만, 인간 사회는 매번 새로운 문제에 직면하고, 그것을 해결하면서 분명히 변화하고 발전한다. 각 순환의 끝에는 항상 새로운 시작이 있으며, 이는 인간 사회가 단순히 돌아가는 반복의 고리가 아닌, 새로운 가능성을 향한 발전으로 이어지는 과정임을 보여준다.

결국, 순환은 반복적 패턴에 그치지 않고, 더 나은 상태로의 발전을 의미한다. 비록 초기 《주역》에서는 순환을 단순한 주기로 여겼을지 모르지만, 지식과 문명이 발전함에 따라 순환 속에서 발전을 인식하게 되었고, 이를 역사적 변화와 인간의 성장 과정으로 이해하게 되었다. 순환이 끝날 때마다 새로운 단계가 시작되는 것은, 단순한 되풀이가 아니라 더 나은 발전을 향한 과정임을 시사한다.

따라서 《주역》의 초기 해석에서는 순환이 반복적 주기로만 보였을지 모르지만, 시간이 흐르고 《십익》과 같은 더 발전된 해석이 등장하면서, 사람들은 순환 속에서도 발전이 이루어진다는 깨달음을 얻었다. 이는 역사, 사람, 사회 모두에서 순환과 발전이 함께 작용한다는 깊은 철학적 의미를 내포하고 있다.

《주역》의 64괘 배열은 우주와 인간 사회의 발전 과정을 상징적으로 보여준다. 가장 먼저 건괘와 곤괘가 등장하는데, 건괘는 하늘을, 곤괘는 땅을 나타낸다. 이 둘은 천지의 시작을 의미하며, 우주의 근본적인 원리를 상징한다. 그 뒤에 오는 둔괘屯卦는 건과 곤의 결합, 즉 천지의 조화와 개벽을 의미하는데, 이는 하늘과 땅이 서로 상호작용하면서 세상의 질서가 만들어지는 과정을 상징한다.

이후에 등장하는 몽괘蒙卦는 사람의 무지蒙昧를 깨우치고, 교육을 통해 지식을 얻는 과정을 나타낸다. 이는 인간 사회의 성장과 발달 과정을 상징하며, 사람들에게 지식과 깨달음을 주는 중요한 단계다. 다음으로 수괘需卦는 인간 사회에서 음식과 같은 생존을 위한 필수적인 문제를 해결하는 과정을 나타낸다. 이는 인간의 기본적인 생존 문제를 다루며, 사회가 안정적으로 성장하기 위한 기초를 마련하는 과정이다.

이러한 64괘의 배열은 단순히 우주적 원리뿐만 아니라, 인간 사회의 발전 규칙을 잘 반영하고 있다. 각각의 괘는 천지의 원리와 인간 사회의 구조가 어떻게 상호작용하고 발전해 나가는지를 상징적으로 표현하며, 그 배열은 매우 합리적이다.

특히 64괘의 마지막 괘인 미제괘未濟卦는 완벽한 상태로 끝나는 듯하지만, 《주역》의 철학적 본질에 따라 이것은 끝이 아니라 새로운 순환의 시작을 의미한다. 미제未濟는 아직 완성되지 않았다는 뜻으로, 하나의 주기가 끝났지만, 이는 곧 새로운 주기의 시작을 상징한다. 즉, 완성은 곧 새로운 시작을 의미하며, 우주와 인간 사회의 발전은 끊임없이 순환하고 발전해 나가는 과정임을 보여준다.

이러한 《주역》의 순환적 철학은 64괘 전체에 걸쳐 나타나며, 매 단계마다 새로운 변화와 발전이 이루어지는 과정임을 말한다. 끝맺음은 곧 새로운 시작을 의미하는 이 철학은, 《주역》이 단순한 점서占書를 넘어서 우주와 인간의 끊임없는 변화와 발전을 다룬다는 깊은 의미를 담고 있다.

혁신과 발전의 개념은 《십익》에서 혁괘革卦를 어떻게 해석하는지 통해 잘 드러난다. 혁괘는 혁명이나 변화를 통해 새로운 질서를 세우고 발전한다는 것을 보여준다. 이는 단순히 변화가 일어나는 것만이 아니라, 그 변화가 더 나은 상태로 나아가는 과정임을 의미한다. 사람의 혁명이나 변화를 자연스러운 과정으로 인정하는데, 이는 정체되지 않고 끊임없이 발전하는 우주의 원리와 맞닿아 있다.

옛 사람들은 이러한 생각을 충분히 발전시키지 못했을지 모르지만, 오늘날 우리는 과학적 관찰이 매우 정밀해져, 심지어 항성의 변동과 같은 미세한 변화까지 탐지할 수 있다. 이것은 순환이 단순한 반복이 아니라, 그 속에서도 발전이 일어나고 있음을 의미한다. 순환 속에서 변화와 혁신이 이루어지며, 이는 우주와 자연의 끊임없는 발전 과정임을 말한다.

따라서 '부유지위대업富有之謂大業', 즉 풍부하게 가지는 것을 '대업'이라 하고, '일신지위성덕日新之謂盛德', 날마다 새롭게 하는 것을 '성덕'이라 한다는 두 문장은 매우 위대한 철학적 의미를 담고 있다. 이 문장들은 천지와 건곤乾坤, 건괘와 곤괘, 그리고 성인의 지혜와 도덕적 힘을 설명한다. 즉, 우주의 순환 속에 끊임없이 발전하고 변화하는 과정이 있으며, 그 속에서 인간은 자신을 새롭게 하고 성장할 수 있다. 이는 천지의 변화와 인류의 발전이 밀접하게 연결되어 있다는 철학적 관점을 보여준다.

복잡함은 단순함이다

'생생지위역生生之謂易'은 생명이 끊임없이 생성되고 변화하는 과정을 의미하며, 이를 역易이라 한다. 이 개념은 우주의 근본적인 변화 원리를 나타낸다. '생생'은 단순히 한 번의 생명을 말하는 것이 아니라, 생명이 계속해서 새로운 생명을 낳고, 그 과정이 끊임없이 이어진다는 것을 의미한다. 이 원리는 우주의 본질적인 이치로, 좁은 의미로는 《주역》의 철학적 원리를 가리키기도 한다. '생생'이 의미하는 생명의 지속적인 생성과 변화는 모든 존재와 자연 현상의 근본적인 원리이다.

《주역》이 설명하는 변화는 양이 음을 낳고, 음이 양을 낳는 상호작용을 기반으로 한다. 이 상호작용은 끊임없는 변화를 의미하며, 우주와 자연과 인간 사회의 모든 것들이 계속해서 변화하고 발전함을 보여준다. 양이 음을 낳고, 음이 양을 낳는 것처럼, '생생지위역'은 끊임없는 변화를 나타낸다. 이 변화는 멈추지 않는 과정이라는 점에서 우주의 흐름을 가장 근본적으로 말한다.

이 과정은 '유행流行', 즉 계속 흐르며 변화하는 것을 의미한다. 그에 비해 '대대對待'는 상호작용 속에서 서로 기다리고 마주하는 상태를 의미한다. '일음일양一陰一陽'의 상태에서 '대대'는 비교적 정지 또는 균형을 상징하는데, 이는 잠시 멈춘 상태를 나타낸다. 반면에 '생생지위역에서'는 이러한 멈춤보다 변화가 주된 흐름을 형성한다. 음양의 끊임없는 변화가 중심이 되며, 멈춤은 부수적인 것이 된다.

따라서 '일음일양지위도一陰一陽之謂道'와 '생생지위역生生之謂易'은 서로 보완적이다. '일음일양지위도'는 음과 양이 교차하면서 우주가 조화를 이루는 과정을 말하고, '생생지위역'은 생명과 우주가 끊임없이 변화하는 역동적인 원리를 강조한다. 이 두 개념은 우주의 순환과 변화를 이해하는 데 있어, 변화와 조화가 함께 이루어지며, 그 속에서 생명이 탄생하고 지속적으로 발전하는 과정을 명확하게 설명해 준다. 즉, '생생지위역'은 생명이 멈추지 않고 계속 창조되고 변화하는 우주의 원리를 말하며, 이는 《주역》이 설명하는 변화의 근본적인 이치를 나타낸다.

'성상지위건成象之謂乾'은 우주적 변화 속에서 우리가 무수한 변화를 경험하며 혼란을 느낄 수 있지만, 그 속에서도 일정한 법칙이 존재한다는 것을 말한다. 《주역》은 이러한 변화의 무질서 속에서도 안정적이고 변하지 않는 규칙이 있음을 가르쳐주며, 이러한 규칙을 이해함으로써 우주의 변화를 파악할 수 있다고 말한다. 이것이 바로 '성상지위건'이라는 개념이다.

여기서 상象은 법法, 즉 우리가 쉽게 이해하고 파악할 수 있는 규칙을 의미한다. 이 상은 우리가 혼란스럽게 보이는 변화들 속에서 찾아낼 수 있는 일정한 패턴이나 운동 법칙을 말한다. 특히 건천乾天, 즉 하늘의 성질에서 추상적인 운동 규칙을 발견할 수 있는데, 이 규칙은 비교적 모호하지만 우리가 인식할 수 있는 법칙으로 나타난다.

상은 단순히 구체적인 형태가 아니라, 우주적 변화에서 추상적인 원리를 찾아내는 것이며, 그것을 통해 변화의 본질을 이해하는 것이다. 이러한 상은 건괘乾卦의 성질인 '건健', 즉 강건함과 활동성을 나타내며, 동시에 역易, 즉 변화의 원리를 포함한다. 즉, '성상지위건'은 우주가 끊임없이 변화하는 과정 속에서도 일정한 규칙이 존재하며, 이를 통해 우리는 변화의 원리를 이해할 수 있다는 뜻이다. 《주역》은 이러한 변화를 단순한 혼돈으로 보지 않으며, 그 속에서 변하지 않는 법칙을 발견하고, 그 법칙을 바탕으로 우주의 변화와 운동을 파악하는 철학적 원리다.

'효법지위곤效法之謂坤'은 대지의 법칙을 체득하고 학습하며 따르는 것을 의미한다. 곤坤은 땅을 상징하며, 이 땅의 법칙을 효법이라 하는데, 따르고 배우는 것을 뜻한다. 법法이라는 단어가 사용된 이유는 곤의 법칙이 비교적 구체적이고 명확한 원리를 따르기 때문이다.

옛 사람들은 대지가 모든 생명을 자라게 하는 방식을 추상화해 이를 곤의 규칙으로 만들었다. 대지가 모든 생명을 품고 키우는 것처럼, 인간도 곤의 규칙을 따름으로써 자연의 이치를 이해하고 성장할 수 있다. 이는 자연의 질서와 조화를 이루는 삶을 상징한다.

곤의 규칙은 간簡이라고도 하는데, 이는 간단하고 명확한 원리를 뜻한다. 즉, 복잡하지 않고 간결한 자연의 법칙을 따르는 것을 말한다. 이와 함께 역易과 간簡의 개념을 함께 이해하면, 건괘乾卦와 곤괘坤卦, 즉 하늘과 땅의 원리乾坤之道를 완전히 이해한 것이 된다.

이 개념은 추상적인 천지의 규칙을 깨달음으로써, 우리가 변화 속에서도 변화를 관찰하고 해석할 수 있는 기준을 제공한다. 다시 말해, 하늘과 땅의 법칙을 이해하면, 영원히 변화하는 우주 속에서도 그 변화의 흐름을 이해하고 적응할 수 있는 지혜를 얻게 된다. 따라서 '효법지위곤'은 대지의 규칙을 배워 실천하는 것을 통해 자연의 이치를 깨닫고 이를 삶에 적용하는 것으로, 천지의 원리를 이해하는 중요한 기반이 된다.

역간易簡은 변화와 단순함의 원리로, 우주와 사물이 끊임없이 변화하지만 그 속에서도 규칙과 질서를 발견할 수 있다는 철학이다. 역易은 변화를 의미하고, 간簡은 단순함을 뜻한다. 이 원리를 따르면, 비록 세상이 복잡하게 변화하더라도 그 속에서 일정한 패턴과 본질을 찾아낼 수 있다. 역간의 원리를 제대로 이해하면, 우리는 모든 사물의 본질을 간단하게 파악할 수 있다. 외형적으로 복잡해 보이는 변화에 휘둘리지 않고, 그 속에서 본질적인 규칙을 볼 수 있는 능력을 갖게 된다. 즉, 사물이 어떻게 변화하더라도 그 변화의 근본 원리를 이해하면 겉모습의 변화에 속지 않고 본질을 파악할 수 있다.

이 개념은 과학적 법칙과도 비슷하다. 가령, 하나의 현상이 있으면, 그것과 연결된 또 다른 현상이 반드시 존재하게 마련이다. 즉, 모든 것에는 상호작용과 균형이 존재하며, 이 규칙을 알면 복잡한 현상도 단순하게 설명할 수 있다. 따라서 역간의 원리는 우리가 세상을 더 깊이 이해하고, 복잡한 것들을 더 단순하게 파악할 수 있도록 돕는다. 이 원리를 통해 우리는 우주와 사물의 변화를 정확하게 파악하고, 그 안에 숨겨진 핵심적인 원리를 찾아낼 수 있다.

오늘날 과학 서적이 복잡하게 설명되는 이유는, 전체 이론 과정을 세세하게 풀어내야 하기 때문이다. 사람들의 지식 수준이 아직 충분히 발전하지 않았을 때는, 복잡한 개념을 쉽게 이해시키기 위해 더 많은 설명과 논리가 필요하다. 이해할 수 있는 능력이 제한적일수록, 단순한 이치를 설명하는 데에도 더 복잡한 과정이 요구된다. 하지만 수십 혹은 수백 년 후에 지식이 발전하고, 사람들이 그 이치를 쉽게 소화하게 된다면, 지금 복잡하게 설명해야 하는 것들을 몇 마디만으로도 명확하게 설명할 수 있을 것이다. 시간이 흘러 기술과 학문이 발전하면 더 단순한 언어로 본질을 설명할 수 있을 것이다.

《주역》에서 말하는 역간의 개념은, 단순히 어린아이의 단순함을 뜻하는 것이 아니다. 이것은 복잡한 이치를 고도의 지혜로 단순하게 만들어내는 것을 의미한다. 즉, 표면적으로는 간단해 보이지만, 그 속에는 복잡한 논리와 깊은 철학적 이치가 담겨 있다. 이러한 단순함은 높은 수준의 지식과 통찰에서 비롯된 것이며, 복잡한 사물의 본질을 쉽게 이해할 수 있는 경지를 말한다.

따라서 역간은 복잡함을 단순화하는 것이며, 이는 어린아이의 순수함이 아니라, 지혜와 깊은 이해에서 나온 고도의 통찰력을 뜻한다. 《주역》의 이 개념은 시간이 지남에 따라 지식과 이해가 더 발전하면, 지금의 복잡한 것들도 간단하게 설명할 수 있는 수준에 이를 수 있음을 알려준다.

아인슈타인의 상대성 이론은 처음에 매우 복잡한 개념이었고, 이를 이해할 수 있는 사람은 소수의 물리학자들뿐이었다. 하지만 시간이 지나면서 점점 더 많은 사람들에게 알려지고, 지식이 확장되면서 이제는 대학의 물리학과 학생들도 이 이론을 명확하게 이해하고 설명할 수 있게 되었다. 이는 복잡한 개념도 시간이 흐르면 더 단순하고 명료하게 설명될 수 있다는 것을 보여준다.

이와 같은 맥락에서 《주역》도 매우 복잡한 이치를 가지고 있다. 하지만 《주역》은 그 이치를 일반 사람들도 이해할 수 있도록 단순화한 책이다. 《주역》의 철학은 단순함 속에 깊은 의미를 담고 있다. 이는 단순히 쉽고 간단한 것이 아니라, 짧고 간단한 표현 속에 매우 복잡한 개념이 숨어 있다는 뜻이다.

이를테면, 《주역》은 두 단어나 짧은 문장 안에 수많은 철학적 이치와 변화의 원리를 담아내고 있다. 그리고 그것을 통해 사물의 본질을 이해하도록 하고 있다. 이것이 바로 《주역》이 복잡한 이론을 간단하고 쉽게 표현한 고도의 지혜라고 하는 이유다. 단순함 속의 깊이가 핵심이며, 이로 인해 우리는 어려운 개념도 짧고 명료한 방식으로 설명될 수 있는 경지에 이르게 된다.

귀신은 변화로 생성과 소멸을 반복한다

동양 철학은 우주와 생명의 본질을 깊이 탐구하며, 그 속에서 만물의 형성과 변화를 말한다. '정기위물精氣爲物'과 '유혼위변遊魂爲變'이라는 구절은 이 철학적 원리를 잘 드러낸다.

여기서 '정기精氣'는 순수한 에너지나 본질적인 기운을 뜻하며, 이 기운이 모여 만물을 이루는 기본 요소가 된다. 즉, 우주와 사물은 모두 이 정기로부터 비롯된다는 것이다. 그리고 '유혼遊魂'은 떠돌아다니는 영혼이나 에너지를 의미하며, 이것이 변화를 주도한다고 설명한다. 이는 영혼의 방황이나 움직임을 통해 변화가 일어나며, 이러한 변화가 귀신이나 신성에 대한 이해로 이어진다는 뜻을 담고 있다. 따라서 이 구절은 본질적인 에너지가 물질을 이루고, 영혼의 흐름이 변화를 이끌어낸다는 뜻이다.

동양 철학에서는 사물과 변화가 각각 정기와 유혼에 의해 만들어지고 유지된다고 본다. 이를 통해 우주와 자연의 변화 과정을 이해하고, 보이는 세계와 보이지 않는 세계가 서로 연결되어 있음을 말한다. 즉, '정기위물'은 우주의 본질이 사물이 되는 과정을 말하고, 유혼위변은 변화를 통해 사물의 이치를 깨닫게 된다는 깊은 철학적 의미를 담고 있다.

'정기위물'에서 대해 노자는 우주의 근본적인 물질을 정精이라 부르며, 이를 통해 도체道體, 즉 우주의 본체가 생성된다고 말한다. 정은 가장 순수하고 신뢰할 수 있는 본질을 의미하며, 이는 우주와 만물의 형성에 있어서 핵심적인 요소로 여겨진다. 노자는 정이 기 중에서도 가장 정밀하고 중요한 부분이라고 말한다. 기는 에너지나 생명력을 의미하며, 그 중에서도 정기는 우주의 핵심 에너지로서 만물의 근원을 이룬다.

지상에서는 이 정기가 오곡農作物, 동식물, 인류를 생성하는 생명력으로 작용한다. 즉, 우리가 보고 경험하는 모든 생명체와 자연의 기본적인 힘이 바로 이 정기로부터 나온다. 또한 하늘에서는 정기가 태양, 달, 별을 구성하는 우주의 기본 물질로 작용한다. 하늘과 땅 모두 정기를 통해 형성되고 유지되는 것이다.

따라서 정기는 단순한 에너지가 아니라, 우주 전체의 생성과 유지를 담당하는 근본적인 힘이다. 이 개념은 우주와 자연의 모든 것이 정기로부터 비롯되며, 우주의 질서와 생명력을 이해하는 중요한 원리로 여겨진다. 노자는 이러한 정기의 개념을 통해 우주의 본질과 생성 과정을 말하고, 그것이 어떻게 하늘과 땅, 만물을 구성하는지를 보여준다. 즉, '정기위물'은 우주의 근원적인 에너지인 정기가 만물을 이루는 핵심 요소임을 강조하며, 이를 통해 우주의 근본적인 구조와 이치를 설명하는 중요한 철학적 개념이다.

'유혼위변遊魂爲變'에서 유혼遊魂은 자유롭게 떠다니는 영혼을 의미하며, 이는 변화의 본질을 설명하는 중요한 개념이다. 혼魂은 양의 성질을 가지고,

백魄은 음의 성질을 가진다. 이 둘은 함께 육체와 정신의 관계를 나타내며, 혼영혼이 양, 백육체이 음으로서 서로 결합해 생명을 이룬다.

이러한 관계는 생명의 시작과 끝을 설명하는데, 혼魂 영혼이 육체를 떠날 때 변화가 일어나며, 이는 죽음을 의미한다. 죽음이란 혼이 몸을 떠나 하늘로 올라가고, 백魄 육체은 땅으로 돌아가는 과정이다. 이때 혼은 하늘에 속하고, 백은 땅에 속하며, 음양의 두 기운은 분리된다.

유혼은 단순히 죽음을 설명하는 것이 아니라, 음양의 변화와 생명의 순환을 나타낸다. 혼과 백의 결합과 분리는 만물의 생성과 소멸을 주도하는 중요한 원리로 작용하는데, 이는 우주의 순환과 생명의 변화를 이해하는 핵심적인 개념이다. 즉, '유혼위변'은 영혼이 자유롭게 떠다니며 변화를 이끄는 과정을 의미하며, 생명과 죽음, 그리고 우주의 자연스러운 순환을 뜻한다. 이는 음양의 결합이 생명을 만들고, 그 결합이 풀어지면 변화가 일어나 죽음과 소멸이 일어나는 과정을 나타낸다.

이러한 음양 두 기의 변화 원리를 통해 우리는 귀신과 신을 이해할 수 있다. 귀신은 음양이라는 두 가지 기운이 결합하고 흩어지는 과정에서 생기는 결과물로, 사람과 만물도 이 두 기의 결합으로 형성된 것이다.

주희는 '음정양기陰精陽氣'가 모여서 물체를 이루고, '혼유백강魂遊魄降', 즉 혼이 떠돌고 백이 내려오면 흩어지며 변화가 생긴다고 설명했다. 즉, 음양 두 기의 결합과 분리가 물질을 형성하고 변화를 일으키는 근본적인 원리라는 것이다.

이러한 관점에서 공자는 귀신을 특별한 신비적 존재가 아닌, 자연적인 음양의 변화 과정에서 생기는 결과로 보았다. 즉, 귀신을 음양의 흐름과 물질의 변화에서 나오는 일종의 자연현상으로 본 것이다. 공자는 이처럼 신이나 귀신을 실제적인 초자연적 존재로 믿지 않았으며, 그보다는 자연적인 이치와 변화로 이해했다.

따라서 공자가 귀신을 믿지 않았다는 것은, 그가 무신론자였음을 의미한다. 공자는 귀신이나 신을 사람의 상상 속 존재가 아니라, 음양의 원리와 자연의 흐름 속에서 설명될 수 있는 현상으로 여겼다. 변화와 물질을 음양의 결합과 분리로 이해한 공자의 철학은 자연 법칙을 중시하며, 초자연적 존재를 믿지 않는 실용적 철학이었다.

귀신이란 우리가 흔히 생각하는 죽은 사람의 넋이나 사람에게 길흉화복을 주는 신령이 아니라, 더 포괄적인 개념이다. 《계사전》에 나오는 '시고지귀신지정상是故知鬼神之情狀'이라는 구절은 정기精氣가 만물을 이루고, 떠도는 혼이 변화함으로써, 귀신의 상태를 알 수 있다는 의미를 담고 있다. 이 구절은 귀신이 초자연적인 존재가 아니라, 자연적인 음양의 원리에서 나타난다고 말한다. 즉, 귀신은 정기와 유혼을 포함한 포괄적인 상위 개념으로, 이는 음양 이론에서 비롯된 것이다. 여기서 정기는 우주와 만물의 근원이 되는 에너지이며, 유혼은 이 에너지가 흩어지고 변하면서 나타나는 현상을 말한다.

귀신은 이처럼 정기와 유혼의 결합과 분산에서 발생하는 자연스러운 결과다. 따라서 귀신이란 어떤 특별한 존재나 신비한 현상이 아니라, 음양 두 기의 변화를 통해 만물의 생성과 소멸이 이루어지는 과정에서 나타나는 자연적인 현상이라고 할 수 있다. 이는 음양 이론을 통해 귀신의 본질과 상태를 이해할 수 있음을 의미한다.

이러한 철학적 접근은 동양 철학이 우주와 생명의 본질을 음양의 변화를 통한 자연의 이치로 이해했음을 보여준다. 귀신을 단순히 초자연적 존재로 보지 않고, 음양 이론에 따라 자연의 순환과 변화로 해석한 것은 우주와 생명의 본질적인 이해를 나타낸다. 이를 통해 우리는 귀신이 인간의 상상 속 초자연적 존재가 아닌, 자연의 법칙에 따라 설명될 수 있는 철학적 개념임을 알 수 있다.

정리하면, 동양 철학에서는 우주의 본질을 이해하는 데 있어 정기와 유혼이라는 두 개념을 중요하게 여겼다. 정기는 모든 물질의 근본이 되는 에너지로, 사물의 존재와 형태를 결정한다. 반면에 유혼은 자유롭게 움직이는 정신적 요소로, 물질이 변화하는 과정을 주도한다. 이 두 개념은 물질과 변화의 본질을 설명하는 중요한 원리로 작용한다.

현대 물리학의 특수상대성이론, 즉 질량-에너지 등가 원리$E=mc^2$는 질량$_{물질}$이 에너지$_{빛}$로, 에너지가 질량으로 변환될 수 있다는 사실을 보여준다. 이는 물질과 에너지가 서로 분리된 개념이 아니라 서로 변환 가능한 관계임을 설명하는 중요한 이론이다. 이는 동양 철학에서 말하는 정기와 유혼의 개념과도 일맥상통한다.

정기는 모든 물질의 근본적인 에너지로, 사물의 존재와 형태를 이루는 요소다. 반면 유혼은 이 에너지가 자유롭게 변하면서 물질을 변화시키고 세계의 변화를 주도하는 정신적 힘이다. 다시 말해, 정기는 물질의 근본을 말하고, 유혼은 변화와 운동을 통해 물질 세계의 끊임없는 변화를 이끌어 낸다. 이 두 개념의 상호작용은 동양 철학에서 물질과 변화의 근본 원리를 설명하는 핵심 요소다.

이러한 동양 철학의 정기와 유혼 개념은 질량-에너지 변환을 설명하는 현대 과학의 에너지 및 물질 개념과 매우 유사하다. 물질은 단순히 고정된 것이 아니라, 에너지가 응축된 형태이며, 이 에너지가 변화하면서 물질 세계가 끊임없이 움직이고 발전한다는 것이다.

현대 과학과 동양 철학의 이러한 교차점은 우리가 우주의 본질과 생명의 기원을 이해하는 데 깊은 통찰을 제공한다. 물질과 에너지, 그리고 그 변화 과정을 탐구하는 것은 인류가 우주의 비밀을 풀기 위한 중요한 과제이며, 이를 통해 우리는 자연의 법칙을 더 잘 이해할 수 있다. 정기와 유혼이라는 개념은 이러한 탐구의 출발점이 될 수 있으며, 동양 철학이 제시하는 우주의 근본적인 원리를 현대 과학과 접목시키면 더 깊은 이해로 나아갈 수가 있다.

우주와 자연의 이치를 닮아 살아간다

'여천지상사 고불위與天地相似 故不違', 즉 '천지와 닮았기에 어긋나지 않는다'는 구절은 주어가 불분명하여 여러 해석이 가능하다. 이 구절에 대해 학자들 사이에는 두 가지 주요 해석이 있다. 일부 학자들은 이 구절의 주어를 《주역》의 고경으로 보고, 다른 학자들은 성인이라고 주장한다.

주어를 《주역》의 고경으로 해석하는 학자들은, 이 구절이 《주역》의 괘와 효, 그것과 관련된 만물萬物을 말한다고 본다. 즉, 《주역》에 나오는 괘와 효의 구조와 원리가 천지의 이치와 유사하다고 보고, 이것이 우주의 법칙과 일치한다고 해석한다. 이들은 한대漢代의 역학에서 구가역九家易이라는 학파로 알려져 있다. 구가역은 《주역》에 대한 9명의 주석을 모은 것으로, 그들은 《주역》을 해석하는 방식을 천지와 자연의 법칙을 반영하는 것으로 보았다. 구가역에 따르면, 《주역》은 자연과 일치하는 질서와 변화의 원리를 담고 있기에, 천지와 닮았기에 어긋나지 않는다는 의미로 해석한다.

이 해석에서 만물은 단순히 실제의 만물을 의미하는 것이 아니라, 《주역》에서 사용되는 상징적인 요소를 포함하여 더 넓은 의미를 가진다. 구체적으로는, 384개의 효를 더해 11,520개의 책수策數로 만물을 상징하는데, 이는 괘와 효가 우주와 자연의 변화를 상징한다는 점술적 의미를 반영한 것이다. 즉, 만물은 단지 자연 속에 존재하는 사물뿐만 아니라, 괘와 효를 통해 《주역》이 설명하려는 우주의 법칙과 변화의 원리를 지칭한다.

이러한 해석은 한대에 형성된 구가역 학파에서 시작되었다. 이후 청나라 시대 때 이도평李道平의 《주역집해찬소周易集解纂疏》에서 더 깊이 다듬어졌다. 《주역집해周易集解》는 당나라 시대의 이정조李鼎祚가 쓴 《주역》 주석서로, 이도평이 이를 더욱 자세히 해석하고 주석을 달아 《찬소纂疏》로 불렸다. 이 책은 《주역》의 복잡한 내용을 체계적으로 해석한 명작으로, 《주역》을 연구하는 데 있어 필수적인 고전으로 손꼽힌다. 따라서 《주역》을 깊이 이해하려면, 이정조의 《주역집해》와 이를 더 자세히 해석한 이도평의 《주역집해찬소》를 필수적으로 참고해야 한다. 이들은 《주역》의 상징 체계를 이해하고, 만물의 이치와 변화를 연구하는 데 중요한 자료들로, 《주역》 해석의 깊이를 더해준다.

한편, 다른 해석에서는 이 구절의 주어를 성인聖人으로 본다. 성인은 천지의 이치를 깨달은 자로, 그 행동과 지혜가 천지의 원리와 일치하기 때문에, 그들의 말과 행동이 자연의 이치에서 벗어나지 않는다고 본다. 성인은 우주의 질서와 변화를 이해하고, 그에 맞게 행동하고 판단하기 때문에, 그들의 가르침과 삶의 방식이 어긋나지 않는다는 뜻이다. 이 해석에서는 성인이 우주와 자연을 이해하고, 그 법칙을 따르는 존재로 그려진다. 성인의 가르침과 행동이 천지와 닮았다는 것은, 성인이 천지의 질서에 맞게 삶을 살아가는 이상적으로 해석한다.

하지만 《주역》을 단순히 원래 의미만을 설명하는 것으로 해석하는 것은 피상적인 접근일 수 있다. 《주역》은 단순한 해석을 넘어 깊은 철학적 의미를 담고 있으며, 이를 온전히 이해하려면 더 고차원적인 관점에서 접근해야 한다. 그래서 필자는 성인聖人을 주어로 보는 해석이 더 적절하다고 생각한다. 이 해석은 우주와 인간의 진리를 이해하고, 실천하는 과정에서 성인이 천지天地와 닮아가는 과정을 보여준다.

성인은 우주와 인생의 이치를 깊이 이해하고, 이를 삶에서 실천함으로써 천지의 이치와 조화를 이룬다. 성인의 사상과 행동은 우주의 자연 법칙과 일치하게 되어, 천지와 닮았기에 어긋나지 않는다는 해석이 가능하다. 천지의 이치는 모든 만물이 질서를 이루는 근본적인 원리로, 성인은 이를 완전히 이해하고 따라 실천함으로써 자연의 법칙과 조화를 이루는 삶을 산다.

이러한 해석에서 '고불위故不違', 즉 '어긋나지 않는다'는 말은, 성인의 사상과 행동이 천지의 법칙을 따르고, 이를 벗어나지 않음을 의미한다. 성인의 행동은 단순한 도덕적 실천이 아니라, 우주의 근본 원리를 깨닫고 행동과 사상을 그에 맞춰 조정하는 과정을 통해 이루어진다. 이 과정은 성인이 오랜 경험과 깊은 깨달음을 통해 자연스럽게 얻은 것으로, 이를 통해 성인은 천지의 법칙과 일치하는 삶을 살게 된다. 즉, 성인은 천지의 법칙을 이해하고 이를 실천함으로써 천지의 이치와 완벽하게 조화를 이루는 존재가 된다. 이로 인해 '천지와 닮았기에 어긋나지 않는다'는 구절은 주어가 성인일 때 더 깊은 의미로 해석될 수 있다

시작과 끝이 끊임없이 순환하고 반복한다

'원시반종原始反終, 고지사생지설故知死生之說'은 시작과 끝이 서로 순환하는 과정을 설명하는 중요한 철학적 개념이다. 여기서 '원시原始'는 단순히 시작을 말하는 것이 아니다. 여기서 원原은 근원을 찾는 것, 시始는 시작을 의미한다. 우리가 어떤 사물이나 사건의 진정한 시작을 이해하려면, 현재 상태에서 과거로 거슬러 올라가, 그 사물이 어떻게 시작되었는지를 역추적해야 한다.

그러나 시작이라는 것이 그 사물이나 사건의 첫 순간을 뜻하는 것만은 아니다. 진정한 시작은 이전 사건이 끝나는 시점에서 발생한다. 가령, 움직임이 생기려면 그 이전에 고요함이 있어야 한다. 고요함이 끝나야 움직임이 시작된다. 그래서 원시는 단순히 사물의 처음을 찾는 것이 아니라, 그 이전 상태의 끝을 포함해 전체적인 과정을 이해하는 것을 의미한다. 즉, 하나의 사건이 끝날 때 또 다른 시작이 비롯되는 것이다.

'반종反終'에서 '반反'은 '돌아가다' 또는 '되돌아오다'를 의미한다. 예를 들

어, 사람이 집을 나갔다가 다시 집으로 돌아오는 것이 반이다. 이 개념을 확장해 보면, 반종은 단순히 돌아오는 것 이상의 의미를 담고 있다. 반종은 처음부터 시작해 다시 그 시작점으로 돌아가는 과정을 말하며, 현재에서 미래의 끝까지 이어지는 과정까지 포함한다. '반종'은 시작과 끝이 서로 연결되어 있다는 철학적 개념을 말한다. 어떤 사물이나 생명체가 태어나는 순간부터 그 근원을 추적해 나가면, 결국 끝에 이르러 다시 시작으로 되돌아가는 과정이 완성된다. 이것은 삶과 죽음의 순환을 상징하는 것이기도 하다.

이를테면, 연어는 태어난 고향을 떠나 바다에서 긴 시간을 보내지만, 결국 다시 태어난 고향으로 되돌아와 그곳에서 생을 마친다. 연어의 이 과정은 삶의 순환은 물론 시작과 끝이 어떻게 맞물려 있는지를 보여주는 자연의 예시다. 이처럼 반종은 삶의 여정이 결국 근원으로 돌아가는 과정을 설명하며, 모든 생명은 시작에서 끝으로, 다시 끝에서 시작으로 이어지며 끊임없이 순환한다. 따라서 '반종'은 단순히 시간의 흐름이 아니라, 삶의 근원을 되돌아보고 시작과 끝이 서로 연결된 순환을 인식하는 철학적 개념으로, 우주와 자연의 질서가 끊임없이 순환하는 원리다.

'고지사생지설故知死生之說'에서 '고故'는 '그래서'라는 뜻으로, 생과 사의 이치를 순환의 관점에서 설명하는 개념이다. 이 철학적 원리는 삶과 죽음이 서로 독립된 것이 아니라, 하나의 끊임없는 순환의 일부임을 강조한다. 삶이 있으면 반드시 죽음이 따르고, 그 죽음이 새로운 삶으로 이어짐을 뜻한다.

가령, 사람이 죽으면 신체는 자연으로 돌아가 땅에 흡수된다. 그 물질과 요소들은 다시 대지의 일부가 되어 새로운 생명체를 키우는 자양분이 된다. 인간의 몸이 썩어 땅으로 돌아가면, 그 물질은 나무와 풀과 다른 생명체의 일부로 다시 순환한다. 이는 곧 죽음이 끝이 아니라 새로운 시작을 준비하는 과정임을 보여준다.

이와 같이 생과 사는 하나의 선형적인 과정이 아니라, 계속 이어지는 순환이다. 삶이 시작되면 언젠가 죽음이 찾아오고, 죽음은 또 다른 삶의 출발점이 된다. 이는 단순히 인간뿐만 아니라, 우주의 모든 것에 적용되는 보편적인 원리다. 따라서 '고지사생지설'은 삶과 죽음이 단절된 사건이 아니라, 서로 맞물려 있는 과정임을 말한다. 우리가 죽음을 맞이할 때, 그것은 곧 새로운 생명의 탄생을 준비하는 단계다. 우주의 법칙 속에서 삶과 죽음은 끊임없이 순환하며, 이를 통해 우리는 생명의 연속성과 우주적인 질서를 이해할 수 있게 된다.

'원시반종 고지사생지설'은 무無에서 유有로, 유에서 무로 변하는 과정을 말한다. 여기서 유와 무는 상대적일 뿐, 절대적이지 않다. 세상에는 완전히 존재하는 것도, 완전히 사라지는 것도 없다. 모든 것은 끊임없이 변화하며, 물질은 완전히 사라지지 않고, 단지 모양이나 형태를 바꿀 뿐이다. 즉, 유는 존재하고, 무는 사라짐을 나타내지만, 그것들은 서로 순환하며 이어져 있다. 어떤 것도 완전히 사라지지 않고, 계속해서 다른 형태로 변화할 뿐이다.

한편, 노자는 '유무상생有無相生'이라는 말을 통해 유와 무가 서로 의존하며 생성된다고 설명했다. 이는 유와 무가 고정된 개념이 아니라, 상호작용하면서 변화한다는 뜻이다. 노자는 또 '천하만물생어유 유생어무天下萬物生於有 有生於無'라고 하여, 세상의 모든 만물은 유에서 생기고, 유는 무에서 생긴다고 말했다. 즉, 존재하는 것은 무에서 비롯되며, 유와 무는 서로 분리된 것이 아니라, 하나의 과정 속에서 이어져 있다는 것이다.

노자는 여기서 한 걸음 더 나아가, 도를 우주의 절대적 본질로 보았다. 도가 만물의 근원이자 모든 변화의 원리를 나타내고, 도를 무無와 가까운 개념으로 이해했다. 무를 단순한 공허가 아니라, 모든 생성과 변화의 가능성이 내포된 상태로 본 것이다. 노자는 무를 절대적인 것으로 보았고, 만물은 이 무에서 생성된다고 설명했다. 노자는 무를 우주의 근원적 상태로 보고, 모든 존재와 변화가 무에서 비롯된다고 생각했으며, 이를 절대적 본질로 여겼다. 즉, 무를 모든 것의 출발점이며, 그 자체로 완전한 상태로 본 것이다.

반면에 공자는 도를 윤리적 실천의 개념으로 보았다. 공자에게 도는 사람의 삶에서 윤리적 규범과 덕을 실천하는 것이며, 사회적 조화와 인간관계에서 실현되어야 할 가치였다. 공자의 도는 도덕적 가르침을 바탕으로 사회적 질서를 추구하는 것이었기 때문에, 노자의 도와는 다른 관점을 가진다.

우주와 자연을 관찰해 숨겨진 질서를 본다

'역여천지준 고능미륜천지지도 앙이관어천문 부이찰어지리 시고지유명지고 易與天地準 故能彌綸天地之道 仰以觀於天文 俯以察於地理 是故知幽明之故'라는 이 구절은 '역은 천지를 기준으로 삼는다. 그래서 천지의 도를 포용해 이해할 수 있다. 위로는 천문을 보고 아래로는 지리를 굽어본다. 그래서 밝고 어두운 것의 이유를 알 수 있다'라는 뜻이다. 이는 《주역》이 천지의 이치를 바탕으로 세상을 총체적으로 이해하는 도구임을 강조하며, 자연의 변화와 질서를 관찰하고 그 속에서 세상의 이치를 깨닫는 과정을 말한다.

여기서 '역은 천지를 준칙으로 삼는다'는 《주역》이 자연의 법칙을 본보기로 삼아, 우주의 근본적인 이치를 탐구하려는 철학적 접근임을 나타낸다. 여기서 천지는 하늘과 땅을 의미하는데, 이는 단순히 하늘과 땅의 물리적인 개념을 넘어, 우주 전체와 자연의 모든 것을 포괄하는 상징적인 개념이다. 《주역》은 이러한 천지의 원리를 바탕으로, 인간과 자연이 어떻게 조화롭게 상호작용하는지를 탐구한다. 즉, 자연의 변화와 흐름을 관찰하고, 그것을 인간의 삶과 행동에 적용함으로써, 인간과 우주가 하나로 연결되어 있음을 깨닫게 한다.

'천지의 도를 모두 포용하고 있다'는 《주역》이 천지의 원리, 즉 자연의 법칙을 완벽하게 이해하고, 이를 통해 인간의 삶에 적용할 수 있다는 것을 의미한다. 천지의 도는 단순히 자연의 움직임이나 현상을 뜻하는 것이 아니라, 우주 전체가 어떻게 운행되고 조화를 이루는지를 나타내는 근본적인 원리다. 《주역》은 이러한 천지의 이치를 탐구함으로써, 사람들이 자연의 변화와 순환 속에서 어떻게 살아가야 하는지를 말하고 있다. 자연의 법칙을 철저히 이해함으로써, 인간은 우주의 흐름에 맞게 삶을 조율하고, 조화로운 삶을 살 수 있다는 것이다.

'위로는 천문을 보고 아래로는 지리를 굽어본다'는 하늘과 땅을 관찰하며 우주의 질서를 이해하는 것을 뜻한다. 천문은 하늘의 별자리, 해, 달, 행성들의 규칙적인 움직임을 나타내며, 이는 우주의 기본 질서를 상징한다. 옛사람들은 하늘을 올려다보며 별들의 질서 있는 움직임을 관찰했고, 그것이 정교하게 짜인 직물의 무늬처럼 규칙적이라고 생각했다. 그래서 천문은 하늘에서 일어나는 규칙적인 현상을 상징하고, 이를 통해 우주의 법칙을 깨달으려 했다.

성인들은 《주역》의 원리를 사용해 천문을 관찰했는데, 하늘에서 해와 달, 별자리의 움직임을 보며 우주의 흐름과 질서를 파악하려고 했다. 천문을 본다는 것은 멀리서 전체적인 흐름을 관찰하는 것을 의미한다. 반면에 지리를 살핀다는 것은 땅의 이치를 가까이서 세밀하게 조사하는 것을 뜻한다. 땅의 구조, 산맥, 강과 같은 자연의 지형을 통해 우주의 질서를 더 깊이 이해하려고 한 것이다. 이 문장에서 '관觀'은 멀리서 바라보는 것을 뜻하며, 이는 하늘의 움직임을 멀리서 전체적으로 보는 것을 의미한다. 반면에 '찰察'은 가까이서 자세히 보는 것, 즉 땅의 지형과 구조를 세밀하게 조사하는 것을 뜻한다. 따라서 천문은 멀리서 우주의 흐름을 보고, 지리는 가까이에서 자연의 이치를 세밀하게 살피는 것을 뜻한다.

도시에 사는 우리는 대지의 이치를 잊기 쉽지만, 높은 산에 올라 내려다

보면 산맥, 강, 들판의 배치가 하나의 거대한 그림처럼 보인다. 이러한 자연의 질서 속에서 우리는 우주의 이치를 더 잘 느낄 수 있다. 예를 들어, 산과 강의 흐름은 자연의 균형과 조화를 보여주는데, 이것은 우주의 법칙과도 연결된다.

이러한 자연의 질서와 아름다움 속에서 우주의 원리를 이해하는 것은 고전 문학에서도 자주 등장하는 주제다. 옛 사람들은 자연 속에서 우주의 진리를 깨닫고, 이를 통해 삶의 이치를 배우려 했다. 《주역》은 이처럼 자연의 질서와 우주의 이치를 관찰하고 배우는 과정을 통해 인간과 자연의 조화로운 관계를 말하고, 삶 속에서 우주와 조화를 이루며 살아가는 방법을 제시한다.

'그래서 밝고 어두운 것의 이유를 알 수 있다'는 하늘의 별자리와 땅의 이치를 관찰해 우주의 근본적인 이치를 이해할 수 있다는 의미를 담고 있다. 여기서 밝음은 눈에 보이는 것, 즉 현상이나 물질 세계를 상징하고, 어둠은 눈에 보이지 않는 것, 즉 본질적인 것을 상징한다. 이 문장은 우리가 하늘과 땅을 관찰하는 것만으로도 겉으로 드러나는 현상과 그 이면에 숨겨진 본질을 이해할 수 있다는 것을 뜻한다. 여기서 밝고 어두운 것은 단순히 물리적인 빛과 어둠을 의미하는 것이 아니라, 우주의 원리 속에 담긴 보이는 것과 보이지 않는 것, 즉 현상과 본질을 모두 포괄하는 개념이다.

《주역》은 이 두 세계, 즉 눈에 보이는 현실과 보이지 않는 본질을 모두 탐구함으로써 우주의 질서와 삶의 원리를 말한다. 이는 《주역》을 통해 우주와 자연의 이치를 관찰하면 사람이 보지 못하는 세계를 이해하고, 그 이면에 숨겨진 본질적 의미까지 파악할 수 있다는 것을 의미한다. 이처럼 《주역》은 단순히 자연 현상을 설명하는 책이 아니라, 현실과 비현실, 물질과 정신, 밝음과 어둠을 아우르는 우주의 원리를 통해 인간이 어떻게 살아가야 할지 지침을 제공한다. 따라서 《주역》은 밝음과 어둠, 보이는 것과 보이지 않는 것의 조화를 이해하고, 이를 바탕으로 인간이 자연과 우주 속에서 조화롭게 살아갈 방법을 제시하는 철학적 도구인 것이다.

변화에 따라 행동한다

'시고괘유소대 사유험이 사야자 각지기소지是故卦有小大, 辭有險, 辭也者, 各指其所之'는 '따라서 괘卦에는 크고 작음이 있으며, 사卦에는 험난함과 쉬움이 있다. 사辭의 내용은 각기 그 지향하는 바를 가리킨다'는 의미다. 이는 《주역》에서 괘와 괘사의 차이와 그 역할을 설명하는 중요한 구절이다. 이 구절은 괘와 괘사가 다양한 상황에서 어떻게 의미를 가지고, 행동 지침을 제공하는지를 나타낸다.

먼저, '괘에는 크고 작은 차이가 있다'는 괘가 음과 양의 크고 작은 차이를 상징한다는 것을 의미한다. 여기서 크고 작은 차이는 단순히 물리적인 크기를 의미하는 것이 아니라, 음과 양의 상태나 변화의 정도를 가리킨다. 양과 음은 좋음과 나쁨, 긍정적인 상황과 부정적인 상황을 나타낼 수 있으며, 이러한 괘는 특정한 상황에서 변화의 크기나 중요성을 나타낸다. 즉, 어떤 괘는 큰 변화를, 또 어떤 괘는 작은 변화를 나타내는데, 그 변화의 성격에 따라 긍정적이거나 부정적일 수 있다는 것이다.

다음으로, '괘사에는 험난함과 쉬움이 있다'는 괘사, 즉 괘에 대한 설명이나 해석이 험난하거나 쉬운 판단을 제공한다는 의미다. 괘사는 특정 상황에 맞춰 예측하거나 조언을 제공하는데, 그 상황이 얼마나 어려울지 또는 얼마나 쉬울지를 판단할 수 있게 도와준다. 어떤 괘사는 험난한 과정을 겪을 것이라고 경고하고, 어떤 괘사는 순조로운 과정을 예고한다. 따라서 괘사는 그 상황이 어려울지 또는 쉽게 해결될지 판단할 수 있는 기준을 제시한다.

마지막으로, '각각의 괘사는 그 지향하는 바를 가리킨다'는 각 괘사가 특정한 방향을 제시하고, 어떤 행동을 취해야 할지 지침을 준다는 뜻이다. 괘사는 어떤 방향으로 나아가야 할지를 구체적으로 제시하는데, 이 과정에서 우리는 올바른 행동이나 결정을 내리게 된다. 즉, 괘사는 상황에 맞는 적절한 대응을 알려주는 역할을 한다.

괘는 변화를 상징하고, 괘사는 그 변화에 맞춰 어떻게 행동할지를 말한다. 이로써 《주역》은 특정 상황에서 어떤 결정을 내려야 할지, 어떤 방향으로 나아가야 할 철학적 지침을 제공한다. 괘와 괘사는 상황의 변화를 해석하고, 그에 맞는 행동 방침을 제시함으로써, 우리가 자연과 사회의 변화 속에서 조화롭게 살아가는 방법을 가르쳐 준다.

되돌아보면 후회하지 않는다

'변길흉자존호사, 우회린자존호개, 진무구자존호회辯吉凶者存乎辭, 憂悔吝者存乎介, 震無咎者存乎悔'라는 구절은 '길흉을 분별하는 것은 괘사와 효사에 달려 있다. 주의 깊은 관찰이 후회와 치욕을 피하는 방법이다. 두려움을 느낄 때, 후회하고 반성하면 잘못을 피할 수 있다'는 뜻이다. 이는 괘사와 효사를 통해 길흉을 분별하고, 후회와 실수를 피하는 방법을 설명하는 중요한 구절이다. 이 구절은 각기 다른 상황에서 올바른 판단을 내리고 잘못된 선택을 피하기 위한 지혜를 제시한다.

'길흉을 분별하는 것은 괘사와 효사의 내용에 달려 있다辯吉凶者存乎辭'는 '길吉'과 '흉凶', 즉 좋고 나쁨을 분별하는 기준이 괘사와 효사의 내용에 달려 있다는 의미이다. 《주역》에서 괘사와 효사는 각 상황에 대한 설명과 해석을 제시하는데, 이 구절을 통해 우리는 어떤 일이 좋은 결과로 이어질지, 나쁜 결과로 끝날지를 알 수 있다. 길흉은 사람의 운명과 연결되며, 이를 분별하는 것은 인생에서 선택과 판단에 중요한 영향을 미친다. 괘사와 효사의 내용을 주의 깊게 해석하면, 우리는 상황이 유리한지/불리한지를 파악하고, 이에 맞게 올바른 선택을 할 수 있다.

'주의 깊은 관찰이 후회와 치욕을 피하는 방법이다'는 작고 미세한 것에 주의를 기울이는 것이 후회와 치욕을 피하는 방법이라는 의미다. 여기서 '개介'는 세심한 주의나 작은 신중함을 나타내며, 미세한 사물이나 상황의 변화에도 신경을 쓰는 태도를 의미한다. 어떤 일이든 사소한 부분에서 잘못이 시작될 수 있기에, 세심하게 관찰하고 신중하게 판단하는 것은 중요하다. 작은 실수가 커다란 문제로 이어질 수 있듯, 작은 부분에 신경을 쓰고 주의하는 것이 큰 후회나 치욕을 피하는 방법이다. 세세한 관찰과 신중함을 유지하면, 우리는 큰 실수로 이어질 수 있는 작은 문제들을 미리 파악하고 대처할 수 있다.

'두려움을 느낄 때 후회하고 반성하면 잘못을 피할 수 있다'는 두려움이나 위기를 느끼는 상황에서 후회하고 반성하는 것이 잘못을 피하는 방법임을 말한다. 여기서 '진震'은 두려움이나 불안을 의미하며, 이는 우리가 불안정한 상황이나 위기에 처했을 때의 감정을 나타낸다. 이런 불안한 상황에서는 자신의 행동이나 과거의 결정을 되돌아보는 것이 매우 중요하다. 후회하고 반성하면, 잘못된 길로 나아가지 않고, 큰 실수를 피할 수 있다. 두려움이 생길 때 우리는 자신의 행동을 되돌아보고 수정할 기회를 얻게 되며, 이를 통해 실수를 막고 더 나은 방향으로 나아갈 수 있다.

이 세 구절은 《주역》이 제시하는 삶의 지혜를 말한다. 길흉을 올바르게 판단하는 것, 사소한 것에 주의를 기울이는 것, 두려운 상황에서 반성하는 태도를 유지하는 것이 삶의 어려움을 현명하게 극복하는 방법임을 알려준다. 《주역》은 이렇게 삶에서 직면하는 문제와 결정을 지혜롭게 해결할 수 있는 길을 제시하며, 삶의 조화와 균형을 이루는 방법을 알려준다.

크고 작음은 괘 구조에 있다

'제소대자존호괘齊小大著存乎卦'는 《주역》에서 크고 작음을 결정하는 원리가 괘의 구조에 달려 있다는 뜻이다. 여기서 '제齊'는 '정확하다', '결정하다', '균등하다'는 세 가지 의미로 해석될 수 있다. 이 말은 괘의 구성에 따라 사물의 크고 작음이 정확하게 결정된다는 뜻이다. 《주역》에서는 이러한 대소大小의 개념이 매우 중요하며, 각각의 괘가 음과 양의 성질을 반영해 대와 소로 나뉜다.

그렇다면 무엇이 크고 작은가? 《주역》에서 크고 작은 것은 주로 음과 양의 힘과 성질에 따라 나뉜다. 이를테면, 지천태 괘와 천지비 괘는 양이 크고, 음이 작다고 말한다. 이는 양이 활동적이고 확장하는 성질을 지니고 있기 때문에 크다고 보고, 음은 수용적이고 포용하는 성질을 가지고 있어서 작다고 해석하는 것이다.

건괘乾卦는 순수한 양으로 크고大, 곤괘坤卦는 순수한 음으로 작다小는 설명은 이러한 대소 개념을 잘 보여준다. 건괘는 하늘을 상징하며, 강하고, 확장하는 에너지를 의미한다. 하늘은 무한하게 펼쳐져 있고, 그 안에서 양의 성질은 크고 강함을 나타낸다. 반대로, 곤괘는 땅을 상징하며, 수용적이고, 부드럽게 받아들이는 에너지를 나타낸다. 땅은 음의 성질을 가진 작고 수용적인 상태로 표현된다. 이러한 대소의 구분은 단순히 크고 작은 물리적 차이가 아니라, 양과 음이 갖는 기운의 성질을 의미한다. 양은 확장, 주도성, 외향적인 힘을 나타내며, 크다는 해석이 붙는다. 반대로, 음은 수용성, 내향적인 힘, 안정성을 의미하며, 작다는 해석이 붙는다.

또한 진괘 ☳, 감괘 ☵, 간괘 ☶는 모두 이음 일양두 개의 음효와 하나의 양효으로 구성되어 있다. 물건은 희소성이 있어야 가치가 있다. 따라서 이음 일양 괘는 양괘로 간주한다. 따라서 건괘, 진괘, 감괘, 간괘는 모두 양괘이며, 크다고 할 수 있다. 반면에 손괘 ☴, 이괘 ☲, 태괘 ☱는 이양 일음으로 구성되어 있어 음괘로 간주된다. 따라서 곤괘도 작다고 할 수 있다.

대와 소를 결정하는 또 다른 기준은 괘주卦主의 개념이다. 괘주는 괘에서 어느 효가 괘 전체를 주관하는지에 따라 크고 작음을 결정하는 기준이 된다. 괘주란 괘 중에서 하나의 효가 괘 전체를 주관하거나 중심이 되는 효를 말한다. 우선, 양이 두 개 있는 괘는 양괘로 간주되어 크다고 하며, 반대로 음이 두 개 있는 괘는 음괘로 간주되어 작다고 본다. 그러나 하나의 음과 하나의 양이 있는 경우, 괘주에 따라 크고 작음이 결정된다. 따라서 괘의 크고 작음을 결정하는 또 다른 기준은 괘주가 음인지 양인지에 달려 있다. 괘를 구성하는 효들이 모두 양이거나 주로 양이 포함되면 크고 강한 성질로 해석되며, 반대로 음이 주로 있거나 음효가 주도하면 작고 수용적인 성질로 해석된다.

음양의 발전에 따라 크고 작음이 결정되기도 한다. 이를테면 지뢰복 괘 ䷗는 초효첫 번째 효만 양이고, 나머지 다섯 효는 음이다. 그렇다면 이 괘는 대인가 소인가?

여기서 중요한 것은 초효가 양효라는 점이다. 초효가 양이라는 것은 무한한 발전 가능성을 상징하며, 이 양효가 괘의 주가 된다. 반면에 나머지 음효들은 쇠약해지는 성질을 가지며, 종속적인 위치에 있다. 복괘의 양기가 점점 상승하면, 양의 힘이 더 강해진다. 이를 통해 2양이 되는 림괘䷒, 3양이 되는 태괘䷊, 4양인 대장괘䷡, 5양인 쾌괘䷪, 그리고 6양인 건괘䷀로 변화해 간다. 양은 계속해서 발전하므로, 양효가 주가 되어 이 괘들은 모두 대로 해석된다.

반대로, 초효가 음인 괘에서는 음이 계속 발전해 음효가 주도하게 된다. 이런 경우에는 음의 성질이 강해지며 괘가 소로 해석된다. 따라서 초효가 음인 괘들은 음이 주가 되어 그 괘는 모두 소로 해석된다. 즉, 초효가 양이면 그 괘는 발전 가능성이 크기 때문에 대로 간주되고, 초효가 음이면 음의 성질이 발전하며 소로 해석된다.

정리하면, '제소대자존호괘'는 크고 작음이 괘의 구조에 의해 결정된다는 것을 의미한다. 여기서 크고 작음은 단순히 물리적 크기를 뜻하는 것이 아니라, 괘가 나타내는 음과 양의 세기와 성질을 가리킨다. 이 원리는 괘가 어떻게 구성되었는지, 즉 양효와 음효가 어떻게 배열되어 있는지에 따라 크고 강한 성질陽大 또는 작고 수용적인 성질陰小이 결정된다는 것이다.

괘의 구조와 효의 분포는 양이 우세한지, 또는 음이 우세한지를 통해 괘의 성질을 규정한다. 이를테면, 양효가 많이 포함된 괘는 강하고 크며, 이러한 괘는 대로 해석된다. 반면에, 음효가 주도하는 괘는 작고 수용적인 성질을 가지며, 소로 해석된다.

이 원리는 《주역》의 깊이 있는 철학적 구조를 이해하는 데 필수적인 개념이다. 《주역》은 세상의 변화를 음과 양의 상호작용으로 설명하는데, 양이 우세한 괘는 크고 강력한 힘을 나타내고, 음이 우세한 괘는 작고 유연한 힘을 나타낸다. 괘의 구조와 효의 분포에 따라 이 크고 작은 성질이 결정되며, 이는 우주의 변화 원리와 사람의 삶에서 일어나는 변화를 설명하는 중요한 기준이 된다.

귀천의 위치는 괘 전체를 종합적으로 분석한다

'시고열귀천자존호위是故列貴賤者存乎位'는 '귀한 사람과 낮은 사람은 그들의 위치에 달려 있다'는 의미다. 이 말은 곧 '사람의 사회적 지위나 역할이 각자 어디에 위치하느냐에 따라 결정된다'는 뜻이다. 즉, 귀한 사람은 그만큼 높은 위치에 있고, 낮은 사람은 낮은 자리에 있다는 의미로, 사람마다 자기 자리가 있으며, 그 자리에 맞는 역할을 해야 한다는 뜻이다. 따라서 귀하고 낮은 위치는 사회적 역할과 책임에 따라 다르며, 사람은 자신의 위치를 지키고 그에 맞는 행동을 해야 한다는 의미로 이해할 수 있다.

괘 속의 육효六爻는 위치의 높고 낮음에 따라 귀함과 천함을 구분한다. 즉, 효가 괘에서 어디에 위치하느냐에 따라 높은 지위귀함인지 낮은 지위천함인지를 판단할 수 있다는 것이다. 이때, 괘 속의 육효가 귀하고 천함을 구분하는 기준은 최소한 세 가지 또는 네 가지 의미로 나뉜다.

첫 번째로, 가장 기본적인 해석에서 양효陽爻는 귀함을, 음효陰爻는 천함을 상징한다. 이는 양효가 밝고 강력한 에너지를 나타내기 때문에 높고 귀한 성질을 가진 것으로 해석한다. 양효는 주도적이고 능동적인 힘을 상징하여, 그 힘이 발휘되는 상황에서는 귀하고 중요한 역할을 한다. 반면에 음효는 부드럽고 수용적인 에너지를 나타내며, 수동적이고 안정적인 성질을 가지기 때문에 상대적으로 낮고 천한 성질로 해석한다. 음효는 받아들이는 성질을 가지고 있어, 양효와 비교했을 때 종속적인 위치로 여겨진다.

두 번째로, 위치에 따른 구분이 있다. 초효初爻는 괘의 가장 아래에 위치하므로 가장 낮고 천한 위치를 상징한다. 이는 사회에서 가장 낮은 지위나 말단에 해당하는 위치와 같다. 반대로, 상효上爻는 괘의 가장 위에 위치하기 때문에 가장 높고 귀한 위치를 상징한다. 이는 사회에서 권위 있는 사람이나 지도자와 같은 높은 지위를 나타낸다.

이 구분은 단순히 물리적 위치를 넘어, 괘 속에 있는 효의 위치가 높고 낮음이 그 괘 속에서 역할의 중요성이나 사회적 지위의 높고 낮음을 상징한다. 원칙적으로 괘의 높은 위치에 있는 효는 귀한 존재나 지도자적 역할을 의미하며, 낮은 위치에 있는 효는 일반적인 역할이나 종속적 지위를 나타낸다. 따라서 괘 안에서 효의 위치가 높을수록 영향력과 책임이 크다고 보고, 낮을수록 상대적으로 종속적이고 덜 중요한 역할을 한다고 본다.

세 번째 기준은 효가 제자리에 있는지를 따지는 것이다. 양효가 양의 자리에 있고, 음효가 음의 자리에 있으면 이를 '제자리에 있다'고 표현하며, 이 경우 귀함을 상징한다. 제자리에 있다는 것은 각 효가 본래의 성질에 맞는 자리에 자리 잡았다는 의미다.

양효는 활동적이고 강한 성질을 지니므로, 주도적이고 능동적인 위치인 초효첫 번째 자리, 삼효세 번째 자리, 오효다섯 번째 자리에 있을 때 제자리에 있다고 본다. 이러한 자리들은 양의 성질을 발휘할 수 있는 위치로, 귀하고 중요한 역할을 상징한다. 반대로, 음효는 수용적이고 안정적인 성질을 지니므로, 수동적이고 포용적인 위치인 이효두 번째 자리, 사효네 번째 자리, 상효여섯 번째 자리에 자리할 때 제자리에 있다고 본다. 이는 음의 성질이 적절히 발휘되는 자리로, 안정과 조화를 의미하며, 이때 효는 귀함을 상징하게 된다.

이 원리는 양효와 음효가 각각 자신의 성질에 맞는 위치에 있을 때 조화와 안정을 이루며, 이를 통해 귀하고 바른 상태가 유지된다는 것을 나타낸다. 반면에 양효가 음의 자리에 있거나 음효가 양의 자리에 있으면, 이는 제자리에 있지 않다고 하여 조화가 깨지고, 귀함이 아닌 혼란과 불안정을 상징하게 된다. 이는 《주역》의 철학적 원리 중 하나로 질서와 조화를 중시하는 사고를 반영한다.

네 번째 기준은 중위中位, 즉 괘에서 중간 위치에 있는 것이 귀함을 상징한다는 것이다. 괘는 6개의 효로 이루어져 있는데, 그중에서 이효두 번째 자리와 오효다섯 번째 자리는 각각 하괘와 상괘의 중간에 위치한다. 이 중간 위치에 효가 자리할 때, 안정과 조화를 나타내므로 귀한 자리로 여겨진다.

이효는 하괘의 중심에 있고, 오효는 상괘의 중심에 있다. 이 효들이 중위에 있는 이유는 이들이 상하의 균형을 이루기 때문이다. 특히 양효나 음효가 이 중간 자리에 있으면 귀하고 중요한 자리로 해석된다. 이는 중용中庸의 원리와도 연결되는데, 가운데에 자리한 것은 균형과 조화를 의미하기 때문에 귀한 위치로 여겨진다.

더 나아가, 음효가 이효에 있고, 양효가 오효에 있으면, 이것은 중위와 동시에 정위正位를 모두 얻은 상태로, 이 경우 더욱 귀한 상태로 간주된다. 정위란 각 효가 본래 성질에 맞는 자리에 있어야 한다는 개념이다. 즉, 음효는 음의 자리에, 양효는 양의 자리에 있어야 바르고 안정된 상태가 된다. 이러한 위치에 있을 때, 그 괘는 안정성, 조화, 그리고 귀함을 상징하게 된다. 즉, 중위와 정위는 괘에서 가장 바르고 중요한 위치를 의미하며, 이 위치에 효가 적절히 배치되면 그 괘는 매우 귀한 의미를 가지게 된다.

이처럼 귀함과 천함을 결정하는 데는 위에서 다룬 네 가지 주요 기준이 있다. 첫째, 효가 양인지 음인지, 둘째, 위치가 높은지 낮은지, 셋째, 효가 제자리에 있는지, 넷째, 중간 위치중위에 있는지 여부다. 그러나 이 네 가지 기준만으로 모든 경우를 설명할 수는 없다. 이러한 규칙은 기본 원칙일 뿐, 절대적인 것이 아니다. 전체 괘의 의미와 해석에 따라 귀함과 천함이 달라질 수 있다. 괘의 구성, 상황, 그리고 맥락을 종합적으로 고려해야 한다.

실수를 줄이고 올바른 방향으로 간다

'길흉자실득지상야 회린자 우우지상야 무구자 선보과야吉凶者 失得之象也 悔吝者 憂虞之象也 無咎者 善補過也'는 '길흉자吉凶者는 좋고 나쁘다는 것은 잃고 얻는 상이다. 회린자悔吝者는 뉘우치고 부끄러워한다는 것은 근심하고 두려움의 상이다. 무구자無咎者는 선하게 과오를 보완하는 자다'라는 뜻이다. 이는 인간의 행동과 결과에 대한 상징적 의미를 담고 있다.

'길흉吉凶'은 인간 사회에서 일어나는 모든 일에서 얻고 잃는 것을 의미한다. 여기서 말하는 '얻음'과 '잃음'은 단순히 물질적인 이익이나 세속적인 성공만을 가리키는 것이 아니다. 여기서 길흉은 인간이 도덕적 기준에 따라 행동하고, 그에 따라 발생하는 결과를 말한다. 즉, 물질적인 성공이 곧 길吉이고, 실패가 흉凶이라는 통념과는 다르다.

유교적 관점에서 보았을 때, 도둑질이나 거짓말, 속임수를 통해 얻는 것은 진정한 얻음이 아니다. 이는 바른 도리를 지키지 않았기 때문이다. 반대로, 사람은 바른 도리를 따르고, 윤리적으로 행동하는 것이 진짜 얻음이다. 이런 도덕적인 행동은 세속적인 성공 여부와는 무관하다. 이를테면, 재산을 잃거나 지위가 떨어질지라도 도리를 지키면 그것이 진정한 '길吉'이다.

또한 도덕적 기준에서 벗어나 남을 해치거나 속이면서 부를 쌓고 권력을 얻는 것은 표면적으로는 성공처럼 보일 수 있지만, 실제로는 '흉凶'이다. 도리를 저버리고 비도덕적인 방식으로 얻은 것은 일시적인 이익일 뿐, 궁극적으로는 불행과 파멸을 초래할 수 있다. 이것이 《주역》에서 말하는 길흉의 개념으로, 세속적인 관점과는 근본적으로 다르다.

이를테면, 바른 도리를 지키며 정의롭게 행동하다가 목숨을 잃는 경우, 그것은 길에 해당한다. 도덕적인 의무와 윤리를 지키며 살아가는 것이야말로 가장 큰 성공이며, 비록 생명을 잃는다 하더라도 그 행위는 고귀한 것이기 때문이다. 반면에 불의한 방법으로 부와 권력을 누리며 안락한 삶을 사는 것은 오히려 흉이 된다. 이는 도리를 저버린 삶이 결국에는 파멸로 이어질 수밖에 없기 때문이다. 즉, 길흉이란, 인간이 도덕적 원칙을 지키며 바르게 사느냐에 따라 결정된다. 이는 물질적 성취나 외적인 성공보다 훨씬 깊은 의미를 가지며, 도덕적 기준에 따라 판단되는 결과인 것이다.

회린자悔吝者의 '회悔'와 '린吝'은 《주역》에서 많이 나오는 글자다. '회悔'는 후회나 뉘우침을 의미한다. 이는 사람이 과거에 저지른 잘못이나 도덕적으로 부족했던 부분을 깨닫고, 그에 대해 미안해하거나 스스로 부끄러워하는 상태를 나타낸다. '린吝'은 인색함, 꺼림칙함, 후회할 일이 다가올 때 느끼는 불안한 감정을 뜻한다. 이때 '린'은 아직 실수를 저지르진 않았지만, 그럴 가능성이 있거나 잘못이 발생할 상황에 대한 사전 경고를 포함한다.

《주역》에서 이 두 단어는 자신의 행동과 도덕적 판단에서 결점을 느끼거나, 작은 실수에 대해 고민하는 상태를 말한다. 여기서 '회린자'는 단순한 후회나 인색함이 아니라, 도덕적 기준에서 자신의 행위에 대해 깊은 성찰을 촉구하는 개념이다. 사람이 작은 과오나 결점을 깨닫고 반성하거나 불편함을 느끼는 것을 더 큰 문제를 예방할 수 있는 기회로 보며, 이를 통해 도덕적으로 성장하고 성찰을 강화할 수 있다고 본다.

'무구자無咎者'의 '구咎'는 원래 죄나 잘못, 과오를 뜻하는 글자다. 그래서 '무구無咎'는 말 그대로 '잘못이 없다'는 뜻이다. '무구'는 그 안에 잘못이 있을 가능성을 함께 암시하고 있다. 다시 말해, '무구'라는 표현은 아무 잘못이 없다기보다는, 작은 잘못이 있을 수 있지만 큰 문제가 아니라는 뉘앙스를 포함하고 있다.

좀 더 쉽게 설명하자면, 우리가 일상생활에서 '괜찮다'고 말할 때를 떠올려 보면 된다. '괜찮다'는 표현은 완벽하게 좋다는 뜻이 아니라 약간의 문제나 불편함을 내포하고 있다. 이를테면, 몸이 아팠다가 좀 나아졌을 때 '괜찮다'라는 말은 완전히 나았다는 뜻이 아니라, 어느 정도 좋아졌다는 의미다.

또한 '틀림없다'라는 말을 사용할 때를 생각해보자. 왜 굳이 '맞다'라고 하지 않고 '틀림없다'라고 할까? 여기서도 비슷한 의미를 찾을 수 있다. '틀림없다'라는 말은 아주 작은 틀림이 있을 가능성도 있지만, 그 틀림이 너무 작거나 큰 문제가 아니기 때문에 '틀림없다'고 말하는 것이다. 즉, 약간의 틀림은 있지만, 그것이 문제가 될 정도는 아니라는 뜻이다.

'무구無咎'도 마찬가지다. 완벽하게 잘못이 없다기보다는, 큰 잘못이나 죄가 없다는 의미로 해석할 수 있다. 작은 실수나 결점이 있을 수 있지만, 심각한 문제가 아니고 도덕적으로 큰 결함이 없는 상태를 나타내는 말이다. 즉, '무구'라는 개념은 우리가 완벽하지는 않지만, 큰 문제가 없고 어느 정도 잘하고 있다는 의미로 받아들일 수 있다. 이는 《주역》에서 말하는 중요한 철학적 개념 중 하나로, 사람의 행동이나 상황에 대한 성찰을 요구하는 동시에 큰 문제없이 지나갈 수 있다는 긍정적인 면을 강조한다.

'선보과야善補過也'는 어떻게 죄과나 과오가 없는 상태로 만들 수 있는지를 설명하는 개념이다. 여기서 핵심은, 처음에 잘못이나 실수가 있었다는 사실을 인정하고, 그것을 어떻게 보완하고 바로잡느냐에 따라 과오가 없는 상태로 변화할 수 있다는 점이다. 즉, 어떤 잘못이나 실수를 했을 때, 그것을 방치하지 않고 잘 메우고 수정하는 과정이 중요하다는 것이다. 잘못을 반성하고 적절한 조치를 취해 문제를 해결하면, 결국 그 사람은 잘못이 없는 상태로 평가될 수 있다. 즉, '선보과야'는 잘못 자체보다는 그 잘못을 어떻게 처리하느냐가 더 중요하다는 것이다.

이 개념은 인간이 완벽하지 않다는 점을 인정하면, 실수를 통해 배우고 성장할 수 있다는 가능성을 나타낸다. 처음에는 잘못을 저질렀더라도, 그것을 보완하고 바로잡는 행동이 선善으로 평가된다는 것이다. 이것은 인간이 실수를 통해 어떻게 더 나은 방향으로 나아갈 수 있는지를 보여주는 철학적 관점이다.

이를테면, 누군가가 큰 실수를 했을 때, 그 실수를 부정하거나 도망치는 대신, 스스로 인정하고 적극적으로 해결책을 찾는다면, 그 사람은 결국 더 나은 도덕적 상태에 도달할 수 있다. 이처럼 잘못을 완벽하게 보완하고 바로잡는다면, 그 사람은 죄가 없는 상태로 평가될 수 있다. '선보과야'는 바로 이 점을 강조하며, 인간이 성장과 발전 가능성을 담고 있다고 말한다. 따라서 이 개념은 잘못을 수정하는 과정을 통해 더 나은 도덕적 상태에 도달할 수 있음을 의미한다. 잘못을 고치면, 처음의 죄과는 더 이상 중요한 것이 아니며, 그 과오를 바로잡는 과정이 긍정적인 결과를 만들어낸다는 것이다.

《주역》을 공부할 때, 사람들은 길과 흉에만 집중하고 '무구無咎'에는 크게 신경 쓰지 않는다. 하지만 이것은 잘못된 접근이다. 표면적으로 길은 매우 좋은 상태를 의미하지만, 이루는 것은 매우 어렵다. 《주역》 64괘 중 오직 겸謙 괘만이 모든 효가 길이다. 그렇기 때문에 《주역》에서는 '무구'를 매우 중요하게 여긴다.

《계사전》에서는 '두려움으로 시작하고, 두려움으로 끝나며, 그 핵심은 무구다. 이것이 역경의 도다懼以終始, 其要無咎, 此之謂易之道也'라고 말했다. 《역경》은 모든 일이 완벽하게 옳을 수는 없다고 본다는 뜻이다. 왜냐하면, 《역경》이 말하는 '도'는 자연의 규칙, 즉 삶과 세상의 원리이기 때문이다. 이 규칙을 '명命', 즉 운명이라고 한다. 하지만 운명은 절대적인 것이 아니라 상대적이다. 모든 일은 고정된 결과로 이어지는 것이 아니라, 상황과 대응에 따라 달라질 수 있다는 의미다.

그래서 《장자》의 〈열어구列禦寇〉 편에서는 두 가지 운명을 말했다. 하나는 우연히 다가오는 '우명遇命', 즉 예상치 않게 맞닥뜨리는 운명이고, 다른 하나는 자신이 따라가는 '수명隨命', 즉 스스로 받아들이고 적응하는 운명이다. 맹자孟子도 이에 대해 설명하면서, 정당한 운명인 '정명正命'과 그렇지 않은 운명인 비정명'非正命'을 언급했다. 맹자는 운명을 제대로 아는 사람은 위기를 피할 수 있다고 말했다.

이처럼 《주역》은 우리가 완벽할 수 없다는 사실을 받아들이고, 운명을 어떻게 이해하고 대응하느냐에 따라 삶의 방향이 달라질 수 있음을 가르쳐 준다. 운명은 고정된 것이 아니며, 우리가 어떻게 선택하고 행동하느냐에 따라 달라질 수 있다는 점을 강조한다.

엥겔스는 세상에 필연성과 우연성이 있다고 말했다. 일상 속에서는 필연적인 일이 자주 일어나지만, 그와 동시에 우연한 일도 일어난다. 때로는 이러한 우연성이 필연성을 방해하거나 무너뜨릴 수도 있다. 그래서 사람은 항상 옳게 행동할 수 없고, 모든 상황을 완벽하게 예측하고 대처하는 것은 불가능하다는 뜻이다.

손자는 "백전백승은 최고의 전략이 아니다"라고 말했다. 매번 승리하는 것은 불가능하며, 오히려 모든 전투에서 이기려는 집착이 현실적이지 않다는 뜻이다. 손자의 말은 삶에도 마찬가지로 적용된다. 우리가 모든 상황에서 항상 성공할 수 없으며, 실패는 피할 수 없는 요소라는 사실을 강조한다.

《주역》을 공부하는 것도 마찬가지다. 《주역》을 통해 우리는 세상에서 일어나는 변화와 규칙을 배우고, 이 변화를 어떻게 받아들여야 할지 배우는 과정으로 들어선다. 《역경》은 삶의 변화를 설명하는 일종의 변증법이지만, 규칙을 안다고 해서 모든 실수를 피할 수 있는 것은 아니다. 실수를 완전히 제거하는 것은 불가능하며, 중요한 것은 실패의 가능성을 줄이는 것이다.

공자는 이를 이미 잘 알고 있었다. 그래서 "50세에 《주역》을 배우면 큰 실수가 없을 것이다"라고 말했다. 이 말은 나이가 들어 세상을 더 깊이 이해하고, 역경을 통해 삶의 규칙과 원리를 배운다면, 큰 실수나 잘못을 저지를 가능성이 적어진다는 뜻이다. 세상의 원리를 이해하고 규칙을 인식하면 큰 실패는 피할 수는 있지만, 여전히 작고 우연한 실수가 있을 수 있다는 것이다.

《역경》을 공부하면 우리는 변화와 규칙을 알고, 더 나은 결정을 할 수 있지만, 완전무결한 삶을 살 수는 없다. 중요한 것은 매번 성공하려고 애쓰는 것이 아니라, 큰 실수를 줄이고 올바른 방향으로 나아가려고 노력하는 것이다.

우주는 인간이 있어 위대하다

'육효지동 삼극지도야六爻之動 三極之道也'는 '여섯 효의 움직임은 하늘, 땅, 사람이라는 세 가지 근본 원리의 도를 따른다'는 뜻이다. '육효지동六爻之動', 즉 여섯 효의 변동은 하늘, 땅, 사람의 변화 원리를 반영한다. 왜냐하면 길흉과 회린은 사람의 변화와 관련이 있고, 변화의 진퇴는 하늘과 사람의 변화와 연결되며, 강유, 즉 강함과 부드러움의 변화는 하늘의 이치를 나타내기 때문이다. 이는 《주역》이 지닌 변화의 원리를 매우 정확하게 설명한 것이다. 여기서 '동動'은 변화 또는 변동을 의미하는데, 특히 《주역》에서의 변화를 가리킨다. 점을 칠 때, 어떤 효가 나오는지에 따라 그 효는 변화를 나타내는 변효가 된다. 이는 《주역》에서 상황이 어떻게 변할지 예측하는 중요한 요소다.

'극極'은 건물의 가장 윗 부분, 즉 동량棟樑을 의미한다. 고대 건축에서는 가장 높은 기둥을 '동棟', 그 아래 부분을 '량樑'이라고 칭했다. 그 결과, '극'은 건축에서 유래해 최고, 극한을 뜻하게 되었다. 이 구절은 《주역》이 효의 변화를 통해 하늘, 땅, 사람의 원리와 연결된 큰 흐름을 이해하고, 이를 통해 세상의 가장 높은 원리를 파악하는 과정임을 설명한다. 건물은 가장 높은 동량極이 중심을 잡아준다. 이 동량이 건물을 지탱하는 핵심 역할을 하기 때문에, '극'은 최고, 중심, 가장 중요한 것이라는 의미를 얻었다. 여기서 '극'은 중간이나 평범함이 아니라, 가장 높고 위대한 것을 뜻한다.

'삼극三極'이라는 개념은 우주에서 가장 위대한 세 가지를 가리킨다. 첫째는 하늘, 둘째는 땅, 셋째는 인간이다. 하늘은 우주의 가장 높은 존재로서, 그 광대함과 영향력은 누구도 부정할 수 없다. 땅 역시 하늘만큼이나 중요한 역할을 한다. 땅은 만물을 키워내고 모든 생명이 그 위에서 살아가는 터전이기 때문에, 그 위대함은 하늘과 동등하게 평가된다.

마지막으로 인간은 하늘과 땅에 비해 작고 약한 존재처럼 보이지만, 그 안에는 위대함이 존재한다. 인간은 하늘과 땅을 이해하고 조화롭게 살아가며, 자신의 의지와 지혜를 통해 세상에 영향을 미친다. 비록 인간은 자연의 일부에 불과하지만, 그 지성과 능력 덕분에 우주의 중요한 부분이자 위대한 존재로 인정받는다.

삼극이란 이처럼 우주의 세 가지 가장 중요한 요소, 즉 하늘, 땅, 인간을 말하며, 이 세 가지가 서로 영향을 주고받으며 균형을 이루고 있다는 철학적 개념이다.

만약 우주에 사람이 없다면, 그 광대하고 신비로운 우주의 위대함을 느끼고, 찬양할 존재도 없을 것이다. 우주의 경이로움을 이해하고 칭송할 수 있는 존재는 바로 인간이다. 사람이 존재하기 때문에 우리는 우주의 신비를 탐구하고, 그 위대함을 경험할 수 있다. 물론, 우주에는 인간보다 더 지혜롭고 발전된 외계 생명체가 살 수도 있다. 그러나 현재까지는 그런 외계 생명체를 발견하지 못했고, 그 존재 여부는 여전히 미지의 영역에 속해 있다.

현대 천문학의 지식과 그린뱅크 공식Green Bank Equation에 따르면, 우주에는 고도의 기술 문명을 가진 수많은 별과 행성이 있을 가능성이 매우 크다. 이 공식은 우주에 존재할 수 있는 문명 수를 계산하는 방정식으로, 우주의 넓이와 별의 수를 고려할 때 외계 문명이 존재할 가능성을 시사한다. 그러나 지금까지 지구에서 발견된 가장 위대한 생명체는 인간이다. 그 이유는 인간이 다른 생명체와 달리 지혜를 가지고 있기 때문이다.

인간은 하늘과 땅, 즉 자연을 이해하고, 변화시키고, 개조할 수 있는 능력을 가지고 있다. 우리는 기술과 과학을 통해 자연을 탐구하고, 그 비밀을 풀어내며 세상을 발전시켜 왔다. 이러한 능력 덕분에 인간은 단순한 생명체를 넘어 특별한 존재로 평가받는다. 인간의 지혜와 창조적인 능력은 우주의 다른 생명체와 비교할 때 가장 큰 특징이며, 이것이 바로 인간이 위대한 이유다.

참고로 그린뱅크 공식은 1961년 미국의 천문학자 프랭크 드레이크$_{\text{Frank Drake}}$가 제안한 방정식으로, 은하 내에 존재할 수 있는 지적 생명체의 수를 추정하기 위해 고안됐다. 이 공식은 드레이크 방정식$_{\text{Drake Equation}}$이라고도 불린다. 드레이크 방정식은 아직 우리가 모르는 많은 요소들에 대한 불확실성을 포함하고 있지만, 이 공식은 외계의 지적 생명체 탐사$_{\text{SETI: Search for Extraterrestrial Intelligence}}$ 연구에 큰 기여를 해왔다.

《계사전》뿐만 아니라 《서경》〈상서書〉편에서도 '인간은 만물의 영장惟人萬物之靈'이라며 사람의 위대함에 대해 말했다. 이는 사람이 생물 중에서 가장 영적이고 지혜로운 존재임을 확실히 하는 표현이다. 노자는 "하늘도 크고, 땅도 크고, 왕도 크다"라고 말했는데, 지금은 '인간도 크다'는 말을 추가할 수 있을 것이다.

그런데 노자나 장자와 같은 도가 사상가들도 인간의 위대함을 인정했을까? 그 답은 아마도 'No'일 것이다. 노자와 장자는 인간을 자연의 일부로 보았고, 인간은 자연의 도에 순응해야 한다고 생각했다. 심하게 말하자면, 그들은 인간을 하늘의 노예로 여겼다. 인간이 스스로 만든 사회적 규범이나 물질적 욕망을 완전히 버리고, 자연의 이치에 따라 살아야 한다고 보았기 때문에, 인간의 독립적인 존재 가치를 인정하지 않았다.

반면에 인간의 위대함을 인정한 것은 유가儒家다. 유가 사상은 인간의 사회적이고 현실적인 삶에 중점을 두었기 때문에, 인간을 위대한 존재로 여겼다. 그래서 유가는 '삼극지도三極之道'를 제안했고, 《계사전》에서도 사람의 위대함을 강조했다.

오늘날 우리는 '삼극三極'을 말하지 않고 '삼재지도三才之道'라고 한다. '삼극'을 '삼재'로 해석한 첫 번째 주석가는 정현鄭玄이다. 그의 《주역주》는 당시에 매우 유명하고 권위가 있었다. 그러나 당나라 이후에는 사람들에게 점점 잊혀졌고, 책도 점차 훼손되어 완전하지 못한 상태로 남게 되었다.

정현은 '삼극'을 '삼재지도'로 설명하면서, 괘와 효를 아래에서부터 셀 때 각각의 위치에 따라 상징하는 것이 다르다고 말했다. 초효와 이효는 지도의 원리를 상징하고, 삼효와 사효는 인도의 원리, 오효와 상효는 천도의 원리를 나타낸다고 했다. 즉, 삼재의 도는 하늘, 땅, 사람이 서로 조화를 이루며 상호작용하는 원리를 뜻한다.

사실 《십익》 중에서 괘와 효의 의미와 그 해석 방법을 설명하는 《설괘전》에서는 이미 이 내용을 더 명확하고 합리적으로 말하고 있다. 《설괘전》에서는 '천도의 기본은 음과 양, 지도의 기본은 유와 강, 인도의 기본은 인과 의'라고 말한다. 여기서 주의할 점은 인이 양에 속하고, 의는 음에 속한다는 것이다. 이렇게 여섯 개의 효는 하늘, 땅, 사람의 도가 어떻게 운행하고 변화하는지를 상징한다. 즉, 천지인의 도는 이 효를 통해 음양과 유강, 인의의 조화를 이룬다.

우리는 여섯 효를 관찰하면, 음과 양이 교대로 변화하는 과정을 통해 천도, 즉 하늘의 이치를 이해할 수 있다. 음이 양으로, 양이 음으로 변하는 것은 하늘의 원리를 반영한다. 또한 우리는 대지의 만물 속에서 강과 유의 속성을 통해 지도, 즉 땅의 기본 원칙을 파악할 수 있다. 그리고 마지막으로, 인과 의가 어떻게 적절히 시행되는지를 알면, 인자하면서도 정의로운, 민주적이면서도 질서를 유지하는 인도를 실현할 수 있다.

변화는 가면 오고, 오면 간다

'변화자 진퇴지상야變化者 進退之象也'라는 구절은 '변화를 말하는 것은 진퇴의 상이다. 강유를 말하는 것은 주야의 상이다. 즉, 변화는 발전과 후퇴의 표시다. 단단함과 부드러움은 낮과 밤의 표시다'라는 뜻이다.

'변화를 말하는 것은 진퇴의 상이다'는 변화란 나아가고 물러나는 모습이라는 뜻이다. 즉, 변화는 앞으로 나아가거나 뒤로 물러서는 과정을 통해 드러난다는 의미다. 여기서 변화는 괘와 효의 변화를 가리킨다. 이 괘와 효의 변화는 양효와 음효가 서로 변해가며 음에서 양으로, 양에서 음으로 바뀌는 과정을 말한다. 《주역》에서 이러한 변화는 단순한 교체 이상의 의미를 가지며, 우주의 이치와 자연의 순환을 상징한다.

진퇴의 상象은 음과 양이 서로 밀고 당기며 발전하고 후퇴하는 상태를 나타낸다. 이를테면, 우리는 양이 음을 밀어내는 것을 '양진음퇴陽進陰退'라 하고, 음이 양을 밀어내는 것을 '음진양퇴陰進陽退'라 한다. 이러한 변화는 음양의 조화로운 순환을 상징하며, 세상 모든 사물이 어떻게 균형과 변화를 통해 이루어지는지를 보여준다.

더 나아가 《주역》의 깊은 철학적 관점에서는, 양의 발전과 확장을 '진進'이라 하고, 음이 발전하고 물러나지 않는 상황을 '퇴退'라 한다. 이때 진과 퇴는 단순히 전진과 후퇴가 아니라, 음과 양의 조화로운 발전 과정을 나타낸다. 즉, 세상의 변화는 음과 양, 전진과 후퇴의 상호작용으로 이루어지며, 이것이 곧 역경이 말하는 세상의 이치이자 변화를 설명하는 방식이다. 오늘날 물리학에서 열이 팽창하고 냉이 수축하는 이론도 《주역》의 진퇴 개념과 비슷하다. 열이 팽창하는 것은 진進을 의미하고, 냉이 수축하는 것은 퇴退를 뜻한다.

또 다른 《주역》의 전문 용어인 '소식消息'은 음양의 변화를 나타낸다. 여기서 '소消'는 감소를 의미하는데, 이는 양이 후퇴하면서 줄어들고 음이 발전하면서 늘어나는 것을 말한다. 즉, 소는 음이 증가하는 상황을 뜻한다. 반대로 '식息'은 양이 증가하는 것을 의미한다. 이를테면, 오늘날 금융에서 이자는 원금을 증가시키므로 식이라고 부른다. 그래서 《주역》에서 소식을 사용할 때, 소는 음의 증가를, 식은 양의 증가를 뜻한다.

오늘날 이 개념을 이해하기 어려워하는 사람들을 위해 소와 식을 음양 모두에 사용할 수 있다고 설명하는 경우도 있다. 하지만 원래는 '음소양식', 즉 음이 증가하는 것과 양이 증가하는 것을 각각 소와 식으로 나눈 것이다. 괘와 효의 변화는 우주와 인간사의 음양 변화, 즉 소식과 진퇴를 반영한다. 높은 차원에서 음양의 변화는 소식이라고 하고, 인간사의 발전과 후퇴는 진퇴라고 부른다.

'강유를 말하는 것은 주야의 상이다'는 '강함과 부드러움은 낮과 밤의 모습이다'라는 뜻이다. 이는 강함과 부드러움이 마치 낮과 밤처럼 서로 교차하고, 균형을 이루는 것을 상징한다는 의미다. 괘 속에서 강유의 효는 계속해서 변동한다. 양이 극에 달하면 음으로 변하고, 음이 극에 달하면 다시 양으로 변하는데, 이는 낮과 밤이 교체되는 것과 같다. 강함이 부드러움을 밀어내면, 빛이 어둠을 밀어내어 낮이 되고, 반대로 음이 양을 밀어내면 어둠이 빛을 밀어내어 밤이 찾아온다. 따라서 괘 속에서 강유는 낮과 밤의 모습을 보여주는 것과 같다. 강유의 변화를 이러한 낮과 밤의 순환처럼 아주 섬세하게 묘사한 것이다.

정리하면, 변화를 잘 이해하는 사람만이 이 변화의 본질을 알 수 있다. 변화가 확정되면, 좋은 것은 좋은 것, 나쁜 것은 나쁜 것으로 명확하게 구분된다. 강함은 강효, 부드러움은 유효로, 마치 낮과 밤처럼 분명해진다. 이는 변화가 한동안 멈춰서, 명확하게 결정된 단계를 나타낸다는 뜻이다. 낮과 밤은 해와 달日月의 변화를 상징하므로, 천지일월天地日月의 자연 법칙으로 확장된다. 이 과정은 인간사에서 시작해 하늘의 이치로 이어지고, 다시 인간사와 자연의 조화로 돌아간다.

변화는 두 가지 의미를 가지고 있다. 진進과 퇴退다. 이를테면, 해가 물러가면 달이 나오고, 달이 물러가면 해가 나온다. 마찬가지로, 추위가 물러가면 더위가 찾아오고, 더위가 물러가면 추위가 찾아온다. 이는 인간사의 변화와도 깊이 연결되어 있다.

변화는 생각하는 대로 간다

'시고길흉자, 실득지상야, 회린자, 우우지상야是故吉凶者, 失得之象也, 悔吝者, 憂虞之象也'는 '그러므로 길흉이란 얻고 잃는 것의 상징이고, 후회와 인색함이란 근심과 우려의 상이다'는 뜻이다. 즉, 길흉은 삶에서의 성공과 실패, 얻음과 잃음을 나타내고, 후회와 인색함은 불안과 두려움을 나타낸다는 의미다.

'그러므로 길흉이란 얻고 잃는 것의 상징이다'는 괘사와 효사에서 길흉을 언급할 때, 이것은 사실 얻고 잃음의 상징이라는 뜻이다. 이는 사람의 행동이 잘 되었을 때와 잘못되었을 때를 나타낸다. 길吉은 좋은 결과를, 흉凶은 나쁜 결과를 의미한다. 즉, 우리가 올바르게 행동하면 길한 결과가 나오고, 잘못된 행동을 하면 흉한 결과가 나타난다는 것이다. 길흉의 상징은 우리의 행동과 그에 따른 결과를 반영하며, 이는 비슷한 상황을 통해 표현된다.

길흉을 말할 때 복福과 화禍가 있다. 이 두 글자를 보면, 왼쪽에 있는 '示'는 하늘과 관련된 의미를 가지고 있다. '示'의 맨 위에 있는 '二'는 고대 문자에서 '상上'을 나타내는 글자로, 하늘과 관련되어 있다. 그 아래에 있는 세 획은 깃발을 상징하는데, 이는 하늘과 땅의 신호나 상징을 나타낸다.

제왕帝王의 '제帝' 글자의 맨 위 부분도 '상上'이다. 이는 하늘과 관련된 의미를 담고 있다. 고대에는 군주를 살아있을 때는 '제'라 부르지 않았고, 죽은 후에야 '제'라 불렸다. 이는 '제'라는 글자가 하늘의 신을 의미하기 때문이다. 고대 삼황오제三皇五帝 역시 살아 있을 때는 '황皇'이나 '제帝'라 하지 않았다. 그들이 죽은 후에야 사람들이 그들을 신으로 숭배하면서 '황皇' 또는 '제帝'라고 부르게 되었다.

진시황은 자신의 덕이 삼황을 능가하고 공적이 오제를 넘어섰다고 생각해, '황'이나 '제'라는 칭호만으로는 자신의 위대함을 표현할 수 없다고 여겼다. 그래서 두 글자를 합쳐 황제皇帝라 칭했고, 그 이후로 군주들은 '황제'라는 칭호를 사용하게 되었다. 사실, 황皇이라는 글자의 윗부분도 하늘에서 비추는 태양빛을 상징한다.

따라서 화와 복은 모두 하늘과 관련이 있다. 하늘이 기뻐하면 복을 내리고, 기뻐하지 않으면 화를 내린다는 것이다. 이는 어떻게 보면 근본적으로 미신적인 생각이다. 우리가 화와 복을 이야기할 때는 하늘의 신, 즉 상제上帝가 있다고 믿는다. 그러나 득실得失을 말할 때는, 사람이 스스로의 행동을 잘하면 득得, 즉 길吉을 얻고, 행동이 부적절하면 실失, 즉 흉凶을 겪는다는 것이다.

이렇게 생각하면, 점술이나 미신의 요소를 줄이고, 사람의 노력이 성공과 실패의 핵심임을 강조하게 된다. 화와 복이라는 두 가지 다른 글자를 사용함으로써 미신적인 개념을 철학으로 바꾼 것이다. 그래서 옛 사람들이 글자를 만들고 사용할 때 매우 신중하고 정밀하게 사용했음을 알 수 있다.

'회린자悔吝者'에서 '회悔'는 후회를 의미하며, 우리가 잘못된 행동을 했을 때 느끼는 후회의 감정을 나타낸다. '린吝'은 부끄러움이나 인색함을 뜻하는데, 이는 우리의 행동이 부족하거나 충분하지 않을 때 느끼는 감정이다. 즉, 회린은 우리의 잘못된 행동으로 인해 생기는 후회와 부끄러움을 의미하며, 이러한 감정은 결국 근심과 걱정으로 이어진다.

'회'는 자신이 저지른 잘못을 반성하고, 그 잘못을 고치는 것을 의미한다. '린'은 높은 지위나 좋은 환경에서, 자신의 욕망과 감정을 제어하지 못해 결국은 부끄러움을 겪는 상황을 말한다. 그래서 회는 자기 반성을 뜻하고, 린은 도덕적으로 부끄러운 상태를 의미하며, 이는 다른 사람들의 비난을 받는 결과로 이어진다. 이 둘은 내면과 외면의 차이를 보여주며, 그 결과도 다르다.

이를테면, 사람이 자신의 잘못을 후회하고 고쳐나가며 덕을 쌓는다면, 실패에서 성공으로 나아갈 수 있다. 그래서 후회의 결과는 결국 좋은 방향으로 가서 길하다. 반면에 린은 잘못을 알면서도 고치지 않고 계속 나쁜 길로 가는 것을 의미하며, 그 결과는 나쁜 방향으로 이어지게 된다.

길흉을 판단할 때는 곧바로 정신과 힘을 집중해 대처하는 것이 중요하다. 길한 상황은 더욱 길하게 만들고, 흉한 상황은 그 원인을 찾아 즉시 해결하면 흉을 길로 바꾸거나, 최소한 나쁜 영향을 줄일 수 있다. 하지만 가장 중요한 것은 즉시 행동으로 옮기는 것이다. 길흉은 외부로 드러나지만, '회'와 '린'은 아직 드러나지 않아 바로 길흉으로 발전할 가능성이 크지 않다.

사업이 잘못된 방향으로 가는 것도 하루아침에 일어나는 것이 아니다. 점진적으로 문제가 쌓여서 일어난다. 초기에 작은 문제나 신호가 있을 때, 즉시 대응하지 않으면 나중에 더 큰 실패로 이어질 수 있다. 그래서 사업 초기에 문제가 감지되면 바로 대응하는 것이 중요하다.

가령, 회사 내 규칙을 처음부터 엄격하게 적용하면, 직원들이 처음에는 불편해하더라도 점차 적응하고 따르게 된다. 그러나 처음부터 규칙을 느슨하게 적용했다가 나중에 갑자기 엄격하게 바꾸려 하면, 직원들이 반발하거나 이탈할 수 있다. 따라서 사업의 성공과 실패나 좋고 나쁜 결과는 모두 발전 과정을 거친다. 이처럼 초기 단계에서 문제를 인지하고 해결하는 노력이 중요하며, 길흉의 징조는 작은 변화에서 이미 나타난다.

서로 밀고 당기며 변화를 만든다

'강유상추이생변화剛柔相推而生變化'는 '강함과 부드러움이 서로 밀고 당기면서 변화를 만들어낸다'는 뜻이다. 강유는 일반적으로 효를 의미한다. 강효는 일반적으로 양효라 부르고, 유효는 음효라 부른다. 이런 해석은 오늘날에 더 합리적으로 받아들여진다. 오늘날 《주역》은 더 철학적이고 추상적인 방향으로 발전했고, 강유효도 이제 음양이라는 추상적 개념으로 해석되고 있다. 하지만 옛날에는 강유효라는 표현이 가장 합리적이었다. 시대가 바뀌면 해석도 달라질 수 있으니, 그 점은 문제가 되지 않는다.

'상추相推'에서 '추推'는 서로 밀어내는 것을 의미한다. 이 과정은 반드시 하나가 강하고 다른 하나가 약할 때 이루어진다. 이를테면, 내가 상대를 밀어내면, 나는 점차 무에서 유로 변한다. 즉, 나의 존재감이 커지거나 힘이 강해지는 것이다. 이때 무無에서 유有로 변한다는 것은, 원래 나의 영향력이 작거나 없었지만, 상대를 밀어내면서 내 영향력이 커지거나 내 힘이 더 강해진다는 의미다.

반대로, 상대가 나를 밀어내면, 상대는 유에서 무로 변하게 된다. 이는 상대가 처음에는 힘이 있었지만 나에게 밀려나면서 그 힘이나 영향력이 점차 사라진다는 뜻이다. 즉, 상대방과의 경쟁이나 상호작용 속에서 힘과 존재감이 변해가는 과정으로, 하나가 강해지면 다른 하나는 약해진다는 이치다.

이 '추推'는 서로 밀고 당기는 상호작용을 통해 변화를 만들어내는 과정을 말한다. 강한 것이 약한 것을 밀어내고, 약한 것이 다시 강한 것을 밀어내는 이러한 상호작용은 세상의 모든 변화와 균형을 유지하는 중요한 원리다.

'변화變化'라는 개념은 오늘날에는 단순하게 생각되지만, 옛 사람들이 말하는 변화는 깊은 의미를 가지고 있었다. 변變은 천천히 원래의 모습을 유지하면서 변화하거나 발전하는 것을 의미하고, 화化는 갑작스럽게 본질이나 성질이 바뀌는 변화를 뜻한다.

한나라 때 학자 순상荀爽은 이 두 가지를 설명하면서, 봄과 여름을 '변'으로 보고, 가을과 겨울을 '화'로 설명했다. 그 이유는 봄에서 여름으로 가는 동안 날씨가 점점 따뜻해지고 더워지며, 이는 양의 기운이 점차 강해지는 과정인 반면, 가을에서 겨울로 갈 때는 날씨가 점점 서늘해지고 차가워지면서 음의 기운이 점점 강해지는 과정이기 때문이다. 즉, 양은 '변'을 통해 서서히 커지고陽變, 음은 '화'를 통해 갑작스럽게 변한다陰化. 이후 동오의 학자인 우번虞翻과 남송의 학자인 주희도 같은 방식으로 양을 변이라 하고, 음을 화라고 강조했다.

다시 양변陽變과 음화陰化 두 용어의 의미를 살펴보자. 양변은 양의 기운이 거의 없고 음이 강한 상태에서, 양이 서서히 시작되어 점차 강해져 양이 극한에 이르는 과정이다. 반면에 음화는 양이 극한에 이른 후 음이 시작되어, 음의 기운이 점점 강해져 음이 극한에 도달하는 과정이다. 이것이 변화에 대한 가장 엄밀한 해석이다.

이 개념을 이해하면, '강유상추剛柔相推'도 매우 쉽게 이해할 수 있다. 강이 유를 밀어낼 때, 처음에는 유만 있고 강은 없는 상태에서 강이 서서히 커지며 유를 밀어내고, 결국 유가 완전히 사라질 때까지 과정이 이어진다. 반대로 유가 강을 밀어낼 때는 강만 있던 상태에서 유가 서서히 시작되어 강을 밀어내고, 유만 남게 되는 상태가 된다. 이 모든 과정은 음양이 서로 밀고 당기며 변화하는 규칙을 말하고 있다. 만약 이것이 사람이 아닌 우주의 사물의 변화를 가리킨다면, 이 규칙은 두 세력의 교체를 의미한다.

다시 말해, 양이 커지기 시작해 최고점에 도달하면 음이 나타나고, 음이 계속 강해지고 양이 약해지다가 최소점에 도달하면, 다시 양이 커지기 시작하는 과정이 반복된다. 이런 변화는 물결처럼 자연스럽게 일어난다. 같은 사물 안에서도 강함과 부드러움이라는 두 가지 힘이 존재한다. 이 두 힘은 서로 영향을 주면서 끊임없이 변화하고, 움직인다. 이것이 바로 우주 만물의 변화를 일으키는 근본적인 원리다. 이러한 변화는 사물 자체에 내재된 음양의 변화에서 비롯되며, 스스로를 움직인다. 나아가, 사물은 서로 상호작용하면서 더 많은 변화를 만들어낸다. 사물이 많아질수록 그 변화는 더 복잡해지고 다양한 변화가 일어난다.

이 개념을 과학적으로 설명해 보자. 현대 물리학자들은 우주 전체가 가장 큰 초은하계에서부터 가장 작은 기본 입자에 이르기까지 끊임없이 변동하는 파동을 포함하고 있음을 발견했다. 예를 들어, 양자역학에서는 입자들이 파동의 성질을 가지고 있고, 우주 규모에서는 중력파와 같은 파동이 존재한다. 이것은 음과 양이 서로 밀고 당기며 변화를 일으키는 것과 같은 원리로 작동한다. 현대 물리학에서 파동의 간섭 현상처럼, 두 파동이 서로 만나 상쇄되거나 증폭되는 것처럼, 음과 양도 서로 영향을 주고받으며 변화를 일으키고, 균형을 유지한다.

사물은 극한에 도달해야 변화가 일어나는데, 인간은 인위적인 힘을 사용해서 이 변화를 더 빨리 일으킬 수 있다. 이를테면, 자연스러운 상태에서는 절반 정도까지밖에 오르지 않을 상황을, 인간의 개입으로 빠르게 극한까지 올릴 수 있다. 마찬가지로, 어떤 것이 최저점에 있을 때 인간이 인위적인 힘을 가해 더 빨리 극한에 도달하게 하면, 그 상태가 바뀌면서 나쁜 상황을 좋은 상황으로 바꿀 수 있다.

어떤 시스템이 최저점에 있을 때, 우리가 인위적인 힘을 가해 극한 상태로 만들면, 그 시스템은 새로운 극한 상태로 변하게 된다. 이 과정은 양자 터널링Quantum Tunneling 현상과 비슷하다. 양자 터널링에서는 입자가 에너지 장벽을 넘어 다른 상태로 변하는데, 이는 외부에서 에너지를 공급해 극한 상태로 이끌어내는 것과 같다.

인간은 기술과 도구를 사용해 자연적으로는 도달하기 어려운 극한 조건을 만들어낼 수 있다. 예를 들어, 입자가속기에서 고에너지 충돌을 통해 새로운 입자를 발견하는 것과 비슷하다. 이런 실험은 원래 존재하지 않던 극한 조건을 인위적으로 만들어, 새로운 상태로의 변화를 유도한다. 사물이 극한 상태에 도달하면 변화가 일어난다. 이는 물리학에서 상전이Phase Transition라는 개념으로 설명할 수 있다. 이를테면, 물이 특정 온도에서 얼음으로 변하거나, 매우 압축된 상태에서 원자핵이 변형되는 현상 등이 모두 극한 조건에서 발생하는 변화의 예다.

흉을 길로 바꾸는 과정은 비선형 동역학Nonlinear Dynamics과 카오스 이론Chaos Theory으로 설명할 수 있다. 작은 초기 조건의 변화가 시스템 전체에 큰 영향을 미치면, 부정적인 상태를 긍정적인 상태로 변화시킬 수 있다. 이 개념은 '나비 효과'로도 잘 알려져 있는데, 작은 변화가 큰 결과를 가져올 수 있다는 것을 의미한다.

《주역》의 이치를 이해하면 자만하지 않고, 충만함을 유지해 영원히 부와 명예를 유지할 수 있다. 이렇게 하면 좋은 상황에서 더 좋은 것을 추구하고, 더 나은 상태를 지속적으로 만들 수 있다.

노자는 《도덕경道德經》에서 영광과 수치의 개념을 통해 사람들이 자신의 처지와 상황을 잘 인식하고, 그것을 지키는 것이 중요하다고 강조했다. 그는 지나친 욕망이나 탐욕으로 인해 문제를 겪기보다는, 현재 상태에 만족하고 스스로를 지키는 것이 더 안전하고 지혜로운 삶의 방식이라고 보았다. 이는 '무위자연無爲自然', 즉 인위적인 노력 없이 자연의 흐름에 따르는 삶을 중시하는 그의 철학적 사상에서 비롯되었다.

노자는 또한 세상이 끊임없이 변화하고 있기 때문에 영광이나 수치 같은 외부의 평가에 흔들리지 말고, 자신의 본질과 자연스러움을 유지하는 것이 중요하다고 보았다. 이러한 접근은 '자족自足', 즉 자신의 상황에 만족하고, 더 이상의 과한 욕심을 부리지 않는 태도와 일맥상통한다. 노자의 철학은 사람들에게 지나친 야망을 경계하고, 자신이 처한 상황에 맞게 균형과 조화를 이루며 사는 것을 강조했다.

하지만 이 접근은 사물이 극한에 도달해야 변화가 일어난다는 원리를 충분히 이해하지 못한 것이다. 노자의 철학은 현재 상태를 유지하고 자연스럽게 사는 것에 중점을 두지만, 때로는 상황이 극한에 도달해야 비로소 큰 변화가 일어나고 새로운 기회를 만들 수 있다. 《주역》에서 강조하는 변화의 원리는 음양의 교체처럼, 사물이 한계에 이르렀을 때 비로소 반전이나 새로운 발전이 가능하다는 것이다.

그런 의미에서 《계사전》은 학술적 사상에서 노자보다 더 진보했다고 할 수 있다. 노자의 사상은 위대하지만, 그 이후의 후학들은 그보다 더 발전된 사상을 제시했다. 이와 마찬가지로, 공자도 오늘날 기준으로는 그렇게 위대하게 평가되지 않을 수 있지만, 당시에 그보다 더 위대한 사상가는 없었다.

이는 인류가 끊임없이 진보하는 과정 속에서 학문과 사상이 발전했기 때문에 가능한 일이다. 시대가 변하면서 새로운 해석과 더 깊은 통찰이 추가되어, 이전의 위대한 사상들이 후대에 의해 더욱 발전하고 확장된 것이다.

상을 통해 숨겨진 변화의 이치를 찾는다.

'성인설괘 관상계사언 이명길흉聖人設卦 觀象繫辭焉 以明吉凶'은 '성인은 괘를 세우고, 상을 관찰하며, 계사를 달아, 길흉을 밝힌다'라는 뜻이다. 즉, 성인은 자연의 상징을 보고 괘를 세운 후, 그 괘에 해석을 덧붙여 길흉을 판단하고 미래의 상황을 분명히 드러낸다는 의미다. 이 문장은 간단해 보이지만, 논쟁이 될 수 있는 부분이 많다. 첫째, '성인이 누구를 지칭하는가'다. 둘째, '설괘設卦의 설設이라는 글자를 어떻게 해석해야 하는가'다. 이 글자는 두 가지 의미를 가질 수 있다. 첫 번째는 처음으로 설립하거나 발견하는 것이고, 두 번째는 여러 가지 사물을 배열해 사람들이 볼 수 있게 하는 것이다.

첫 번째 의미인 설립으로 해석하면, 여기서 성인은 전설 속의 인물인 복희伏羲를 가리킬 것이다. 복희는 포희包犧라고도 불리는데, 왜 두 이름이 다른가에 대해 설명이 필요할 것 같다. 고대 문헌에서 사용된 한자는 시대와 지역에 따라 발음과 표기가 달라지는 경우가 많았다. 복희와 포희의 차이도 이러한 언어적 변천의 결과로 보인다.

두 명칭에는 의미적 차이도 있다. 복희라는 이름은 주로 천문학, 점성술, 8괘의 창시자로서의 역할을 강조한다. 반면에 포희는 천지의 이치를 깊이 이해하고, 이를 바탕으로 인류 문명의 기초를 세운 인물로서의 역할을 강조한다. 이렇듯 복희 또는 포희는 오늘날에도 중요한 의미를 지닌다.

전설에 따르면, 복희는 음양 세 획으로 8괘를 만들었다고 한다. 그렇다면 64괘를 만든 사람은 누구일까?

이에 대한 의견은 다양하다. 왕필王弼은 복희가 8괘를 만들고, 이를 중첩해 64괘를 만들었다고 주장했다. 반면에 동한 말기의 경학 대가인 정현鄭玄은 신농씨神農氏가 중괘重卦를 만들었다고 했고, 진나라의 손성孫盛은 하나라의 대우大禹가 만들었다고 말했다. 또한 서한의 위대한 역사학자인 사마천司馬遷은 주 문왕이 64괘를 만들었다고 전했다. 당시에는 주로 주 문왕이 중괘를 만들었다는 설을 많이 믿고 받아들였다. 괘를 만든 사람에 대한 논의는 어떤 해석을 따르느냐에 따라 달라진다. 가장 일반적으로 받아들여지는 두 가지 해석은 복희와 주 문왕이 각각 8괘와 64괘를 만들었다는 것이다.

복희가 괘를 만들었다는 이야기가 나올 때, 주석가들은 흔히 《계사전》에서 복희가 하늘의 상象을 보고, 지리와 초목, 새와 짐승을 관찰했으며, 가까운 것은 자신의 몸에서, 먼 것은 사물에서 취했다는 구절을 떠올린다. 그래서 그들은 관상觀象을 복희가 천지자연의 상을 관찰한 것이라고 해석한다. 원문을 자세히 살펴보면, 첫 장에서 복희가 하늘의 상을 관찰해 괘상을 만들었다는 암시가 있다. 하지만 두 번째 장에서는 복희가 천문지리를 관찰한 것이 아니라, 사람의 일을 다루고 있음을 알 수 있다.

만약 성인이 복희라면, 문장의 첫 부분은 '성인관상설괘聖人觀象設卦'가 되어야 한다. 즉, 먼저 자연의 상象을 관찰하고, 그 후에 괘卦를 만들어야 한다. 하지만, '설괘관상設卦觀象'이라는 표현은 이미 괘가 만들어진 상태에서 그 괘를 기준으로 상을 관찰한 것이므로, 성인이 복희라는 해석은 적합하지 않다. 대신, 성인을 주 문왕과 주공으로 해석하는 것이 더 합리적이다. 그럼에도 불구하고, 과거와 현재의 주석가들 대부분은 이를 복희가 자연의 상을 관찰해 괘를 만들었다고 해석하고 있다.

그러나 여전히 소수의 옛 주석가들은 설괘設卦의 설設 자를 '배치하다'로 해석해야 한다고 주장한다. 이를테면, 청나라 강희제의 명령으로 출판된 《일강역경해의日講易經解義》는 《역경》에 대한 자세한 설명을 제공하는 책으로, 여기서는 성인이 주 문왕과 주공이며, 설設은 '배치하다'라는 의미라고 명확하게 말하고 있다. 이 책의 첫 번째 장에서는 복희가 괘를 만들고, 두 번째 장에서는 주 문왕이 괘상을 찾아 그 괘상에서 인간 사회의 여러 사물을 도출했다고 말한다. 이는 필자가 가장 동의하는 정확한 해석으로 보인다.

《일강역경해의》는 상당히 잘 작성된 책이다. 그런데 왜 이렇게 공식적으로 인정된 책이 국내는 물론 동양권에서도 무시되고 있을까? 그 이유는 공식적인 책은 여러 사람이 협력해서 작성하기 때문에, 특이한 견해를 배제하고 가장 일반적이며, 널리 인정받는 견해를 제시하기 때문이다. 그래서 다소 평범해 보일 수도 있다.

하지만 이 책에는 이단적이거나 파격적인 견해가 없다. 모든 책이 독창적이어야만 위대한 것은 아니다. 처음 공부하는 사람에게는 독특한 견해보다는 널리 인정된 기본적인 내용을 배우는 것이 더 중요하다. 따라서 《주역》을 처음 공부하는 사람에게는 공식적인 교과서로 시작하는 것이 가장 현명한 선택이다. 먼저 안전하고 확실하게 기초를 다진 후, 독특한 견해를 흡수해도 늦지 않다. 이를테면, 당나라 초기의 학자 공영달孔穎達과 그의 동료들이 편찬한《주역정의》는 지금까지도 권위 있는 주석서로 인정받고 있다.

청나라에는 3권의 공식적인 주석서가 있다. 그중 첫 번째는《일강역경해의》이고, 이어서 강희제가 이광지李光地를 중심으로 여러 학자들과 함께 편찬한《주역절중周易折中》이 있다. 이 책은 매우 훌륭한 저작이지만, 당시 청나라 학자들 사이에서는 많이 언급되지 않았다. 근대에 이르러서야 학자 전기박錢基博이 그의 저서《주역해제급기독법周易解題及其讀法》에 추천하면서 그 가치를 인정받게 되었다. 특히《주역절중》은 국내에서 2015년에 고려대학교 신창호 교수팀이 한국연구재단의 지원을 받아 3년간의 작업 끝에 전체 12권을 한글로 완역해 2018년에 학고방출판사에서 출간했다. 이는 한글 최초로 완역된 것으로 그 의미가 매우 크다.

세 번째 책은 청나라 여섯 번째 황제인 건륭제乾隆帝 때 편찬된《주역술의周易述義》다.《주역절중》은 여러 학자들의 견해를 폭넓게 포괄해 매우 자세하게 설명한 반면,《주역술의》는 간결하면서도 각 글자의 의미를 신중하게 해석해 말한다.

'상을 관찰한다'는 의미의 관상觀象에서 상象은 '유사하다'는 뜻을 가진다. 즉, 어떤 것이 다른 것과 매우 비슷한 것을 '상'이라고 한다. 따라서 괘상卦象도 처음에는 구체적인 사물을 원형으로 삼고, 그와 비슷한 것을 기호로 나타낸 것이다. 결국, 유사한 것이 상징이 된 것이다. 모든 '상'은 구체적인 사물이 있어야 하며, 그 사물은 사람들이 이해할 수 있는 구체적인 형태를 가져야 한다. 그래서 '상'의 첫 번째 의미는 구체적인 사물의 형태를 반영한다. 이는 복희 시대나 고대에 '상'이 가진 의미였을 가능성이 크다.

그러나《주역》의 철학이 발전하면서, 최소한 춘추시대에 이르러 구체적인 '상'이 추상적인 의미로 발전했고, 점점 더 깊어졌다. 그 결과, 춘추시대에는 이미 괘상이 상징적인 의미를 가지게 되었다. 이를테면, 오늘날 건괘는 강건함, 곤괘는 순함을 나타내는 성질을 가지고 있다. 이러한 성질은 최소한 주나라 초기에 형성된 것으로 보인다.

  이 개념이 더욱 발전하면, 유사한 '상'으로 변하게 된다. 어떤 사물이든 분류할 수 있는데, 이를테면, 천지의 사물을 여덟 가지로 나눠 각각 건乾, 곤坤, 간艮, 손巽, 감坎, 리離, 간乾, 태泰로 분류할 수 있다. 간단하게 나누면 음양 두 가지로 구분할 수 있고, 더 복잡하게 나누면 64가지로 분류할 수 있다. 유사한 사물의 가장 기본적이고 중요한 특성을 규칙으로 삼아 분류하면, 사물은 구체적인 것에서 추상적인 것으로 변하고, 성질과 규칙에 중점을 두게 된다.

  따라서《주역》의 '상'은 처음에는 구체적이고 특정한 사물의 유사한 상징에서 출발했지만, 점차 깊고 이해하기 어려운 이치로 발전했다. 이 이치는 바로 '도道'로, 사물의 성질과 규칙을 의미한다. 이렇게 상이 규칙과 성질로 변화했기 때문에, 우리는 이 규칙을 바탕으로 판단, 추론, 귀납할 수 있는 기준으로 삼을 수 있다. 이 방식으로, 제한된 이치를 통해 무한한 사물을 설명할 수 있게 된다. 이러한 이유로《주역》은 단순한 책을 넘어 위대한 철학서가 될 수 있었다. 만약 이러한 발전이 없었다면,《주역》은 그저 고급스런 점술책에 불과했을 것이다.

  중요한 것은 괘상을 자세히 관찰하고, 각 육효가 상징하는 강유와 그것이 위치한 자리에 따른 발전의 순서, 그리고 효 간의 관계를 이해하는 것이다. 이를 통해 시간, 위치, 그리고 다양한 요소를 분석할 수 있다. 이를테면, 승승乘承은 위의 효가 아래 효를 바라보며 음양이 다를 때, 위의 효가 아래 효를 승乘했다고 하며, 비응比應은 음과 양이 짝을 이뤄 서로 호응하면 응應이라고 하고, 짝이 맞지 않으면 비응이라 한다. 순역順逆은 음효와 양효가 각 자리에 맞게 배치되면 순順이고, 그렇지 않으면 역逆이다. 이런 이치를 통해 추상적인 기호가 사람의 행동과 결과, 즉 길흉을 상징하는 것을 파악하는 것이 중요하다.

그다음에는 괘상에 담긴 의미를 괘와 효에 설명이나 해석을 덧붙여 그 의미를 명확히 하고, 길흉을 설명하는 과정으로 연결해 자세히 분석하고 연구해야 한다. '길흉을 밝힌다'는 것은, 이 괘나 효가 미래의 길흉을 설명하는 것을 뜻한다.

한편,《주역절중》에서는 주희와 그의 제자들이 학문적으로 나눈 문답을 기록한 책《주자어류朱子語類》를 인용했다. 이 책에서는 "《주역》은 처음에 점괘를 위해 작성되었고,《문언전》,《단전》,《상전》은 의리義理를 설명하기 위해 쓰였다. 건괘와 곤괘를 보면 알 수 있다"고 적었다. 또한 공자는 '성인 설괘 관상계사언 이명길흉聖人設卦 觀象繫辭焉 以明吉凶'이라며, '점괘가 아니라면 어떻게 길흉을 밝힐 수 있겠는가?'라고 말했다.

필자는 주희의 이 말에 동의하지 않으며, 비판이 필요하다고 본다. 이를테면, '바람이 불어 나뭇잎이 흔들리는 것과 사람이 나뭇잎을 흔든다'는 상황을 생각해 보자. 바람에 의해 나뭇잎이 흔들리는 것과 사람이 나뭇잎을 흔드는 것은 겉보기에는 나뭇잎이 흔들린다는 점에서 같지만, 그 원인과 의도는 전혀 다르다.

이와 마찬가지로《주역》도 점괘로 사용될 수 있지만, 그 본질은 단순히 운세를 보는 것이 아니라, 변화와 대립의 원리를 탐구하는 데 있다.《주역》은 변증법을 통해 세상과 인간의 변화를 이해하는 방식으로, 서로 대립하는 관점들이 통합되어 발전하는 과정이다. 길흉만 보고, 그 뒤에 숨겨진 변화의 원리를 보지 않는 것은 잘못된 해석이다. 길흉만 보고, 묻는 대상을 보지 않는 것은 잘못된 것이다. 주희는《주역》을 단순한 점괘서로 보았다. 이는 사람들에게 혼란을 줄 수 있다. 우리는《주역》의 본질을 올바르게 이해하고, 이러한 잘못을 바로잡아야 한다.

쉽고 간단하면 세상의 이치를 얻는다

'이간 이천하지리득의 천하지리득 이성위기중의易簡 而天下之理得矣 天下之理得 而成位乎其中矣'는 '쉽고 간단한 원리를 통해 천하의 이치를 얻을 수 있다. 천하의 이치를 깨닫게 되면, 그 안에서 적절한 위치와 역할을 완성할 수 있다'는 뜻이다. '쉽고 간단한 원리를 통해 천하의 이치를 얻을 수 있다'에서 '이易'는 쉽다는 뜻이고, '간簡'은 간단하다는 뜻이다. 즉 '이간易簡'은 복잡한 것보다 간단한 것에서 진리를 찾을 수 있다는 뜻이다. 정현鄭玄은 역易에는 세 가지 중요한 의미가 있다며, 이를 삼역三易이라고 했다. 바로 이간易簡, 변역變易, 불역不易이다.

'이간易簡'은 자연은 계속 변하지만, 그 변화가 복잡하지 않고 단순하다는 뜻이다. 즉, 자연의 단순한 변화가 바로 천지의 큰 덕이라는 의미다. 이 말은 복잡하지 않은 단순함 속에서 세상의 이치를 깨달을 수 있다는 것이다. 쉽게 말해, 자연의 변화는 늘 있지만, 그 원리는 간단하고 쉽게 이해할 수 있다는 뜻이다.

'변역變易'은 천지 만물이 겉으로는 가만히 있는 것처럼 보이지만, 사실은 항상 변화하고 있다는 뜻이다. 이를테면, 낮과 밤이 바뀌고 계절이 변하는 것처럼, 세상의 모든 것은 끊임없이 변하고 있다는 의미다. 이 변화는 양과 음의 기운이 서로 바뀌면서 일어난다.

'불역不易'은 변하지 않는다는 뜻이다. 모든 것은 계속 변하지만, 이 변화가 일정한 법칙에 따라 이루어지기 때문에 그 법칙은 변하지 않는다는 의미다. 쉽게 말해, 세상은 계속 변해도 그 변화의 원리나 법칙은 항상 똑같이 유지된다는 것이다. 이를테면, 계절이 바뀌는 것은 자연의 법칙이고, 그 법칙은 절대 변하지 않는다는 뜻이다.

우리는 《주역》의 이러한 기본 원리를 통해 세상 모든 사물의 도리와 이치를 파악할 수 있다. 이러한 이치를 이해함으로써 우주와 인생의 모든 이치를 깨달을 수 있다. 《주역》의 변화와 불변의 법칙을 알면, 세상의 모든 변화 속에서도 그 본질과 원리를 이해할 수 있다.

'그 안에서 적절한 위치와 역할을 완성할 수 있다'는 '우리가 이치에 대한 깊은 이해에 도달했을 때, 더 이상 평범한 사람이 아니다'라는 뜻이다. 이때 우리는 하늘과 땅 사이에서 중요한 위치를 확립할 자격을 얻게 된다. 중中은 우리가 천지 사이에 당당히 서 있는 것을 의미한다. 즉, 우리는 천지와 함께 서서, 그 속에서 위대한 사람이 될 수 있으며, 나아가 성인으로 불릴 수 있다는 의미다.

성인이 된다는 것은 단순히 지혜로운 것을 넘어서, 천지와 조화를 이루고, 세상의 모든 변화를 이해하며, 그에 맞게 올바른 선택과 행동을 할 수 있다는 뜻이다. 이치를 깊이 이해한 성인은 그 이치를 바탕으로 천지와 조화를 이루고 돕는 방법을 알게 된다. 천지가 어떻게 해야 더 좋아지고, 어떻게 하면 나빠질 수 있는지 정확히 이해하게 된다. 이는 천지가 정상적으로 움직일 때는 더 좋게 만들고, 비정상일 때는 정상으로 회복하도록 돕는 것을 의미한다. 이를 '천지화육天地化育'이라 한다. 즉 천지의 조화와 생명을 키우는 역할을 한다는 뜻이다.

이 단계에 이르면 사람은 천지와 하나가 되어 자신의 이익이 아니라 우주의 이익을 위해 행동하게 된다. 그의 모든 행동은 우주를 더 완벽하게 만들기 위한 것이 된다. 현재의 우주는 이미 완벽하지만, 이 이치를 이해하면 우주와 자연을 더욱 완벽하게 만들 수 있다. 하늘과 땅의 변화와 양육을 도울 수 있는 사람은 하늘과 땅과 더불어 하나가 되어 '삼위일체三位一體'가 된다. 즉, 그 사람은 우주 자연과 완벽하게 조화를 이루게 된다.

하지만 오늘날의 과학은 아직 완전한 진리에 도달하지 못했다. 사람들은 자연의 이치를 완전히 이해하지 못한 채, 자신의 이익만을 추구하며 지구의 자연적 작동을 방해하고 있다. 그 결과, 지구는 기후 변화, 자연재해 등으로 스스로를 보호하려는 반응을 보이고 있다. 지구는 이러한 방식으로 인간의 무분별한 행동에 대해 경고하고 있는 것이다.

만약 과학자 자신들이 전지전능하다고 착각하고, 지구를 더 무리하게 개발하거나 자연의 질서를 무시한다면, 지구의 재난은 더욱 심각해질 것이다. 즉, 우리가 자연의 이치를 존중하지 않으면, 지구는 계속해서 불안정해지고 더 큰 재앙으로 다가올 수 있다. 과학의 발전은 필수적이지만, 그것이 자연과 조화를 이루지 않으면 인류 전체에 더 큰 위협이 될 수 있다.

《주역》은 인간이 천지를 보조하는 역할만 해야 한다고 말한다. 이렇게 하면 인간과 자연은 조화롭게 공존할 수 있다. 오늘날 우리는 3,000년 전 《주역》의 철학을 더 널리 알리고 발전시킬 필요가 있다. 동양뿐 아니라 유럽, 미국 등 전 세계에서 《주역》 연구가 활발히 이루어지는 것은 어쩌면 당연하다. 불교에서 유래한 마음챙김 Mindfulness 명상이 서양에서 큰 인기를 끌고 있는 것처럼, 《주역》도 최근 다양한 주제와 연결되어 이야기되고 있다. 《주역》이 오늘날 인류에게 많은 지혜를 제공하고, 우리의 생각과 행동을 개선하는 데 도움이 되는 많은 이치를 담고 있기 때문이다.

《주역》은 여전히 새로운 진리다

'건이이지 곤이간능, 역즉이지 간즉역종 乾以易知 坤以簡能 易則易知 簡則易從'은 '하늘은 평이함으로 인해 알 수 있고, 땅은 단순함으로 인해 능력을 발휘한다. 평이하면 알기 쉽고, 간단하면 따르기 쉽다'는 뜻이다. 이는 단순함과 명료함이 효과적으로 사람들에게 지식을 전달하고, 따르게 할 수 있음을 말한다.

'하늘은 평이함으로 인해 알 수 있다'는 '하늘은 단순하고 평이하기 때문에 사람들이 쉽게 이해할 수 있다'는 뜻이다. 여기서 '이易'는 일상생활에서 반복적으로 나타나는 평범한 것들을 의미한다. 즉, 단순하고 익숙한 것이기 때문에 이해하기 쉽다는 뜻이다. 물론, 억지로 쉽게 이해할 수 있다고 해석할 수도 있지만, 본래 의미는 단순함에 가깝다.

'땅은 단순함으로 인해 능력을 발휘한다'는 '단순함簡이란 복잡하지 않고 간단하기 때문에 우리가 쉽게 이해하고 실천할 수 있다'는 뜻이다. 복잡한 규칙이나 과정은 사람들에게 혼란을 줄 수 있지만, 단순하고 명료한 원칙은 누구나 이해하기 쉽고, 행동하기도 훨씬 수월하다. 그래서 단순함은 효율성을 높이고, 능력을 발휘하는 데 중요한 요소로 작용한다는 뜻을 담고 있다.

하지만 이 문장은 전통적인 해석과 다르게 해석될 수도 있다. 즉, '건은 평이함으로 인해 지혜롭다. 곤은 단순함으로 인해 능력을 발휘한다'는 식으로 해석할 수도 있다. 여기서 지혜智와 능력能은 서로 대조되는 개념이다. 지혜는 원래 총명함을 뜻하며, 이는 영리하고 교묘한 것을 의미한다. 따라서 지혜는 교묘함을 나타낸다고 할 수 있다. 이 관점에서 보면, '하늘은 평이함으로 교묘한 지혜를 드러내고, 땅은 단순함으로 그 기능과 능력을 발휘한다'고 해석할 수 있다. 이는 건과 곤이 각각 지혜와 능력을 나타내며, 서로 상반되지만 보완적인 역할을 한다는 의미를 담고 있다.

이 해석도 일리가 있다. 특히 도가에서는 지혜와 능력을 대조시키는 것을 좋아한다. 도가는 자연스러운 무위無爲의 삶을 추구한다. 이는 사람이 우주의 법칙에 따라 자연스럽게 사는 것으로, 지혜로운 사람은 억지로 무언가를 하지 않으며, 자연스러운 흐름에 따라 행동한다.

반면에 능력은 세속적인 힘이나 기술을 의미한다. 그런데 도가에서는 능력을 통해 무언가를 성취하려는 노력을 이상에 반하는 것으로 여긴다. 즉,

인위적인 노력이 자연스러운 질서를 어지럽힌다는 것이다. 따라서 《계사전》은 도가 철학의 영향을 받아 지혜와 능력을 대조시켰을 가능성이 있다. 이 해석은 전통적인 해석과 다르지만 충분히 일리가 있는 해석이다.

그렇다면 왜 건은 평이함이고, 곤은 단순함일까? 여기서 평이와 단순함은 하늘과 땅의 덕성을 뜻한다. 그렇다면 건곤의 덕성이란 무엇일까? 먼저 사람의 감정이 개입하지 않는다는 것이다. 또한 사람의 주관적인 생각이나 불완전한 지식으로 억지로 무언가를 할 필요가 없다는 것이다.

건과 곤이 나타내는 자연의 법칙은 객관적으로 존재하고, 자연스럽게 작동한다. 이 법칙이 있으면, 우주의 모든 것은 그에 따라 자연스럽게 발전한다. 도가에서는 이것을 자연스럽고 인위적이지 않다고 본다. 이것이 노자가 말한 '무위이무불위無爲而無不爲'로, 자연의 법칙을 그대로 따르는 것을 설명한 말이다.

노자의 '무위이무불위'란 '아무것도 하지 않으면서도 모든 것을 이룰 수 있다'는 뜻이다. 여기서 '무위無爲'는 불필요한 외부의 힘이나 억지가 없는 것을 의미한다. 즉, 인간이 불완전한 지식이나 의지로 무언가를 억지로 하지 않는 것을 말한다.

그러나 노자가 말한 무위 뒤에는 더 중요한 의미인 '무불위無不爲'가 있다. 이는 '아무 일도 하지 않는 것이 없다'는, 즉, 끊임없이 자연스럽게 행동한다는 뜻이다. 이는 사람의 감정이나 개인적인 의지로 하는 것이 아니라, 자연의 흐름에 따라 이루어지는 행동을 말한다.

이를 쉽게 설명하자면, 인공위성이 지구 궤도를 도는 방식을 생각해 볼 수 있다. 인공위성을 지구에서 발사할 때, 우리는 첫 번째 우주 속도라는 목표 속도를 맞추기 위해 온 힘을 다한다. 속도가 너무 느리면 지구로 다시 떨어지고, 속도가 너무 빠르면 우주로 날아가 버리기 때문이다. 그래서 적절한 속도를 유지하는 것이 매우 중요하다하지만 과학자들이 정확한 고도와 속도로 발사하면, 인공위성은 지구의 중력을 상쇄하면서 뉴턴의 법칙에 따라 지구 주위를 계속 돌게 된다. 이 시점부터 인공위성은 별다른 외부의 힘 없이도 자연스럽게 움직이게 된다. 우리가 더 이상 통제하지 않아도 인공위성은 자연스럽게 작동한다. 이것이 바로 무위 상태로, 아무것도 하지 않아도 모든 것이 잘 이루어지는 상태를 의미한다. 이처럼 인공위성을 궤도에 올리는 과정은 매우 복잡하지만, 일단 궤도를 돌면 인공위성은 무위의 상태가 된다. 비록 인공위성이 자발적으로 움직이는 것은 아니지만, 이러한 자연스러운 상태는 결국 모든 것이 이루어지는 무불위로 이어지게 된다.

평이함과 단순함은 이러한 특성을 말한다. 건의 법칙은 매우 복잡하지만, 기본 원리를 이해하면 뉴턴의 운동 법칙처럼 우주의 기본 원리를 쉽게 이해할 수 있다. 곤은 단순하기 때문에, 법칙을 따르기만 하면 노력하지 않아도 자연스럽게 일이 잘 이루어진다. 마치 인공위성이 궤도를 따라 도는 것처럼 것은 자연의 법칙을 따르는 것이다. 물론 사람은 생각해야 하지만, 인공위성은 궤도를 따라 돌기 시작하면 생각할 필요가 없다. '곤은 단순함으로 인해 능력을 발휘한다'는 이런 상황을 의미한다.

따라서 이 해석도, 전통적인 해석도 모두 맞다. 이는 모두 자연스러운 무위와 자동적 자발성을 말하기 때문이다. 건곤은 우주의 기본 원리다. 이를 따르기만 하면 모든 것을 통제할 수 있다.

또 다른 예로, 물리학을 생각해 보자. 뉴턴의 고전 물리학은 몇 가지 기본 법칙에서 출발해 복잡한 물리 체계를 형성해 왔다. 뉴턴의 운동 법칙과 만유인력의 법칙은 오랫동안 우주의 원리를 설명하는 데 사용되었고, 이를 바탕으로 물리학은 발전해 왔다.

이 기본 법칙들은 우주의 기본 원리처럼 보였지만, 아인슈타인의 상대성 이론이 등장하면서 시간과 공간의 개념은 완전히 달라졌다. 뉴턴 물리학에서는 시간을 절대적인 것으로 간주했지만, 아인슈타인은 속도와 중력에 따라 시간이 달라질 수 있음을 증명했다. 이를테면, 빠르게 움직이는 우주선에서는 시간이 느리게 흐르고, 강한 중력장에서는 시간이 더 천천히 흐른다. 이는 뉴턴 물리학의 기본 공리와 다른 관점이었다.

또한 양자역학의 발전으로 고전 물리학의 법칙들이 미시 세계에서는 더 이상 적용되지 않는다는 사실이 드러났다. 입자는 동시에 두 곳에 있을 수 있고, 그 위치와 속도를 정확히 알 수 없는 등 양자 세계는 전혀 다른 법칙에 의해 움직인다.

이처럼 우리는 과학이 진리에 가장 가깝다고 생각하지만, 기존의 법칙이나 원리는 언제든 새로운 발견에 의해 수정될 수 있다. 뉴턴의 법칙이 상대성 이론과 양자역학에 의해 보완된 것처럼, 오늘날 우리가 믿는 과학적 법칙도 새로운 발견에 의해 바뀔 수 있다. 그렇게 본다면, 우리는 절대적인 진리가 아닌 상대적인 진리를 가지고 있는 셈이다.

역학에서 말하는 우주의 기본 원리도 수학이나 물리학의 기본 법칙과 비슷하다. 그러나 역학의 기본 원리는 모호한 부분이 많고, 오랜 시간이 지나도 여전히 과학의 새로운 이론과 충돌하지 않는다. 이는 오래되었지만 여전히 새롭게 받아들여질 수 있는 진리라는 점에서 특별하다.

정리하자면, 어떤 일들은 겉으로는 복잡해 보이지만, 그 원리를 이해하면 간단해진다. 그래서 이해하지 못하면 어려워 보이지만, 이해하고 나면 쉽게 느껴진다. 하늘의 이치는 평이해서 우리가 쉽게 이해할 수 있고, 땅의 이치는 단순하기 때문에 사람들이 쉽게 그 법칙을 따를 수 있다. 따라서 하늘과 땅의 이치는 사람의 개입 없이도 자연스럽게 작동하며, 이를 이해하고 따르는 것은 어렵지 않다.

강함과 부드러움의 마찰로 8괘와 64괘가 생겨난다

'시고강유상마, 8괘상탕是故剛柔相摩 八卦相盪'는 말은 '그러므로 강하고 부드러움이 서로 부딪히고, 8괘가 서로 흔들린다'는 뜻이다. 이는 강함과 부드러움이 서로 마찰하고 얽히며 만들어진 8괘가 서로 곱해지고 작용해 만물이 생성하고 변화한다는 이치를 말한다.

여기서 '그러므로是故'는 앞에서 말한 내용을 받아 새로운 내용을 시작하는 연결접속사 역할을 한다. 고대 문장에서는 흔히 쓰인다. 앞에서 변화에 대해 이야기했으므로, 여기서는 괘와 효의 변화를 말하겠다.

마摩는 마찰을 의미하며, 서로 가까워지면서 접촉하는 것을 뜻한다. 여기서 '강'은 강함을, '유'는 부드러움을 상징한다. 이 두 가지가 서로 대등한 힘을 가지고 접촉하고 섞이면서, 세 개의 효로 구성된 괘가 만들어졌다. 이때, 이 효들이 여덟 가지 조합을 이루었는데, 이를 8괘라고 한다.

'탕盪'은 그네가 흔들리는 것처럼, 8괘가 서로 영향을 주고받으며 변화하는 것을 뜻한다. 8괘들이 서로 결합해서 더 복잡한 괘六爻가 만들어졌고, 이렇게 해서 총 64개의 괘가 형성되었다. 이 과정은 강함과 부드러움이 끊임없이 상호작용하며 변화하는 원리를 반영한 것이다. 즉, 강함과 부드러움의 상호작용과 8괘의 변화는 우주의 모든 변화와 생성을 상징하고, 이 원리가 만물의 생성과 변화를 설명하는 중요한 개념이라는 뜻이다.

주희는 '그러므로 강하고 부드러움이 서로 부딪혀 8괘가 서로 흔들린다'는 말이 《주역》의 괘의 변화를 설명하는 것이라고 했다. 이 말은 맞다. 왜냐하면 여기서 강과 유, 그리고 8괘를 언급하고 있기 때문이다. 또한 주희는 더 나아가 '64괘의 시작은 단지 강과 유의 두 효일 뿐이다'라고 말했다. 그는 두 개의 효가 서로 마찰하면서 4개로 나뉘어졌고, 다시 4개가 서로 마찰하면서 8개가 되었다고 했다. 그리고 이 8괘가 계속 흔들리고 변하면서 64개의 괘로 확장되었다고 말했다.

또 다른 해석은 '강과 유가 서로 문지른다'는 건괘 ☰와 곤괘 ☷가 서로 결합해 여섯 자녀를 낳는 것을 의미한다고 말한다. '건乾'은 하늘이므로 아버지라 하고, '곤坤'은 땅이므로 어머니라 한다. 이들 사이에서 첫 번째 아들이 태어나 '진震', 즉 장남長男이 된다. 첫 번째 딸은 손巽으로, 장녀長女를 상징한다. 두 번째 아들은 감坎으로 차남次男, 두 번째 딸은 리離로 차녀次女를 상징한다. 마지막으로, 세 번째 아들은 간艮, 즉 소남少男, 세 번째 딸은 태兌로 소녀少女를 의미한다. 이렇게 건괘와 곤괘가 결합해 여섯 자녀를 낳는 과정은 하늘과 땅의 결합으로 자연의 변화를 상징한다.

'8괘가 서로 흔들린다'는 것은 8괘가 서로 결합해서 64괘가 만들어진다는 뜻이다. 《계사전》에서는 "8괘가 배열되면 그 안에 상象이 있다"고 설명하며, 중첩되면 효爻가 그 안에 생긴다고 말했다. 이는 8괘가 서로 결합하고 중첩되어 더 복잡한 64괘가 형성된다는 것을 의미한다.

하늘의 상과 땅의 형을 보면 변화가 보인다

'재천성상, 재지성형, 변화견의在天成象, 在地成形, 變化見矣'는 '하늘에서는 상象이 이루어지고, 땅에서는 형形이 이루어지며, 그로 인해 변화가 나타난다'는 뜻이다. 쉽게 말해 하늘에서는 자연 현상이나 상징적인 이미지가 만들어지고, 땅에서는 구체적인 형태나 물질이 형성된다는 것이다. 즉, 이 '상'과 '형'이 결합되어 변화가 일어난다는 것이다.

'하늘에서는 상을 이룬다'는 하늘에 있는 해, 달, 별, 구름, 안개 같은 자연 현상들이 모여 상을 형성한다는 뜻이다. 여기서 '상'이라는 글자는 《마왕퇴백서》의 《계사전》에서 마馬로 쓰였다. 《마왕퇴백서》는 기원전 173년 이전에 작성된 문서로, 당시에는 '재천성상在天成象'이 '재천성마在天成馬'로 기록되어 있었다.

이 때문에 마馬 자는 상象 자와 같은 뜻을 가진 이체자異體字나 별체자別體字일 것이라는 가능성이 제기되었다. '이체자'는 같은 뜻을 가진 글자가 다른 형태로 쓰인 글자를 뜻한다. 즉, 발음과 의미는 같지만 글자의 모양이 다른 경우다. '별체자'는 본래의 표준 글자와는 다른 형태로, 특정한 경우나 지역에서 사용되는 글자를 뜻한다. 이는 표준 글자와 구분되는 별도의 표기 방식으로 사용된다.

대부분의 학자들은 마馬가 상象의 이체자라고 생각한다. 하지만 일부 학자들은 마馬가 잘못된 것이 아니며, 이 표현이 맞다고 주장한다. 그 차이는 북방문화와 남방문화의 차이에서 비롯되었다는 것이다. 실제로, 북방에는 코끼리가 없고 주로 말이 있었기 때문에 마馬로 표현했으며, 남방 초나라에는 코끼리가 있었기 때문에 상象으로 바뀌었다는 것이다. 따라서 이 학자들은《마왕퇴백서》가 더 오래된 문서고 신뢰할 만하다며, 우리가 사용하는 현대 본문은 후에 수정된 버전이라고 주장한다.

하지만 이 주장에 대해 모든 학자가 동의하는 것은 아니다. 일부 전문가들은《마왕퇴백서》가 불완전한 후대 사본일 가능성도 있다고 본다. 반대로, 현대에 사용하는 버전이 더 완전하고 초기의 것일 수 있다고 생각하는 사람들도 있다. 그러나 필자는 마馬와 상象의 차이가 이 문장의 해석에 크게 영향을 주지 않기 때문에, 굳이 논쟁할 필요가 없다고 생각한다.

그렇다면 상象이란 무엇일까? 상象은 눈에 보이거나 느낄 수 있지만, 실제로 만지거나 접촉할 수 없는 추상적인 개념이다. 이는 규칙적이지만 물질적이지 않은 것, 즉 우리가 물리적으로 경험할 수 없는 것들을 가리킨다. 상상想象이라는 단어가 이 상象에서 유래한 것도 그 이유다. 고대 동북아에서는 코끼리가 없었기 때문에, 사람들은 코끼리의 모습을 상상만 했다. 이와 같은 맥락에서 상象 자의 유래를 설명하기도 한다.

본질적으로 상象은 무형, 즉 형태가 없는 것을 뜻한다. 오늘날 우리는 우주를 직접 탐험할 수 있지만, 옛 사람들은 하늘을 관찰하며 그 속의 사물들을 이해하려고 노력했다. 그들은 해, 달, 별 등 하늘의 천체들을 보고 자연의 법칙을 추론했지만, 실제로는 만지거나 느낄 수 없었다. 그래서《주역》에서는 하늘을 관찰할 때 나타나는 천체의 움직임이나 변화를 상象이라고 했다.

'상象'이라는 개념은 단순히 천체의 모양이나 움직임을 가리키는 것이 아니라, 그 뒤에 숨겨진 하늘과 땅의 자연 법칙을 상징한다. 이 문장에서 상은 하늘의 해, 달, 별 등의 운동 변화가 자연의 원리를 형성한다는 뜻을 담고 있다.

'땅에서는 형을 이룬다'는 '땅 위에서 눈에 보이고 손으로 만질 수 있는 구체적인 형태, 즉 실체를 가진 사물이 생겨난다'는 뜻이다. 여기서 형形은 산, 강, 나무 같은 구체적이고 물질적인 것들을 가리킨다.

하늘의 법칙과 땅의 법칙은 눈에 보이지 않지만, 우리는 이러한 법칙을 해와 달의 움직임, 그리고 땅에서 만물이 성장하는 과정을 통해 이해할 수 있다. 이 반복되는 변화 속에는 변하지 않는 일정한 법칙이 있다. 옛사람들은 자연의 변화를 관찰하며 그 속에 숨어 있는 법칙을 찾아냈다. 이러한 법칙을 바탕으로 만들어진 것이 바로《주역》이다.《주역》은 하늘과 땅의 변화하는 원리를 토대로 발전한 철학적 개념을 담고 있다.

변화의 도는 하늘과 땅의 법칙에 따라 일어나는 변화 과정이다. 이 과정은 주로 효와 괘의 변화를 말한다. 이를테면, 양효와 음효는 서로 변화하면서 괘가 바뀌게 된다. 양효가 음효로 변하거나, 음효가 양효로 변하는 것은 마치 태양이 떠오를 때 달이 지는 것과 같다. 달은 태양을 밀어낸 후 나타나고, 따뜻함은 추위를 밀어낸 후 나타난다. 즉, 이러한 밀고 당기는 과정인 추이推移가 사물을 변화시키는 원리인 것이다.

추이推移란 한 상태가 다른 상태로 변화하는 과정을 말한다. 양효와 음효가 서로 밀고 당기면 괘가 변하게 된다. 이 변화는 일정한 법칙을 따른다. 이를테면, 원래의 건괘는 음효의 변화로 인해 다른 괘로 변할 수 있으며, 그 성질도 따라서 달라진다. 건괘의 가장 아래 양효가 음효로 변하면 천풍구天風姤로 바뀌어 만남이나 돌발적인 사건을 상징하게 된다. 이처럼 양효와 음효의 변화에 따라 괘의 의미와 성질이 달라지는데, 이는 곧 새로운 상황이나 상태를 나타낸다.

정리하면, 《주역》에서 괘의 변화는 하늘과 땅의 법칙을 반영한 것으로, 자연의 흐름과 우주의 이치를 설명하는 기본 원리다. 이 개념은 단순한 점술에서 시작했지만, 시간이 지나면서 철학적 사고로 발전해 나갔다. 특히 《십익》이라는 해석서가 《주역》의 철학을 더 깊이 탐구하고 확장시켰고, 괘와 효의 변화를 통해 우주 만물의 생성과 변화를 설명하는 고차원적인 이론으로 자리 잡게 했다.

이러한 과정을 통해 《주역》은 단순한 예언서나 점술서가 아닌, 하늘과 땅의 법칙을 기반으로 한 동양 철학의 핵심으로 발전했고, 동양에서 가장 위대한 고전 중 하나로 평가받게 되었다. 《주역》은 우주의 원리와 인간 삶의 관계를 설명하며, 이를 통해 인간이 자연과 조화를 이루고 삶의 이치를 깨닫도록 돕는 철학적 지침서로 자리 잡았다.

조화의 이치, 같은 성향이 항상 길하지는 않다

'방이류취, 물이군분, 길흉생의方以類聚, 物以群分, 吉凶生矣'는 '방方으로는 같은 종류끼리 모이고, 물物로는 무리를 지어 나누어지니 이로부터 길흉이 생긴다'는 뜻이다. 또 다른 해석으로 '세상의 모든 만물삼라만상은 본래부터 같은 속성끼리 모이고, 그것들이 자연스럽게 무리 지어 구분되면서 결과적으로 좋은 일이나 나쁜 일이 발생한다'도 가능하다.

여기서 '방方'은 단순히 방향을 뜻하는 것이 아니라, '도道', 즉 올바른 규칙이나 진리를 의미한다. 이는 덕성과 행동 방식을 나타내기도 한다. 고대에는 방이 방법이나 도리를 가리키는 말로 사용됐다. 이를테면, '교자이의방子以義方'은 자녀에게 올바른 도리를 가르친다는 뜻으로, 이때 '방'은 도나 윤리를 뜻한다. 이처럼 '방'은 단순히 물리적 공간이 아니라, 사람이 따라야 할 올바른 길, 즉 성품이나 행동, 학문 등의 올바른 방향을 가리킨다.

이를테면, 도道와 술術은 겉보기에는 비슷한 개념이지만, 의미적으로는 다른 차원을 지닌다. '도道'는 더 높은 수준의 진리나 원칙, 혹은 우주와 인간을 관통하는 근본적인 이치를 의미하며, 이는 사람이 궁극적으로 추구해야 할 길이나 방향을 가리킨다. 반면에 '술術'은 구체적인 기술이나 방법을 나타내며, 실생활에서 도를 실천하거나 적용할 때 사용하는 구체적인 수단이나 방법론을 가리킨다.

이 두 개념은 서로 밀접하게 연결되어 있지만, '도'가 본질적이고 추상적인 진리라면, '술'은 그것을 실천하고 실행하는 구체적인 방식을 의미한다. 따라서 '도'는 사물의 근본적인 이치와 원리의 높은 층을 나타내고, '술'은 그 이치를 구체적으로 실행하는 낮은 층을 나타낸다.

오늘날 술수術數나 수술數術 같은 단어에서 보듯이, 때로는 '술'이 낮은 수준으로 간주되기도 한다. 이는 '술'이 일상적인 기술이나 요령에 국한된 것처럼 보이기 때문이다. 그러나 '술'도 매우 높은 수준의 개념으로 이해될 수 있는데, '도'와 일치하거나 '도'를 실현하기 위한 정교하고 심오한 수단의 역할을 한다.

남송 시대의 주희는 '방方'을 단순한 도리나 방향이 아닌, 상황의 흐름으로 해석했다. 이는 우리가 선한 일을 하면 좋은 결과가 따르고, 악한 일을 하면 재앙이 뒤따른다는 의미로, 개인의 생각과 행동 방향이 그 결과에 직접적인 영향을 미친다는 것을 시사한다. 이러한 해석은《주역》에서 말하는 길흉의 법칙과 깊이 관련되어 있다.

주희의 해석에 따르면, 우리의 생각, 정신, 학문, 그리고 행동은 모두 자연의 이치와 연결되어 있다. 즉, 사람이 무엇을 생각하고 어떻게 행동하느냐에 따라 그 결과가 달라진다. 방方은 이러한 흐름 속에서 올바른 도리를 따를 때 좋은 일이 생기고, 그렇지 않을 때 나쁜 일이 발생한다는 인과 관계를 설명하는 개념이다.

이러한 해석은《주역》의 기본 원리인 길흉 법칙이 삶의 다양한 측면에서 적용될 수 있음을 의미한다. 주희의 관점에서 볼 때, 도덕적 선택과 행동이 우주적인 흐름과 조화를 이룰 때는 '길吉', 즉 좋은 결과를 얻을 수 있으며, 그렇지 않으면 '흉凶', 즉 나쁜 결과를 맞이하게 된다.

이 문장의 전체 내용은 천지의 이치와 연관된 역괘易卦의 이치를 말하고 있다. '방으로는 같은 종류끼리 모인다'는 말은 주로 하늘의 특성에 대해 말한다. 즉, 하늘과 같은 성질을 가진 것들이 함께 모인다는 의미로, 그와 비슷한 성향의 사람들은 자연스럽게 서로 가까워진다는 뜻이다. 이 해석은 논리적이고 타당한 것으로 받아들여진다.

'물로는 무리로 나뉜다'에서 '물物'은 지상의 만물을 의미한다. 앞 문장이 하늘을 언급했다면, 이 문장은 땅을 언급한 것이다. 지상에 존재하는 모든 생명체, 특히 동물들은 비슷한 종끼리 모여 무리를 이루고, 서로 다른 특성을 가진 종들은 다른 무리로 분리된다. 이로 인해 자연의 질서와 이치에 따라 각기 다른 속성을 가진 존재들이 구분되어 살아가고, 세상에 다양한 종류의 생명이 공존하는 것이다.

참고로, 이 두 문장은 위아래 문장이 서로 다른 말로 같은 의미를 전달하는 수사법을 사용했다. 이를테면, '방으로는 같은 종류끼리 모인다'는 말은 '방으로 무리를 나눈다'로 해석될 수 있다. 이렇게 같은 성질을 가진 것들은 함께 모이고, 다른 성질을 가진 것들은 자연스럽게 나뉜다는 이치는, 하늘과 땅 모두에 적용된다. 이 수사법은 글을 더 간결하고 효과적으로 표현할 수 있게 해준다.

'방方'에 대해 좀 더 설명하겠다. 앞서 언급한 기본적인 해석 외에도 옛 사람들은 방향을 '사방四方' 또는 '팔방八方', 즉 네 방향 또는 여덟 방향으로 이해했다. 특히 《주역》의 8괘는 음양의 특성에 따라 여덟 방향에 배치된다고 여겼다.

《주역》에서 8괘는 음과 양으로 나뉜다. 후대 학자들은 이를 바탕으로 건괘乾卦는 양에 속하며, 양괘인 진震, 감坎, 간艮과 같은 방향에 위치한다고 보았다. 반면에 곤괘坤卦는 음에 속하며, 음괘인 손巽, 리離, 태兌와 같은 방향에 자리한다고 해석했다. 따라서 '방으로 같은 종류끼리 모인다'는 말은 8괘가 천지만물처럼 같은 성질에 따라 천지의 여러 방향에 나뉘어 배치된다는 것을 의미한다. 이 해석에 따르면, '방方'은 단순한 방향성을 넘어서 음양의 조화와 우주의 원리를 나타내며, 각각의 괘가 음과 양의 성질에 따라 다른 방향에 분포된다는 점을 강조한다.

또한 '물로는 무리로 나뉜다'에서 '물物'은 단순히 사물이나 만물을 의미하는 것이 아니라, 《계사전》에서 언급된 것처럼 건괘乾卦는 양의 물건, 곤괘坤卦는 음의 물건을 나타낸다. 여기서 '물物'은 사물이 아닌 효를 의미한다. 효는 《주역》의 괘를 구성하는 중요한 단위로, 각각의 괘는 여러 개의 효로 이루어져 있다. 건괘는 양의 성질을 지닌 효들로 구성되고, 곤괘는 음의 성질을 지닌 효들로 구성된다. 즉, '물物'이란 바로 이 효를 뜻하며, 이 효의 조합에 따라 길흉이 결정된다.

따라서 '물로는 무리로 나뉜다'는 말은 효의 조합이 음과 양의 성질에 따라 다르게 배열되고, 그에 따라 길흉의 결과가 달라진다는 것을 의미한다. 각 효가 다른 조합을 이루면서 음과 양의 특성에 따라 구분되고, 그 조합이 길함 또는 흉함을 결정하는 것이다. 이는 《주역》의 원리에서 효의 조합과 그 변화가 자연 현상이나 인간사의 길흉에 영향을 미친다는 점을 나타내며, 이러한 조합의 중요성을 말한다.

한편, 최근에는 '방으로 같은 종류끼리 모인다'는 문장에서 '방' 자가 잘못 쓰였을 가능성을 제기하고 있다. 옛날 글씨체인 전서에서 '인人' 자와 '방方' 자의 모양이 비슷하기 때문에, 필사자가 실수로 잘못 썼을 수 있다고 주장한다. 따라서 이 문장을 해석하면 '사람으로 같은 종류끼리 모이고, 물로 무리로 나뉜다'라고 해야 한다는 것이다. 이 해석은 우선 신선하고 타당해 보이기도 한다.

그러나 이 해석은 추가적인 논의가 필요하다. 이 문장은 《계사전》뿐만 아니라 《예기》의 〈악기〉 편에서도 발견되는데, 이 문장은 음악을 설명하는 글에서 그대로 인용됐다. 또한 《마왕퇴백서》의 《계사전》에서도 '방'이란 글자가 사용된 것으로 확인됐다. 따라서 이러한 해석이 맞을 수도 있지만, 반드시 맞는다고도 할 수 없다.

실제로 많은 《주역》 해석이 겉보기에는 그럴 듯하지만, 문제가 있는 경우도 종종 있다. 특히 고대 문헌에서 전해지는 필사본들은 다양한 학문적 관점에서 신중한 검토가 필요하다. 무작정 새로운 해석을 받아들이기보다는 기존 문헌의 맥락과 전통적인 해석을 충분히 고려하는 것이 무엇보다 중요하다.

'길흉이 생긴다'는 '이로 인해 좋은 일과 나쁜 일이 생긴다'는 의미다. 길흉이란 인간 세상에서 나타나는 결과를 가리키며, 천지 자체에는 길흉이라는 개념이 존재하지 않는다. 천지의 이치는 단순한 자연의 흐름이지만, 인간의 관점에서 이를 받아들이는 과정에서 길흉이 나타난다. 이 길흉의 개념은 주로 괘사와 효사의 판단 기준으로 사용된다.

같은 종류끼리 모이는 것이 항상 길한 것은 아니다. 같은 생각을 가진 사람들은 서로 친해질 수 있지만, 반드시 그것이 좋은 결과를 낳는다는 보장은 없다. 서로 다른 생각을 가진 사람들은 함께하기 어렵지만, 그렇다고 해서 같은 생각을 가진 사람들이 항상 좋은 결과를 낳는 것은 아니다.

《주역》에서는 양은 음을 찾아야 하고, 음은 양을 찾아야 한다고 말한다. 이는 음양의 조화가 가장 길한 상태를 이루기 때문이며, 양이 양을 만나거나 음이 음을 만나는 상황은 길하지 않다고 본다. 음과 양이 적절히 결합해 조화를 이룰 때, 세상에 좋은 결과가 나타난다.

이것은 '적응適應'이라는 개념으로도 설명할 수 있다. 음과 양이 서로를 찾아 균형을 이루고 조화롭게 적응할 때 길한 결과가 나타나며, 반대로 음과 양이 서로 격리되어 만나는 데 실패하거나, 음끼리 혹은 양끼리만 모이는 경우는 길하지 않다는 것이 《주역》의 핵심 철학 중 하나다.

이를테면, 두 남자가 함께 있으면 친해질 수 있지만, 다툴 가능성도 있다. 미국 작가 피츠제럴드F. S Fitzgerald의 소설 《위대한 개츠비The Great Gatsby》에서도 톰 뷰캐넌과 개츠비는 남자로서의 자존심과 권력을 둘러싸고 충돌한다. 《주역》의 귀매괘歸妹卦에서도 두 여자가 함께 있으면 서로 충돌할 가능성이 크다고 말하고 있다.

따라서 같은 종류끼리 만나는 것이 항상 길한 것은 아니며, 상황에 따라 길흉은 달라진다. 즉, 《주역》은 괘를 통해 우주와 인생에서 발생하는 길흉의 이치를 설명하고 있다. 전체 문장은 사회적 관계나 갈등을 다루고 있으며, 이는 인간 사회의 복잡한 문제들과 자연의 이치를 연결해 설명하려는 《주역》의 철학적 메시지를 반영한다.

음양과 강유로 자연 법칙과 인간 도리를 말하다

'동정유상 강유단의動靜有常 剛柔斷矣'는 움직임과 멈춤에는 일정한 규칙이 있으며, 강함과 부드러움이 명확히 구분된다'는 뜻이다. 이 말은 동양 철학에서 세상의 모든 변화가 규칙과 조화를 따른다는 것을 설명한다. 움직임과 고요함, 즉 동적인 상태와 정적인 상태는 우연히 일어나는 것이 아니라 일정한 원리에 따라 이루어진다. 그 과정에서 강함과 부드러움이 분명히 나뉜다.

쉽게 말하면, 사람의 행동이나 사물의 상태가 균형을 이루고 규칙적으로 변화할 때, 그 안에 강한 면과 부드러운 면이 자연스럽게 드러난다. 이는 강한 것과 부드러운 것이 서로 대립하면서도 동시에 상호 보완하며 조화를 이루는 것이 중요하다는 철학적 관점이다.

'동정유상動靜有常'은 '움직임과 고요함이 일정한 규칙을 따른다'는 뜻이다. 즉, 어떤 상황에서든지 움직이거나 멈추는 행동은 무작위로 이루어지는 것이 아니라, 특정한 원칙이나 자연스러운 흐름에 따라 이루어진다는 의미다. 이를테면, 사람이 행동을 할 때도 때로는 움직이고 때로는 멈추게 되는데, 이 모든 행동이 단순히 우연이 아니라 어떤 규칙성에 따라 진행된다고 본다. 즉, 우리는 스스로 결정하는 것처럼 보이지만, 그 이면에는 자연의 법칙이나 정해진 흐름이 있어서 그에 맞춰 움직이거나 멈추는 것이다.

'강유단의剛柔斷矣'는 '단단함과 부드러움, 즉 강함과 유약함이 명확히 구분된다'는 뜻이다. 이는 앞서 언급한 움직임과 고요함이 일정한 규칙을 따를 때, 그 속에서 강한 것과 부드러운 것이 명확히 드러난다는 의미다. 쉽게 말해, 사람이나 사물이 일정한 규칙과 조화를 이루며 움직이고 멈출 때, 그 본질적인 성격이나 특성이 명확히 나타난다는 것이다. 이를테면, 사람의 행동이나 결단은 강한 면모가 필요한 상황과 부드러운 태도가 필요한 상황이 구분되는데, 이러한 대비가 조화를 이뤄야 한다는 뜻이다. 따라서 강함과 부드러움은 서로 대립적인 성질이지만, 균형을 이루면서 조화롭게 존재할 때 그 본질이 잘 드러난다고 본다.

이는 우리 삶에서 어떤 행동이나 결정이 일정한 원칙을 따른다면, 그 행동이 강한지, 부드러운지 명확히 드러난다는 것을 뜻한다. 이는 조화와 균형을 유지할 때, 그 행동이나 상태의 진정한 특성이 나타난다는 철학적 가르침을 담고 있다. 이를테면, 하늘은 끊임없이 움직이고, 땅은 늘 고요히 정지해 있다. 여기서 항상恒이라는 단어는 변치 않고 영원히 지속된다는 의미를 담고 있는데, 이는 우주의 규칙이기도 하다. 우주 속 모든 사물은 끊임없이 변하지만, 그 안에는 변하지 않는 법칙이 존재하기에 우리는 이를 인식할 수 있는 것이다.

즉, 우주의 변화는 표면적으로 계속 일어나지만 그 근본에는 일정한 규칙이 있어 그 흐름을 이해할 수 있고, 그 규칙 속에 강함과 부드러움이 균형을 이룰 때 그 진정한 본질이 드러난다는 것이다. 이는 우리가 삶에서도 행동의 원칙과 조화를 이루며 살아갈 때, 그 진정한 의미와 성격이 분명히 나타난다는 것을 가르쳐 준다.

사람의 위대함은 변화 속에서도 변하지 않는 '항상성'을 발견하고, 이를 이해할 수 있는 능력에 있다. 이 항상성은 모든 것의 근본적인 규칙과 원칙을 의미한다. 이를테면, 움직이는 사물은 움직일 때 항상성을 따르지만, 움직이지 않으면 항상성을 벗어나는 것이다. 마찬가지로, 정지한 사물은 정지할 때 항상성을 따르는 것이며, 반대로 움직이면 그 규칙을 벗어나는 것이다.

이러한 규칙을 이해하면 우리는 끊임없이 변하는 사물들 속에서도 혼란에 빠지지 않고, 그 본질을 명확하게 파악할 수 있다. 결국, 항상이라는 개념은 우리에게 변화 속에서도 변하지 않는 진리를 깨닫게 해주는 중요한 철학적 원칙이다. 이 원칙은 우리에게 삶과 우주의 변화를 바라보며 그 속에 숨겨진 불변의 법칙을 이해할 수 있도록 해주고, 궁극적으로 우리 삶의 중심을 잡아주는 역할을 한다.

또한 '움직임과 고요함이 일정한 규칙을 따른다'는 개념은 천지의 변화 속에서도 변하지 않는 규칙이 있다는 것을 뜻한다. 이를테면, 하늘은 항상 움직이고 땅은 항상 정지해 있는 것처럼, 자연의 모든 변화에는 일정한 법칙이 존재한다. 이 법칙은 단순히 변화만을 의미하는 것이 아니라, 그 속에 숨겨진 불변의 원칙까지 포함한다.

이 개념은 《주역》에서 다루는 '강'과 '유'라는 두 가지 기본적인 원리와도 연결된다. 여기서 '강'은 강함을, '유'는 부드러움을 의미하며, '단斷'은 이를 구분한다는 뜻이다. 따라서 '강유단의'는 강함과 부드러움이라는 상반된 성질을 구분하고, 이를 통해 세상의 이치를 파악한다는 의미다.

이러한 강과 유는 《주역》에서 음과 양을 상징하는 '효爻'를 나타낸다. 음효와 양효는 천지의 움직임과 정지, 즉 자연의 원리를 바탕으로 만들어졌다. 《설괘전》에서도 "음양을 관찰해 괘卦를 세우고, 강유를 발휘해 효를 만들었다"고 언급한 것처럼, 성인은 음과 양의 다양한 특성을 세심하게 관찰하고, 이를 바탕으로 《역경》의 이론적 기초를 세웠다.

즉, 음은 부드러움을 상징하고, 양은 강함을 상징하는데, 이 두 가지가 서로 상호작용하여 우주의 원리를 구성한다. 성인은 이 음양의 원리로 자연 현상을 분석하고, 강과 유의 구분을 통해 세상의 이치를 설명하려 했다. 즉, 성인들은 이러한 효들을 모아 괘를 만들고, 이로써 인간의 삶과 우주의 이치를 설명하려 했으며, 모든 변화 속에서 질서를 발견하려 했다. 이처럼 성인은 음과 양, 강과 유가 서로 조화를 이루고, 자연의 모든 변화 속에서 일정한 법칙이 존재한다는 사실을 인식하는 것을 진리의 핵심으로 여겼다.

하지만 음양의 기운이나 성질은 매우 추상적이기 때문에 우리가 쉽게 인식하거나 직접 볼 수 있는 것이 아니었다. 《주역》을 만든 성인들은 천지의 법칙을 설명할 때 이러한 추상적인 개념을 사용했다. 음과 양은 직접적으로 체험하거나 감지할 수 없는 개념이므로, 성인들은 이 추상적인 원리를 설명하기 위해 음양이라는 기호를 사용했다.

그러나 구체적인 사물이나 현상을 설명할 때는 그 사물들이 이미 형태를 가지고 있기에 이를 강과 유로 나누어 설명했다. 이는 우리가 일상에서 직접 경험할 수 있는 성질들로, 예를 들어 강한 돌이나 부드러운 물은 누구나 만질 수 있는 구체적인 대상이었다. 이렇게 성인들이 강과 유로 나눈 성질은 사람들이 실생활에서 쉽게 접할 수 있는 특성이기에, 음양의 추상적인 개념을 더 쉽게 이해할 수 있도록 도와주었다.

더 나아가 옛 사람들은 사람의 도리를 중요하게 여겼고, 도덕적 행동을 '인仁'과 '의義'라는 개념으로 요약했다. 이러한 이유로, 인간의 삶과 자연의 이치를 설명할 때 강유와 음양, 인의 같은 개념을 명확하게 정의하고 설명했다. 특히 《십익》에서는 이러한 개념들을 더욱 구체적이고 체계적으로 다루었다.

'괘'는 자연과 우주의 원리를 상징적으로 표현한 것으로, 다소 추상적인 개념을 포함하고 있다. 반면에 '효'는 구체적인 사물의 상태나 길흉을 나타내며, 보다 명확하고 실질적인 의미를 전달한다. 그래서 괘는 음양의 추상적인 원리로 설명되지만, 효는 구체적인 강과 유의 성질로 설명하여 비교적 이해하기가 쉽다.

음양이 우주 전체의 원리를 설명하는 추상적인 기호라면, 강유는 그 원리를 인간의 삶이나 자연 속에서 구체적으로 적용하고 체험할 수 있는 성질로 나타낸 것이다. 이렇게 강과 유를 통해 설명된 효는 사람들에게 현실적으로 다가오는 길흉을 알려주며, 도덕적 판단과 행동에 영향을 미친다. 이처럼 《주역》은 음양과 강유를 통해 자연의 법칙과 인간의 도리를 동시에 설명하려 했다.

전국시대에는 《주역》에서 사용된 효를 강효와 유효로 구분하는 것이 매우 합리적으로 여겨졌다. 강효는 강한 성질을, 유효는 부드러운 성질을 지닌 효로, 이들은 구체적인 사물과 현상을 설명하는 데 사용되었다. 그러나 시간이 지나면서 이러한 구체적인 개념들이 추상적인 음양 개념으로 변화했다. 이는 《주역》의 해석이 처음에는 실질적인 사물과 상황을 설명하는 데 중점을 두었다가, 나중에 《십익》에서 고차원적인 철학적 개념으로 발전하면서 이루어진 변화였다.

이 변화는 《주역》이 보다 포괄적이고 심오한 철학 체계로 발전하는 과정에서 일어난 적절하고 합리적인 전환이었다. 원래는 강함과 부드러움이라는 구체적인 특성을 설명하기 위해 강효와 유효를 사용했지만, 이후 음과 양이라는 보다 추상적인 개념으로 전환되면서 《주역》의 철학은 자연의 변화와 인간의 삶에 대한 심오한 통찰을 제시하게 되었다.

이러한 변화가 어떻게 일어났는지를 이해하는 것은 매우 중요하다. 이를테면, 《계사전》에서 언급한 강유는 주로 강효와 유효를 의미한다. 여기서 강유는 보다 추상적인 음양의 개념과 달리, 구체적인 성질을 직접적으로 표현한 것이다. 《십익》의 발전 과정에서 강효와 유효 같은 실질적인 개념이 음양이라는 추상적인 개념으로 변환된 이유와 그 과정은, 《주역》의 발전 과정과 고차원적인 철학적 의미를 이해하는 데 핵심적인 역할을 한다. 이러한 과정의 이해는 《주역》이 어떻게 구체적인 현상과 철학적인 이치를 연결하고, 단순한 길흉 판단에서 벗어나 우주와 인간의 근본적인 원리를 설명하는 철학적 체계로 발전했는지 더 깊이 이해할 수 있게 해준다.

하늘과 땅의 귀천은 우주의 질서다

'천존지비, 건곤정의 天尊地卑, 乾坤定矣'는 '하늘은 존귀하고 땅은 낮으니, 천지의 이치가 정해졌다'는 뜻이다. 이는 하늘은 높은 곳에 있어 존귀하고, 땅은 낮은 곳에 있어 겸손하며, 이처럼 하늘과 땅의 고유한 성질과 역할이 확립됨으로써 우주와 자연의 이치가 결정된다는 철학적 가르침을 담고 있다.

'하늘은 존귀하고 땅은 비천하다'는 하늘과 땅의 위치와 성질을 설명하는 표현으로, 두 가지 중요한 의미를 담고 있다. 먼저 하늘은 높고 땅은 낮아 서로 반대된다는 것이다. 하늘은 위에서 모든 것을 내려다보는 위치에 있으며, 땅은 아래에서 모든 것을 받아들이는 역할을 한다. 이처럼 하늘과 땅은 대립적이지만, 이러한 대조적인 관계가 오히려 우주와 자연의 조화를 만들어낸다. 하늘과 땅이 대립적으로 존재하면서도 서로 균형을 이루며 상호작용하는 것이 자연의 기본 원리라는 의미를 품고 있다.

그다음 의미는 하늘이 주도하고, 땅이 따르는 관계를 나타낸다는 것이다. 하늘은 주도적인 위치에 있고, 땅은 하늘을 받아들이고 순응하는 역할을 한다. 하늘은 태양, 바람, 비와 같은 자연 현상을 통해 생명을 부여하고, 땅은 이를 받아들여 생명을 길러낸다. 이러한 주도-종속의 관계가 자연의 질서와 조화를 유지하는 중요한 요소라는 것을 설명한다.

여기서 '존尊'은 귀하고 높다는 의미고, '비卑'는 낮고 천하다는 의미다. '존'은 높고 고귀한 것을, '비'는 낮고 겸손한 것을 상징하는데, 이 두 단어는 각각 하늘과 땅의 특성을 반영한다. 하늘은 매우 존귀하고 높으며, 땅은 매우 비천하고 낮다는 것이 이 문장의 본뜻이다. 따라서 '하늘은 존귀하고 땅은 비천하다'는 하늘이 자연계와 인간 사회의 주도적 역할을 맡고, 땅이 그에 따르는 조화로운 관계를 설명하며 자연의 질서와 이치를 상징적으로 표현한 것이다.

'건곤이 정해졌다'에서 '정定'은 확정됐다는 의미로, 우주의 기본 원리가 확립됐다는 것을 나타낸다. 여기서 건곤은 《주역》에서 가장 중요한 두 괘를 뜻한다. 건괘는 순수한 양을, 곤괘는 순수한 음을 상징한다. 음양이라는 기본적인 대립 개념이 이 두 괘를 통해 표현되는데, 이는 자연과 우주의 기본 원리를 설명하는 중요한 요소다.

《주역》에는 세 개의 효로 구성된 여덟 개의 기본 괘, 즉 8괘라 불리는 '경괘經卦'가 있다. 이 여덟 개의 괘 중에서 건괘와 곤괘는 《주역》의 시작 괘로서 매우 중요하다. 건괘는 순수한 양효로 이루어져 있어 양의 성질을 가장 잘 반영하며, 곤괘는 순수한 음효로 이루어져 있어 음의 성질을 가장 잘 나타낸다. 《주역》의 모든 괘는 음효와 양효라는 두 가지 기호로 이루어져 있는데, 이들의 다양한 조합을 통해 64개의 괘가 존재한다.

64괘의 복잡한 의미를 이해하기 위해서는 가장 기본적인 건괘와 곤괘의 성질을 먼저 파악하는 것이 중요하다. 건괘는 창조, 성장, 강함, 주도적인 힘을 상징하고, 곤괘는 수용, 양육, 부드러움, 순종적인 힘을 상징한다. 이 두 괘의 성질은 나머지 괘들의 해석에 중요한 토대가 되며, 다른 괘들의 성격과 조화를 유추할 수 있는 핵심을 제공한다.

따라서 '천지의 이치가 정해졌다'는 건괘와 곤괘의 상징을 통해 천지의 기본 원리가 확립되었다는 것을 뜻한다. 이는 음양의 조화가 우주와 자연의 근본적인 이치를 이루고, 하늘과 땅의 존귀함과 비천함이 우주의 질서 속에서 명확히 자리 잡고 있음을 나타내며, 이 두 괘가 그 질서를 설명하는 중요한 철학적 원리임을 나타낸다.

《계사전》에서 말했듯이, 《주역》은 복잡한 사물의 이치를 단순한 원리로 변환한 책이다. 이를 창작한 성인은 자연계의 변화를 깊이 관찰하며, 그 속에서 발견한 법칙을 바탕으로 《주역》을 만들었다. 건괘는 하늘의 강하고 능동적인 에너지를, 곤괘는 땅의 부드럽고 수용적인 에너지를 상징하며, 하늘과 땅의 모든 법칙과 현상을 이 두 괘로 표현했다.

더 나아가 역易은 세 가지가 존재했는데, 각각 시작하는 괘가 달랐다. 이를테면, 하나라 시기에는 《연산역》이 사용되었는데, 이 역법은 간괘艮卦를 첫 번째 괘로 삼았다. 은나라 시기에는 《귀장역》이 존재했는데, 이는 곤괘를 시작 괘로 두었다. 그러나 《주역》은 건괘를 첫 번째, 곤괘를 두 번째 괘로 삼았다. 이는 천지의 법칙, 즉 하늘이 먼저이고 땅이 그 뒤를 따른다는 우주론적 질서를 반영한 것이다. 《주역》이 건괘와 곤괘를 가장 중요한 괘로 삼은 것은 상주 시대商周時代에 이르러 하늘과 땅이 만물의 근본임을 이해했기 때문이다. 이때 비로소 하늘의 창조적인 힘을 상징하는 건괘와 땅의 수용적인 힘을 상징하는 곤괘의 조합을 세상의 기본 원리로 간주한 것이다.

특히 《귀장역》이 곤괘를 첫 괘로 삼았던 것은 모계 사회를 상징하며, 은나라의 계승법과도 관련이 있다. 상나라는 모계 중심 사회였기 때문에, 곤괘의 음적인 성질을 중요하게 여겼다. 반면에 주나라 때는 부계 중심 사회였기 때문에 간괘를 첫 괘로 삼았다. 주나라는 부자 계승법을 따르는 사회였고, 계급과 예禮와 제도를 중시했기 때문이었다.

따라서 여기서 '정해졌다定矣'는 것은 단순히 하늘과 땅의 이치가 확립되었다는 뜻을 넘어, 인류가 천지의 법칙을 이해하고, 이를 바탕으로 사회적·정치적 질서를 구축했음을 의미한다. 하늘과 땅의 자연 법칙이 인간 사회 구조를 형성하는 기준이 되었고, 이를 통해 합리적인 정치 제도가 확립되었다는 점에서, 우주와 사회의 질서가 동시에 정립된 중요한 시점이라고 할 수 있다.

육효의 배열이 인간 사회의 질서다

'비고이진 귀천위의卑高以陳 貴賤位矣'는 '사물의 높고 낮음이 순서대로 배열되고, 존귀함과 비천함이 각자의 자리를 갖는다'는 뜻이다. 이 구절은 자연과 사회에서 모든 존재와 상태가 각각의 위치와 역할을 가지고 있다는 철학적 원리를 말한다. 높고 낮음은 사물의 위계나 서열을 의미하며, 존귀함과 비천함은 사람이나 사물의 사회적 또는 자연적 위치를 나타낸다. 즉, 세상의 모든 것은 그 본질에 따라 적절한 자리와 순서를 가진다. 이는 자연계뿐 아니라, 사회에서도 모든 존재가 각자의 위치와 역할을 지님을 나타낸다. 이는 이러한 조화와 질서가 혼란 없이 세상을 유지하는 데 중요한 요소라는 철학적 가르침을 담고 있다.

'비고이진卑高以陳'에서 '비卑'는 아래에 있는 것을 의미하고, '고高'는 위에 있는 것을 의미한다. 하늘은 위에 있고, 땅은 아래에 있으며, 그 사이에는 가장 낮은 대지부터 시작해 땅 위의 작은 풀, 높은 산의 나무, 새와 짐승, 인간, 그리고 하늘의 구름과 별들까지 모든 사물이 일정한 순서대로 배열되어 있다는 뜻이다. 여기서 '이以'는 '이미'라는 의미로, '이已'와 같은 뜻을 가진다. 여기서 '진陳'은 '배열하다'라는 의미다. 이 문장은 자연계에서 사물은 낮은 것에서부터 높은 것까지 순서대로 배열된다는 뜻이다.

이를테면, 《주역》 64괘는 각각 여섯 개의 효爻로 구성되어 있으며, 이 효들은 낮은 위치인 초효부터 높은 위치인 상효까지 순서대로 배열되어 있다. 각 효의 위치가 다르고, 그 위치에 따라 존귀함과 비천함도 달라진다. 즉, 위치가 높을수록 귀하고, 위치가 낮을수록 천하다는 것을 의미한다. 이러한 배열은 자연계의 질서와 사회적 위계를 반영하며, 모든 것이 그 위치에 맞게 조화롭게 배치된다는 원리를 나타낸다.

'귀천위의貴賤位矣'는 《주역》을 창작한 성인이 하늘이 존귀하고 땅이 비천하다는 이치를 깨달아, 육효의 위치를 통해 효의 성질을 결정하고, 그 위치에 따라 인간 세상에서 존귀함이나 비천함을 정한 것을 의미한다. 여기서 '위位'는 서로 다른 위치를 의미하며, 특히 육효의 위치를 확정하는 동사로 사용된다.

괘卦의 여섯 효는 아래에서 위로 높고 낮음이 순서대로 배열된다. 이는 사람이 사물을 관찰할 때 아래에서 위로, 가까운 것에서 먼 것으로 보는 방식을 따른 것이다. 따라서 육효는 낮은 위치에서 높은 위치로 배열되며, 이 배열에 따라 효의 성질, 즉 존귀함과 비천함이 결정된다.

육효는 다음과 같이 배열된다. 가장 낮은 위치에 있는 것은 초효初爻이며, 그 위로 이효二爻, 삼효三爻, 사효四爻, 오효五爻, 그리고 가장 높은 위치에 있는 것은 상효上爻다. 이러한 배열은 낮은 위치에서 높은 위치로 점차 상승하는 구조를 가지며, 이는 자연의 이치에 따라 사물의 위치와 그 존귀함이나 비천함을 결정하는 기준이 된다. 즉, 효의 위치가 낮으면 상대적으로 비천하고, 위치가 높으면 존귀한 성질을 띤다.

육효는 자연계의 질서를 상징하며, 그 위치에 따라 사물의 성질뿐만 아니라 인간 세상에서의 위계나 역할도 결정된다. 이러한 체계는 자연과 인간 사회의 조화로운 질서를 반영하며, 우주와 인간의 관계를 설명하는 중요한 철학적 원리로 작용한다. 앞에서도 다루었지만 다시 한 번 더 육효의 위치를 알아보자.

첫 번째 중요한 점은 육효의 위치가 사람의 지위와 존귀함을 상징한다는 것이다. 육효 중 가장 낮은 위치인 초효는 관직에 오르지 않은 평범한 사람이나 일반인을 의미한다. 그다음으로 높은 이효는 관직에 있는 대부, 삼효는 제후, 사효는 고위 관직자, 오효는 천자, 가장 높은 상효는 천자가 제사를 지내는 종묘를 상징한다.

이처럼 효의 높낮이는 사람의 지위와 존귀함을 반영한다. 이 높낮이 위치의 기준은 귀천貴賤으로 불린다. 다시 말하지만, 이 원칙은 기본적인 기준이다. 실제 해석에서는 상황에 따라 유연하게 적용해야 한다. 각 효는 그 위치에 따라 다르게 해석될 수 있으며, 이 해석은 괘와 효의 상호작용, 상황, 그리고 맥락에 따라 변화할 수 있다. 즉, 육효의 배열은 인간 사회의 질서와 위계를 상징하며, 실제로는 그 속에서 각자의 역할과 위치가 존중되어야 함을 강조하는 철학적 원리로 이해된다.

두 번째 종류의 귀천은 덕성을 중시하는 유가의 관점에서 비롯된다. 이 관점에서는 '양'을 존귀하고, '음'을 비천하다고 여긴다. 하늘은 양의 성질을 지니고 있어 존귀하며, 땅은 음의 성질을 지니고 있어 비천하다고 본다. 따라서 각 괘에서 양효는 존귀함을 상징하고, 음효는 비천함을 상징한다. 이 원칙은 '음양의 위치'다. 음양의 구분은 자연의 원리와 조화를 반영하며, 음양의 위치에 따라 사물과 인간의 덕성과 가치를 판단한다.

유가의 이러한 음양에 대한 해석은 인간 사회에서도 덕성에 따라 사람의 존귀함과 비천함을 구분하는 기준이 된다. 양의 덕성은 하늘처럼 높고 존귀한 것으로, 음의 덕성은 땅처럼 낮고 겸손한 것으로 해석되며, 이는 음양이 서로 상호 보완적으로 조화를 이루어 세상을 구성한다는 유가의 철학적 관점을 반영한다.

세 번째 종류의 귀천은 효가 중위中位에 있는지 여부를 기준으로 한다. 하괘下卦의 중위는 이효고, 상괘上卦의 중위는 오효다. 중위는 일반적으로 좋은 것과 존귀함을 나타낸다. 중위는 육효 중에서도 특히 안정되고 조화로운 위치로 간주되는데, 특히 오효는 군왕이나 지도자처럼 가장 존귀한 존재를 상징하는 경우가 많다. 이효는 하괘에서 균형과 조화를 나타내는 위치로, 중용의 미덕을 상징한다. 이러한 중위는 사람이나 사물의 상태가 균형 잡힌 덕을 지니고 있을 때, 존귀함과 좋은 성질을 갖게 된다는 의미를 내포한다. 따라서 '중위의 위치'는 효의 배열에서 특별히 중요한 위치로서, 이곳에 있는 효는 특별히 좋은 성질과 존귀함을 상징하며, 유교적 가치관에서는 중용과 덕성의 이상을 구현하는 자리로 여겨진다.

하지만 이러한 원칙에도 예외가 존재한다. 이를테면, 《주역》의 세 번째 괘인 둔괘遯卦에서는 초효가 가장 낮은 위치에 있지만, 그 지위가 낮지 결코 않다. 둔괘에서는 높은 위치의 사람이 낮은 위치에 자리 잡고 있어 초효가 제후의 지위에 오를 수 있으며, 백성들이 그를 기쁘게 따른다는 의미를 가진다. 이러한 경우는 효의 위치가 반드시 지위나 존귀함을 결정하지 않는다는 것을 보여준다. 즉, 상황에 따라 낮은 위치의 효도 높은 지위를 나타낼 수 있다. 둔괘의 초효는 높은 덕성과 리더십을 지닌 인물이 낮은 자리에 있어도 여전히 존경받고, 귀하게 여겨지는 상황을 설명하는 대표적인 예다.

또한 양효가 더 존귀하고 음효가 더 비천하다는 것도 상대적인 기준일 뿐이다. 음효가 반드시 비천한 것은 아니며, 때로는 음효가 더 적절하고 존귀한 상황도 있다. 《주역》의 해석에서는 각 괘와 효의 상호작용, 당시의 상황, 그리고 그들의 위치에 따른 구체적인 맥락도 중요하게 고려된다.

맺음말

《주역》의 가르침을 정리하며

　《주역공부》를 마무리하며 동양 철학의 정수인 《주역》이 단순한 점술서가 아니라 자연과 인간, 우주의 원리를 탐구하는 심오한 지혜의 보고임을 다시금 깨닫는다.
　《주역》은 변화의 원리를 바탕으로 인간과 자연과 사회가 끊임없이 상호작용하며 발전하는 과정을 설명한다. 변화란 고정된 것이 아니라 지속적인 흐름이며, 자연 법칙과 인간 삶에도 필연적인 요소다. 이러한 변화의 원리는 오늘날의 과학적 연구, 데이터 분석, 복잡계 이론, 인공지능, 사회적 예측 모델에도 적용이 가능하다. 결국 《주역》은 시공간을 초월한 보편적 진리를 담고 있으며, 동양 사상의 근본적인 철학적 토대를 제공한다.
　이 책은 《주역》의 기본 개념부터 괘와 효, 《역전》, 공자와 노자의 관계, 현대 사회에서 《주역》의 적용 가능성까지 폭넓은 영역을 다루었다. 또한 《주역》이 미래 예측과 데이터 분석에 어떻게 활용될 수 있는지, 이를 통해 인간이 보다 나은 방향으로 나아갈 수 있는 방법도 살펴보았다.
　우리는 《주역》이 단순한 고대의 텍스트가 아니라, 과학과 철학이 만나는 접점에서 유용한 도구로 기능할 수도 있음을 확인했다. 《주역》의 수리적 분석은 오늘날의 빅데이터와 인공지능 기술과도 밀접한 연관이 있으므로 《주역》을 현대적인 방식으로 해석하고, 응용하는 연구가 더욱 필요하다.

《주역》을 깊이 연구할수록 우리는 우주의 섭리와 인간 존재의 본질을 이해하는 데 더욱 가까워진다. 《주역》의 사상은 단순한 고대 철학이 아니라, 우리에게 변화하는 세상을 이해하고 대응하는 데 유용한 사고의 틀을 제공한다. 오늘날 우리는 급변하는 시대 속에서 예측 불가능한 미래에 대응해야 한다. 이러한 시점에서 《주역》이 전하는 '변화 속의 조화'라는 원리는 현대사회를 살아가는 우리에게 중요한 시사점을 제공한다.

《주역》이 전하는 핵심 가치는 근본적으로 변화와 조화, 균형과 융합이다. 우리가 살아가는 세상은 항상 끊임없이 변한다. 그 속에서 올바른 방향을 찾기 위해서는 근본 원리를 이해하고, 적용하는 능력이 중요하다. 《주역》은 고대 중국 철학의 산물이지만, 그 원리는 시공간을 초월하여 현대의 복잡한 사회에도 적용이 가능하다. 기업 경영, 정치, 인간관계, 기술 혁신 등 다양한 분야에 《주역》의 원리는 유용한 통찰을 제공하며, 특히 데이터 기반의 예측 시스템과의 결합 가능성은 무궁무진하다.

이제는 《주역》을 단순히 고대의 지식으로 묶어둘 것이 아니라, 현대의 사고 방식과 융합하여 새로운 통찰을 얻어야 한다. 《주역》의 철학은 과거는 물론 현재도 살아 숨쉬며, 미래에도 적용할 수 있는 영원한 지혜다. 우리는 《주역》을 학문 탐구의 대상으로만 바라볼 것이 아니라, 삶 속의 실천적 도구로도 삼아야 한다. 변화의 흐름을 읽고 조화를 이루는 것은 단순한 지적 탐구가 아니라, 삶의 태도와 실천으로 이어져야 한다.

모쪼록 많은 분들이 이 책을 통해 《주역》의 깊은 의미를 이해하고, 실생활과 학문 탐구에 적용했으면 하는 바람이다. 《주역》은 단순한 지식이 아니라 삶의 길잡이기에 끊임없는 탐구와 실천을 이어간다면 삶이 더욱 빛을 발할 것이다. 또한 《주역》은 단순한 철학서가 아니라, 자연과 인생을 꿰뚫는 통찰을 담고 있기에, 이를 활용한다면 보다 나은 삶의 방향도 모색할 수 있을 것이다.

끝으로, 《주역공부》를 읽고 함께 고민하고 탐구해 주신 모든 독자분들께 깊은 감사를 전한다. 앞으로도 이 책이 《주역》을 더욱 깊이 연구하고 응용하는 데 도움이 되기를 희망한다. 우리가 《주역》을 공부하는 이유는 단순히 과거의 지식을 익히기 위함이 아니라, 이를 통해 현재를 분석하고, 더 나은 미래를 설계하기 위함이다. 《주역》의 가르침을 마음에 새기고, 이를 실천하는 지혜로운 삶을 살아가기를 기원한다.

모로비리 질마재 아래 초막에서
김들풀 올림

저자 소개

저자 김들풀은 IT News 대표이자 아스팩미래기술경영연구소 대표로 활동하며, KIST 융합대학원, 한양대 정책과학대학원, 전북대, 서원대 등에서 강의하고 있다. 그는 UPI 뉴스의 IT·과학 편집장을 거쳐 EBS 장학퀴즈 출제 위원, 한국어인공지능학회 부회장과 국제미래학회 IT 기술분석위원장을 맡고 있다. 또한 한글학회 정회원이자 바른한국어인증원 본부장으로서, 한국어 자연어처리 NLP, Natural Language Processing 연구를 주도하고 있다.

컴퓨터공학을 전공한 후, IT·과학 전문기자로 저자는 다양한 산업 현장을 취재하며 기술 발전의 흐름을 직접 목격해 왔다. 아스팩미래기술경영연구소 차원용 박사와 IT, NT, BT, ET, RT, FT 등 첨단 기술 융합을 연구하며 논리적 사고와 데이터 기반 분석 능력을 길렀다. 또한 서양 미래학 연구를 통해 논문과 특허 데이터를 분석하며 과학적 방법론을 활용해 미래 예측 기법을 연구해 왔다. 최근에는 동서양의 수리학과 철학을 융합해 복잡계의 패턴과 구조를 보다 정교하게 분석·예측하는 방법론을 개발하고 있다.

저자는 글로벌 특허와 논문 분석을 바탕으로 전기차 및 수소차 개발 동향, 유전자 가위 기술, 자율주행 및 드론 기술, 애플과 구글의 AI 및 자율주행 전략 등 다양한 연구와 리포트를 발표했다. 또한 MBC, KBS, YTN

등에서 글로벌 IT 경제 및 기업 분석을 진행했으며, 국방 FM의 '미래 기술과 미래 사회' 프로그램에도 출연했다.

저자는 미래 기술과 전략, 특허 및 논문 분석, IT 트렌드, 비즈니스 모델 등을 주제로 국가과학 기술인력개발원, 보건복지부, 질병관리청, 농업진흥청, 지방자치인재개발원, 서울시 인재개발원, 한국전력 등 공공기관에서 강의를 하고 있다.

또한 한국 HRD의 시조새 격인 한국능력개발원의 이성언 박사로부터 기업 분석과 창의성, 심리학을 배우며, 조직의 성장 동력과 혁신 프로세스를 심층적으로 연구했다. 이를 통해 기업의 핵심 역량을 진단하고, 창의적 문제 해결과 전략적 의사 결정을 지원하는 방법론을 개발했다.

국내 주요 기업 카카오, 삼성전자, 현대그룹, 현대자동차, KT, 롯데정보통신, 신한은행, 대우조선 등에서도 강연을 진행하고 있다. 스타트업 창업에도 깊은 관심을 가지고 전국 창조경제혁신센터, 중소기업청, 창업진흥원, 서울산업진흥원 등에서 강의와 심사위원 활동을 하며 다양한 기술 및 사업 평가에 참여하고 있다.

저자가 참여한 주요 프로젝트로는 KAIST 미래전략보고서 및 여시재 현 태재미래전략연구원 동아시아 미래 전략 수립, 국내 스마트시티 연구 프로젝트, 한국어 자연어처리NLP 말뭉치 구축 사업, 한글 사용성 평가 자동화 툴 개발, 중앙 부처 웹 접근성·웹 표준 평가, 방송통신위원회의 'ActiveX' 제거 연구, 언론재단 웹·앱 프로젝트 컨설팅 등이 있다. 또한 미국 뉴욕 '4/14 윈도우' 커뮤니티 구축, 중국 우정국 쇼핑몰 프로젝트 등 글로벌 IT 프로젝트에서도 리더십을 발휘했다.

아울러 저자는 2012년에 국내 최고 수준의 문화예술 미디어인 〈문학뉴스〉를 창간하고, 현재 언론사 임원 및 편집장으로 활동하고 있다. 또한 34년 전통의 종합문예지인 《포스트모던》의 주간도 맡고 있다. 시인이기도 한 그는 최신 과학 이론과 인문학을 융합해 과학시를 창작해 왔다. 그의 시에는 양자역학, 인공지능, 생명공학, 우주물리학 등 현대 과학의 핵심 개념이 담겨 있으며, 이를 철학적 성찰과 인간적인 정서로 풀어내 독자들에게 깊은 통찰을 제공한다.

특히 그는 과학적 사고와 동양 철학을 접목한 독창적인 시 세계를 구축해 왔으며, 최근에는 《주역周易》 64괘를 기반으로 한 주역시 창작에 집중하고 있다. 《주역》의 변화 원리와 상징 체계를 시적 언어로 재해석해 인간 삶의 흐름과 우주의 질서를 시로 표현하는 작업을 진행 중이다. 이를 통해 동양의 전통 사상과 현대적 감각이 어우러진 새로운 형태의 시를 선보이며 과학과 철학, 문학이 융합된 독창적인 작품 세계를 확장해 나가고 있다.

저서로는 《주역공부》, 《주역경영》, 《2030 핵심 미래 기술 50》, 《공간 컴퓨팅의 미래》, 《인공지능 메타버스 시대 미래 전략》, 《메타버스 비즈니스 2050》, 《브레인 인터넷》, 《양자 컴퓨터/컴퓨팅의 오늘과 내일》, 《애플이 3년 내 출시할 제품과 서비스》, 《특허로 살펴보는 아마존의 물류 혁명》, 《100세 건강 디지털 헬스 1》, 《코로나 이후 대전환 시대의 미래 기술 전망》, 《실전 미래 전략 도출: 스마트시티 중심》, 《IT 제국 대충돌》, 《미래 유망 기술 도출 및 신사업 추진 전략》, 《대한민국 4차 산업혁명 마스터플랜》, 《ICT 제국 대충돌》, 《대한민국 미래 교육 보고서》, 《다중지능으로 보는 교육과 뇌과학》 등 다수의 저서를 집필했다.

실제로 저자는 미래에 대한 깊은 관심 속에서, 과학적 접근만으로는 인간 삶의 복잡성과 변화의 본질을 온전히 이해하기 어렵다는 한계를 절감했다. 과학은 명확한 데이터와 논리를 제공하지만, 인간의 삶은 단순한 수식으로 설명되지 않는 복합적인 상호작용의 연속이기 때문이다. 이러한 한계를 극복하기 위해 그는 어린 시절 접했던 한학과 《주역》에 다시 주목하게 되었다.

《주역》이 설명하는 변화의 원리는 현대 과학의 여러 이론과 깊은 유사성을 지니고 있다. 예를 들어, 《주역》의 음양론은 양자역학의 기본 개념인 상보성 원리와 밀접하게 연결되며, 엔트로피 개념은 변화의 필연성을 설명하는 《주역》의 원리와 유사한 구조를 보인다. 나아가 기술 발전과 확산의 과정을 설명하는 가트너의 하이프 사이클 Hype Cycle, 로저스의 혁신 확산 이론 Innovation Diffusion Theory, 베이지언 확률 모델 Bayesian Probability Model, 사회 학습 이론 Social Learning Theory 등 현대의 주요 이론들도 《주역》이 제시하는 변화의 개념과 맞닿아 있다. 이처럼 《주역》은 단순한 고대 철학이 아니라 현대 과학과 기술을 이해하는 데에도 중요한 통찰을 제공한다. 《주역》의 변화 원리를 깊이 이해하면 보다 정교한 미래 예측과 전략적 사고가 가능해진다.

이 책에서는 저자의 경험과 연구를 바탕으로, 《주역》을 과학적 사고와 인문학적 통찰로 재해석하며 현대적 의미에서 활용하는 방법을 탐구한다. 저자는 과학과 철학, 수리학과 인문학을 융합한 독창적인 연구 방법론을 제시함으로써, 미래 변화의 본질을 보다 심층적으로 탐구하고 있다.

편집팀

저자 소개

인문학적 통찰력을 결합한 주역의 핵심 개념 이해!
주역공부

초판 1쇄 인쇄 | 2025년 8월 20일
초판 1쇄 발행 | 2025년 8월 25일

지은이 | 김들풀
펴낸이 | 김진성
펴낸곳 | 호이테북스

편　집 | 김경훈, 이선희, 정은혜
디자인 | 임정호
관　리 | 정서윤

출판등록 | 2005년 2월 21일 제 2016-000006
주　　소 | 경기도 수원시 송죽동 449-20번지, 302호
대표전화 | 02) 323-4421
팩　　스 | 02) 323-7753
전자우편 | kjs9653@hotmail.com

Copyright©김들풀

값 25,000 원
ISBN: 979-11-988677-4-2

*잘못된 책은 서점에서 바꾸어 드립니다
*이 책은 저작권법의 보호를 받는 저작물이므로 무단전재와 복제를 금합니다
　본문 내용을 사용할 경우 출판사의 허락을 받아야 합니다.